天津社会科学院2022年度学术著作出版资助项目

国际友城与城市国际化发展

天津的实践探索

葛建华·著

时事出版社
北京

图书在版编目（CIP）数据

国际友城与城市国际化发展：天津的实践探索/葛建华著. -- 北京：时事出版社，2024. 12. -- ISBN 978-7-5195-0610-0

Ⅰ. F299.272.1

中国国家版本馆 CIP 数据核字第 2024HH9486 号

出 版 发 行：时事出版社
地　　　　址：北京市海淀区彰化路 138 号西荣阁 B 座 G2 层
邮　　　　编：100097
发 行 热 线：（010）88869831　88869832
传　　　　真：（010）88869875
电 子 邮 箱：shishichubanshe@sina.com
印　　　　刷：北京良义印刷科技有限公司

开本：787×1092　1/16　印张：22.25　字数：353 千字
2024 年 12 月第 1 版　2024 年 12 月第 1 次印刷
定价：198.00 元

（如有印装质量问题，请与本社发行部联系调换）

本书为天津市2018年度哲学社会科学规划课题"打造'一带一路'支点城市：以天津国际友城合作为平台"（项目编号：TJZZ18-005）的成果；天津社会科学院2022年度学术著作出版资助项目。

前　言

城市国际化是一个城市配置全球资源、融入全球网络、提升国际竞争力的过程。天津作为国家中心城市、北方最大的沿海开放城市和国际港口城市，在城市国际化建设中区位优势明显。因其位于陆上和海上丝绸之路交汇点，是新亚欧大陆桥经济走廊的重要节点，中蒙俄经济走廊的东部起点，作为连接华北、西北地区与世界贸易的重要通道，依托京津冀协同发展战略，在推动连接东北亚、辐射中西亚国际大通道建设中发挥了重要作用。本书主要研究的是从历史、政治、经济等多角度厘清在城市国际化视域下国际友城合作的发展脉络，特别是共建"一带一路"倡议对城市国际化和国际友城发展的助力作用。天津身处大有可为的战略机遇期，练好内功，建设好城市的基础设施；找准定位，做好城市国际化发展规划；以"一基地三区"建设为依托，以"一带一路"建设驱动城市国际化水平，以国际友城交往广度和深度提升城市国际化程度；在构建新发展格局的争先进位期向区域性国际中心城市转型，为建成京津冀世界级都市群优化梯次谋篇布局。通过大量案例分析得出共建"一带一路"倡议、城市国际化建设和国际友城交往与合作之间具有互为作用、互为促进的正向递增关系。

本书研究的基本思路由五个部分组成：

第一部分是绪论，对本研究的选题由来、主要概念及基本思路予以阐述说明。

第二部分主要论述天津城市国际化的发展历程和现实基础。

天津作为东北亚经济圈的活跃城市，始终将国际友城合作作为融入构建新发展格局、扩大全方位对外开放、推动城市国际化高质量发展的重大机遇。通过深化与国际友好城市的关系，紧紧围绕"一基地三区"建设，助力将天津打造成为全国先进制造研发基地、北方国际航运核心区、金融创新运营示范区和改革开放先行区，将城市国际化的发展与国际友城的合作实现对接，为服务天津的高水平开放、高效能治理、高质量发展，为人民群众创造高品质生活进行了非常有益的探索。

第三部分是本研究的主要内容。对天津城市国际化与国际友城合作呈现出互相助力、互相促进的良性发展进行详细地研究与剖析。通过考察天津国际友城助力中蒙俄经济走廊建设、新亚欧大陆桥经济走廊建设和面向东亚区域海洋中心城市建设的实践，天津在贯彻新发展理念、加快构建新发展格局方面进行了有益的探索。特别是通过积极推动与"一带一路"沿线国家重要节点城市开展国际友城合作，在有特色的人文交流、促进民心相通的品牌建设等方面，为城市国际化赋予鲜明的特色。

第四部分通过四个案例分析，即"天津神户友好城市交流的背景、活动与成果""天津国际友城助力城市国际化的探索——以'中埃·泰达'模式探索为例""中日健康产业国际合作——以中日（天津）健康产业合作示范区为例""国际友城合作在东亚地区构建人类命运共同体的作用及未来发展方向——以天津东亚国际友城合作为例"，可以看出天津市在贯彻新发展理念、实现创新成为第一动力、协调成为内生特点、绿色成为普遍形态、开放成为必由之路、共享成为根本目的高质量城市国际化发展中进行了创新性地探索和实践。

第五部分是本研究的终章，将在城市国际化视野下对天津国际友城合作进行研究和分析的基础上，结合天津在城市国际化和国际友城合作的现状及存在的问题，提出具体的参考建议。新时代城市国际化发展是以中国式现代化新道路和人类文明新形态为遵循和引领的新命题和新实践,它既是对原有城市国际化学术体系和话语体系合理的吸收和继承,又是对新时代新理念新准则的能动修正和重构。为此通过立足新发展阶段、贯彻新发展理念、加快构建新发展格局,不断探索新的发展途径,而国际友城合作是提高城市国际化的一条重要的路径选择,对于服务中国的高水平开放、高效能治理、高质量发展,为人民群众创造高品质生活发挥了重要作用。

目 录
Contents

第一章 绪论
　　第一节　城市国际化概论　/ 1
　　第二节　国际友好城市合作助力城市国际化概论　/ 20

第二章 天津城市国际化的发展历程
　　第一节　天津城市国际化雏形发展阶段（1860—1949年）　/ 30
　　第二节　天津城市国际化低谷徘徊阶段（1949—1978年）　/ 43
　　第三节　天津城市国际化大力发展阶段（1978—2013年）　/ 48
　　第四节　天津城市国际化深入发展阶段（2013年至今）　/ 57
　　第五节　天津城市国际化的特点　/ 63

第三章 天津城市国际化的现实基础
　　第一节　全国先进制造研发基地与制造业国际化的实践　/ 67
　　第二节　北方国际航运核心区与航运国际化的实践　/ 73
　　第三节　金融创新运营示范区与金融国际化的实践　/ 80
　　第四节　改革开放先行区域与创新体系国际化的实践　/ 84

第四章 城市国际化视域下天津国际友好城市合作
　　第一节　天津国际友城合作的发展历程　/ 93
　　第二节　天津开展国际友城合作的主要措施及领域　/ 98
　　第三节　天津国际友城建设与城市国际化的双重实践　/ 106

第五章 国际友城合作助力中蒙俄经济走廊建设
　　第一节　中蒙俄经济走廊基本情况　/ 109

第二节　中蒙俄经济走廊与天津城市国际化的实践　/ 118
第三节　天津国际友城合作助力中蒙俄经济走廊建设　/ 132

第六章　国际友城合作助力新亚欧大陆桥经济走廊建设
第一节　新亚欧大陆桥经济走廊建设基本情况　/ 147
第二节　新亚欧大陆桥经济走廊与天津城市国际化的实践　/ 163
第三节　天津国际友城合作助力新亚欧大陆桥经济走廊建设　/ 173

第七章　国际友城合作助力海洋中心城市国际化
第一节　中国海洋中心城市的发展概况　/ 212
第二节　海洋中心城市国际化与天津的实践　/ 222
第三节　天津国际友城合作助力海洋中心城市国际化　/ 236

第八章　城市国际化视野下天津国际友城合作的案例分析
第一节　天津神户友好城市交流的背景、活动与成果　/ 266
第二节　天津国际友城助力城市国际化的探索
　　　　——以中埃·泰达模式的探索为例　/ 278
第三节　中日健康产业国际合作——以中日（天津）
　　　　健康产业合作示范区为例　/ 288
第四节　国际友城合作在东亚地区构建人类命运共同体的作用
　　　　及未来发展方向——以天津与东亚国际友城合作为例　/ 301

第九章　持久推进国际友城合作助推天津城市国际化的思考
第一节　天津城市国际化现状及问题　/ 315
第二节　天津国际友城合作现状及问题　/ 322
第三节　以国际友城工作助力天津城市国际化的思考　/ 324

参考文献　/ 336

第一章　绪论

中国经济的发展已经深入到国际经济体系中，并对城市发展提出了新的要求。随着国际交流与合作的不断增强，以城市现代化发展为基础，城市的辐射力、吸引力以及影响力对国际性城市的动态发展产生作用，城市国际化是应对经济全球化的重要举措。在此过程中，国际友城交往是提升城市国际化的有效途径，特别是高质量共建"一带一路"倡议的稳步推进，取得累累硕果。通过与共建国家携手建设和平之路、繁荣之路、开放之路、绿色之路、创新之路、文明之路，中国市场与世界市场联系更加紧密，共建国家发展空间更加宽广，[①] 从而使城市国际化与国际友城交往之间具有双促进作用。中国城市的国际化发展是以中国式现代化新道路和人类文明新形态为遵循和引领的新命题和新实践，它既是对原有城市国际化学术体系和话语体系合理的积极的吸收和继承，又是对新时代新理念新准则的能动修正和重构。为此需要我们立足新发展阶段、贯彻新发展理念、加快构建新发展格局，服务中国的高水平开放、高效能治理、高质量发展，为人民群众创造高品质生活发挥重要作用。

第一节　城市国际化概论

城市国际化是一个城市配置全球资源、融入全球网络、提升国际竞争力的过程。在经济全球化背景下，一个走向国际化的大都市，不仅要有国际化的城市经济服务功能，留住和吸引全球资本、人才和创新的能力，还要有具备促进城市社会发展水平，提升城市国际化软实力和对外传播力的

[①] 吴志成：《树立自信自立、胸怀天下、开放包容的大国形象》，《人民日报》2024年5月24日。

能力。城市国际化是在国家间经济贸易、交通运输、社会文化联系日益频繁的背景下，伴随着国家的高度城市化、经济网络全球化、对外交往的跨国化而出现的城市发展高级阶段和创新形态，代表了城市在国际竞争体系中所具有的规模、等级、地位和功能。[1]

一、城市国际化的内涵和外延

随着经济全球化的快速发展，城市国际化的内涵和外延不断得到丰富和扩展，已经成为开放型经济发展的重要手段。由于判断国际性城市的标准取决于世界各城市在发展过程的相互比较，因而从外部条件来说，一座国际城市的形成不仅取决于其自身所处区域内较之其他城市的相对地位，而且取决于该区域在国际上的重要性和交流的通畅程度以及与其他区域相比较的发达程度。[2] 城市国际化往往对标世界城市发展的主流范式及约定俗成的指标特征，在实现该标准的过程中国际活动次数的增多和活动规模的扩大，使其倡导的行为准则和规范等逐步为国际社会接受，成为国际社会公认的国际城市必备要素。为此，一个国际性城市只要具有强大的创新能力，能够在世界政治、经济、文化、技术等领域引导、控制和管理世界高端生产要素与扩散的中心城市，就是现代化城市发展的持续动力，是国际性城市的形成过程，是城市现代化建设和城市国际化功能不断完善和进步的必然选择。

工业革命后，城市化作为工业化的重要特征首先在发达国家兴起并逐步扩大到世界各地，如国际性城市伦敦、纽约、巴黎、柏林先后崛起，城市之间的合作成为国与国之间关系的重要连接点。第二次世界大战后随着交通信息革命以及世界经济格局的重组，带来国际城市的二次崛起，这其中包括一些亚洲国家的城市，如东京、中国香港、新加坡。随着新兴国家中心城市的兴起，一些区域性新兴市场的城市国际组织参与解决某项重要国际问题，帮助实现全球治理目标，多边城市组织成为各国城市相互交往

---

[1] 李明超：《基于区域竞争力的城市国际化评估与提升路径》，《企业经济》2017年第10期，第127—128页。

[2] 谢守红、宁越敏：《世界城市研究综述》，《地理科学进展》2004年第5期，第56—66页。

的重要平台。① 如亚太地区具有代表性的城市国际组织"亚太城市间合作网络",成立于1987年,总部位于韩国首尔,致力于城市间相互学习和共同发展。还有中国发起的"中国国际友好城市大会"等。新兴市场像磁石一样吸引区域的财富和人才,这些城市的崛起是改变世界经济活动焦点的首要推动因素。在世界各地,城市和它们的关键企业建立起来的经济区,如从芝加哥奥黑尔国际机场到华盛顿杜勒斯国际机场再到首尔的仁川机场,这些地方都已经成为增长最快的经济地带,突出显示连通性的固有价值。日本在推动区域一体化方面,重视交通基础设施的建设,强大的交通网络延伸到日本各地。而韩国则注重发挥城市群在区域经济一体化中的作用,按照非均衡发展的思路,以城市群为依托,计划通过几轮非均衡和均衡发展周期,最终实现区域经济一体化。而中国城市积极参与国际合作,尤其在东亚甚至更广泛的亚洲区域合作过程中,中国地方省份城市发挥了积极作用。中国沿海、沿边的对外开放及其参与的次区域合作是中国新周边外交和新区域战略的重要组成部分。②

二、城市国际化的主要特征

随着全球化进程的加速和城市化趋势的不断发展,城市国际化既是其通过经济、政治、文化、科教等活动全面融入国际社会,快速提升城市治理水平和治理能力,提高城市综合竞争力推动城市发展的过程,又是在经济全球化背景下积极参与国际事务,与其他城市和国家建立友好合作关系,在国际舞台上发挥桥梁和纽带作用,推动全球城市合作与发展的过程。

(一) 建立城市国际化相关指标体系促进城市国际化

1. 城市国际化评价指标体系的发展概况

构建城市国际化评价指标体系是定量研究城市国际化水平提升的基

---

① 龚铁鹰:《国际关系视野中的城市:地位、功能及政治走向》,《世界经济与政治》2004年第8期,第38—41页。
② 张蕴岭:《中国与邻国的关系》,载王逸舟主编《中国对外关系转型30年》,社会科学文献出版社2008年版,第34页。

础。国内外许多研究机构、专家学者建立了与城市国际化相关的总指标体系和专题性指标体系，尤其是1996年联合国伊斯坦布尔城市年会提出的城市国际化指标体系对构建城市国际化评价指标体系具有重要的借鉴作用。国际上对特大城市综合承载力评价体系研究较多。瑞德是最早用多个变量分析世界城市的。他用9个金融变量和41个文化、经济、地理和政治变量讨论40多个国家76个城市的国际化水平。[1] 弗瑞德曼1986年在《世界城市假说》一文中提出，衡量世界城市的7大指标，即采用金融中心、跨国公司总部、国际性机构、第三产业增长速度、制造业中心、交通运输节点和城市人口规模作为标准来衡量国际城市。[2] 这些指标深化了对城市国际化的认识。萨森认为国际化城市应具备以下四大特征：高度集中化的世界经济控制中心；金融和特殊服务业的主要所在地；包括创新生产在内的主导产业的生产场所；作为产品和创新的市场。并采用"银行数"和"跨国公司总部"这些指标来衡量国际化城市的地位。[3] 希尔斯通过比较东京、新加坡、中国香港、中国台北和上海等国际化城市的特点，采用57个指标来测量其提出的杰出城市指标。[4]

2. 国际组织和机构发布的具有国际影响力的指标体系

目前具有较大影响力的城市国际化评价指标体系主要是由国际组织和机构发表的国际城市发展指标体系，包括伊斯坦布尔城市年会提出的城市国际化指标体系、全球城市指数以及《世界城市名册》等。

（1）伊斯坦布尔城市年会提出的城市国际化指标体系

1996年联合国伊斯坦布尔城市年会提出城市国际化指标体系，包含经济发展水平、城市产业结构、基础设施建设水平、社会开放水平、经济对外交流水平5个方面的17个具体指标，该指标体系用来衡量城市国际化发展的绝对水平。这个指标体系主要反映城市经济发展水平、基础设施建

---

[1] Reed, H. C., "The Preeminence of International Financial Centers," New York: Praeger, 1981.

[2] Friedman, J., "The World City Hypothesis, Development and Change," No. 17, 1986, pp. 69–83.

[3] Sasen S., "The Global City," Princeton University Press, 1991.

[4] M. K. Ng, Hills P., "World Cities or Great Cities? A Comparative Study of Five Asian Metropolises," City, Vol. 20, No. 3, 2003, pp. 151–165.

设，以及城市建设的现代化等方面。

（2）《世界城市名册》（GaWC）

1999年全球化与世界级城市研究小组以英国拉夫堡大学网络为基础，尝试为世界级城市定义和分类。该体系基于跨国公司"高级生产者服务业"供应水平为城市排名，涉及服务业中的财务、广告、金融、法律4个方面。《世界城市名册》确认了世界城市Alpha、Beta和Gamma 3个级别及副排名。

（3）全球城市指数（GCI）

2011年美国《外交政策》杂志和科尔尼管理咨询公司、芝加哥全球事务协会联合颁布全球城市指数，形成了一个涵盖商业活动、人力资本、信息交流、文化体验、政策参与5个评价维度的指标体系，用于反映城市国际化水平。这些指标通过采用主观赋予权重的方法，对上述指标的统计数据进行处理，得到城市全球化指数取值及其排名。

目前用于反映国际化水平的指标十分复杂，各种划分都具有各自的标准和逻辑性。这些由权威机构发布的指标体系在国际上被广泛接受。但在新经济重塑产业结构、互联网改变生活方式的今天，国际化的构成要素和实施路径发生了深刻变化。随着全球总体贸易强度下降，服务贸易在全球贸易中的价值增大，价值链变得越来越区域化、知识密集化，城市国际化的焦点也越来越集中在服务贸易、高端制造业以及以知识产权为核心的创新研发、专业服务、文化创意等知识产权密集型行业的转型上，因此被吸引的国际创新企业和人才成为城市国际化发展的重要方向。

（二）城市国际化演进呈现出等级化渐进发展

城市在国际化进程中不再是孤立的发展个体，其发展不再局限于各自的行政边界。区域与全球范围内的城市更多地表现为相互之间的联动，通过大都市带、多中心城市群和多中心巨型城市区域，将全球经济整合到一个以多个大城市集合为重要节点的体系中。随着信息技术的不断发展，城市之间的联系更加多样，城市网络化成为当今世界城镇化发展的新趋势。[1]

---

[1] 郑伯红、唐艳丽：《城市网络化与城市国际化》，中国社会科学出版社2020年版，第5页。

城市国际化的路径选择因不同的城市而异，但世界绝大多数城市的国际化都经历了从初级阶段发展到高级阶段的进阶过程。城市国际化没有标准的演化模式，每个城市的国际化进程，均根据自身的客观条件、区域条件、对外联系、产业状况等因素，选择正确的方法与途径提升城市国际化水平。基本经历了国内区域中心城市—国内中心城市—区域性国际中心城市—国际中心城市四个阶段。[1] 在这一过程中，城市国际化呈现不同的等级规模结构，包括：拥有全球经济实力的世界城市；正在国际化进程中，还不具备全球城市或区域性的国际城市；拥有在政治、经济、社会和文化某一方面具有国际影响力的城市；人口增长造成庞大聚集的大城市；各国国内的区域性中心城市和其他城镇等。城市与区域之间最初是进行实体的物流联系，进而与区域之间通过信息和资本流动发生作用。当区域经济发展到能够为区域中心城市提供全球集聚效应时，中心城市的辐射作用跨越国界。[2] 特别是跨国公司的发展和国际贸易的盛行，在经济全球化持续不断地影响着世界城市体系格局下，又成为城市和区域发展的根本动力。

（三）城市国际化是城市现代化的持久推动力

城市国际化发展以城市现代化为基础，并成为城市现代化的动力。高度国际化的城市是人、商品和信息高度密集的区域，其通过交通、信息等基础设施的连接由国内扩展到区域甚至全球，从而形成多个核心城市之间的功能性互补与合作，以快速可靠的运输和通信基础设施走廊作为支撑，取得经济效益的最大化。[3] 城市国际化进程包括两个相互交织的阶段。一是内向被动的国际化。国际化的规范为学习和参照标准，逐步适应并接受他国的生产、生活方式，最终实现与国际接轨。二是外向主动的国际化。随着城市在国际上活动次数增多和活动规模扩大，其所倡导的行为准则和

---

[1] 于宏源：《上海建设全球国际化城市的思考与建议》，《上海城市管理》2019年第3期，第41页。

[2] Camageir, R., and Salone, C., "Network Urban Structures in Northern Italy: Elements for a Theoretical Framework," Urban Studies, Vol. 6, 1993.

[3] 吴启焰：《城市密集区空间结构特征及演变机制——从城市群到大都市带》，《人文地理》1999年第1期，第14页。

规范逐步为外国接受，并成为国际社会公认的国际城市必备要素。[①]在此过程中由于具有流动性、开放性和连接性，使得城市群内部城镇之间、城镇与区域之间以及城市群与外部系统之间，建立起人口、物质、金融信息流传播的通道，其辐射力和影响力超越了地域和国界，代表国家和地区参与世界经济分工和合作，遵从和制定全球规则和惯例，将城市塑造成为适宜于国际交流、联系、竞争与合作的环境，在国际交往中通过具有某个或综合性的外向型功能，在国际政治、经济和文化生活占据重要地位，是一个国家或地区参与国际政治、经济和文化的重要载体。全球化和信息化交互作用的过程，是一个国家城市发展和体系建设的动态发展过程，也是随着地位和作用的逐步提高，逐渐成长为国际化城市的过程。

三、中国城市国际化的路径选择

在世界百年未有之大变局中，经济全球化遇到逆流，中国提出新发展理念，即培育合作新增长点，开展健康、绿色、数字、创新等新领域合作，促进城市间的联系和互动，加速区域一体化进程，提升城市国际化的功能和水平。中国经济的发展已经深入地融到国际经济体系中，而新时代又对城市发展提出新的要求。从全球视野认识城市发展问题，探讨国际分工与城市发展之间的关系，对加快中国城市国际化步伐、提高国际竞争力具有重要指导意义。

（一）以高质量发展为导向的具有引领性的动态过程

中国城市国际化的发展路径要以中国特色的城市发展为导向，先行先试，以问题为导向，不断解决发展过程中所遇到的难题和挑战，在解决问题的过程中不断制定和完善规则，从而形成以高质量发展为导向的可持续发展模式。

1. 高标准、惠民生、可持续性的高质量发展

推进城市国际化是促进中国高质量发展的重要途径。在现实生活中，城市之间存在着各种联系，具有相互依存、相互制约和相互促进的特点。

[①] 李明超：《基于区域竞争力的城市国际化评估与提升路径》，《企业经济》2017年第10期，第130页。

在国际化发展过程中，城市发展不能独善其身，国际化城市处在世界城市网络体系的不同层级中，通过人员、货物、信息技术等要素流动发生联系。为此，城市国际化应具备高标准、惠民生、可持续的发展。高标准指的是在城市国际化推进过程中注重绿色和廉洁建设，以绿色技术应用为核心共享科技合作成果，将当前先进的生产技术、理念、模式和高效的管理方式运用到城市国际化发展道路上。惠民生指的是快速提升民众获得感的重要途径，是城市国际化的根基和目的，通过生产、贸易、产业、科技、信息和金融国际化等手段使民众具有更多的获得感和幸福感。在三个指标中可持续的目标最为重要，前两个指标可以说是广义的可持续，第三个指标可持续才是高质量发展的落脚点，具有多层次的内涵，但重要的是需要做到目标和手段的匹配。首先，坚持可持续性理念，既满足当代人在环境、社会和经济方面的发展，又不损害后人满足其需求能力的发展。其次，经济社会发展具有可持续性，协调经济发展与环境保护之间的关系，通过经济增长、社会进步、资源环境生态建设相统一，既满足当代城市的发展需要，又满足未来城市发展的需要。可持续发展是城市国际化的基础，城市国际化要坚持走可持续的发展之路。

2. 具有循序渐进扩大辐射力和影响力的能力

城市作为生产要素资源和产业组织的空间载体，是全球经济活动的重要节点。城市的人力资源、技术、信息等生产要素在全球范围内流动，形成了世界范围内资源优化配置的国际城市分工格局。在此过程中以城市化驱动国际化，建设并完善国际化城市的配套基础设施和管理体系，与此同时，通过防范化解各类风险，实现稳增长和防风险的长期均衡发展。随着经济活动的全球扩散，一方面使核心城市的功能进一步加强，促进世界城市的形成与发展；另一方面促进城市国际化网络体系培育与发展。在此过程中凝聚共识，根据合作的需要和深化，逐渐制定区域整体发展的规则和标准是城市国际化的重要功能。发展是凝聚共识的前提条件，这是一个渐进式发展过程，首先实现城市优势方面的国际化，进而实现城市功能的全面国际化。[①] 随着合作程度的加深和范围的扩大，城市的规模优势和经济

---

① 于宏源：《上海建设全球国际化城市的思考与建议》，《上海城市管理》2019年第3期，第41页。

实力对周边、区域甚至全球具有导向和示范作用,其辐射和区域控制能力不断得到扩大和加强。

3. 具有可持续的中国式现代化的引领性

当一座城市在诸多方面承担国家赋予的重要角色并能够成为在某些方面代表国家的中心城市时,其作为国际城市就具有引领性。2007年住房和城乡建设部、中国城市规划设计研究院编制的《全国城镇体系规划(2006—2020年)》明确指出,国家中心城市是全国城镇体系的核心城市,在我国金融、管理、文化和交通等方面都发挥着重要的中心和枢纽作用。[①] 国家中心城市的引领性是国际化发展的前提保证,通过完整、准确、全面地贯彻落实新发展理念,能更好地观察世界、把握时代、引领发展。作为城市国际化的后发参与者,扬长避短,解决在城市的迅猛发展过程中引发的经济、社会、城市建设与管理等方面的问题,正确处理发展过程的相互关系。综合社会、经济、科技、环境的各方面因素,协调经济发展与环境保护之间的关系,从追随者发展为引领者。特别是要摒弃西方以资本为中心的现代化、两极分化的现代化、物质主义的现代化、对外扩张掠夺的现代化老路,拓展发展中国家走向现代化的途径,为人类对更良好的社会制度的探索提供中国方案。为此,通过广泛学习、借鉴和吸收人类和世界的一切优秀的文明成果,并不断创新发展,提升新时代国际化发展功能和成效,突出先进性、可持续性、引领性的品质。

(二) 以问题为导向的综合系统性工程

城市国际化是一个涉及多层次、多目标的复杂体系,即从顶层进行规划设计,有效分解目标到具体行动,做到可执行可操作的综合系统性工程。在这一进程中具有防范化解各种挑战的能力,找到问题解决的办法。国际化城市一般情况下是经济高度发达的中心城市,同时也在社会发展、文化建设,特别是软实力输出方面起到重要的作用。它集制造业中心、商贸中心、金融中心、交通中心、通信中心、信息中心和管理中心为一体,具有综合系统性特征。城市国际化遵循综合性发展原则,着眼于多用途城

[①] 田美玲、方世明:《国家中心城市研究综述》,《国际城市规划》2015年第2期,第71—72页。

市中心功能的建设，体现出全局联结性，对于世界城市的发展具有示范和引领效应。在覆盖面上，要建立健全项目体系、目标体系和指标体系。在推动实施上，要制定合理的规划，挂图作战及项目的具体解决方案。在基础研究上，有总有分，远近结合，虚实结合。在咨询服务上，既有定期决策建议，又有总体的实施方案。因为城市国际化是一个空间概念，是全方位对外开放的城市，反映出超出国界的内容和跨越国界的集散、辐射和影响功能，在城市国际化战略的实施过程中将会面临各种复杂的问题，所以要以问题为导向，根据在城市国际化过程中面临的实际问题，制定有针对性行动纲领，优先、重点明确阻碍城市发展关键问题及对策，体现出策略性和灵活性，针对不同的问题采取不同的措施。

（三）以目标为引领的更高水平的对外开放

国际化城市一般地理位置优越、区位优势明显，是连接国内外经济的桥梁和纽带。对外开放是中国式国际化道路的重要路径和动力。为此，城市国际化在推进过程中要遵守开放性的市场化原则，借助区位优势，通过顶层设计与国内市场和国际大市场高度关联，成为世界市场链条不可或缺的中心环节。接受国际市场供应关系的调节，根据国际市场的需求变化来安排生产、经营，从而成为连接国内外经济的桥梁和枢纽。中国的实践证明，改革开放是决定当代中国命运的关键一招。在统筹中华民族伟大复兴战略全局和世界百年未有之大变局，统筹国内国际两个大局，统筹发展和安全，统筹生态环境和经济社会发展的条件下，既要"引进来"，及时充分地吸收世界先进的一切人类文明成果，也要"走出去"，在高水平国际交流和竞争中动态提升，推动规则、标准等制度性开放，增强中国市场吸引力和中国企业国际竞争力，助力市场化、法治化，由商品要素流动型开放向规则制度型开放转变，着力参与发达经济体市场竞争和引进发达经济体高技术高质量的直接投资，共建"一带一路"倡议实现高质量"引进来"和高水平"走出去"。

（四）以可操作性为抓手具有创新高效的治理能力

中国在城市国际化过程中，统筹国内国际两个大局，做全球经济发展的推动者和国际经济秩序的维护者，在推动城市国际化过程中积极参与全球治理，内外联动不断推陈出新。为此，需要将各项举措落实到具体的城市发展规则中，努力促进城市治理水平和治理能力的提高，通过发展全方位、多层次的国际合作，扩大与各国和各地区的利益交汇点，实现互利共赢。制定的治理措施要具有可操作性，既要做到求前瞻，又要做到重基础、讲策略、利长远。求前瞻，即把解放思想、转变观念作为改革创新的总开关，自觉把思想观念从不适应时代要求、不利于科学发展的桎梏中解放出来，进一步树立一元主导、包容多样的思想理念，树立及时准确、公开透明、全面客观的舆论引导理念，树立全面、协调、可持续的文化发展理念，树立运用新科技、构建新平台的阵地建设理念。重基础，即营造开放包容的合作环境，不断维护发展机遇和发展空间，努力形成深度交融的互利合作网络。讲策略，即发扬专业主义精神，以理性思维解决遇到的各种难题。利长远，即营造稳定有序的安全环境，统筹外部安全和内部安全，坚决维护国家主权、安全、发展利益。通过求前瞻、重基础、讲策略、利长远等措施，营造客观友善的舆论环境，成为城市软性治理的重要一环。

（五）落脚点和最终目标是创造出高品质生活

高品质生活是顺应人民对美好生活期待不断提高的客观要求，也是城市国际化的出发点、落脚点，而高质量发展和高效能治理是高品质生活的基础和前提，两者具有相辅相成的促进作用。特别是随着经济全球化水平持续提升及其向社会文化领域的延伸，城市规划建设领域体现出明显的文化转向，以人为本的服务需求导向成为推动城市发展的新动力。[①] 为此，中国通过不断坚持对外开放的基本国策，以共建"一带一路"为重点，借鉴国外城市治理的先进经验，坚持和谐共生理念，精细管理，打造生态宜居城市，促进城市"精明增长"，以此推动民众从追求物质文化生活到高品质生活，实现从量到质的转变。城市国际化是应对国际局势深刻复杂演变、积极构建新发展格局的必然要求和战略选择，是新时代城市发展育先机、开新局的使命担当和有效路径。把握自信自强、守正创新的时代主基

---

① 李明超：《文化规划的发展成效、模式分析与经验启示——以英国为例》，《城市发展研究》2015年第11期，第26页。

调,坚持开拓创新,要着力在消化、吸收、融合、提升、实效上下功夫,力求做到准确识变、科学应变、主动求变,善于在危机中育先机、于变局中开新局,抓住机遇,应对挑战,趋利避害,奋勇前进。

(六)统筹发展和安全,推动城市国际化机制化建设

城市国际化从广义上讲是城市产业链、供应链、传播链、价值链、创新链在国内国际双循环相互促进的新发展格局下良性的正向的联动和彼此互动,通过推进城市国际化机制化建设为高质量发展建立制度保障,机制化建设是未来的发展方向。首先,这是应对外部挑战的必然选择。目前西方主要大国正在推进对华竞争战略,选择性对华脱钩,面对"逆全球化"的贸易保守主义仍需积极推动全球化,稳定中国作为全球市场的重要借给者的地位。[①] 出于对冲政策的考虑必然要求中国城市国际化发展道路走向制度化和机制化,如果我们不相应地走向机制化,就无法与它们的战略相竞争。其次,机制化建设也是城市国际化自身发展的必然要求。世界银行研究表明,通过研究基础设施对贸易带来的影响发现,如果基础设施+加快过境速度,即机制化安排可将收益率提高3倍;如果基础设施+降低关税收益率也能将收益率提高3倍;如果基础设施+加快过境速度+降低关税收益率则增加4—5倍。单独只是互联互通的收益是有限的,因此机制化建设是其内在要求。最后,实际上中国渐进地推进机制化建设是中国式现代化的重要组成部分。如组织协调的机制化、贸易便利化、投资保护化、融资、争端解决的机制化等,在国际化发展中既与其他城市具有共性,又体现出鲜明的个性特色。所以未来的机制化是推进城市国际化建设高质量发展的必然要求,既是应对外部挑战的措施,也是内部发展的内生动力和必然要求。

(七)参与"一带一路"经济走廊建设是提升城市开放性、声誉和国际影响力的重要方式

城市国际化涵盖了城市发展水平和现代化程度,综合其在全球经济中

[①] 刘云:《全球供应链安全问题的理论及实现研究》,《亚太安全与海洋研究》2022年第4期。

的辐射力和带动力、开放度和融合力、治理能力和服务功能、美誉度和亲和力等要素构建起区域价值链。目前中国面临着全球价值链的重塑以及美西方国家试图"去中国化"。区域价值链建设既是外部发展要求也是自身发展的客观要求。从世界其他国家经验看，参与经济走廊建设就是提升城市国际化高质量发展的重要途径。参与"一带一路"建设需要经历四个阶段。一是以基础设施、互联互通投资为主体构建的狭义经济走廊，此举有效提升城市的经济发展水平。如公路、铁路的建设本身不能产生直接的经济效益，必须建立起与之相配套的基础设施，才能有效地促进市场各要素的流通。二是通过城镇化、更新城乡基础设施、促进工业发展、改善中小企业投资环境、增加旅游基础设施投资等方式实现所谓的"地区发展计划"，拓宽经济走廊，此举为城市国际化赢得声誉。三是以贸易便利化为核心，促进跨境商品、服务、人员流动，此举将促进城市国际化更具开放性。四是协调不同国家区域发展的计划与政策，形成真正意义的跨境经济走廊，这是城市赢得国际影响力的重要途径。经济走廊建设决定区域价值链的重塑，中国构建以国内大循环为主体、国内国际双循环相互促进的新发展格局为共建"一带一路"高质量发展带来机遇，为将来建立以中国为中心的区域价值链奠定基础。

（八）建立中国城市国际化的话语传播体系

对于城市国际化的发展路径，应建立自己的整体话语体系。如中国提出的共建"一带一路"倡议，世界各国对其具有不同认知，为此国际合作会出现一些困难。当年美国提出的布雷顿森林体系，确定了战后国际金融体系基础，其核心是美元与黄金挂钩，其他国家货币与美元挂钩，美国通过这一系列制度性的安排确定了美元的世界货币地位，确立了美元的霸权地位。但当时美国对外宣传，其目的是维护战后国际金融体系的稳定，推动贸易投资的自由化。为此，现实中我们也要建立城市国际化的指标和话语体系，特别是参与"一带一路"建设的话语体系。随着中国城市对外交往不断增多，城市国际化实践取得了长足进步。国内越来越重视对城市国际化的评估，从城市的国际竞争力、经济国际化开放度、人文的国际化开放度进行评估，但目前城市国际化还缺乏全球统一的评价制度，指标体系多种多样。国内一些城市根据自己的发展特色建立了一些国际化指标体系，如青岛、深圳和杭州等城市将国内外知名城市纳入评比之中，确定城市国际化领域的主要利益相关方，根据需求和性能特征制定指标。通过评估及时发现城市管理的薄弱环节，提出了具体的措施提升城市国际化水平。从此，这些城市以共商共建共享为理念，打造命运共同体，同时向世界展现真实、立体、全面、生动的推介，塑造可信、可亲、可爱、可敬的城市形象，提高国际传播影响力、中华文化感召力、中国形象亲和力、中国话语的说服力和国际舆论的引导力。

城市国际化是全球现象，经济发达国家在其现代化进程中都经历了国际化，已有的理论通常会以这些国家为范本，与它们相比，中国城市国际化具有自身特点。中国在高质量发展阶段，以城市国际化发展为契机和动力，助推城市治理水平的提升，打造世界一流的城市治理体系和治理能力，为城市国际化提供中国方案。

四、中国城市国际化发展的时代意义

城市国际化的发展道路与中国的发展战略息息相关，中国的和平发展道路必然需要一批世界级城市作为引领和支撑。城市国际化是中国的一道亮丽名片，具有强烈的示范效应，是中国和平发展，构建人类命运共同体的重要路径。

（一）城市国际化是共建"一带一路"倡议的承载者和发展者

当前及未来一段时间，新型全球化、全球新一轮科技和产业革命将重塑世界发展新格局。伴随着中国改革开放的深入发展，中国经济总体水平得以提升，但地区之间的平衡问题依然存在。在20世纪90年代中后期中国东西部地区之间的差距和不平衡突出，为了缩小东西差距，中国着眼于西部与陆上邻国接壤的独特优势，开始推动内陆跨境贸易发展。始于2003年的西部大开发政策加快了铁路、公路、输油输气管线等基础设施建设。与此同时，中国还确定了京津冀协同发展、长江经济带、粤港澳大湾区建设等国家战略；强调各地区要加强共建"一带一路"与这些战略的对接，带动形成陆海内外联动、东西双向互济的开放格局；根据实际需要形成全球化战略，依托规模优势配置全球优质资源，促进经济转型升级。作为中国向国际社会提供的国际公共产品和规模最大的合作平台"一带一路"，将中国的许多城市推向国际，激活中国东、中、西的全面开放，使得中国许多城市顺应国际化潮流，融入国际化的全球城市网络体系，在全球城市竞争中获得一席之地。由于共建"一带一路"倡议是全球性的，并不针对任何特定的地理区域，中国已经与联合国、东盟、非盟、欧盟、欧亚经济联盟等国际和地区组织的发展和合作规划对接，与各国发展战略对接，直接参与全球经济，中国的城市在连接国内外经济活动中，随着地位和作用的逐步提高而成为国际化城市。

在经济全球化的背景下，许多发展中国家正处于现代化进程的关键阶段，普遍将本国的工业化作为促进发展、改善民生、增进就业的重要手段。中国作为全球化的主要推动者，不仅在世界经济体系中的地位稳步提升，也在国际治理体系中的话语权和影响力不断增强，还将继续扩大高水平对外开放，稳步拓展规则、管理、标准等制度型开放，推动共建"一带一路"高质量发展。从货物贸易看，2018—2023年，中国与"一带一路"共建国家货物贸易从1.9万亿美元增长至2.8万亿美元，年均增长8.1%，占比由40.6%提高至46.6%。从投资看，2018—2023年，中国对"一带一路"共建国家直接投资累计超过1800亿美元，年均增长5.9%。从承包工程看，2018—2023年，中国在"一带一路"共建国家新签承包工程合同额、完成营业额累计分别达1.3万亿、0.8万亿美元。中国通过商建双边机制加强沟通对接，与24个"一带一路"共建国家建立贸易畅通工作组、与64个"一带一路"共建国家建立投资合作工作组、与7个"一带一路"共建国家建立服务贸易合资机制。中国还通过商签经贸协定来释放制度红利，已与"一带一路"共建国家签署了15个自贸协定。[1] 从2013—2022年，我国企业在共建国家建设的境外经贸合作区已为当地创造了42.1万个就业岗位。预计到2030年，共建"一带一路"可使相关国家760万人摆脱极端贫困、3200万人摆脱中度贫困，将使全球收入增加0.7%—2.9%。[2] 2013年诞生、2016年统一品牌、安全稳定运行10余年，中欧班

---

[1] 《2018年至2023年中国与"一带一路"共建国家货物贸易年均增长8.1%》，《人民日报》（海外版）2024年8月7日。

[2] 《我国已与152个国家、32个国际组织签署共建"一带一路"合作文件》，中国政府网，2023年8月24日，https://www.gov.cn/lianbo/bumen/202308/content_6899977.htm。

列累计开行超 10 万列（含回程），通达欧洲 25 个国家 227 个城市、亚洲 11 个国家超 100 个城市。① 从中可以看出共建"一带一路"为中外数万家企业带来了商机，为沿线数亿民众带来了实惠，同时为稳定国际产业链供应链作出突出贡献。可以看出共建"一带一路"在巩固联通与循环、硬联通与软联盟等方面相得益彰，在参与规则和引领规则、机制创新、平台创新方面，为沿线国家搭建了国际合作的平台。中国的城市目前正系于中国实现伟大复兴的前沿，为中国的中心城市走向世界，建设全球性城市提供了历史性的机遇和条件。

共建"一带一路"倡议为城市国际化提供重要机遇。"一带一路"，它既有古代丝绸之路的路线痕迹，又不仅仅作为重建古代陆、海丝绸之路的商贸路线，而是有着历史性的超越。它既包括陆、海基础设施建设，又包括沿线水电、机场、港口、管道以及空中和海域运输走廊，还包括产业园、科技园、产能合作、自贸区建设等方面的综合性支撑项目。用"带"来表述，不仅是通道，还包括由沿线、跨境的通道产业园构成的经济带。共建"一带一路"具有多元复合性，中国通过陆上、海上、空中、管道、网络（光缆）、线路（输变电）等连通性基础设施，建设中国与周边和世界的互联互通的复合性网络，建立相互支撑的基础设施与产业合作体系。基于地理位置、自然环境和相互关系，与周边国家实现良性互动成为中国处理周边外交的一项优先选择。共建"一带一路"倡议实施多年，越来越多的国家和地区加入进来，特别是新冠疫情暴发后，中国与"一带一路"沿线国家的联系具有韧性，这对于促进受疫情影响国家的复工复产发挥了巨大作用。这是一种新型国际关系，具有开放性、多元性和包容性，开创了国际合作的新范式，具有与以往经济协作不同的重要特点。它既没有设定一个涉及沿线国家的多边机制，也不与现行的多边安排相冲突，更不会替代现有的机制与安排，它把合作共赢、共商共建共享理念作为中国外交思想中最核心的理念，得到沿线国家的接受和认同，带动各国的发展，使其从中受益。

---

① 《中欧班列累计开行超 10 万列（含回程），运送货物逾 1100 万标箱 为世界经济发展注入新动力》，中国政府网，2024 年 11 月 30 日，https://www.gov.cn/yaowen/liebiao/202411/content_6990227.htm。

全球基础设施缺口已经成为全球可持续发展的关键瓶颈。全球基础设施中心、牛津经济研究院的《全球基础设施展望》估计，2016—2040年全球基础设施投资需求将达到94万亿美元，平均每年需要投入3.7万亿美元，而同期世界基础设施投资缺口达到19%。各国只有将投资份额提升到国内生产总值（GDP）的3.5%才能增补。[①] 为此中国政府认识到中国必须以建设性、负责任的态度投入到填补全球基建资金短缺、提供公共产品的行动中去。中国抓住这一机遇，借助共建"一带一路"倡议，中国实力已经处于一个全新的发展阶段。2010年，中国超过日本成为世界第二大经济体，超过德国成为第一大出口国。2013年，中国超越美国成为世界第一大贸易国，2014年再次超越美国成为世界第一大经济体（按购买力平价衡量）。[②] 中国正在由经济大国向经济强国、地区大国向地区强国迈进，中国经济对世界贡献越来越大。根据国际货币基金组织的一项分析估测，中国经济增速上升1个百分点，其他国家的增速将上升约0.3个百分点。特别是新冠疫情三年，尽管中国经济受到冲击影响，增速有所缓解，但平均增速仍为4.5%，远高于1.8%的世界平均水平。到2022年底中国经济总量突破120万亿人民币，10年增加了70万亿人民币，年均增长6.2%，在高基数基础上实现了中高速增长，迈向高质量发展。[③] 中国比历史上任何时期都更接近中华民族伟大复兴的目标，比历史上任何时期都更有信心、有能力实现这个目标。

中国城市的发展在联通东西方、贯通亚非欧及拉美许多国家和地方的主要通道中占据重要位置，其发展方式通常以经贸为主线，与之相伴的是宗教、政治、文化、军事、外交等交流贯穿于丝绸之路，对于增进中国与世界的联系与沟通起到了重要作用。研究和总结中国城市与世界城市在经济、政治、文化交往和不同文明之间的互学互鉴，对于促进不同文明之间的交流互鉴，构建人类命运共同体具有重要意义。所以中国需要借共建

---

① Global Infrastructure Hub and Oxford Economics, "Global Infrastructure Outlook, 2018," 2018, Oxford Economics, https://www.oxfordeconomics.com/resource/global—infrastructure—outlook/14/c_1129001397.htm/.

② 张明丽、孙颖妮：《中国经济未来增长点在哪？》，《财经》2022年第2期。

③ 《动力澎湃的中国将为推动全球经济复苏释放更多利好》，新华社，2023年3月15日，https://www.gov.cn/xinwen/2023-03/15/content_5746948.htm。

"一带一路"倡议提升中国软、硬实力的新型国际友好城市合作创新,在跨国界相互交流中,不断提升城市辐射力、凝聚力和吸引力。在"一带一路"建设中通过城市群与区域一体化建设、不断改善营商环境和智慧城市建设,将城市现代化与城市国际化作为重要的推动力量,不断总结发展模式、政策理念、规划规范与标准,坚持创新、协调、绿色、开放、共享的新发展理念,坚持丝路精神,符合各国发展的基本诉求,有助于支撑中国与外部世界的更好互动。

(二)为全球治理提供中国方案

城市国际化为完善全球治理体系变革提供了新思路和新方案,体现出全方位、多层次、复合型的特点。中国是具有人口和地理超大规模特征的国家,其城市国际化过程中涉及的人口规模、空间范围及影响程度很大,虽与国际经验有一致性,但在推进速度及背后的机制方面具有自身的特点。中国初期"走出去"战略以基础设施互联互通、国际产能合作为传统基建目标为基础,根据实施项目的进展情况,不断为传统基建赋予"新基建"之能,演变到同时包括制造业、服务业,推出了数字丝绸之路、绿色丝绸之路、冰上丝绸之路的建设,中国与沿线国家就需求优先培育基建合作的新增长点,减贫、环保、防灾、5G技术、大数据、人工智能等领域为共建"一带一路"设施的互联互通增加新的增长点。积极参与全球数字治理、气候变化治理和公共卫生治理。在合作方式上有政府、产业、能源、海关、投资、金融、人才、科技、旅游等方式;在合作渠道上有国家间、地区间、城市间、机构间等多领域合作。同时在深度参与全球经济化进程中,又推动共建"一带一路"国际合作与京津冀协同发展、长江经济带等重大国家战略对接,形成了"走出去""引进来"的国内国际双循环模式。中国在推进城市国际化进程中所遵循的务实合作、开放包容、可持续发展理念得到越来越多国家的肯定,成为完善全球发展模式和全球治理的重要组成部分,在推动发展中国家合作、实现可持续发展目标中发挥着积极作用。

(三)为"全球南方"的发展提供新的思路

在全球抗疫行动中,城市在联结世界城市特别是国际友城之间共克时艰、团结抗疫以及复工复产中发挥重要作用。新冠疫情防控期间，国际海运、空运因疫情封闭措施受到影响，中国各个中心城市借助共建"一带一路"为畅通国际物流、稳定国际产业链供应链提供了有力保障。以中欧班列为例，已成为运输防疫物资的重要物流，中国在"全球南方"国家中赢得了声誉，特别是地方友城之间的援助尤为感人。"全球南方"泛指拉丁美洲、非洲、亚洲和大洋洲的发展中国家，相比大部分位于北纬30度以北组成的发达国家（39个）而言，"全球南方"国家经常被描述为新兴工业化国家或正处于工业化进程中的国家，已约定俗成，这一概念也得到联合国南南合作办公室的认可。"全球南方"不再以差距、阵营、宗教和制度等意识形态画线，而是包括整个发展中国家和地区，统称一体。[①] 作为"全球南方"经济体的代表通常被国际货币基金组织统称为新兴经济市场和发展中经济体，包括亚洲新兴市场和发展中经济体、欧洲新兴市场和发展中经济体、拉丁美洲和加勒比地区、中东和中亚、撒哈拉以南非洲等地区。其多边组织的具体代表包括拉美和加勒比国家共同体、金砖国家、"77国集团和中国"、上海合作组织等，它们遵循自己认可的的国家利益，寻求扩大外交政策自主权。[②] 新冠疫情对全球体系都造成了冲击，导致众多行业停摆、国际合作遇阻。截至2021年3月底已累计发送防疫物资1104.6万件，中方向印度尼西亚、阿联酋、马来西亚、巴基斯坦、土耳其等共建"一带一路"国家开展医疗联合生产，与各方就传染性防控、公共卫生、传统医药等领域拓展合作。《国际金融论坛2021中国报告》指出，第四次"一带一路"国家央行年度调查结果显示，87%的受访央行认为共建"一带一路"项目有助于后疫情时代经济复苏，其中75%的受访央行表示这些项目有助于绿色复苏和可持续发展。后疫情时代，与第四次科技革命所呼应的是，远程医疗、在线教育、共享平台、协同办公、跨境电商等服务得到广泛应用。共建"一带一路"作为国际化、高质量、可持续的投资和贸易网络，为全球经济复苏作出重要贡献，特别对于广大沿线的"全

[①] 傅梦孜：《"全球南方"崛起，"一带一路"未来可期》，上观新闻，2023年9月20日，https：//www.shobserver.com/staticsg/res/html/web/newsDetail.html? id = 655407。

[②] 葛建华：《"全球南方"崛起与地缘战略竞争——美日欧联动应对路径和方法分析》，《亚太安全与海洋研究》2024年第2期，第53—71页。

球南方"来说尤为重要。高质量共建"一带一路"取得累累硕果，通过与共建国家携手建设和平之路、繁荣之路、开放之路、绿色之路、创新之路、文明之路，中国市场同世界市场的联系更加紧密，共建国家的发展空间更加宽广。[①]

在百年未有之大变局的背景下，国际形势不稳定、不确定、不安全因素日益突出，为此我们要保持定力，增强信心，集中精力办好自己的事情，特别是涉及城市发展问题，面对"逆全球化"思潮泛起和一些大国大搞单边主义、保护主义，中国仍然坚定不移地扩大开放，积极把握城市发展的变与不变因素，力争在未来不确定性中谋划一个相对确定的未来，促进城市国际化向纵深方向发展。中国的城市国际化演进逻辑具有鲜明的自身特点，中国在经济高速增长阶段之后，中国特色社会主义进入新时代，发展阶段的转变要求城市国际化的功能和推进方式发生调整，能否遵循发展规律、因势利导地推进这种进程是值得研究的重要命题。

第二节 国际友好城市合作助力城市国际化概论

城市是人类在地理上的聚合，又是人类生产和社会活动的基础，是最为持久和稳定的社会组织形式。随着城市国际化的推进，城市外交在国际舞台上日益发挥着重要作用，国际友城合作作为城市外交的主要形式和稳定的机制安排，日益成为评价城市国际化水平的重要标志之一。在中央授权或政策指导下，国际友好城市合作服务于国家的总体战略，通过互补合作或是强强联合，建立起一对一或一对多的国际友城协调机制，促进区域一体化的发展，促使城市国际化水平提升，日益受到各国地方政府的重视，成为其对外关系的重要平台和对外交流的重要渠道。

一、国际友好城市合作对城市国际化的促进作用

城市间交流在加强各国人民间相互理解、提升地方经济活力、推动两

[①] 吴志成：《树立自信自立、胸怀天下、开放包容的大国形象》，《人民日报》2024年5月24日。

国关系发展、维持世界和平中发挥着重要作用。这一作用将随着国际关系的复杂化、世界经济一体化的深化越发显现。缔结友好城市已被认为是城市间加强国际交流的一种必要且有效的制度工具。国际友城在发挥半官方性质民间外交的基础上，服务于国家的总体战略，特别是在文化传播、经济科技交流合作、人才培养等方面具有独特作用，以国际友城合作为着力点和发力点，促进国家之间的民心相通，以此促进国际友好城市合作向宽领域、深层次、高水平、立体全面领域发展。中国国际友好城市在走过的40年发展历程中，已经成为中国对外开放交往的重要平台，国家总体外交战略的重要组成部分，成为推动城市国际化进程的重要力量。

（一）国际友好城市的基本概念

国际友好城市（International Freindship City）是"世界各国地方政府之间通过协议建立起来的一种国际联谊与合作关系"。在美国被称为"姊妹城"（Sister City），在英国与加拿大被称为"TWINS"（Twin City），意为"双胞胎"，在德国被称为"Partnerstant"，意为"伙伴城市"，日本既使用"姊妹城市"，也使用"友好城市"。日本"姊妹城市"或"友好城市"的认定需满足以下三个条件，即两地方政府正式签订合作协议书、对交流领域没有进行特别限制，且活动预算得到地方议会的承认。[①] 当年，周恩来总理将其定名为"友好城市"，深意在于友谊之外，又赋予了平等与尊重，这也是中国在处理国与国关系时一贯的准则。友好城市是对城市间，特别是对两国的城市间交流、合作，建立友好关系的一种表述。通过缔结友好城市，不同国家的城市因促进经贸联系、文化交流、历史传承等原因建立起来的结对关系，具有长期性、友好性和综合性的特点。通过城市领导的定期会晤机制对经济、社会、文化等方面展开全面而深入的交流，特别是遭遇自然灾害等突发灾难，友好城市将提供力所能及的帮助。

国际友城合作为市民提供了参与国际交流的机会。市民通过国际交流丰富了人生阅历，增加了不同国家、不同文化国民之间的理解与包容。通过缔结友好城市不仅可以促进城市的国际化，还有利于城市社会文化发展

[①] 佐藤智子、「自治体の姉妹都市交流」、明石商店2011年版、第21页。

与经济增长，并为推动两国关系、维持世界和平作贡献。① 具体可以从以下方面概括缔结友好城市的作用。

首先，友好城市关系的建立有助于提升两市间的信赖，增加亲近感，有利于促进两市在各领域开展的交流与合作。友好城市的缔结也为两市各层人士间交往、各组织间开展友好交流活动提供了依据与保障，使民间交流活动更容易得到政府的支持。其次，在友好城市框架下，涉及所在区域的所有课题都可以成为友好城市交流、合作的主题，有利于扩展交流、合作领域。不仅包括青少年对海外世界的理解，还包括从环境、福祉、街区建设到多文化共存的所有地域社会课题。同时，友好城市关系缔结后，双方都会以周年庆典为契机，开展两市政府官员间互访，民间团体交流并举办各种活动。这不仅有利于增进两市人民的友谊，促进两市友好关系的发展，而且有利于交流合作的可持续性，成为缓解国家间关系的缓冲器与稳定国家间关系的基石。最后，从长远来说，通过友好城市间交流有利于加深民众的相互理解，增强对不同文化的包容性。这些直接关系到世界未来的和平。国家间关系的维系与加强除了依赖两国间外交，建立城市与城市间、市民与市民间的交流渠道也是非常有必要的。因为，外交的基础是国民间的相互理解、相互信赖。如果国民间能够通过缔结友好城市产生国际的相互信赖、连带感与亲近感，会有利于加深相互理解，从而为世界和平作出贡献。缔结友好城市，有利于形成"建立城市与城市、市民与市民间交流的渠道—提升城市国际化、增加城市福祉与市民间理解—维系与增强国家间关系"的良性循环。

中国国际友好城市的建立是民间外交活动的重要组成部分，由中国人民对外友好协会和中国国际友好城市促进会协调。截至 2024 年，中国同 150 多个国家的 400 多个组织和机构建立了友好交流合作关系，协调推动中国与世界 140 多个国家建立了 3000 多对友好城市（省州）关系，建立起跨越五大洲的"朋友圈"和"伙伴网"。② 友好城市正日益成为发展中

---

① 毛受敏浩、「『姉妹都市交流ブックレット』の読み書き方」、「自治体国際フォーラム」、2006 年 8 月、http://www.clair.or.jp/j/forum/forum/pdf_202/15_library.pdf。
② 《专访：全国对外友协会长杨万明：友城交往架起人民友好连心桥》，澎湃新闻，2024 年 11 月 21 日，https://baijiahao.baidu.com/s?id=1816322445705596901&wfr=spider&for=pc。

外友好，促进友好交流与互利合作的重要抓手。民间外交是国家总体外交的重要组成部分，是国家关系和官方外交落地见效、惠及人民、增进友谊、凝聚共识的重要基础性工作，拥有主体多、领域广、资源丰、接地气、打基础等特点和优势，为争取朋友、对外传播、赢得人心、促进合作发展发挥了不可替代的重要作用，为构筑和夯实中外友好的利益基础和民意基础发挥着不可替代的重要作用。中国政府与国家领导人高度重视中国国际友好城市工作，中国国际友好城市工作对促进中国与其他国家友好往来发挥了重要作用。如在中日国际友城交流40周年研讨会上，中国人民对外友好协会兼中日友好协会副会长井顿泉在致辞中肯定了中日两国国际友城在发展中日关系方面发挥的作用，并指出"中日两国国际友城在各领域开展了积极务实的交流与合作，有效增进了两国人民的相互理解和友好感情，推动了双方经济和社会发展，也为维护中日关系的健康稳定发展发挥了重要作用"。[1]

（二）国际友好城市合作对城市国际化的促进作用

随着国际社会的互联互通，城市针对经济活动作出的决策日益具有国际影响力，在国际舞台上扮演着重要的角色，使城市的辐射力和影响力发挥重要作用。目前城市对全球GDP贡献率达到70%。国际上许多发达国家的大城市建立起国际性委员会，并面向国际制定出国际友好城市合作政策，扩大城市在诸多领域的话语权。如美国洛杉矶于2017年建立了一个专门负责国际事务的办公室，人员组成包括很多国务院、商务部和国防部前高层以及白宫前顾问。他们的日常工作是与驻外领事馆、商务办事处就地方乃至国家问题展开合作，以期为联邦政府和地方政府带来更多的贸易和文化交流机会。如今，全世界国际化程度最高的城市已经形成由资本、人才和服务推动的超级网络，它们容纳着超过75%的大公司，后者反过来在这些城市进行投资扩张，使城市间的网络进一步扩大。事实上，全球城市已经形成自己的联盟。一些新兴经济体正按照以中心城市和城市群的协调发展来带动整个国民经济发展，通过日趋活跃的国际友好城市合作扩大与

---

[1] 《中日友城交流40周年研讨会在京举办》，中国人民对外友好协会，2013年6月20日，http://www.zryx.org.cn/content/details13_1104.html。

其他国家城市的交流与合作，以此提升城市的国际形象，参与区域经济一体化的构建。如2020年《区域全面经济伙伴关系协定》（RCEP）的签署，标志着东亚地区对于区域一体化的探索取得重大突破，其涵盖了如日本、韩国、新加坡等发达国家，也囊括了东亚的新兴经济体，这些国家的主要城市在《区域全面经济伙伴关系协定》区域内的国际友好城市合作日趋活跃，区域经济一体化发展的目标最终还要依托中心城市、都市圈、城市群和城市群绵延带，通过构建互联互通的交通通信体系、自由贸易和要素合理流动的规则、标准和渠道来最终完成。

二、中国国际友好城市助力城市国际化的路径选择

国际友好城市合作日益成为深化中国与世界各国友好交流合作的重要方式和途径，成为中国扩大对外开放、提升国际形象、服务总体外交、讲好中国故事的重要载体和窗口，为增进友城彼此的友谊、促进彼此的友好交流与互利合作发挥了重要作用。所开展的国际友好城市合作，即城市地方政府在国家主权和总体外交战略的框架内，为实现国家总体发展战略，推进城市建设发展，在中央政府的授权或政策指导下从事国际交往活动。一般来说是由中央政府授权，服务于本国的外交政策和城市自身的繁荣发展。国际友好城市合作的主体是城市的地方政府，作为一种特殊的外交形态，在中央政府授权和指导下，为执行国家的对外政策和谋求城市安全、繁荣和价值等利益，与其他国家的官方和非官方机构围绕非主权事务开展的制度化的沟通活动。国际友好城市合作已经涵盖安全、发展、经济、文化、网络等领域，具有半官方性质。如果与纯民间外交相比，其具有官方色彩，但相对于由中央政府推行的官方外交而言，又具有接近民间、非官方色彩。2014年5月15日，国家主席习近平在中国国际友好城市大会暨中国人民对外友好协会成立60周年纪念活动的讲话中，指出民间外交要开拓创新，多领域、多渠道、多层次开展对外友好交流。要以诚感人、以心暖人、以情动人，拉近中外人民距离。要开拓更多交流渠道、创建更多合作平台，引导国外机构和优秀人才以各种方式参与中国现代化建设。要大力开展国际友好城市工作，促进中外地方交流。要重视公共外交，传播好中国声音，讲好中国故事，向世界展现一个真实、立体、全面

的中国。① 国际友好城市合作始终围绕和坚持"三个服务",即坚持服务国家总体外交、服务地方经济社会发展、服务地方日益增长的国际交往需求。中国日益重视城市间和地区间的合作,国际友好城市合作对于城市国际化的作用也日益凸显。

(一)通过服务于中国总体外交战略促进国际化的多路径发展

国际友好城市合作的兴起,日益反映出全球化时代外交分层化、多元化的客观要求。国际友好城市合作的拓展使其与传统国际体系形成了复杂的互动关系。传统外交致力于捍卫国家利益和执行对外政策,但国际友好城市合作除了服务总体外交之外,还具有服务多样化的国家利益、拓宽城市发展空间、提升城市地方治理系统和战略的任务。大多数城市都面临着各种各样的如文化、环境、安全、跨国犯罪、经济等产生的外交问题,不仅需要服务于并与国家的对外政策保持一致,还要广泛地与世界各国政府、跨国公司、非政府等组织保持密切联系,国际友好城市合作以参与的多元性和灵活性为特点,正成为国家主体外交的延伸和拓展。为激发地方对外交往的积极性,中国大力提倡立体"大外交",形成全方位、多层次的中国特色对外交往布局。城市在统筹主要外事部门如地方外办、对外宣传部门、地方发展和改革委员会、商务委员会、侨务办公室、政协外事委员会等资源基础上,协调文化、教育、科技、旅游等部门的对外事务,发挥智库、企业、媒体和社会各界的对外交往能力,形成国家立体外交的重要组成部分。与传统的地方外事活动不同,国际友好城市合作也承担了一部分传统上由中央政府和职业外交官承担的外交职能,国际友好城市合作成为中国周边外交的重要依托,是缔结伙伴关系网络的有生力量。通过不受级别局限的对外交往方式打通多种渠道,会更少受到时局的影响,借助这种形式,即使双边关系遇到问题时,国际友好城市合作也可以保持交往,维护既有的双边关系,令国与国之间的双边关系更加丰富多彩。如2018年澳大利亚维多利亚州在中澳关系紧张的背景下,与中国签署了"一带一路"合作谅解备忘录。维多利亚州也曾与中国江苏省和四川省缔结了

---

① 习近平:《中国人民愿同各国人民和睦相处和谐发展》,央视网,2014年5月15日,http://news.cctv.cn/2014/05/15/ARTI1400147596092111.shtml。

友好省州关系。友好城市交流与合作在中国与周边国家的互联互通方面发挥着重要作用，这是一种相对比较成熟的外交形式，是一个国家总体外交的重要组成部分。

(二) 通过对外联系的桥梁和纽带作用促进国际化服务功能的提升

改革开放后，中国与国际社会联系日益紧密，中国城市在全球化和城市化的双重进程中，成为连接中国与世界的重要桥梁和纽带。国际友好城市合作不仅包括传统的服务于国家对外交往功能，还包括更宽泛的服务于经济、社会、文化、环保等多元化多领域的城市对外交往功能。国际友好城市合作处理的对外事务具有非主权性，服务于地方经济发展是其核心和重要职能，重点是促进城市的对外贸易、吸引外资、对外交流等活动。为此城市负责创造一个具有创新性的发展环境，营造一个具有吸引力的商业环境，采取旨在减少差距的包容性政策和强化治理环境的各种职能。中国已经与不同的国家和区域组织建立了不同形式、不同程度的伙伴关系，地方城市因其务实性、持续性、低政治性的特点成为中国建立伙伴关系的重要支撑，为社会发展奠定坚实的基础。在中国，城市参与国际事务的例子也很多，如广西港口城市钦州，建成了中国—马来西亚钦州产业园，成为中国—东盟自由贸易区合作新典范。

(三) 通过积极参与全球治理扩大城市国际影响力和辐射力

随着中国全方位的对外开放政策的实施，中央政府不断鼓励各级地方政府实施"走出去""引进来"政策，这是中央政府对各地方政府放权，鼓励地方政府开展国际交流与合作，以发展地方经济、增强自身实力，提升地方国际影响力。国际友好城市合作是城市积极推进城市国际化的一种重要方式。在信息化时代，城市成为国际交往网络中的节点。城市从地方空间转化为流动空间，城市之间的联系超越了物理性的距离限制。[1] 全球化城市网络对城市拓展全球联系形成动力，国家权力在某种程度上向城市

---

[1] 周振华:《崛起中的全球城市：理论框架及中国模式研究》，上海人民出版社2008年版，第50页。

集中，产生内部助力，内外动力形成合力，使城市在外交舞台上获取了一席之地。城市之间的合作与联盟组织大量涌现，城市参与全球治理的形式多样，可以通过国际友城网络分享治理经验，提升和促进城市发展与解决全球性问题的能力。如联合国人类居住区规划署设立了"城市可持续发展""地方政府环境行动理事会"等项目，提倡地方城市加强合作，在解决问题过程中扩大联系，国际化功能得到显著提升。

（四）"一带一路"沿线国际友城合作开启了城市国际化的独特方式

中国政府在2015年发布的《推动共建丝绸之路经济带和21世纪海上丝绸之路的愿景与行动》中明确指出"开展城市交流合作，欢迎沿线国家重要城市之间互结友好城市，以人文交流为重点，突出务实合作，形成更多鲜活的合作范例"[①]。自从中国实施共建"一带一路"倡议以来，各地方政府主动对接共建"一带一路"，通过底层设计制订对接方案，开启了城市国际化的独特方式。在过去40多年来，中国国际友好城市合作主要是从欧美发达国家获取资金、技术等要素，学习和借鉴发达国家城市建设、经济发展的先进经验，国际友城合作的对外交往也多集中于发达国家。但随着共建"一带一路"倡议的实施，在与众多亚非拉发展中国家的国际友好城市合作中，中国的国际友好城市合作的发展方向已经从注重"获得"转向积极给予且互助共赢，加强了与非洲、中东、拉美、中东欧、中亚等区域建立友好城市，从而形成优势互补、合作共赢的模式。

（五）国际友城合作城市网络群建设是促进城市国际化的重要途径

国际友城合作城市网络群是地方城市跨国联系的重要纽带，也是提供城市国际化的重要途径。友好城市的合作以国家战略和区域合作为依托，特别是借助共建"一带一路"建立"一带一路"友好城市群。如中非地方政府合作论坛，自2012年以来已经举办多届。同时中国城市也积极参与城

[①]《推动共建丝绸之路经济带和21世纪海上丝绸之路的愿景与行动》，中国政府网，2015年9月15日，http：//www.China.org.cn/chinese/2015-09/15/content_36591064.htm。

市网络的建设活动。如2004年由联合城镇组织、地方政府国际联盟和国际大都会协会合并组成的世界城市和地方政府联合组织（UCLG）进行密切合作，目前已有13个省市（包括天津）加入该组织，目的是构建全球地方政府之间联系网络，增进理解、促进合作，帮助地方政府解决全球化和城市化带来的各种挑战。

与此同时，以共建"一带一路"为代表的沿线国家友好城市群有望全方位建立。通过沿线国际友城外交，在作用于不同区域内的主要核心城市周围，聚集不同类型、规模、特点的城市，形成与核心城市保持密切联系的城市群。不仅增强核心城市的影响力，也将增强核心城市对外围区域的辐射作用。通过开展国际友城活动，促进沿线国家和城市之间的经济和文化交流互动，释放各城市对外交往的潜力和活力，发挥各城市的优势。通过搭建互联互通走廊，以点带面，由里向外，逐步扩大成为沿线区域间的合作。"一带一路"沿线国家友好城市群合作已经成为国际友城合作的一个重要特征。充分利用共建"一带一路"的战略资源与机会，实现新兴市场国家的优势互补与合作共赢。同时，深化同共建"一带一路"国家的文明对话，在已经成立的丝绸之路国际剧院、艺术节、博物馆、美术馆、图书馆联盟的基础上，成立丝绸之路旅游城市联盟。[①] 地方城市在共建"一带一路"框架下的友城外交也发挥了重要作用。如天津市举办的国际智能大会下的国际友好城市合作；2015年和2016年兰州市连续召开两届中国（兰州）国际跨境电商物流大会，与国内相关城市签订《中欧班列货运集散战略合作框架协议》，并与58个城市社团组织、企业成立共建"一带一路"跨境物流合作联盟；2015年和2016年，浙江省义乌市连续两年召开"丝绸之路经济带城市国际论坛"发表加强贸易支点城市合作，建设贸易支点城市合作网络，促进城市全方位合作交流。

进入21世纪以来，当代传统外交正面临着深刻转型，国际友城之间的合作作为一种新型的非传统外交方式在全球化时代日益发挥重要作用。特别是一些世界城市，作为国际金融中心、产业中心或企业总部，存在着一

---

① 习近平：《建设开放包容、互联互通、共同发展的世界——在第三届"一带一路"国际合作高峰论坛开幕式上的主旨演讲》，中国政府网，2023年10月18日，https：//www.gov.cn/gongbao/2023/issue_10786/202310/content_6912661.html。

个城市的发展带动全国经济发展的独特现象。据统计，到2030年大约有70%的人口将居住在城市，世界上四五十个巨型城市对世界经济的发展将会起到巨大的作用。以美国为例，美国以农业、汽车制造业、科技、金融、旅游、国家公园为主，重点分为7个经济区，每个区域都有一个中心城市，成为这一区域的金融和商业中心、人口中心和交通枢纽。从旧金山到圣何塞，在280号州际公路和101公路之间的硅谷坐落着6000多家技术公司，创造着超过2000亿美元的GDP。美国南部最大的城市群达拉斯－沃斯堡大都会区，集中着埃克森公司、美国电话电报公司和美国航空公司等行业巨头。南非的约翰内斯堡和比勒陀利亚的例子发人深省。两市的GDP占全国的35%—40%，很多跨国公司的总部都坐落在这两个城市，该国的连通性取决于这两个城市。同样的逻辑也存在于尼日利亚的拉各斯、巴西的圣保罗、印度尼西亚的雅加达、俄罗斯的莫斯科、土耳其的伊斯坦布尔。在巴西、土耳其、俄罗斯和印度尼西亚等很多新兴市场，主要的商业中心或金融中心至少占GDP的1/3甚至更多。伦敦几乎占英国GDP的一半。日本的太平洋工业带，是由东京—名古屋—大阪构成的特大都市圈，容纳日本2/3人口。到2025年，全世界至少有40座这样的大城市。世界已经出现10多个都市群走廊。中国正在围绕20多个大城市群重新组织建设，每个大城市群最多有1亿人口，其中最大的当数中国的珠江三角洲、长三角、京津冀协同发展经济圈。这些大的世界性的都市群在国际事务中日益活跃，跨越国界、时空和文明，成为国家实现经济战略、文化战略的重要支撑点。随着经济全球化进程的推进，世界城市在世界经济、政治体系中所起的控制和指挥中心作用进一步得到强化。城市群代表国家参与国际分工和国际竞争，不仅是国家经济力量的集中体现，也是世界经济活动能量的集中体现。城市群集聚的产业、金融、贸易、科技、信息等力量在全球经济活动中也具有较大的影响，是国际分工和国际竞争的主要力量。[1]

---

[1] 蔡来兴主编：《国际经济中心城市的崛起》，上海人民出版社1995年版，第137页。

第二章 天津城市国际化的发展历程

天津位于华北平原海河五大支流交汇处，东临渤海，北依燕山，地跨海河两岸，是渤海连接陆地最西端的地带，河海水运交通便利，具有发展对外贸易的先天条件。天津在中国近代史上占有极为重要的地位，素有"中国近代百年看天津"之说，创造了百余项"中国第一"。天津地处陆海交通要冲，具有发展国内外贸易的优越条件，历史上曾是中国北方的重要商埠和南北物资交换的集散地。20世纪上半叶，天津成为中国北方重要的对外贸易、工业、金融中心，成为近代中国第二大工商业城市和北方经济中心。天津独特的区位优势使其具备高质量国际化建设的优势，通过深化与"一带一路"沿线国际友城在双边、多边政治，经贸，科技，文化，教育等领域的对外交流与合作，以此提升国际枢纽功能，加强沿海城市港口建设，创新开放型经济体制机制，扩大参与国际竞争优势。

第一节 天津城市国际化雏形发展阶段（1860—1949年）

天津城市历史悠久，城市体系和功能相对完整与健全，为步入城市国际化打下了良好的基础。天津地处华北平原东北部，是海上通往北京的咽喉要道，自元朝就是京师门户，畿辅重镇。

一、天津城市国际化的地理环境及历史基础

4000多年前，天津原是一片海洋，后因黄河改道泥沙冲积形成。早在新石器时代就有先民在此繁衍生息。隋朝修建京杭大运河后，子牙河、南运河与北运河的交汇处（三岔河口）成为天津最早的发祥地。金朝建都北京之后，因漕运和盐业的发展，约在1214年之前，在南运河、北运河以及

海河交叉的三岔河口设直沽寨，三岔河口从单纯的漕运枢纽开始发展为漕运与军事相结合的畿辅重镇。作为天津城市发展过程中最早的名称——"直沽寨"为天津最早的建置。[1] 随着元朝漕运与海运的发展，直沽成为漕运和海运的枢纽，以及守护京畿的门户，逐步发展壮大。之后，元朝改直沽为海津镇，成为元大都的海上门户、拱卫京师的军事要地，南北漕粮的转运中心，并设立大直沽盐运使司，管理盐的产销。明朝燕王朱棣也在此渡大运河南下夺取政权。为纪念由此起兵的"靖难之役"，在明朝永乐二年十一月二十一日（1404年12月23日）将此地赐名为"天津"，即"天子经过渡口之意"。作为军事要地，在三岔河口西南小直沽一带开始筑城设卫，称为"天津卫"，从此，天津成为北方物资交易中心、南北商贸交易市场、漕运贩盐交通枢纽、京师的辅助城市。[2] 至清朝，清朝政府考虑到天津地位重要，将其行政级别不断提升，雍正年间天津卫升为天津州、天津府，辖六县一州，天津经济发展到了高峰。清末时期，天津作为直隶总督的驻地，成为李鸿章和袁世凯兴办洋务和发展北洋势力的主要基地。1860年，第二次鸦片战争失败后，天津被迫成为对外通商口岸，列国先后在天津设立租界。1900年7月，八国联军攻打天津，天津沦陷。1928年6月，国民革命军占领天津后，南京国民政府设立"天津特别市"。1930年6月，改为南京国民政府行政直辖的天津市，之后成为省辖市再到中央管辖市的几度变迁，于1967年恢复为直辖市至今，其政治、军事、经济上的意义极为重要。[3] 1906年，天津城区总人口达到74340户，42.5万人。此后人口总数进一步增加，1910年约为60.2万人，1928年约为112万人，1936年约为125.5万人，1948年跃升约为191.4万人。[4] 天津一跃成为当时中国仅次于上海、北平的五大人口总数超百万城市之一。开埠前天津的城市体系为之后的城市国际化奠定了深厚的历史与文化底蕴。明朝的天津"杂以闽、广、吴、楚、齐、梁"之民，既有来自安徽的回民，也有来自

---

[1] 天津市地方志编修委员会编：《天津简志》，天津人民出版社1991年版，第3页。
[2] 天津市地方志编修委员会编：《天津简志》，天津人民出版社1991年版，第4页。
[3] 天津市地方志编修委员会编：《天津简志》，天津人民出版社1991年版，第3—6页。
[4] 王明浩、李小羽、刘玉娜：《城市科学与天津城市发展》，《城市发展研究》2004年第2期，第39页。

山西洪洞的移民，以致"风俗不甚统一"，又能彼此共存、相容，塑造了天津开放的地域文化特色。虽然当时中国普遍具有重农抑商的传统，但天津因漕运和盐业的发展而有一定的商业积累，形成的商业文化也带有开放、多元、创新的特点，对日后国际化发展不无裨益。

总之，天津以明朝军事卫所身份诞生，通过漕运枢纽地位的发展，天津城市的建设在明朝以及清朝前期已初具规模。因天津的发展主要以漕运和盐业为主，长芦盐经由海河水系转销全国各地，天津成为北方物资集散市场。清朝沿海贸易的发展也推动了天津经济的发展，天津作为商业城市迅速崛起，到清朝中叶天津已成为华北最大的商业中心和港口城市。① 随着开埠，天津逐渐成为同时面向国内外市场的外向型工商业大都市，成为引领近代中国北方经济现代型的龙头。② 近代天津是中国第二大工商经贸金融都市，华北经济中心，中外贸易通商大港，各国对华贸易的重要口岸，国外商品集散的重要市场，东西方科学技术、管理经验、思想文化、宗教信仰交流的重要窗口。③

在漫长的封建社会中，天津的发展是缓慢的。从1840年以后，随着资本主义和商品经济在中国的逐步发展，天津在百余年间迅速崛起。城市人口由鸦片战争前的20多万人增加到解放前的180万人，成为中国北方最大的工商业城市和经济中心，这绝不是偶然的，是由它自身特有的自然条件、经济条件和社会历史条件所决定的。④ 随着天津影响力的不断提高，其城市地位也随之得到提升，即政治上由府城变成省城，由省城升为中央直辖市；经济上也由区域商业市镇上升为中国北方中心城市。天津对外贸易格局逐渐呈现出以向东的"海上丝路"为主，向西的"陆上丝路"为辅，内外联动的互动景象。天津发展的历史契机就是中国古代海上丝绸之路与世界近代海洋经济发展大趋势的重合，中国海上进出口贸易的新发展

---

① 许檀：《清代前期的沿海贸易与天津城市的崛起》，《城市史研究》，1997年第Z1期，第83—101页。

② 樊如森：《天津港口·城市与经济腹地研究（1860—1960）》，齐鲁书社2020年版，第141页。

③ 刘文智：《近代天津兴盛的对外贸易》，《天津经济》2004年第7期，第77—78页。

④ 天津市地方志编修委员会编：《天津简志》，天津人民出版社1991年版，第4页。

与欧美工业革命后亟待扩大海外市场的总需求相对接。

二、近代工业的发展为城市国际化初步奠定物质基础

天津作为通商口岸城市是北方近代工业的主体。早在清政府时期就创办了天津机器局，开创了具有现代意义工业的先河。开埠前，天津以内向型的国内经贸联系为主体。开埠初期，由于电信、航运不便，银行尚未建立，大宗进出口商品多通过上海等地中转，直接贸易额不足天津全部贸易额的10%。1901年以后，海河经过多次裁弯疏浚，航道畅通，京山铁路通车，这些都为天津开展直接对外贸易提供了条件。到1905年，天津的直接对外贸易已超过经上海等地的转口贸易。[①] 开埠后西方国家以此为通路向中国倾销商品、掠夺原料、输出资本，在此相继开放银行航运等，设立九国租界。海外商人来津从事商务贸易活动，天津与外界的联系由以国内区域市场为依托的内向型经济，发展为以进出口贸易为导向的外向型经贸关系，从而揭开近代天津对外贸易的历史。与此同时，影响深远的新式海军、现代城市建设规制、警察制度、电信、轨道交通等也以天津为起点逐渐进入中国。在洋务运动中，李鸿章创办了天津机器制造局，还建立了大沽造船所和天津造币厂等近代官办企业。天津因此聚集了大量近代工业企业，以棉纺织业、农产品畜产品加工、化工业为代表，天津初步建立起以轻工业为主的城市近代工业，成为华北地区的重要门户。

天津开埠后以物产丰富的"三北"（华北、西北、东北）国内市场为主要依托的内向型经济，逐步被以全球市场为主要依托的外向型新型工业经济所替代，成为中国北方物资交汇中心；面向沿海和国际市场的进出口贸易和新式工商业，逐步成为天津城市经济发展的支柱产业；海上航运逐步代替运河航运，成为天津对外进行人员和贸易交流的主要通道。天津开埠后设立的九国租界成为完全由外国人主导的"法外之地"，英国、德国、日本、美国洋行先后垄断了解放前天津的进出口贸易。西方列强在这里设立了租界和洋行，也建立了近代化的民用工业企业，大量财富带动了天津金融业的兴起。盐业银行、金城银行和大陆银行先后在天津设立总行，中

---

① 天津市地方志编修委员会编：《天津简志》，天津人民出版社1991年版，第692页。

南银行也在天津设立分行，一批重要银行云集天津。第一次世界大战期间，西方国家无暇东顾，民族资本以此为契机纷纷在天津设立进出口商行，大量从事国际贸易，外国商人在天津从事贸易活动的机构有了较大发展。1900年前后成立的天津海河工程局对海河航道及其水系的多方位综合治理，以及19世纪末出现的铁路和公路建设，使天津成为华北水陆交通枢纽。进入20世纪，作为北方第一大港的天津向外大量出口本土货物，逐步摆脱了附庸上海的地位。如1935年在天津的外商银行达到了21家，1936年在天津的外商洋行达到了900多家。英商太古、怡和两大航业以及在华的日商航业垄断和控制了中国沿海与远洋航运。抗日战争前夕，天津是对外贸易发展仅次于上海的全国第二大中心城市。1932—1936年，天津占华北进口额的57.23%、出口额的59.31%，同时天津对外贸易的国家和地区迅速增加到了百余个。[①] 19世纪后期至20世纪30年代，外国资本和本国官僚资本在天津工业中处于垄断地位。洋务派官僚率先在天津投资新式军工、航运、工矿、电信、铁路等近代民族工业。外国洋行也争相投资轮船驳运、羊毛打包、印刷、煤气、自来水、卷烟等行业。随后，中国其他资本也仿效投资纺织、面粉等轻工企业，共同推动了津城现代工业的快速发展。但近代工业主要以加工工业和装配工业为主，工业发展不平衡。[②] 1937—1945年，天津工业被直接统治和控制在日本帝国主义之下，在控制了原有工业基础上，出于侵略战争的需要，日本也投资建立了一些企业。[③] 全面抗战胜利后，企业有一段时间处于瘫痪状态，后逐渐恢复，但在1949年前，多数工厂仍处于停工或半停工状态。19世纪60年代至1949年，天津近代工业已有约90年的发展历史，它由进出口贸易发端，到进口替代工业，起步于清末以天津为中心的北方洋务工业的创立，在第一次世界大战后民族工业得到发展，天津成为中国老工业基地之一。到1947年天津的工厂数、工人数仅次于上海，一度成为经济总量仅次于上海的"中国第二

---

① 姚洪卓：《近代天津对外贸易的性质》，《国际经贸研究》1995年第1期，第62—64页。
② 樊如森：《从京津关系演变看天津在中国北方的经济定位》，《中国经济史研究》2019年第3期，第112—124页。
③ 天津社会科学院经济研究所工业经济研究室：《解放前的天津工业概况》，《天津社会科学》1984年2期。

城"、华北水陆交通枢纽、发展对外经贸的中心城市。

近代工业发展壮大,京山、津浦铁路的修建并使天津成为连结海内外、南北的交通枢纽,逐步发展为中国北方广大内地对外贸易的主要口岸和商品流通的重要集散地。同时也提升了天津经济的创新、创造能力。天津还是首都北京的屏障,具有政治、经济、军事上的重要意义。随着国内外政治、经济形势的变化和世界贸易的发展,特别是科技的进步,使地理区位优越、海上运输便利的天津成了国内和国际两个市场扇面在北方的交汇点。

三、向东以"海上丝路"为主,向西以"陆上丝路"为辅,布局"一带一路"雏形已形成

近代天津优越的地理位置、物产丰富的辽阔腹地和便利的水陆交通运输网络,是各国对华贸易的重要因素。自1860年以来华北成为各国对华贸易的重要市场,与天津贸易在各国对华贸易中占有举足轻重的地位,天津较快地发展成为近代中国北方最大的港口城市和通商口岸。

最初因贸易与天津建立联系的国家是英国、日本、美国、俄罗斯、法国、德国、荷兰、葡萄牙、新加坡、越南、菲律宾、朝鲜等。随着1869年苏伊士运河开通,欧亚两洲航程缩短了7000千米,贸易周期由一年缩短为半年,使天津具备了同欧洲及地中海沿岸的西班牙、瑞士、意大利、奥地利、保加利亚、希腊、土耳其、埃及等国家发展贸易的条件。1874年太平洋邮船公司开辟从旧金山到上海的航线后,日美实行联营使太平洋航线增多,为天津与加拿大、墨西哥、巴拿马、智利、阿根廷、澳大利亚、新西兰等国发展贸易创造了条件。1901年西伯利亚大铁路与经巴尔干半岛通往欧洲的铁路接轨后,天津开始同乌克兰、白俄罗斯、波兰、罗马尼亚、芬兰等国家发展贸易。1914年巴拿马运河的开通,又为天津同加勒比海地区的国家提供了发展贸易的条件。[1] 这期间西方国家先进的生产方式和经营方式进入天津,使天津获得更多的发展机会和更加广阔的国内外市场,成为北方最大的对外贸易中心城市。

---

[1] 姚洪卓:《近代天津对外贸易的性质》,《国际经贸研究》1995年第1期,第62—64页。

近代天津对外贸易的对象遍及全球，外贸成为各国对华贸易的重要组成部分。为适应外贸和航运业发展，海河两岸及塘沽多处建起了码头，码头附近及老龙头车站一带，货栈、仓库林立，成为汇集"三北"物资的基地和出入国内外、埠内外货物的重地。①"三北"农副产品经天津大量销往国际市场，特别是英国、美国、日本、德国、法国等市场。与此相关联的国际市场，结构也趋于多元化。1895年后，日本市场地位也得到提升。1937年七七事变后，日本强行控制了天津海关，日本成为天津对外贸易的主要方向。1941年太平洋战争爆发后，天津对欧美远洋贸易完全中断，对日贸易更是变成日本对中国战略物资的大肆掠夺。抗日战争胜利后，天津的对外贸易市场又以美国为主。1946—1948年，由美国进口的商品占天津进口商品的65%以上，主要是棉花、面粉、香烟、化妆品；天津对美国出口的商品，多以皮毛畜产品、棉麻纤维、豆类油籽和蛋制品为主。② 天津成为全国最大的皮毛、草帽辫、棉花、蛋产品、麻类等商品的出口基地，商品的进出口总值也在北方各港口名列前茅。③ 在现代工业、金融领域里的各项主要指标，仅次于上海，成为北方第一大商业城市，其综合经济实力也已经成为近代北方无可争议的经济中心和龙头城市。

早期天津的主要贸易对象和中国其他口岸一样，主要是面向欧洲市场的，天津港的海上航线，也基本上被英国的怡和、太古两大轮船公司垄断。④ 1873年成立的轮船招商局天津分公司，打破了外资轮船公司对中国航运的垄断，陆续在中国香港、长崎、神户、新加坡、槟榔屿、安南、吕宋等地设立分支机构，开辟了远洋货运航线。至1931年，天津港的远洋货运航线已经通达世界100多个港口，主要涉及英国、法国、德国、美国、日本等国。1937年日本侵占天津后，先后开辟了天津与大阪、神户、横滨、长崎、仁川、南洋等多条航线，并于1941年接管了英国怡和、太古两

---

① 姚洪卓：《近代天津对外贸易的性质》，《国际经贸研究》1995年第1期，第63页。

② 天津市地方志编修委员会编：《天津简志》，天津人民出版社1991年版，第694—695页。

③ 樊如森：《中国北方近代经济的市场化与空间差异》，《江西社会科学》2015年第2期，第127—135页。

④ 樊如森：《天津港口·城市与经济腹地研究（1860—1960）》，齐鲁书社2020年版，第86页。

大轮船公司开辟的航线,独霸天津的远洋航运。① 随着天津港进出口货运数量不断增多,呈现出外重内轻的航运和贸易格局,也印证了天津港在北方经济外向化进程中的重要拉动作用。可以说,过去天津能够站立得住的基础就是对外贸易,天津的商业是靠着对外贸易繁荣起来的,所以应该提出"天津经济与世界的关系",近代天津在北方经济地位快速提升的秘诀,最根本的是要从它与外部世界的经济联系,也就是天津在环渤海对外贸易体系的地位决定的。② 与天津开展对外贸易的城市在改革开放后都与天津签订了建立国际友城关系协议。

表 2-1　天津对外贸易占各国对华进出口贸易的比重

国家	1919 年 对华出口贸易比重	1919 年 对华进口贸易比重	1927 年 对华出口贸易比重	1927 年 对华进口贸易比重	1931 年 对华出口贸易比重	1931 年 对华进口贸易比重
加拿大	12.91%		35.61%		25.33%	25.33%
法国	17.59%					
日本		11%	25.25%	12.75%	15.93%	13.58%
德国				15.97%	10.34%	12.58%
希腊					26.38%	
阿根廷					25.63%	
丹麦					31.77%	
美国				23.15%		23.15%
新西兰						65.44%
古巴						62.50%
西班牙						30.90%
瑞士						35.24%
澳大利亚						27.16%

资料来源:表中数据系笔者根据兼谦:《中国各通商口岸对各国进出口贸易统计》,商务印书馆1936年版,资料整理得出。

---

① 天津市地方志编修委员会编:《天津通志·港口志》,天津社会科学院出版社1999年版,第296页。
② 樊如森:《近代环渤海经济一体化及其动力机制》,《学术月刊》2011年第7期,第131—143页。

天津作为当时华北最大的城市，是中国北方的经济中心、进出口贸易的重要港口，也是华北各省及东北、西北等地区的物资交流集散地，体现出作为口岸城市和其背后腹地在内的中国北方广大地区，由自给性很强的传统农、牧业经济，逐步向外向型经济的转化。作为国内和国际两个市场空间契合点的港口，具有腹地外向型经济的巨大拉动作用。天津的重要地位，为天津经济发展提供了条件，但也使其成为近代西方资本主义国家入侵的对象。近代天津外贸经历了由间接贸易为主转为直接贸易为主的历程，即经由以上海等通商口岸转口贸易为主的附属地位转为以直接对外贸易为主的自主地位。但从近代天津开埠到1937年70余年，天津由自由贸易转为由日本占领直接控制了天津对外贸易，这既是天津外贸的一大特征，也是近代天津外贸衰退的一个重要原因。如1940年，在天津的外国商行达4200家，其中日本商行就有3700家，从而使天津的民族工商业受到严重的破坏。到解放前夕，天津的经济已经全面崩溃，民族工商业遭到了毁灭性的打击。[①]

总之，近代口岸开埠以后，中国北方形成"港口—城市—腹地"对外贸易格局，呈现出向东以"海上丝路"为主，向西以"陆上丝路"为辅，内外联动的互动景象。天津虽不是近代中国也不是北方地区的最早开埠口岸，但它能够从清代中期众多的府城、县城中脱颖而出，并快速成长为中国北方最大的近代工商业大都市，一个重要的历史契机就是中国古代海上丝绸之路与世界近代海洋经济发展大趋势的重合。[②]

四、近代对外人文交流得到了长足的发展

第二次鸦片战争后，天津成为中国联系世界的重要窗口，在中国外交中扮演着重要作用。随着天津对外贸易的发展，天津成为中国北方对外开放的门户城市，成为学习外国科学技术、管理经验、了解世界形势的重要渠道。通过兴办学校、培养对外沟通与交流的人才，天津成为东西方思想文化交流的重要场所。

[①] 姚洪卓：《近代天津对外贸易的性质》，《国际经贸研究》1995年第1期，第62—64页。

[②] 樊如森：《天津港口·城市与经济腹地研究（1860—1960）》，齐鲁书社2020年版，第207—209页。

表 2-2 天津近代开展对外交流一览表

项目		名称	特点
学校	外国人办	中西学堂	美国驻津领事馆秘书丁家立创办,是外国人在华兴办的第一所不带宗教色彩的学校
		博文书院	英籍德国人天津海关税务司德璀琳
		法办学堂（后改为"中法学校"）	法国人办
		中学堂	基督教青年会办
	官办	北洋大学堂	中国近代第一所高等学府
		育才馆	直隶总督王文韶办西文教学
		俄文馆	严复主办
近代邮政		华洋书信馆	英籍德国人天津海关税务司德璀琳奉命成立,是近代中国邮政的开端
天津电报		天津电报总局	1879年,天津大沽和北塘间架起电线。在津沪间开通电报,天津可通达国内外众多城市口岸
报纸		1886年《中国时报》（英文版）	英籍德国人天津海关税务司德璀琳创办天津第一份英文报纸,中国人称为"益闻西报"。1891年停刊
		1894年《京津泰晤士报》（英文版）	英籍主编裴令汉。1941年停刊

资料来源：表中数据系笔者根据姚洪卓：《近代天津对外贸易研究》，天津古籍出版社2011年版，第68—70页，资料整理得出。

五、近代天津国际化的主要特点

（一）近代天津国际化在某种意义上体现出被动国际化特点

1860年《北京条约》签订，天津被辟为通商之埠，从此被迫开启了国际化历程。租界林立是当时天津"国际化"最主要的表征。天津开埠之后，先后有英国、法国、美国、德国、日本、俄国、意大利、奥地利、比利时9个国家在海河两侧强设租界，迫使天津成为当时中国最具"国际性"的城市，其人口国籍同样带有"国际性"的标签。租界设立后，各国侨民开始涌入天津。1866年居住在天津的外国侨民有112人，1900年发展到 2200 人,1906 年达 6341 人,1936 年达 19785 人。在这些侨民中,欧美侨民主要是公务员、商人、职员、传教士和自由职业者,其中商人占比较大;日本侨民多为一般职员、普通居民和社会下层人员。值得一提的是,租界最初并不允许华人居住,但随着局势的变迁,华人开始进入租界,并逐渐成为租界居民的主体。1911 年租界中的外国人为 6304 人,华人为 43742 人;1929 年租界中的外国人为 1 万余人,华人约为 13 万人。华洋杂处使天津成为一个具有东西文化交融特点的城市。①

租界内部的管理模式、楼宇建筑、公共设施以及居民生活方式无不带有西方式和国际性的特征。在管理模式上,各国移植本国的行政体制与法律制度,使租界俨然成为"国中之国"。在楼宇建筑上,各类风格的建筑汇聚于此,展现了不同国家的建筑风貌,使天津被冠以"万国建筑博览会"的美誉。在公共设施上,天津在近代邮政、通信事业、自来水事业、城市交通上均开国内风气之先。比如,天津是中国最早使用电报的城市、最先建成城市轨道交通的城市,也是中国北方最早使用自来水的城市。在居民生活方式上,租界引入了各类西式的休闲方式,英租界建有俱乐部,法租界建有剑会馆,所有休闲活动都对外开放。1895 年,租界还修建了公共体育馆,作为天津所有外侨的公共体育场。与此同时,1902 年袁世凯接管天津后,即推行"新政",运用西方城市管理理念建设河北新区,修道路、建车站、设桥梁、开设电话局、兴办实业并创办各类学堂,使天津成为清末民初"新政"的中心。

开埠通商之后,天津由国内贸易重镇逐渐发展成为中国北方最大的国际贸易中心。它沟通了华北与西北内陆腹地经济市场与国际经济市场的联系,不仅将自身还把华北与西北内陆不同程度地带入了国际贸易体系之中。尤其是随着内陆铁路网的建成,天津、腹地与国外市场的流通更为便捷。就进出天津港的船只和吨位而言,1860 年船只数为 222 艘,总吨数为 5.4322 万吨;到 1899 年船只数达到 1692 艘,总吨数约为 158.3758 万吨;到 1914 年船只数较 1900 年增加 1.6 倍,总吨位数增加 3.62 倍。就进出口总额而言,1906 年突破 1 亿海关两,1921 年突破 2 亿海关两,1928 年突

---

① 天津市社科界深学笃用"千名学者服务基层"活动大调研重点项目"新时代天津城市国际化发展"(编号:2202013)。

破3亿海关两。然而这些贸易的经营权与管理权则主要由外国人把持。开埠初期，天津的出口商品主要为农副产品，且出口货值远低于进口货值，是一种失衡的国际化；20世纪20—30年代，西北的皮毛与华北的棉花成为主要出口产品，出口货值大幅提升，这也反映了天津城市贸易国际化格局发生了深刻的变化。

（二）近代天津工业体系的形成颇具国际色彩

最初在天津设厂的是外国资本。1860年，英国商人建立了机器打包厂隆茂洋行；1887年，德国商人创立德隆洋行。为应对外来资本的冲击，近代民族资本在天津亦开始兴办工业。作为洋务运动的首善之区，始建于1867年的天津机器局（初名为"军火机器总局"，1870年改为此名），以军火生产为主，雇佣工人达2000余人，是仅次于上海江南制造局的第二大兵工厂。为工业发展提供能源的开平煤矿是中国带有起源性的现代企业之一，该矿虽为官督商办，实际由商人经营，按照"买卖规章"运作。在开平煤矿的创办过程中，又修建了中国自办的第一条铁路"津唐铁路"。至20世纪初，天津外资企业有15家，民族资本企业有30多家。第一次世界大战期间，外国资本无暇东顾，天津私人企业开始兴起，所涉及的行业主要包括棉纺、机械、化学等，尤以棉纺工业的发展最为迅速。到1911年前，各类民族资本企业已达107家，涉及门类近20个，表明天津的民族近代工业已初具规模。[①] 截至1928年，天津在中国城区共有中国人开办的工厂2186家，资本总额3300余万元，其中制盐、碱、棉纱、面粉、火柴等17家大型工厂资本额合计2900余万元。另外，各国租界内还有中外工厂3000家，从而共同构筑起天津以轻工业为主的近代工业格局。[②] 从19世纪60年代到1949年前，天津近代工业已有约90年的发展历史，是中国老工业基地之一。到1947年，天津的工厂数、工人数都仅次于上海，居全国第

[①] 宋美云：《北洋军阀统治时期天津近现代工业的发展》，天津人民出版社1987年版，第134页。

[②] 罗澍伟主编：《近代天津城市史》，中国社会科学出版社1993年版，第418页。

2位。① 天津由此形成了相对完整的工业体系,并成为中国北方的工业重镇。

(三) 天津教育已走在国内前列

天津开埠伊始,西方教会势力在天津创办各类学校。英国基督教伦敦会创办养正学堂(后改为"新学书院")与天主教圣母文学会创办的法汉学校是当时最著名的教会中学,其教学方式与课程设置均具有国际特点。新学书院主要采用英文教材,除文化课外,还开设足球、篮球运动;法汉学校则多用法文课本。至1920年,英美基督教教会开办的中小学校达12所,天主教开办的中小学及大学达20所。此外,耶稣教会还于1923年创办工商技术学院,专门培养工程技术及商业、外贸人才。在西学东渐与民族危机的作用下,天津自身亦开始兴办与国际接轨的新式教育。1880年李鸿章创办北洋电报学堂并奏准设立北洋水师学堂,为天津的电报事业与北洋海军培养人才。此后,天津又陆续兴办天津武备学堂、北洋医学堂、北洋大学堂、新建陆军行营武备学堂、官立中学堂、天津初级师范学堂、北洋女子师范学堂、南开大学等等。其中,北洋大学堂与南开大学更是树立了教育国际化的典范。前者直接参照美国大学模式设立学科和课程;后者在创立之初,校长曾亲赴美国考察其办学模式,并从欧美聘请学者前来任教,以英文为主要教学语言。除教育之外,作为思想文化载体的新闻报刊、文艺作品、风俗习惯亦都呈现出国际性的风采。比如维新派在天津创办《国闻报》,以"通中外之故"为目的,重视外刊的译介,成为其在北方的舆论阵地。与此同时,《大公报》《益世报》等中外报刊也如雨后春笋般在天津出现。在国际化环境下,天津成为时代风气的引领者,以致"国家维新之大计,擘画经营,尤多发轫于是邦,然后渐及于各省"。

综上所述,近代天津的国际化主要系因天津作为"租界"的特殊地位而被植入,这种被动的国际化也是当时中国弱国地位与落后于世界的表征。面对外来力量的冲击,中国政府以及民间亦主动尝试与国际对话和接轨,即形成所谓的主动国际化,并取得一定成绩。近代天津的国际化某种

---

① 严中平等编:《中国近代经济史统计资料选辑》,科学出版社1955年版,工业,表8"上海等十二个城市的工业"。

程度符合时代发展的潮流，客观上推动了天津现代化的进程，并进一步形塑了天津多元、开放的城市品格与形象，为日后天津的发展与国际交往奠定了基础。但也应该看到，新中国成立前天津作为经济中心，工业基础是薄弱的，部门残缺不全，内外贸易规模不大，城市建设和城市服务畸形发展，消费性商业占统治地位。那时的天津主要是帝国主义国家倾销商品、掠夺原料和输出资本的基地，具有明显的殖民地半殖民地特征，经济中心的多种功能不完善、不健全，对周围地区的影响也很有限。[①]

第二节　天津城市国际化低谷徘徊阶段（1949—1978年）

天津是较早开展对外贸易的通商口岸城市，以此为基础积极发展与全国各地的横向经济联系使天津经济发展较快，初步奠定了北方经济中心的地位。尽管受"文化大革命"影响，对外交往受到影响，但1973年6月天津与日本神户市正式建立友城关系后，首次开辟了中国地方政府对外交流合作的重要渠道，标志着中国地方政府同国际社会建立了长期、稳定的联络渠道和窗口，也标志着地方外交、民间外交进入了一个新的发展阶段。尽管这种对外交往仍局限于人文交流，但客观上打开了天津市对外开放的重要窗口，为天津友城建设和对外交往进入城市国际化进行了初步探索和实践，积累了宝贵经验。

一、为改革开放后城市国际化建设初步奠定经济基础

天津是中国1949年后第一个恢复对外贸易的口岸，进出口贸易获得了空前发展。1950年天津港的进出口货物吞吐量比1936年增长了2倍，占全国第1位。1949—1957年，工业总产值平均每年递增24.6%，经济效益与上海同列全国之冠。[②] 这期间城市工业由以轻纺为主向综合性工业基地发展，内贸中心地位得到加强，流通渠道多，经营方式活，外贸地位也十

---

① 天津市地方志编修委员会编：《天津简志》，天津人民出版社1991年版，第4页。
② 赵学军：《中国金融业发展研究（1949—1957年）》，福建人民出版社2008年版，第269页。

分显著。1949年3月成立华北对外贸易管理局和华北对外贸易公司，是新中国成立后天津市最早的国营对外贸易企业。1955年3月天津市对外贸易管理局正式成立。通过鼓励出口，不断改进商品进出口办法，在原有以货易货的基础上，采取正常的对外贸易方式便利商品出口，天津对外贸易的国际市场仍以欧美和日本为主。

1949年初期天津基本沿袭了1949年前的贸易市场，同欧美国家进行传统贸易，美国、日本、英国、德国、法国、苏联等国家和中国香港地区依然是天津外贸的主要国家和地区。如在1949年天津进出口贸易中，美国居于首位，中国香港地区和英国居第2位和第3位，三者相加占据了天津出口货物的88%以上；其次是印度、日本和新加坡。1950年天津进出口贸易总额占全国的28%，居全国第1位。[①] 天津对外贸易改变过去出口商品以原材料为主，进口商品为奢侈品和非生活用品；出口商品改为蛋制品、地毯、猪鬃和手工艺品，进口商品改为工业器材、电信、染料、橡胶、纸张等工业发展必需品。随着美国对华实行经济封锁，受其胁迫的国家以及用美元进行结算的地区和国家相继中断了与中国的贸易，天津对外贸易受到冲击，中日传统的贸易也转向民间贸易。为此，天津努力发展与苏联、东欧国家以及亚洲周边国家的贸易，1950年天津外贸还与波兰格丁尼亚港建立了海上航线。到1950年底，与天津有进出口贸易往来的国家和地区达到32处。1962年以后，中苏关系发生变化，天津对苏联和东欧的贸易迅速下降，对中国香港、西欧、日本的贸易占主要地位，贸易往来的国家和地区日趋扩大。[②] 1949年后为了支援国家大规模经济建设，便于统一使用外汇，进口经济建设的各类物资和设备，进口业务逐渐集中在对外贸易总公司进行，天津口岸对外贸易的重点是有计划组织出口，换取进口所需外汇，对于完成口岸对外贸易任务起到了决定性作用。受"文化大革命"影响，天津对外交往受到干扰，天津外贸受到严重破坏，口岸年出口创汇徘徊在3亿美元低水平。改革开放后，天津与国内多地区的横向经济联系得到发展，市场经济繁荣，中心城市的作用得到充分发挥，特别是1978年中

[①] 姚洪卓：《经济恢复时期的天津对外贸易》，《天津文史资料选辑》1995年第2期。

[②] 天津市地方志编修委员会编：《天津简志》，天津人民出版社1991年版，第694—695页。

共十一届三中全会以后，天津市发展地区间横向经济出现新高潮。①

塘沽新港的建设为天津对外贸易的发展起到重要作用，为天津进入海港时代打下了坚实的基础。位于塘沽以东入海处的新港，是天津地区名副其实的现代化海港。受区域自然地理环境和港口条件的制约，自唐、宋、明、清至20世纪初期，天津港是一个以内河码头为核心的港口。直到20世纪40年代新港投入使用，天津港建设真正由河港时代进入海港时代，1949年后进一步扩建而成。1860年以后，天津、营口、烟台成为环渤海地区仅有的对外开放的三个通商口岸，称为"北洋三口时代"。1910年前后，除天津继续快速发展，营口和烟台被后来开埠的大连和青岛赶上并超越。1949年天津解放后，英国、美国、丹麦的轮船公司恢复了对天津港航线的运营，到年底，天津已经连通的海上航线包括天津至中国香港、新加坡、马尼拉、旧金山、西雅图、纽约、利物浦等著名港口。1950—1954年，天津港陆续开通了与波兰、捷克斯洛伐克、匈牙利、保加利亚、阿尔巴尼亚、罗马尼亚、朝鲜等港口之间的航线。1956年以后开辟了与印度、巴勒斯坦、马来西亚、新加坡、印度尼西亚、叙利亚、埃及等国家之间的航线。到1965年，与天津港有远洋货运往来的国家和地区通商口岸达50多个，带动了天津港沿海航运业的发展，增强了天津与沿海口岸的经济联系，促进了以国际市场为依托的对外贸易和远洋航运的发展。

天津的金融业也做出了许多开创性的工作。1949年1月15日中国人民银行天津市分行成立。这一年也成立了中国首家国营证券交易所——天津市证券交易所。1951年天津投资公司发行了第一只股票"天津投资股份有限公司股票"。1949年中国人民银行天津市分行在全国首先受理小额质押贷款业务；中国人民银行天津市分行也是全国首家公布外汇牌价的银行。② 这些金融服务为改革开放后天津金融业的发展和金融人才的储备及发展打下了基础。

天津作为地处沿海的工业基地，在新中国成立后一直受到中共中央、国务院的重视。工业是天津国民经济的主体。1978年与1949年相比，工

---

① 天津市地方志编修委员会编：《天津简志》，天津人民出版社1991年版，第226页。

② 李庶民：《天津：建设金融创新运营示范区》，《中国金融家》2015年第11期，第45—47页。

农业总产值增加了 19 倍，国民收入增加了 19.6 倍，财政收入增加了 89 倍，工业固定资产原值增加了将近 9 倍。天津为国家提供了大量商品，积累了众多的资金和外汇，输送了许多人才，对全国经济建设作出了重要贡献。① 天津大的建设部署安排基本没有中断，不仅有延续性，而且保持了一定的增长速度，从而成为中国重要的工业基地之一。其门类齐全的工业基础，形成了以钢铁、石油化工、机械、电力为主要骨干的工业体系，也有一些轻工业产品畅销海外。如 1973 年出口的"海鸥"牌手表，天津产运动鞋远销 47 个国家和地区。总之，改革开放前 30 年，尽管天津的经济因"文化大革命"的影响受到了很大的干扰，但在城市发展建设中仍定位于全国先进的生产科学技术基地之一。天津在新中国成立初期第一个五年计划期间，经济相当活跃，在发展轻纺工业的同时也注意发展机器制造业、必要的原材料工业和一些新兴工业，逐步发展成为一个综合性工业基地，工业生产的社会化和专业化协作程度不断提高，为继续前进打下基础。②

二、对外经济技术援助为城市国际化初步奠定人文基础

在这一时期，随着中国外交工作打开了新的局面，天津在对外经济贸易和文化交往方面也日益扩大，主要通过三种方式推进。其一，天津市开展对外经济技术援助具有特色。这一行动始于 1959 年，以后对国外的援建项目逐渐增多。1960 年 12 月成立中国成套设备出口公司天津分公司，统一管理天津市的对外经济技术援助工作。1964 年在天津市计划委员会内设援外办公室。1965 年 11 月在援外办公室基础上建立华北地区对外经济联络处，统一管理北京、天津、河北、山西、内蒙古五个省、自治区、直辖市的对外经济技术援助工作，1969 年改为天津市对外经济联络局。天津市对外经济技术援助分为贷款援助和无偿援助两种，以成套项目援助为主，包括工业、农业、交通运输、文体设施等项目，约占对外经济技术援助的

---

① 天津市地方志编修委员会编：《天津简志》，天津人民出版社 1991 年版，第 4 页。
② 天津市地方志编修委员会编：《天津简志》，天津人民出版社 1991 年版，第 6 页。

60%。如1959—1986年天津共承担国家下达的援外成套项目60个，总投资额约6亿元，先后帮助朝鲜、罗马尼亚、阿富汗、巴基斯坦、马耳他、坦桑尼亚、索马里、赞比亚、南也门、马达加斯加等19个国家建设了成套项目。自20世纪70年代起，天津市共为全国援外项目提供机电产品290余万台（部）件，其中主要大型设备7600余台套。承担机电产品生产任务的企业达200多个，这些产品涉及49个国家和地区的近200个援外成套项目。天津市对外技术援助分为两类：一类是利用中国援款支付的技术援助；另一类是费用由受援国自己负担的纯技术援助。天津自20世纪50年代起，就向亚洲、非洲、拉丁美洲、欧洲的50多个国家和地区派遣了大批技术人员，实施工程项目，开始对外劳务合作。[①] 这为天津国际化道路奠定了良好的民心相通的基础。

其二，依托中国国际贸易促进委员会天津市分会（以下简称"天津市贸促会"）进行。成立于1963年的天津市贸促会是由天津市经济、贸易、商业、金融等各界代表人士组成的地方性促进经济贸易组织，对外为民间社会团体，对内为市政府的半官方部门，属于非营利服务机构。其宗旨是按照中国对外方针政策和平等互利的原则，通过各种方式开展国际经济贸易促进活动，增进天津市同世界各国人民和经济贸易界的相互了解和友谊，发展同各国及地区间的国际贸易往来和经济技术合作关系。主要工作是进行天津市和天津口岸经济贸易的对外宣传联络及信息咨询服务；接待来天津访问的外国经济贸易界团体和人士；组织天津市经济贸易团到国外访问考察；组织管理国外团体来天津展览和经济贸易的出国展览、展销以及技术交流活动，开展涉外法律事务等。如1963—1986年，天津市贸促会联络接待了来自亚洲、非洲、欧洲、美洲、大洋洲的60多个国家和地区的经济贸易代表团、展览团以及各界人士。从1965年开始接待国外团体来天津举办展览会，先后接待英国、日本、匈牙利、意大利、联邦德国、美国、加拿大等30多个国家和地区1600多家公司、商社来天津举办不同规模的展览会70多个。自1973年开始接受出国展览、展销任务，先后赴亚洲、非洲、欧洲和大洋洲17个国家和地区20多个城市举办经济贸易展览

---

① 天津市地方志编修委员会编：《天津简志》，天津人民出版社1991年版，第685—691页。

会和国际博览会 21 次。同时，从 1966 年开始办理出证、认证，根据有关规定和当事人的要求，参照国际贸易和海事惯例签发有关证件。如出具货物产地证明书，人力不可抗拒证明书，认证各种发票等有关外贸和海运的单据证明。[1] 这为天津城市国际化发展之路奠定了扎实的基础。

其三，天津市的地方外交也在服务国家总体外交战略下活跃。如以 1972 年为例，天津共接待来自世界五大洲 80 个国家的地区元首、政府、军事、经济、贸易、文教、体育、卫生、新闻、专家、旅行者、海员等各方面来宾 394 批，共 2772 人，比 1971 年增加了近 60%，人数增加了 36%。接待日本来宾 97 批，共 634 人，仅次于华侨，居第 2 位，较 1971 年增加了 1 倍。日本国际贸易促进会主办的由 10 个厂家参加的日本建筑机械展览会在天津开幕，日本神户市市长写信希望与天津结成"姐妹的纽带关系"。1973 年 5 月，在周恩来总理的亲切问候下，以廖承志为团长的中日友好协会访日代表团，在日本宣布天津接受日本神户市的友好建议，决定同神户市建立友好城市关系。6 月下旬，日本神户市市长宫崎辰雄率领友好代表团来津回访。这一时期，天津友城建设的驱动力主要服务政治需要，友城关系的主要作用在于拉近中外民众的心理距离，培养民众之间的友好感情。天津的这些对外交往不仅促进了经济贸易发展，也为改革开放和城市国际化建设奠定了基础。

第三节 天津城市国际化大力发展阶段（1978—2013 年）

天津拥有优越的自然地理优势、雄厚的工业基础和巨大的发展潜力，作为中国北方对外开放门户，肩负着"北方地区经济增长极"的重要使命。1978—2013 年是中国改革开放和社会主义现代化建设新时期，党的十一届三中全会做出把党和国家工作中心转移到经济建设上来，实行改革开放的历史性决策，实现了新中国成立以来党的历史上具有深远意义的伟大转折。这一时期，天津作为中国较早实行对外开放的城市，在城市国际化

---

[1] 天津市地方志编修委员会编：《天津简志》，天津人民出版社 1991 年版，第 692—700 页。

道路上迅速发展。在对外开放的历程中，创造了许多实现跨越式发展的成功案例。

一、充分发挥中心城市的作用，通过顶层设计为城市国际化确立战略发展方向

（一）作为全国中心城市，天津城市国际化步入快车道

1978年十一届三中全会拉开了中国改革开放的序幕。1980年7月，《人民日报》发表《发挥天津的优势》社论，鼓励天津利用党的政策，发挥其过去长期作为中国北方经济中心的优势，大力发展商品经济，努力进入国际市场，尽快建成国家竞争能力强大的出口贸易基地。1984年12月，国务院批准天津经济技术开发区建设方案要点指出，天津要努力建设成技术先进、工业发达、文化昌盛、商业繁荣的经济中心和国际性的贸易港口城市，从而开通了天津城市国际化的快车道，对于发展外向型经济起到了很大的保障作用。[1] 为此天津于1985年首次编制了具有法律效力的《天津市城市总体规划方案》，国务院在批准《天津市城市总体规划方案》中概括天津城市的性质和战略目标，指出"天津应当成为拥有先进技术的综合性工业基地，开放型、多功能经济中心和现代化的港口城市"。[2] 这确定了天津城市的性质和战略发展目标。在此方案中提出"一条扁担挑两头"的政策，[3] 即天津工业布局向沿海地区转移，大力发展滨海地区，包括塘沽、汉沽以及经济技术开发区和海河下游新工业区，重点发展天津港，规划在港区内建设商港、工业港并朝着集装化、专业化方向发展。同时对天津提出希望，"天津要充分利用现有的工业基础及资源条件，重点发展省水、省能和消耗原材料少的技术密集型产业和新兴产业，引进先进技术，改造老企业，调整原有的工业结构和布局，为国家的经济发展提供先进的技术

---

[1] 中共天津市滨海新区区委党史研究室编著：《中国共产党天津市滨海新区历史大事记（1918—2021）》，天津人民出版社2021年版，第131页。

[2] 中共天津市滨海新区区委党史研究室编著：《中国共产党天津市滨海新区历史大事记（1918—2021）》，天津人民出版社2021年版，第132页。

[3] 秦川、许倩瑛：《天津三版总体规划编制实施回顾》，《北京规划建设》2009年第1期，第81—84页。

装备和工业产品。加强港口和城市基础设施的建设，大力发展外贸、商业、金融、信息、科技以及其他服务事业，增强城市的辐射能力和吸引力，充分发挥中心城市的多功能作用"。[1]

（二）将城市定位与实现经济战略目标紧密联系起来，逐渐打开城市国际化的新格局

1986年8月，邓小平视察天津经济开发区，肯定了开发区的成绩，指出"对外开放还是要放，不放就不活，不存在收的问题"，并为开发区题词"开发区大有希望"。翌年7月，国务委员谷牧视察开发区，指示"开放的步子还要加大"。[2] 由此，国家领导人的重视进一步推动了天津国际化的进程。1991年有160多个国家和地区与天津有直接的贸易往来，其中有29个国家和地区的外商投资企业来天津投资建厂。1992年6月天津制定《关于加快改革开放促进经济发展若干意见》提出天津改革目标是经过10年或更长一点时间建立健全具有较强国际竞争能力的社会经济体系，形成按照国际惯例运作的、有利于国内外市场对接的经济体制和运行机制，把天津建成中国北方的金融商贸中心、技术先进的综合性工业基地，以及内联"三北"，面向东北亚的现代化国际口岸城市。1992年10月党的十四大召开之后，天津进一步全方位、多层次扩大对外开放。

（三）在顶层设计方面，滨海新区概念从提出到实施，逐渐成为天津城市国际化的试验场

1993年5月天津提出城市发展的定位是"全方位开放的现代化国际港口大城市"。之后滨海新区在城市国际化先行试行，走在全国的前列。1994年天津市政府提出把滨海新区建设成为面向21世纪高度开放的现代化经济新区，成为北方经济发展的龙头，国际一流的综合性工业基地，具有自由港功能的高度开放的现代化经济新区。1995年9月，滨海新区总体规划编制完成，提出滨海新区可以向以港口为中心的国际自由贸易区发

---

[1] 中共天津市滨海新区区委党史研究室编著：《中国共产党天津市滨海新区历史大事记（1918—2021）》，天津人民出版社2021年版，第136页。

[2] 中共天津市滨海新区区委党史研究室编著：《中国共产党天津市滨海新区历史大事记（1918—2021）》，天津人民出版社2021年版，第135—140页。

展。1997年底党的十四届五中全会第一次把"环渤海"作为中国七大经济区之一写入了党的文件，确定天津市是环渤海的经济中心。这使得天津的定位更加清晰，即天津是环渤海地区的经济中心，现代化港口城市和中国北方重要的经济中心。[①] 1999年8月，国务院批复天津报送的城市总体规划，指出天津市要力争建成经济繁荣、社会文明、科教发达、设施完善和环境优美的现代化港口城市和中国北方重要的经济中心。2000年1月，天津提出扩大开放十二项举措，并提出滨海新区的建设以外向型经济为主导，建成面向21世纪的高度开放的现代化经济新区。

（四）以开放促进改革，以改革保证开放为基本思路在城市国际化具有鲜明的特色

2004年4月，中共天津市委发布了《关于进一步扩大对外开放加快开放型经济发展的决定》，确定了这一指导思想。2006年5月，国务院又将滨海新区纳入国家发展总体战略，进一步调整和提升天津城市定位，作为环渤海地区的经济中心，按照经济、社会、人口资源和环境相协调的可持续发展战略，以滨海新区的发展为重点，不断增强城市功能，充分发挥中心城市作用。2008年国务院印发了《天津滨海新区综合配套改革试验总体方案》，对滨海新区提出用5—10年时间，率先基本建立以自主能动的市场主体、统一开放的市场体系、精简高效的行政体制、科学有效的调控机制、公平普惠的保障体系和完备规范的法治环境为主要特征的完善的社会主义市场经济体制。[②] 2012年5月，中共天津市第十次代表大会提出进一步加快滨海新区的开发开放，将天津建设成国际港口城市、北方经济中心和生态城市。随着中国改革开放进入深水区，天津发挥好先行先试作用，成为改革开放的桥头堡。

二、城市国际化具有的特点

为了更好地发挥天津对环渤海区域的带动和辐射作用，继1992年设立

---

① 杨启先：《加快滨海新区开发 促进环渤海经济振兴》，《港口经济》2005年第3期，第7—8页。
② 中共天津市滨海新区区委党史研究室编著：《中国共产党天津市滨海新区历史大事记（1918—2021）》，天津人民出版社2021年版，第224—225页。

浦东新区之后，2006年中央批复了第二个国家级新区——滨海新区，将滨海新区的开发上升为国家战略，成为国家级综合配套改革试验区。天津制定了工业布局重点战略东移政策，天津城市国际化进入了一个崭新的阶段。

（一）国家赋予的先行先试政策，滨海新区以制度创新引领城市国际化进程

自1984年天津经济技术开发区成立以来，天津加快了利用外资、引进先进技术的步伐。2006年国务院发出《关于推进天津滨海新区开发开放有关问题的意见》，要求滨海新区切实发挥综合配套改革试验区的示范和带动作用，赋予了滨海新区开发开放全新使命，体现了国家层面的高度重视，从战略和全局的高度，为滨海新区开发建设规划了蓝图，从而成为天津最大的经济增长点和对外开放的标志性区域。如以滨海新区的开发开放为例，2006年滨海新区电子通信、石油开采、汽车制造、现代冶金等产业发展迅速，大乙烯、大炼油、空客A320、中联芯片等一批龙头项目开工建设，维斯塔斯风力发电、SEW精密机械、中集集装箱、全国最大服务器生产基地——曙光天津产业基地等60多个重点项目建成投产，北方国际航运中心和国际物流中心启动建设。2007年，中国新一代运载火箭产业化基地在滨海新区动工建设，同年，天津港年货物吞吐量首破3亿吨，成为中国北方第一个年货物吞吐量达到3亿吨的港口。30万吨级原油码头、临港工业区、响螺湾中心商务区开始建设，电子口岸顺利开通，滨海新区联合投资服务中心成立。至此滨海新区发展进入快车道，成为天津经济增长的"首功之臣"。1991年3月，国务院批准包括天津新技术产业园在内的26个开发区为国家首批高新技术产业开发区。1992年中国最大的外商独资企业摩托罗拉（中国）电子有限公司投产，是当时摩托罗拉在中国（天津）的首家企业及亚洲通信产品生产基地。1996年天津泰达国际创业中心成立，成为对外合作共享技术的平台。1994—2007年的14年，滨海新区对天津经济增长贡献率超过50%，生产总值平均每年递增20.6%，高于天津市区10个百分点。2012年，德国总理默克尔访问天津，出席第100架空中客车A320飞机下线仪式。当时，中德双方签署《空客中国总装线二期

框架协议》等10余个合作协议，涉及航空、汽车等多个领域。①而后，天津逐渐发展成为继美国西雅图、法国图卢兹、德国汉堡之后，世界第四个航空产业集群式发展航空城。②就滨海新区而言，已拥有国家级开发区、保税区、保税港区、高新区、出口加工区、保税物流园区、自贸区等开放区域，是中国国内对外开放区域形态最为齐全的地区。1991年根据国家对首批批准的沿海14个经济技术开发区的统计，天津经济技术开发区在所有15项指标中，全区利润、税收、批准项目、项目投资总额等7项指标名列第一。③滨海新区这块依托京津冀、服务环渤海、辐射"三北"、面向东北亚，将这块沟通东西部努力建成北方对外开放的门户区域，定位为综合配套改革试验区，建成"中国高水平的现代制造业和研发转化基地""北方国际航运中心和国际物流中心"，旨在以滨海新区为龙头推动环渤海区域经济整合及发展，为全国改革发展提供经验和示范。④

（二）天津港的辐射带动作用日益显著

天津港一直是中国对外贸易的重要港口，是全国港口改革的排头兵。从现代物流来看，海运依然是世界市场上最主要、也是最经济的运输渠道，因此无论是发展对外贸易也好，还是发展现代工业也好，无不把目标盯在海上运输比较便利的沿海港口城市。发展临海产业和临港产业，不仅是世界各国的基本作法，也是中国工业化和城市化发展的客观要求。1990年，国家确定天津港为中国北方集装箱运输中转枢纽港，标志着以天津港为中心的集装箱支线运输已经形成。⑤ 1991年"七五"期间，天津港成为全国最大的集装箱码头之一，国际集装箱中转枢纽港之一。同年，天津港

---

① 张利华：《欧盟人权外交与中国应对之策》，《人民论坛·学术前沿》2013年第1期，第42—49页。
② 左浩坤、孟庆松：《基于民航业的天津滨海新区区域经济竞争力构建研究》，《商场现代化》2009年第1期，第205—206页。
③ 谢光北：《天津经济技术开发区发展模式研究》，《南开经济研究》1993年第4期，第11—19页。
④ 徐芃、李长华：《从城市总体规划看滨海新区的发展》，《城市》2008年第1期，第52—54页。
⑤ 中共天津市滨海新区区委党史研究室编著：《中国共产党天津市滨海新区历史大事记（1918—2021）》，天津人民出版社2021年版，第148页。

至韩国仁川港海上航线开通，9000吨级轮船"天仁"轮从天津港驶出。[①]天津港还举行了"中欧班列"首发仪式，一列载着94个集装箱货物的专列，从天津港开往蒙古国首都乌兰巴托，这是中欧大陆桥首次开行的专列，也是中欧大陆桥在中国开行的第一列集装箱专运列车。1996年天津至阿拉山口陆桥直达运输线首趟集装箱列车从天津港集装箱码头开行。1997年，天津港陆桥运输集装箱转运欧洲桥首次过境成功，次年开通了到地中海的航线。2000年中远集团的远东—地中海集装箱班轮航线在天津港开通，该航线起始港为天津港，路途基本覆盖所有远东至地中海国家和地区的主要港口。同年，世界上最大、最现代化焦炭泊位工程在南疆竣工投产。该泊位的建成，标志着天津港向多功能、现代化国际贸易大港的目标迈出坚实的一步。2004年，世界上最大的集装箱船"中海亚洲"轮（装载8500个标箱）起航天津港，标志着天津港集装箱船舶接卸能力达到世界一流水平。同年，国务院也审议通过《长江三角洲、珠江三角洲、渤海湾三区域沿海港口建设规划（2004—2010年）》，指出上述沿海港口规划与建设，要面向世界、面向未来，服务于全国经济社会发展大局。2010年，天津国际邮轮母港开港，这是中国北方第一个邮轮母港。天津港的辐射带动作用日益突出，也在服务质量上下苦功，天津港的客货运服务质量体系成为通过中外机构认证的全国第一家。[②]

与此同时，天津港保税区作为中国改革开放的一个窗口，步入了大发展时期。天津的保税业务始于1980年，天津耐克运动鞋厂成为全国第一家保税工厂，1988年天津港务局与荷兰渣华集团共同投资的天津港商业保税仓库有限公司对外运营，开启了天津港朝着多功能方向发展的开端，这是中国海港兴建的第一个商业保税仓库。1991年5月，国务院批准设立全国第一家保税区天津港保税区，提出充分发挥天津港的优势，为扩大对外贸易服务，拓展转口贸易、过境贸易和加工出口服务，确立了"中国北方最

[①] 中共天津市滨海新区区委党史研究室编著：《中国共产党天津市滨海新区历史大事记（1918—2021）》，天津人民出版社2021年版，第152—155页。

[②] 中共天津市滨海新区区委党史研究室编著：《中国共产党天津市滨海新区历史大事记（1918—2021）》，天津人民出版社2021年版，178—179页。

大的国际贸易窗口和国际物流大进大出的绿色通道"的发展定位。① 保税区将实行比现有经济特区、经济技术开发区更加灵活、更加优惠的政策。天津港保税区的成立创造了一个完善的投资运营环境，在法律和政策的范围内也提供了优惠和方便条件，把保税区逐步建设成为与国际市场紧密联系，具有自由贸易性质的特定区域。按照国际经济惯例做法，天津港保税区是中国北方第一个符合现代国际发展要求的保税区，也是实现城市国际化的重要实践。天津港保税区发挥天津港的优势，在积极扩大对外贸易服务、拓展转口贸易、过境贸易和加工出口服务方面实行更加灵活、更加优惠的政策，作为中国改革开放的一个窗口，将发挥更大的作用。

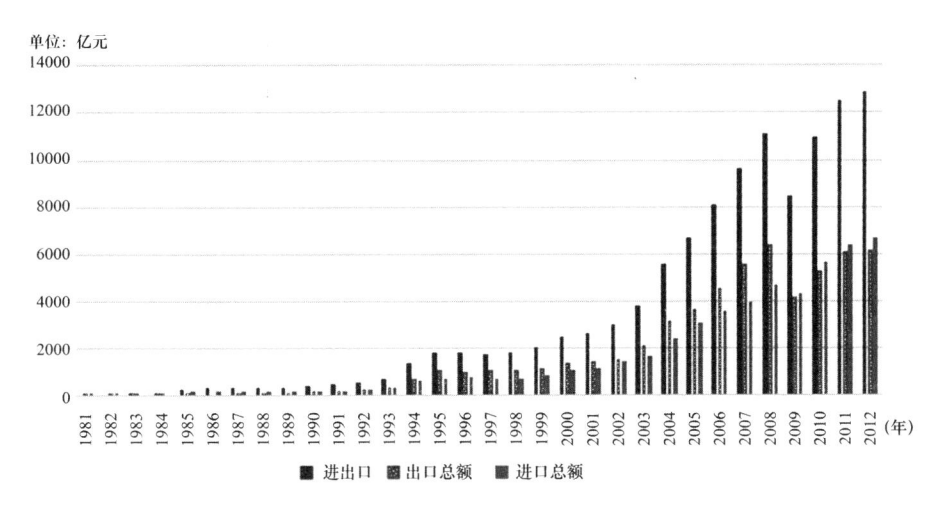

图 2-1　1981—2012 年天津口岸进出口总额（亿元）

资料来源：中经网统计数据库，https://jjjnjk.cei.cn/jsps/ShowByTime List? code = tjtjnj2020。

（三）通过经济技术外援为城市国际化的民心相通打下基础

改革开放之前，天津外经机构主要承担由国家下达的各项对外经济技术援助任务，包括援外成套项目和单机设备生产，以及为此服务的仓储运

---

① 中共天津市滨海新区区委党史研究室编著：《中国共产党天津市滨海新区历史大事记（1918—2021）》，天津人民出版社 2021 年版，第 152—153 页。

输工作，为支援广大发展中国家的经济建设作出了贡献。在多年援外基础上，天津对外经济技术合作不断扩大，在继续承担对外经济技术援助任务的同时，开展对外承包工程和劳动合作，共同举办境内外合资经营企业，对外科技交流与生产技术合作，接受联合国多边援助和发达国家的双边技术援助等。1979年以后，经有关部门批准，先后成立天津市国际信托投资公司、天津市国际海员公司、天津市海运公司、天津市经济开发公司、天津新技术开发公司、天津市出国人员服务公司等对外经济合作窗口和服务机构。以1982年成立的具有涉外法人地位的中国天津经济技术合作公司为例，承担着天津市的对外经济援助，统一经办天津对外承包工程、劳务合作、经济技术合作和建立境外合资企业，接受联合国及发达国家的经济技术援助等业务。先后在泰国、巴基斯坦、阿联酋等国承包工程项目，包括工业建筑、民用建筑、公共建筑、农林水利、古典建筑、道路桥梁、港口码头、海洋测绘、海难救助和水下打捞等业务，通过这些项目，为天津进一步扩大国际承包业奠定基础。承担和经营的各项业务扩展到东南亚、中东、中非、西非、西欧、北美等国家和地区，成为天津对外开放的一个重要方面。自20世纪50年代起，天津市就向亚洲、非洲、拉丁美洲、欧洲等50个国家和地区派遣了大批技术人员实施工程项目，开始对外劳务合作。改革开放后，天津先后与日本、美国、德国、希腊等国家和地区建立了业务关系，通过各项援外人员和医疗队员的行动，与广大发展中国家建立了友谊。如派往毛里塔尼亚的搪瓷技术人员仅用3个月就使产品的合格率从30%提高到70%，[①] 为城市国际化的推进以及共建"一带一路"奠定了坚实的基础。这一时期，天津友城建设也进入了快车道，先后与22个国家的城市建立友好城市关系。与此同时，天津港先后与日本神户港、澳大利亚墨尔本港、美国费城港、意大利的里雅斯特港、荷兰阿姆斯特丹港、加拿大蒙特利尔港等建立了友好港口关系。

综上所述，天津依托优越的地理区位与历史积淀，改革开放后再次成为中国城市国际化的桥头堡与先行军。但与近代不同的是，这一时期的国际化是在党中央的集中部署下，全市人民齐心协力，以开放促改革，以改

---

① 天津市地方志编修委员会编：《天津简志》，天津人民出版社1991年版，第686—691页。

革促发展,呈现出一浪高过一浪、一潮胜过一潮的壮阔景象。

第四节 天津城市国际化深入发展阶段（2013年至今）

随着世界进入百年未有之大变局,国际形势错综复杂,但中国经济应对了各种风险和挑战,全面建成小康社会取得了决定性成就。这个时期中国推动高质量发展、构建新发展格局,天津勇抓机遇,开启了由全面建成高质量小康社会向建设社会主义现代化大都市迈进的关键时期。2013年5月习近平总书记在视察天津时,提出"着力提高发展质量和效益、着力保障和改善民生、着力加强和改善党的领导"的重要要求。"三个着力"重要要求为天津的发展指明了方向。[①] 按照2020年天津制定的"十四五"规划要求,天津到2035年基本建成创新发展、开放包容、生态宜居、民主法治、文明幸福的社会主义现代化大都市。天津已经从改革开放之初的老轻纺工作基地转变为中国现代制造研发基地,形成了高端装备汽车制造、电子信息、生物医药等十大智能产业集群。[②] 依托国家发展战略,立足京津冀,连通东北亚、东南亚、中西亚,服务"一带一路"建设,连接北美及欧洲,天津积极全方位进行城市国际化建设。

一、依托国家发展战略进行城市国际化布局

天津紧紧围绕"一基地三区"建设,深入推进京津冀协同发展战略,立足京津冀、面向"三北"、融入共建"一带一路"面向东北亚,在开拓国内国际市场上下功夫,借势《区域全面经济伙伴关系协定》,强化与东北亚、东盟、欧盟国家的经贸往来合作与国际产能合作,增加与日本、韩国港口之间的贸易往来,对外开放格局走深走实。2017年,中共天津市第十一次代表大会提出建设"社会主义现代化大都市"的目标；同时提出"打造国内大循环的重要节点、国内国际双循环战略支点"战略部署。

---

① 中共天津市市委党校课题组：《改革开放40年天津经济社会发展的历史性成就和经验启示》,《理论与现代化》,2019年第1期,第18—26页。
② 中共天津市市委党校课题组：《改革开放40年天津经济社会发展的历史性成就和经验启示》,《理论与现代化》,2019年第1期,第18—26页。

2021年，国务院批准在天津等城市率先开展国际消费中心城市的培育建设，打造面向全球的贸易枢纽。2022年天津被确定建立国际性综合交通枢纽城市，这为天津市国际化建设提供了新的方向。天津市国际化政策的推行，极大地促进了天津市的繁荣与昌盛。目前，天津的经济发展水平基本接近中等发达国家，经济亦逐步实现了与国际接轨，截至2019年在天津外商投资企业达到1.5万家、累计实际利用外资1795亿美元、世界500强企业达到249家，是外商投资的重要聚集地和回报率最高的地区之一，外资企业创造了全市税收的31%。[①] 此外，随着经济领域国际化的纵深，城市文化、教育、卫生领域亦逐渐实现国际化发展目标，立足国际视野，以更加开放包容的姿态，紧跟国际政治经济格局的变化趋势，把握新一轮科技革命浪潮，积极探索应对全球发展的新趋势，建设具有全球影响力的先进制造业研发基地，构建更具竞争力的现代产业体系。

2014年2月，京津冀协同发展上升为重大国家战略，天津迎来了重大历史性窗口期。根据2015年发布的《京津冀协同发展规划纲要》，天津的城市功能定位是全国先进制造研发基地、北方国际航运核心区、金融创新运营示范区、改革开放先行区，简称"一基地三区"。《京津冀协同发展规划纲要》按照"优势互补、错位发展、合作共赢"的要求，对天津功能定位体现出天津特色和比较优势，从国家层面希望尽快打造京津冀世界级城市群的重要目标。京津冀协同发展是习近平总书记亲自谋划、亲自部署、亲自推动的重大国家战略，为天津的发展迎来的重要战略机遇期。为此，天津围绕城市功能定位，以重点项目为抓手，以实现项目化清单作为支撑体系，在协同发展中加快了"一基地三区"建设，加快天津的定位与京冀形成互补，如北京的科研、人才、文化、资本条件辐射天津，天津作为北京的科技研发提供产业化基地，天津的一些产业也延伸到河北广阔的腹地，将推进天津建设成为国际消费中心和区域商贸中心城市。

根据"一基地三区"要求，天津在城市国际化有四个目标。一是为京津冀协同发展提供重要支撑。以津冀港口协同发展推动世界级港口群建设，促进区域产业合理布局和转型升级，成为推进新时代滨海新区高质量

---

① 《天津市市长：在津世界500强企业达到249家》，《中国经济周刊》，2019年7月22日，https://baijiahao.baidu.com/s?id=1639751087683336272。

发展、京津冀世界级城市群建设的重要支撑。二是服务共建"一带一路"的重要支点。加强海上通道与中蒙俄、新亚欧大陆桥走廊的互动联系,深化与沿线国家的务实合作,成为促进陆海内外联动、东西双向互济的北方重要支点。三是陆海深度融合的重要平台。大力推进集装箱运输发展,积极发展以海铁联运为核心的多式联运,提升参与区域经济一体化的广度和深度,成为港口、物流与经济深度融合的重要平台。四是现代化的国际航运枢纽。对标世界一流港口,大力推进智慧港口、绿色港口建设,加快天津自贸试验区政策制度创新,持续改善口岸营商环境,增强国际物流供应链的资源配置能力,努力建设世界一流的现代化国际枢纽港。[1] 2018 年 5 月,国务院关于《进一步深化中国(天津)自由贸易试验区改革开放方案》指出:推进"单一窗口"与"一带一路"沿线国家和地区口岸信息互换和服务共享;建设面向"一带一路"沿线国家和地区的"走出去"综合服务中心。吸引"一带一路"沿线国家和地区航空公司开辟往返或经停天津的航线。

二、城市国际化所具有的特点

(一) 与"一带一路"沿线国家开展合作的国家数量显著增长

2016 年前天津的 GDP 增长速度始终高于全国平均增速,即便经受了 2008 年国际金融危机的冲击,经济增速有所放缓,但韧性依旧不减。整体上天津是中国对外开放、连接东北亚经济圈的重要门户。依托天津港和自由贸易试验区,天津以国际市场需求为导向,发展外向型经济,特别是通过与"一带一路"沿线国家开展贸易和投资金融服务,以人民币国际化为抓手,积极开展与共建"一带一路"的跨境业务。如以共建"一带一路"人民币跨境业务服务为例,由 2018 年 47 个国家上升至 2019 年的 67 个国家,同比增加 42.6%。对非洲、南美洲、亚洲、欧洲贸易活跃度较多。据天津海关统计,天津市外贸进出口从 2012 年的 7302.9 亿元增长到

---

[1] 国家发展和改革委员会、交通运输部:《关于加快天津北方国际航运枢纽建设的意见(发改基础〔2020〕1171 号)》,国家发展和改革委员会网站,2020 年 7 月 31 日,https://www.ndrc.gov.cn/xxgk/zcfb/tz/202007/t20200731_1235257.html。

2021年的8576.7亿元，10年增长超1200亿元。其中出口由2012年的3051.4亿元增长至2021年的3875.8亿元，增长27%。贸易主体活力持续激发，2021年天津市有进出口业务的企业11010家，较2012年的8319家，10年增加超3成。其中，民营企业进出口值年均增速超过10%，2021年进出口3233.8亿元，较2012年提升20.7个百分点，成为外贸发展生力军。外贸"朋友圈"也不断扩大，10年间天津与欧盟、东盟、美国、韩国、日本等传统贸易伙伴往来密切，2021年合计占天津外贸比重6成以上。同时，与"一带一路"沿线国家贸易持续深化，2021年进出口总值达2108.1亿元，占同期天津进出口总值的24.6%。①

（二）"一带一路"建设成为企业"走出去"拉动天津对外贸易发展的新动力

随着先进制造业水平的不断提高，以机械、电器、电子、航空航天等高技术产业为代表的机电产品，在外贸商品结构中占比超过6成。服务贸易创新发展，特别是跨境电商运营能力显著提高，其中民营企业活力增强，成为天津口岸对外贸易的有生力量。制造业商品出口常年占天津市出口总值7成以上。汽车进出口总值达4263.4亿元，飞机进出口总值达5265.1亿元。生物医药产业产出大幅增长，2021年医药材及药品出口较2012年增长464.8%。打造全国首个跨境电商B2B出口服务平台，2022年上半年出口货值位列全国第3。以新冠疫情发生前的2019年为例，天津口岸与"一带一路"沿线国家贸易进出口总值为3748.2亿元，其中，出口2392.5亿元，进口1355.7亿元，与"一带一路"沿线国家贸易值占天津口岸进出口总值的27.1%，与东盟进出口占主导，对印度、欧盟、阿联酋进出口增值较快，与东盟进出口占同期天津口岸对"一带一路"沿线国家进出口总值的42.8%，增长5.5%。2022年天津口岸进出口总值为2.01万亿元，首次突破2万亿元大关，其中，出口1.06万亿元，进口9500.3亿元。2022年天津市进出口总值为8448.5亿元，其中，出口3803.6亿元，进口4644.9亿元。2022年天津口岸外贸进出口规模再创历史新高，增速

---

① 《（中国这十年）天津外贸进出口十年增长超1200亿元》，中国新闻网，2022年9月1日，https：//www.chinanews.com/cj/2022/09-01/9842245.shtml。

居中国前10大口岸第3位，进出口、出口、进口值均创历史新高。进出口规模位居全国口岸第6位，比上年提升1位。进出口值增长21.1%，连续2年增速超20%，高于全国13.4个百分点；其中，出口增长28%，进口增长14.2%。特别是对"一带一路"沿线国家进出口值快速增长，对《区域全面经济伙伴关系协定》其他14个成员国经贸往来更加活跃。2022年，天津口岸对"一带一路"沿线国家进出口6708亿元，增长41.2%，高于天津口岸平均增速20.1个百分点，拉动天津口岸进出口整体增速提升11.8个百分点，占天津口岸全部进出口总值的33.4%。《区域全面经济伙伴关系协定》正式生效一年来，天津口岸对《区域全面经济伙伴关系协定》其他14个成员国进出口6421.7亿元，增长20.4%，占同期天津口岸进出口的比重为31.9%。天津口岸对《区域全面经济伙伴关系协定》其他14个成员国增速超过两位数的达到10个。机电产品、钢材等出口商品拉动增长作用突出，汽车、冻品等进口商品表现优异。对欧盟、东盟、美国、日本等主要贸易伙伴进出口均实现增长，分别进出口1977.4亿元、1122.3亿元、1030.4亿元、672.4亿元，分别增长4%、5.2%、10.2%、4.2%，合计占比超5成。此外，对韩国、澳大利亚、英国出口实现两位数增长，分别增长11.8%、36.3%、21.8%；自美国、德国、新加坡进口实现两位数增长，分别增长18.6%、22.7%、77.7%。[1] 从而为天津建设国际化的大都市和服务共建"一带一路"奠定扎实的基础。天津与"一带一路"沿线国家经济互补性强，发展空间较大，天津根据自身发展状况和特征，发挥独特优势，积极融入和对接国家共建"一带一路"倡议。与此同时帮助天津的科技型企业"走出去"，既学习外来的先进技术，又要将自身的好技术推广到国外。在海外设立研发机构是科技型企业"走出去"的重点目标。现在，只要在海外完成研发机构注册，有投资、有人员、有设备、有场地，就能申报认定。一旦通过，市财政将给予100万—200万元的资金支持，还针对在"一带一路"沿线国家建立技术推广中心或开展联合研发的企业，设立了50万—100万元的共建"一带一路"国际科技合作专项资金支持。目前，天津市围绕国家共建"一带一路"倡议，推动京津

---

[1] 《天津海关通报天津外贸进出口情况》，天津海关网，2023年3月21日，http://tianjin.customs.gov.cn/tianjin_customs/427932/427935/4908247/index.html。

冀协同发展，在科技型企业"走出去"等方面开展了系列活动，推动天津市科技企业与国外相关单位达成合作意向，签署合作协议或合作备忘录，为天津市科技型企业积极参与国际合作，提升海外创新发展能力，加速能力和规模升级，实现与境外机构合作互利双赢提供了支持。天津市将继续大力支持科技型企业在"一带一路"沿线国家设立技术推广中心、技术转移中心等国际创新机构，采取并购、合资等方式设立海外研发中心。积极完善"走出去"服务体系，依托天津科技成果转化交易市场，汇聚一批技术转移、创新服务等专业团队。①

（三）天津职业教育成为对外民心相通的重要途径和渠道

2015年教育部和天津市合作共建"国家现代职业教育改革创新示范区"，其中最主要的任务是提高职业教育国际化水平。作为全国唯一的职业教育改革创新示范区，天津首创鲁班工坊，用职业教育为合作国家培养当地急需的技术人才。2016年天津渤海职业技术学院在泰国建成首个鲁班工坊，2017年天津市经济贸易学校在英国建成欧洲第一个鲁班工坊，2019年非洲首家鲁班工坊在吉布提运营。从2016年到2023年5月，天津市在全球20个国家共建21家鲁班工坊，涉及49个专业和11个国际化专业，教学标准获得合作国教育部批准，纳入其国民教育体系。目前在巴基斯坦、英国、葡萄牙等21个国家落户，3200人参加学历教育，培训规模超1.1万人，为共建"一带一路"提供了技术服务和人才支持。如2019年中国在非洲设立的吉布提鲁班工坊写入了国务院新闻办公室发布的《新时代的中非合作》白皮书，成为中非合作的典范之一。一般采用"学历教育＋职业培训"方式，从中职、高职再到本科，从技术技能培训到学历教育全覆盖，职业教育输出体系日趋完善。积极响应共建"一带一路"倡议和各项国家战略，推动天津职业教育教学标准"走出去"，向世界展现职业教育的"天津模式"，成为跨文化交流的民间使者，国际职业教育的中国品牌。2022年8月，世界职业教育产教融合博览会在天津举行，进一步推动了天津职业教育形成产教融合、校企合作、中外合作、工学结合、资源共

---

① 《天津市企业深融"一带一路"底气十足"走出去"》，中国一带一路网，2017年2月22日，https://www.yidaiyilu.gov.cn/p/8286.html。

享的"天津模式",为构建具有特色、世界水平的现代职教发展体系贡献天津方案。鲁班工坊的建立加强了与"一带一路"沿线国家政府、企业、院校之间的国际交流与合作,切实推动职业教育"走出去",不仅传播工艺和技术,促进中外人文交流,还在提升中国职业教育国际影响力方面发挥了重要作用。

总之,在中国特色社会主义进入新时代这一时期,天津承担着推进京津冀协同发展、服务"一带一路"建设等重大国家战略任务,拥有独特的区位、产业、港口、交通等优势,拥有改革开放先行区、金融创新运营示范区、自由贸易试验区、国家自主创新示范区等先行先试的优越条件,有利于高质量发展的因素不断积累,不利因素逐步消除,特别是构建以国内大循环为主体、国内国际双循环相互促进的新发展格局为天津带来了难得的历史性机遇。为此天津在城市国际化进程中积极融入共建"一带一路",加快推进境外产业园和重点项目,使国际友好城市增至92对,覆盖50个国家。在此过程中天津增强机遇意识和风险意识,保持战略定力,勇于知难而进,在危机中育先机,于变局中开新局,在构建新发展格局中找准定位、发挥优势,为全面建设社会主义现代化国际大都市开启了新的征程。

第五节 天津城市国际化的特点

百余年来,国际化已成为天津市发展的惯性与标签,成就了天津在国内外的地位,并且还将继续为天津"社会主义现代化大都市"建设提供动能。

一、天津城市国际化的历程及特点

回顾天津城市国际化的历史和现实基础,可以看出天津城市国际化的历程及特点。

(一) 开放始终是城市国际化的核心内容

正如《中共中央关于党的百年奋斗重大成就和历史经验的决议》中所指出的:"开放带来进步,封闭必然落后;我国发展要赢得优势、赢得主动、赢得未来,必须顺应经济全球化,依托我国超大规模市场优势,实行更加积极主动的开放战略。"① 天津地理区位优势突出,有承东启西、连接南北的独特区位优势,具备赢得发展先机的门户区位和枢纽功能,辅以较为完善的开放机制,长期以来都是国家战略重视之地。汇聚港口、航空、高铁、公路枢纽综合优势,强化国际门户和枢纽功能,外交外事资源富集,已成为"国际会客厅",具备较强的国际影响力和辐射带动力,基本满足了国际城市对核心城市和国际影响力的要求。国际营商环境优良,产业体系相对完备、特色鲜明,在基础设施建设、产业协作分工和生态共建共享等方面具有优先配置的资源优势。此外,天津开放型经济发展势头迅猛,是中国北方经济基础最好、经济实力最强的区域之一。港口、制造、科技、医疗、教育、金融等产业集群也已具备较强的全球竞争力。

(二) 国际化并不等同于西方化

改革开放以来,天津城市国际化的成功实践表明要根据国情现状、局势变化、发展的需要适时调整方向和进度。所以,只有在中国共产党的正确领导下,天津的国际化才会取得更加辉煌的成绩,为新时代中国特色社会主义城市建设树立标杆。近年来,天津公布的数据显示,天津拥有经济结构、历史文化、政治引领、交通枢纽、基础设施、教育医疗、旅游休闲、港口建设、生态环保等方面的有利资源,居民生活水平中等偏上,具备成为较为优秀的区域性国际中心城市的潜力。天津在提升城市国际化程度方面具有较强优势,为实现"生态引领、创新竞进、和谐宜居的现代化国际大都市","成为富强民主文明和谐美丽的社会主义现代化强国的典范城市"发挥带动作用。

二、天津在向区域国际中心城市过渡

在世界各地城市发展过程的相互比较中发现,一座国际城市的形成不仅取决于其所处区域与其他城市对比形成的相对地位,也取决于这座城市所处区域在国际上的重要性、交流的通畅程度及与其他区域相比的发达程度。如环太平洋地带的所有高速发展的城市近来都迅速形成了稠密且多样

---

① 《中共中央关于党的百年奋斗重大成就和历史经验的决议》,新华网,2021年11月16日,http://www.news.cn/2021—11/16/c_1128069706.htm。

化的城市腹地，那么通过将城市腹地向周边和区域延伸，就完成了城市国际化进程。因此，一座世界级城市的国际化历程基本都要经历如下阶段：区域性中心城市—国内中心城市—区域性国际中心城市—国际中心城市。天津正处于由国内中心城市向区域性国际中心城市发展的过渡阶段。天津是中国北方最大的港口城市、国际性综合交通枢纽、国际消费中心城市、国家物流枢纽、全国先进制造研发基地、北方国际航运核心区、金融创新运营示范区、改革开放先行区、首批沿海开放城市、亚太区域海洋仪器检测评价中心；也是东北亚六国都市走廊的海陆联运枢纽、中蒙俄经济走廊的东部起点、海上丝绸之路的战略支点、"一带一路"的海陆交汇点、新亚欧大陆桥经济走廊的重要节点。作为环渤海城市群的经济中心，天津是华北乃至东北地区的出口基地，也是上述地区与国外交流的纽带。当前，天津正积极推动国家战略，推进京津冀协同发展，共建京津冀世界级城市群，在国家发展大局中具有独特而重要的战略地位。

虽然判断城市国际与否的标准是特定的，但实现国际化的道路对不同的城市而言是不同的。天津身处大有可为的战略机遇期，练好内功，建设好城市的基础设施，找准自身定位，做好城市国际化发展规划，以"一基地三区"建设为依托，以"一带一路"建设驱动城市国际化，推动友城交往，提升城市国际化程度，在构建新发展格局的争先进位期向区域性国际中心城市转型，为建成京津冀世界级都市群优化梯次布局。

第三章 天津城市国际化的现实基础

天津市在城市国际化建设中区位优势明显,位于陆上和海上丝绸之路交汇点,是新亚欧大陆桥经济走廊的重要节点,是中蒙俄经济走廊的东部起点,作为连接华北、西北地区与世界贸易的重要通道,依托京津冀协同发展战略,制定了《天津市参与丝绸之路经济带和21世纪海上丝绸之路建设实施方案》,通过规划、政策、项目和平台对接,以处理好市场主导与政府引领、对外开放与对内协调、全面推进与突出重点、改革创新与风险防范等方面的关系。

为了疏解首都部分功能,促进区域发展,建立世界级首都经济圈,2014年2月26日,习近平总书记就推进京津冀协同发展发表了重要讲话,京津冀协同发展上升为国家战略。这一国家发展战略在打造新的首都经济圈,推进区域发展,实现京津冀优势互补,促进环渤海经济圈,带动北方腹地发展,面向东北亚等方面进行了有益的实践。[1] 2015年6月,中共中央、国务院印发《京津冀协同发展规划纲要》,赋予天津"一基地三区"定位,即将天津打造成为全国先进制造研发基地、北方国际航运核心区、金融创新运营示范区、改革开放先行区。2018年,中共中央、国务院印发《关于建立更加有效的区域协调发展新机制的意见》,明确提出推动国家重大区域战略融合发展,进一步要求以"一带一路"建设、京津冀协同发展等重大战略为引领,促进区域间相互融通补充。为此特别强调将"一带一路"建设与京津冀协同发展对接,[2] 天津通过"一基地三区"建设主动融入"一带一路"建设,为加快城市国际化进程打下坚实基础。作为共建

---

[1] 李一凡:《京津冀人才一体化的推进难点及错位发展思路》,《经济论坛》2014年第12期,第18—21页。

[2] 张可云:《"一带一路"与中国发展战略》,《开发研究》2018年第4期,第1—12页。

"一带一路"发展的重要节点城市，立足"一基地三区"功能定位，体现出天津的比较优势，对外开放水平和程度不断提升。

第一节 全国先进制造研发基地与制造业国际化的实践

天津市制造业发展有着悠久的历史和深厚的基础，是我国重要的综合性工业基地。坚持制造业立市、打造制造强市发展理念，紧紧围绕全国先进制造研发基地的功能定位，将"先进""制造""研发"三位一体结合起来，突出高端化、链条化、集群化发展，壮大一批能够代表国际先进水平的制造业产业集群，以"国家新一代人工智能创新发展试验区"为突破口，以智能制造为产业发展的主攻方向，以生物医药、新能源、新材料为重点，以装备制造、汽车、石油化工、航空航天为支撑的现代产业体系正在加快构建，优先打造信创、高端装备、集成电路、航天航空等12条重点产业链，对制造业的发展形成有力支撑带动作用。把产业链作为核心抓手，依托京津冀协同发展战略、"一带一路"建设与新的发展格局相互促进，为制造强市建设提供坚实产业支撑，筑牢实体经济根基，为制造业国际化打下深厚的基础。天津市在先进制造研发基地建设上有雄厚的基础，有门类齐全的工业制造业和规模庞大的产业工人，在产业链体系上具有完整性，供应链配套布局完善。工业和信息化部发布《2020年先进制造业集群项目》公告中，天津信息安全、动力电池两个集群成功入选全国20个先进制造业集群，实现了重大突破。[①] 为此，争取在"十四五"规划末基本建成全国先进制造研究基地，以此优化布局，促进与"一带一路"沿线国家和地区的共同发展，为促进制造业国际化进程打下坚实的物质基础。

---

① 陈庆滨：《天津信息安全、动力电池两大产业集群成功入选"国字号"》，央广网，2020年8月13日，http：//news.cnr.cn/native/city/20200813/t20200813_525203836.shtml。

一、通过制度创新推进全国先进制造研发区建设，为制造业国际化提供制度保障

共建"一带一路"倡议为中国制造业国际化提供了一个历史机遇。天津市为了加强先进制造业的发展，先后出台了《关于进一步加快建设全国先进制造研发基地的实施意见》《天津市关于加快推进智能科技产业发展的若干政策》《天津市关于进一步支持发展智能制造的政策措施》《天津制造强市建设三年行动计划（2021—2023年）》《天津市产业链高质量发展三年行动方案（2021—2023年）》等政策，印发了航空航天、高档数控机床、机器人、集成电路、3D打印等13个产业发展的三年行动方案，又以市政府名义出台了新一代人工智能、生物医药、新能源、新材料4个产业三年行动计划。出台的《天津市产业链"链长制"工作方案》，按照"一条产业链、一位市领导、一个工作专班、一套工作方案"模式，全面实施市领导挂帅的"链长制"，高位推动产业链各项工作发展。建立"七个一"工作推进机制，市区联动、高效协同推进产业链高质量发展。同时还出台了《天津市制造业高质量发展"十四五"规划》，提出到2025年天津市将基本建成研发制造能力强大、产业价值链高端、辐射带动作用显著的全国先进制造研发基地。按照高端化、智能化、绿色化、服务化发展思路，构建更具竞争力的现代产业体系。通过自身建设，为共建"一带一路"打下规则基础和储备。

二、以深化高新技术产业创新发展为契机，为制造业国际化合作打下坚实的物质基础

天津市具有高质量发展的深厚底蕴，为了进一步提升制造业国际化，布局建设"1+3+4"现代工业产业体系，即以智能科技产业为引领，以生物医药、新能源、新材料等新兴产业为重点，以装备制造、汽车、石油化工、航空航天优势产业为支撑的现代工业产业体系，为国际制造业合作打下基础。

（一）打造成为我国自主创新的重要源头和原始创新的主要策源地，为制造业国际化做好科技力量的支持

以智能科技、生物医药、新能源、新材料等战略性新兴产业为引领，

以产业规划、园区共建、产业链构建为主要内容，发展包括大数据云计算、信息安全、工业机器人、智能安防、智能网联汽车等优势领域。从企业数量看，2021年天津市规上工业在链企业2697家，企业主要分布在新材料（623家）、绿色石化（618家）、汽车和新能源汽车（365家）、高端装备产业链（357家）、轻工（323家），占比达到84.8%。从产业规模看，绿色石化（4025.51亿元）、轻工（1771.83亿元）、汽车和新能源汽车（2216.25亿元）、新材料（1454.28亿元）产业链产业规模最大，工业总产值均超过1000亿元，占2条重点产业链工业总产值的76.1%。同时天津还积极推动互联网、大数据、人工智能和实体经济深度融合，推进"互联网+智能制造"、"机器换人"、大数据应用示范等工程。如天津市信创产业已经处于全国先进地位，初步形成涵盖基础软件、CPU设计和集成电路、网络安全、应用软件及终端设备等领域的产业发展格局。聚集了360、紫光、TCL北方总部和新一代自主创新操作系统"飞腾CPU+麒麟OS"构成"PK"体系，构成了国家信创工程主流技术路线。特别是信息安全产业头部企业腾讯、麒麟、长城等布局天津，麒麟V10达到国内最高安全等级，集群规模占全国比重达23%。天津滨海高新技术开发区正在加强顶层设计，以麒麟软件为基础，聚焦网络安全产业，打造千亿级安全产业集群，成为国家级网络安全战略性新兴产业集群。2021年，规上工业在链企业69家，规上工业总产值375.39亿元，增长31.7%；完成投资215.93亿元，增长37.6%。天津市力争在"十四五"规划末期，工业战略性新兴产业增加值占比达到40%以上，打造形成新一代信息技术、新材料2个2000亿级产业，生物、高端装备、新能源与新能源汽车3个千亿级产业，成为全球重要的战略性新兴产业集聚区。为优化发展布局，推动区域协调发展，天津市连续召开五届世界智能大会，邀请"一带一路"沿线国家参加，设立百亿元智能制造专项资金、新一代人工智能制造专项资金，在共建"一带一路""硬联通""软联通""心联通"做出有益的尝试和准备。

（二）培育壮大领军企业、龙头企业和品牌产业，为企业"走出去"奠定坚实基础

企业创新主体地位增强，培养了一批创新型企业家和创新能力强、产业效益好的创新型企业，形成若干具有国际竞争力的创新型领军企业群。截至2022年，国家级企业技术中心达到71家，居全国重点城市第3位。现代中药、车联网、先进操作系统、天津市"芯火"双创基地（平台）、中国科学院天津工业生物技术研究所、天津市医药研究所等一批产业创新平台纷纷启建；"天河三号"百亿亿次超级计算机、全球首款脑机接口专用芯片"脑语者"、12英寸半导体硅单晶体、康希诺疫苗、240吨AGV自动运载车等一批关键核心技术实现突破。2018年以来，累计支持智能制造专项资金支持项目1726个，市、区两级财政共支持资金52.1亿元，形成1∶20的放大带动效应，累计创建102家智能工厂和数字化车间；培育了紫光云、中汽研、宜科电子等一批行业工业互联网平台，超过6000家工业企业上云；移动宽带、固定宽带下载速率从全国第11位、第7位分别跃居全国第3位。国家级专精特新"小巨人"企业总量位列全国重点城市前列。[①] 通过创新驱动发展战略，培育壮大龙头企业取得实效。

（三）京津冀协同产业联动由参与全球供应链向促进全球创新链发展

京津冀协同发展的关键目标，即通过建立高新产业科技园、产业管理示范区、先进设备技术研发示范区，形成了京津研发、河北承接的产业联动发展模式。其主要方式：一是在产业升级上加强合作，如京津中关村科技城、天津东丽临空科技创新城加强在"一带一路"建设项目的对接与合作；二是在能源保障工程方面创新合作方式，特别是中俄东线天然气管道工程建设、北京燃气天津南港液化天然气应急储备项目及配套外输管理项目上，形成"京津冀＋'一带一路'"合作模式，具有一定的原创性；三是聚焦新一代信息技术、高端装备、生物医药、汽车制造等重点领域，打造京津冀世界级产业集群，从而提升京津冀区域对外开放水平和开放影响力、开放统筹力；四是通过"一带一路"建设框架下的国际经济走廊建设和区域合作，发挥天津市作为北方国际枢纽作用，带动环渤海、东北等区域板块协同开放。在京津冀产业协同框架下，打造滨海—中关村科技园、

---

① 靳方华、蔡玉胜主编：《天津经济发展报告（2023）》，天津社会科学院出版社2023年版，第3页。

宝坻京津中关村科技城、宁河京津合作示范区等重点承接平台，以此打造京津冀世界级产业集群。

三、加大研发力度和投入，以"智能先锋城市"为名片加大与国际友城合作

坚持制造业立市，全面增强先进制造研发基地核心竞争力。通过巩固壮大实体经济根基，实现结构升级新突破，提升产业引领力和整体竞争力，基本建成研发制造能力强大、产业价值链高端、辐射带动作用显著的全国先进制造研发基地。天津市全社会研究与试验发展经费投入占生产总值的3.66%，位列北京、上海之后，截至2022年连续4年排列全国第3位。综合科技创新水平指数达到80.88%，居全国第4位。[1] 投入强度反映的是一个地区愿意把多少资源用于研发，体现了对科学技术的重视程度。2019年，天津市启动《天津市创新型企业领军计划》，聚焦人工智能、生物医药、新能源新材料等战略性新兴产业，强化企业创新主体地位，大力推动新技术、新产业、新业态、新模式"四新经济"发展，扎实推动创新型企业发展，打造"科企3.0版"。[2] 根据《世界智能制造中心发展趋势报告》显示，在2019年世界智能制造中心城市潜力榜中，天津位列全国第4位，居全球第10位。根据"十四五"规划，到2024年天津市在智慧城市、智慧港口、海河产业基金品牌联网等应用重点领域走在全国前列，建设成为"智能先锋城市"。以发展壮大先进制造业，支持支柱产业，有效培育发展战略性新兴产业为目标，于2017年4月设立天津市海河产业基金，成立海河实验室创新联合体。重点服务于新一代人工智能科技、生物医药和健康、新能源新材料等领域，推动技术研发创新，产业转型升级的提质增效。海河产业发展基金认缴规模达到1238亿元，打造了千亿级新一代人工智能科技产业基金和项目群，300亿元生物医药产业母基金群，在2020年清科研究中心发布的"中国政府引导基金30强"榜单中名列第4

---

[1] 中国科学技术发展战略研究院：《中国区域科技创新评价报告2022》，科学技术文献出版社2022年版，第22—30页。
[2] 《天津市人民政府关于印发天津市创新型企业领军计划的通知》，天津政务网，2019年5月30日，https：//www.tj.gov.cn/zwgk/szfwj/tjsrmzf/202005/t20200519_2366060.html。

位，自成立以来已经连续3年上榜。科技型企业梯度培育成效显著，科技成果转移转化体系不断完善。

深化国际友城合作成为天津市扩大开放、加强城市国际化建设的重要途径。在《天津市国民经济和社会发展第十四个五年规划和二〇三五年远景目标纲要》中指出天津积极融入共建"一带一路"，要求深化改革，扩大开放，做到加强国际交流，深化国际友好城市合作，以"一带一路"沿线港口城市为重点，激发新活力，全面提升城市国际影响力。盘活友城合作资源存量，开辟建立新友城关系增量，优化全球友城布局，是天津市国际化发展的重要抓手。继2017年首届世界智能大会在天津市举办以来，友城论坛成为一个重要的环节。随着共建"一带一路"高质量发展全面展开，中国与共建"一带一路"国家的贸易占比稳定在1/3，形成了更大范围、更宽领域、更深层次的对外开放新格局。天津市在城市国际化布局中，依托共建"一带一路"倡议，在基础设施建设、高端装备制造、工业园区合作建设等一系列重大项目在"一带一路"沿线国家落地生根，结出硕果。天津市共有500多家企业和机构对"一带一路"沿线国家和地区直接投资达47亿美元。截至2018年，入库"一带一路"项目85个，总投资为1800亿元人民币，引领了"一带一路"海外投资贸易建设的新方向。截至2017年底，天津市共有1000多家企业在海外注册机构或企业，中方投资额达467亿美元。从"走出去"企业的情况来看，其中一些企业还在外设立了办事处，如在美国、日本、韩国等设立办事处的有290多家；加工制造类企业有131家，分布在美国、乌兹别克斯坦、埃及等国家；资源能源开发类企业68家，分布在印度尼西亚、蒙古国、俄罗斯等国家；服务业"走出去"企业主要从事商贸物流、港口运营、公司租赁等。截至2017年底，天津市在共建"一带一路"相关国家设立企业机构470多家，中方投资额达47亿美元，主要投资领域包括石油开发、商品贸易、化工、农业合作以及矿产等。天津市通过共建"一带一路"在构建深度一体化的市场体系、统筹谋划区域要素市场、推动形成保护知识产权体系、打造高水平的营商环境，着力打造对接关键平台、引领开放型经济等方面作出了积极努力和探索。

第二节 北方国际航运核心区与航运国际化的实践

立足"一带一路"的海陆交汇点优势,天津市北方国际航运核心区借助以天津港为中心的国际性综合交通枢纽、天津自由贸易试验区等重要平台和科技创新能力的优势,通过完善的航运基础设施、高度集聚的航运资源、辐射内陆通达全球的物流网络以及优良的航运服务功能服务"一带一路"建设,有力促进了航运国际化的发展。天津港是天津的核心战略资源;是天津"一基地三区"的重要载体;是京津冀及"三北"地区的海上门户;是"一带一路"的海陆交汇点;是国内国际双循环的战略支点和服务全面对外开放的国际枢纽港。2019年1月17日,习近平总书记在视察天津港时指出,经济要发展,国家要强大,交通特别是海运首先要强起来。要志在万里,努力打造世界一流的智慧港口、绿色港口,更好服务京津冀协同发展和共建"一带一路",并留下"把天津港建设好"的殷切嘱托。作为我国北方最大的综合性港口和重要的对外贸易口岸,对标世界一流智慧港口、绿色港口,通过加强航运综合服务、通达辐射能力、港航软实力、集疏运体等方面的建设,与环渤海港口协同联动,成为了全球重要的航运资源配置中心和京津冀协同发展的重要载体,打造或具有国际竞争力的东北亚世界级港口群,连续多年跻身世界港口前10强,在服务国家大局中具有重要的战略地位和作用。

一、通过制度创新区推进北方国际航运核心区建设,为城市国际化提供制度保障

天津市滨海新区早在2006年就初步确定了国家"北方国际航运中心"的功能定位。2011年国务院批示《天津北方国际航运中心核心功能区建设方案》,提出将2008年成立的东疆保税港区建设成为北方国际航运中心和国际物流中心、国际航运融资中心。根据2015年《京津冀协同发展规划纲要》将天津的功能定位为北方国际航运核心区,天津制定了一系列政

策，即《天津市建设北方国际航运核心区实施方案》。① 围绕世界一流港口建设，天津市先后出台了《天津港建设世界一流港口支撑指标和工作目标体系》《天津市推动天津港加快"公转铁"、"散改集"和海铁联运发展政策措施》等文件。

国际港口发展一般经历四个阶段，即运输中心阶段、"运输中心＋临港工业"阶段、物流中心阶段、航运中心阶段。天津北方国际航运枢纽是以天津港为中心的国际性综合交通枢纽，集海空两港优势服务于共建"一带一路"。2017年，国家发展和改革委员会、中国民航局共同印发《推进京津冀民航协同发展实施意见》，明确将京津冀地区四大机场错位发展，将天津建设为中国国际航空物流中心，打造成为日本、韩国同欧洲贸易往来的中转站。2020年8月，经中央部委强化统筹规划，国家发展和改革委员会、交通运输部联合发布《关于加快天津北方国际航运枢纽建设的意见》（以下简称《意见》），推动天津市加快建设以天津港为中心的国际性综合交通枢纽。《意见》提出，到2035年全面建成智慧绿色、安全高效、繁荣创新、港城融合的天津北方国际航运枢纽，天津港成为世界一流港口，国际航运中心排名进一步提升，集装箱吞吐量力争达到3000万标箱。②《意见》的出台，对于推进天津北方国际航运枢纽高质量发展，增强天津港国际竞争力，保障产业链供应链稳定，推动京津冀协同发展和雄安新区建设、促进华北西北地区高质量发展、推动形成国内国际双循环相互促进新格局具有重要意义。③ 2021年，天津市人民代表大会常务委员会审议通过了《天津市推进北方国际航运枢纽建设条例》，围绕规划与基础设施建设、智慧创新发展、安全绿色发展、现代航运服务体系建设、航运营商环境建设等方面作出明确规定，为加快天津北方国际航运枢纽建设提供法治保障。《天津市综合交通运输"十四五"规划》提出，把天津港建成

---

① 刘海荣：《国家战略叠加背景下天津北方国际航运中心建设研究》，《信息系统工程》2018年第4期，第147—148页。

② 国家发展和改革委员会、交通运输部：《关于加快天津北方国际航运枢纽建设的意见（发改基础〔2020〕1171号）》，国家发展和改革委员会网站，2020年7月31日，https：//www.ndrc.gov.cn/xxgk/zcfb/tz/202007/t20200731_1235257.html。

③ 国家发展和改革委员会、交通运输部：《关于加快天津北方国际航运枢纽建设的意见（发改基础〔2020〕1171号）》，国家发展和改革委员会网站，2020年7月31日，https：//www.ndrc.gov.cn/xxgk/zcfb/tz/202007/t20200731_1235257.html。

设智慧绿色、世界一流的国际海港枢纽,京津冀协同发展的重要支撑、服务"一带一路"建设的重要支点。2019年12月,南港开发公司、南港港务公司与天津港集团正式签署《天津市港口统一收费管理服务平台管理暂行办法》,实现了产业及港口空间布局、调度指标、公共服务、商务管理的统一。为此天津市成立了天津港建设世界一流港口领导小组,实现港口发展工作协调常态化机制。

二、构建多式联运体系,直接服务"一带一路"建设,提升城市国际化水平

天津港加快陆海双向开放,拓展港口航线网络。作为世界上等级最高的人工深水港,天津港由北疆、东疆、南疆、大沽口、高沙岭和滨海新区六个区域组成。码头等级30万吨,航道水深22米,码头岸线总长40.7千米,拥有各类泊位192个,集装箱班轮航线达130余条。天津港有联通全球、服务全球的便捷交通和地理区位条件,国际航线通达200多个国家和地区的500多个港口,开通有131条集装箱班轮航线,每月航班550余班。实现了对全球主要地区全覆盖,陆续打通了3条陆桥运输通道,10条海铁联运通道。同时,对内辐射力增强,辐射面积近500万平方千米,约占全国总面积的52%。全港70%左右的货物吞吐量和50%以上的口岸进出口货值来自天津以外各省、市、自治区,是我国重要的现代化综合性港口,全球重要的集装箱干线港。

(一)完成东北亚—天津港—大陆桥—中西亚和欧洲双向多式联动

目前天津市在北方国际航运核心建设方面取得的成效日益显著,枢纽港口功能进一步扩大,港口辐射力得到大幅提高。中华人民共和国成立后第一条国际集装箱班轮航线、第一座集装箱专用码头,先后在天津港开通和运营,拥有大型深水专业集装箱装卸泊位26座,可满足全球最大集装箱船舶作业要求。天津港依托"一带一路"建设,开通覆盖欧洲、东南亚、日韩的外贸航线,增加多条通向内陆腹地的海铁联运新通道,加大环渤海内支线航线密度,基本覆盖全球各主要港口。目前天津港有四条共建"一带一路"航线开通运营。拥有二连浩特、阿拉山口、满洲里三条过境集装

箱班列运输通道，居全国陆桥运输港前列。2021年集装箱年吞吐量突破2000万标箱，发展目标是年吞吐量3000万标箱。集装箱船舶直靠率、平均在泊船效率、航陆运效率、外贸航线效率位居全球前列。贯通升级成为南北海上大通道，服务于国内国际双循环相互促进的新发展格局。

天津港的服务功能逐渐完善，是中国北方最大进口矿石接卸转港之一。拥有4座20万吨级、25万线专业化矿石泊位和散货通用泊位，以及较为完备的铁路公路疏运系统，2020年各类进口矿石吞吐量近1.2亿吨。天津港是中国西煤东运、北煤南运的绿色通道，拥有现代化专业煤炭泊位6个。同时也是华北地区主要的外贸进口原油和液化天然气接卸港，是北方最大的汽车进出口岸和北方规模最大的邮轮母港。天津港在原有港口的基础上开通多条新航线，2016年先后开通东方海外东南亚线、现代东南亚线等六条"一带一路"沿线国家集装箱班轮航线，近年来开通多条直航越南、马来西亚、印度尼西亚等国家的新物流通道。天津港通达东南亚集装箱航线有32条，拥有共建"一带一路"集装箱航线46条。2020年，"天津—胡志明"集装箱班轮新航线开通，每周运行2班，这是天津港集团开发的首条"21世纪海上丝绸之路"新航线，填补了中国到越南南部直航服务的空白，实现了对越南从南到北全口岸覆盖。[①] 天津已经成为东盟主要成员国（如印度尼西亚）商品出口的重要目的港。《区域全面经济伙伴关系协定》生效后，为了满足我国北方市场对东南亚地区进出口货物的动力需求，连续开通了达飞/太平/宏海、海丰、地中海东南亚航线。同时开通了北极航运中东线，"天津港—中亚"国际联运通道重新恢复整列直达运输，有助于提升天津港的北方国际航运枢纽地位，为我国华北、西北地区货物经天津港抵达中东地区提供新通道。2023年有海上"巨无霸"之称的"现代哥本哈根"轮从天津港北疆智慧零碳码头缓缓起航，标志着天津港2023年直达欧洲的首条新航线正式开通。"现代哥本哈根"轮是目前全球完工交付的最大级别集装箱船，该船总长399.9米，船宽61.2米，型深33.2米，满载吃水16米，单船可装载2.4万个标准集装箱，是当之无愧的海上"带货王"。本次开通的新航线由航运界三大联盟之一的THE联盟（The Alliance）运营，将投入12条全球最大的2.4万个标准箱的集装箱船

---

① 《逆水行舟！多家港航企业增辟新航线》，《中国远洋海运》2020年第4期。

舶，在荷兰鹿特丹、德国汉堡、比利时安特卫普等多个欧洲主要港口靠泊。增开的这条新航线，主打快航服务品牌，有利于天津港构建起对接西欧高效快速的海上物流通道，为国内电子产品、机械设备等货物出口提供点对点快航服务。① 天津市加强与航运龙头企业的合作，推动航运企业的全球运输网络、全球供应链网络、区域市场服务网络向天津聚集，促进天津港对外航线的开发和重点航线增量扩容。同时拓展海外特别是"一带一路"沿线国家和地区的港口和物流业务，通过共同投资建港、物流园和并购业务等方式建立港航产业生态圈。2021年，天津港开通国内外贸航线共计9条，其中4条通达东盟国家，有力推动了京津冀及"三北"地区与东盟的经贸合作。

（二）大力发展环渤海内支线运输，加强京津冀协同服务于"一带一路"建设

京津冀在交通领域的协同发展实现突破，通过加强京津冀港口、机场以及骨干通道的建设增强了协同发展的能力。多项连接地区的公路和基础设施开始建设，不仅在轨道上的京津冀初见规模，而且加快实现多种运输方式协同发展，一些重大工程项目加快落地实施。京津冀签署协议，将把天津港打造成为新亚欧大陆桥经济走廊的重要节点、中蒙俄经济走廊的东部起点和海上合作战略支点，推动建设连接东北亚、辐射中西亚的铁水联运大通道；将建立、完善合作协调机制，成立"合作办公室"。② 通过环渤海港口协同联动，建成布局合理、分工明确、具有国际竞争力的东北亚世界级港口群。通过提升跨区域、跨方式运输服务一体化水平，增强了天津滨海国际机场国际、国内航空的枢纽作用，并通过陆海双向服务京津冀协同发展和"一带一路"建设。与河北省签署了《京津冀深化口岸合作框架协议》《津冀世界一流港口联盟合作协议》。津冀港口联运效应明显，形成干支联运、无缝衔接、错位发展、优势互补、相互支撑的发展格局。目前已联合秦皇岛、唐山、黄骅等周边港口，形成以天津港为中心，19条覆盖

---

① 《天津海关助力天津港增开直达欧洲新航线》，天津海关网，2023年4月7日，http://tianjin.customs.gov.cn/tianjin_customs/427885/427887/4944827/index.html。
② 《天津：打造"一带一路"新支点城市》，《山东经济战略研究》2015年第3期，第4页。

环渤海主要港口的集装箱干支联动网络，天津港外贸集装箱航线中70%以上的货物来自京津冀地区。通过支线把其他港口的货物经天津港连接到全世界200多个国家和地区的800多个港口。2020年，在新华·波罗的海国际航运中心发展指数评价中，天津市综合排名由2018年的第30位上升至2020年的第20位，两年跃升10位。

（三）开拓内支线"水上巴士"中转航线业务与"一带一路"建设的对接

推动构建内贸海运新模式。全面提升环渤海港口群合作水平，在完善现有环渤海"天天班"服务体系基础上，提升与环渤海地区港口企业在港口开发、集疏运优化、腹地物流通道建设等多领域、多层次的合作。天津港集团发挥航线优势，拓展货源聚集效应，提供高效物流装卸及增值服务，通过"水上巴士"中转运输发挥区域优势。自2018年开通钢材"水上巴士"转水运输业务后，"水上巴士"服务呈现出鲜明的特色。如2021年打通山东日照至天津港转水运输的新航线，来自日照的货物停泊天津港后，换装外贸货轮后驶往东南亚及中东等"一带一路"沿线国家，实现了钢厂和港口间的互利共赢。2021年，连接天津港与广州港的"海上高速—FAST"航线正式运营，并与广州港集团联合泛亚航运、安通控股、中谷海运、信风海运等内贸航运企业联合发布"海上高速—FAST"品牌，发起成立中国内贸集装箱港航服务联盟，强化南北港口联运协同。通过"水上巴士"形成货源聚集效应，有效促进了汽运车辆减排，降低了客户货物集港综合运输成本。有助于深度挖掘南北海运大通道发展潜力，推动内贸港航服务生态圈创新发展，更好地服务于国内国际双循环相互促进的新发展格局和北方国际航运核心区功能的提升。天津港集团将继续开辟转水内支线航线覆盖范围，重点辐射沿海地区转水市场，为天津北方国际航运枢纽建设注入新动能。

（四）贸易物流便利化，积极服务于广大腹地经济发展

天津港打造关港集疏港智慧平台，打造全国领先的关港协同新模式，大力推进港口与海关的信息互通与业务融合，推广"船边直提""抵港直装"等作业模式。同时推进港口间"虚拟港口"建设，依托信息技术，实

现港口间的互联，在航运物流数据、信息实时互联、共享方面构建全程数字化生态圈。目前天津港与内陆合作建设 30 个"无水港"，在"三线十区"地区设立超百家直营（加盟）店，设立了 5 个区域营销中心，特别是在京津冀地区设立了 35 家内陆服务营销网络（加盟店）。2018—2020 年，天津港集装箱吞吐量连续占京津冀港口集装箱吞吐量的 80%。[①] 海铁联运通道达 42 条，内陆物流网络辐射京、津、冀、晋、陕、宁、甘、内蒙古、新、豫、鲁、吉、黑 13 个省、自治区、直辖市，基本实现对内陆主要腹地的全覆盖。如开通了天津—呼和浩特海运集装箱海铁联运"牧草"班列、天津港—山西公路绿色运输物流新通道、天津港—新疆烧碱出口海铁联运、天津港—西北地区的"公转铁""散改集"敞顶箱专列，打通西北矿石走廊铁路大通道。[②] 建成了天津港电子商务网，打造全港统一的对外服务平台，打通了进出口货物在东口物流环节的"最后一公里"，提升了口岸通关效能。建成了集装箱业务单证电子化平台、智慧物流平台、冷链物流服务平台，初步形成高效便捷的物流网络。畅通的海铁联运物流通道，使海铁联运量保持全国领先水平，中欧班列运量保持全国首位。

（五）智慧港口建设取得突破性进展着力提高服务于"一带一路"建设

天津因港而生，借港而立，作为北方最大的综合性港口，可以满足国际上最先进的集装箱船进出港口，是中国对外开放的桥头堡。天津港辐射服务范围达 13 个地区，包括京津冀及中西部，国内经济腹地占到全国的 52%。[③] 天津港推进世界一流智慧港口建设走在国内港口前列，提出建设以质量为先、效率至上、创新引领的世界一流智慧港口。基础设施智慧化，推进"5G＋北斗"组网建设，提升 5G、北斗技术对港口行业工业互联网的支撑能力。2020 年底建成 143 座 5G 基站，码头智能化水平持续提

[①] 邵长青：《打造天津滨海新区"一带一路"全球资源配置的综合枢纽》，《港口经济》2015 年第 7 期，第 42—44 页。

[②] 石森昌：《天津北方国际航运核心区建设研究报告（2021）》，载天津社会科学院《天津经济与社会发展报告 2021》，天津社会科学院出版社 2021 年版，第 216 页。

[③] 刘海荣：《国家战略叠加背景下天津北方国际航运中心建设研究》，《信息系统工程》2018 年第 4 期，第 147—148 页。

升；未来重点推进与其他港口的智慧互联，尤其是与国内主要港口开展"虚拟港口"互联。搭建港口数据中心，拓展港航大数据集成共享空间，推进大数据管理平台建设。建成国内首个港口精度气象预报的智慧气象一体化平台，集成气象、海洋、港口生产等相关数据，推动气象数据与港口业务的深度融合。在全球首次实现智能理货业务在所有集装箱码头全覆盖，一次识别率超过95%。25台无人驾驶电动集卡规模化应用在全球处于领先地位。2021年，全球首个"智慧零碳"码头——天津港北疆智能化集装箱码头获得全球首个集装箱传统码头无人自动化改造全流程实船系统测试成功，并正式投入运营，实现"自动化岸桥＋自动化轨道桥＋无人集卡编组＋智能解锁站"联合作业。全球首个天津港绿色智慧专业化码头科技示范工程成功入选交通运输部科技示范工程，成为全国所有实施项目中唯一一项港口领域项目。[1]

近年来，天津北方国际航运枢纽加快转型升级并取得积极成效，正由高速增长转入高质量发展阶段，但仍存在港口功能布局不尽合理、综合服务功能不强、智慧化绿色化水平不高、港城关系缺乏统筹等问题。为了解决这些问题，天津市通过全力提升港口能级，强化津冀港口间干支联动，构建面向全球、便捷高效的集装箱运输网络。同时加强与环渤海港口的协同联动，组建环渤海港口联盟，打造具有国际竞争力的东北亚世界级港口群。通过优化调整大宗散货运输结构，积极发展滚装和邮轮等运输功能，着力打造国际枢纽港。通过打通连接西部、北部腹地的铁路动脉，积极发展以海铁联运为核心的多式联运，构建贯通"三北"、联通中蒙俄经济走廊的腹地运输网络。随着天津北方国际航运核心区走向深入，天津市加快由"货物通道"升级为"经济走廊"，由"通道经济"升级为"港口经济"，在航运国际化方面进行了有益的探索和实践。

第三节 金融创新运营示范区与金融国际化的实践

金融创新运营示范区是京津冀协同发展战略赋予天津市发展战略的定

---

[1] 《天津港绿色智慧专业化码头入选部科技示范工程》，现代港口物流网，2020年7月23日，http://www.xdgkwl.com/xxh/info_15.aspx?itemid=6407。

位之一。2015年以来，天津市依托自贸区金融创新实践，坚持金融服务实体经济功能，深化金融产品工具创新，大力发展了科技金融、航运金融、绿色金融和普惠金融，构建多层次的金融服务保障体系，加强国内外金融合作和支撑，对天津市的经济特别是先进制造业等重点领域的支撑作用日益凸显，通过制度、政策、产品、渠道等多维度创新体系促进金融创新运营示范区建设，已经初步形成特色金融业态集聚优势突出、国际化特征鲜明的区域金融中心。[①] 因此，助力天津企业"走出去"，开展"一带一路"建设，基本满足"一带一路"建设和重大区域战略推进过程的金融需求，在金融国际化道路上进行了有益的实践。

一、通过制度创新推进金融创新运营区建设，为服务城市国际化提供制度保障

天津市利用京津冀协同发展、天津自贸区金融改革创新、国家自主创新示范区、滨海新区开发开放等多个重大国家战略叠加的优势，充分挖掘融资租赁、商业保理、产业投资基金和要素交易市场等特色优势行业的服务潜力，制定了一系列政策，完善金融服务体系。2017年制定《关于进一步加快建设金融创新运营示范区的实施意见》，2020年制定《关于解决农业经营主体融资难融资贵问题的十一条措施》《关于构建天津市绿色金融体系的实施意见》《关于促进中国（天津）自由贸易试验区供应链金融发展的指导意见》。2021年出台《天津市金融业发展"十四五"规划》，提出在引领全国金融开放创新、服务区域经济社会发展中发挥更大作用。这些政策的出台对于金融运营的创新，以及城市国际化建设发挥着重要的作用。

二、以融资租赁特色发展促进城市国际化的资金融通

随着城市国际化的积极推进，天津市金融创新发展迅速，形成了以融资租赁、航运金融、国际保理等新型金融业态的开放型资本体系。而融资

---

① 沈艳兵：《天津建设金融创新运营示范区战略研究报告》，载靳方华、蔡玉胜主编《天津经济发展报告（2023年）》，天津社会科学院出版社2023年版，第230页。

租赁是天津金融创新的亮点之一，[①] 对标国际一流打造世界级融资租赁聚集区，为此特设"融资租赁发展工作专班"，统筹推动打造国家租赁创新示范区。东疆融资租赁业先行先试成为金融创新的示范样板，融资租赁发展良好。如利用东疆保税港区累计注册租赁公司3000多家，租赁资产总规模超万亿元，成为继爱尔兰之后全球第二大飞机租赁聚焦区，租赁跨境资产占全国的80%以上，创新了40多种针对在岸、离岸、跨境等不同应用场景下的飞机租赁模式和跨境交易模式。未来重点增强金融服务实体功能，以先进制造研发转化为目标，发展产业链金融、科技金融、航运金融、绿色金融和普惠金融，加大对先进制造业等重点领域的支持力度。在全国率先建立租赁物登记等制度创新，创造了全国第一单SPV租赁，开拓了保税、出口、离岸、联合、无形资产等租赁方式，在全国首先实施了经营性租赁收取外币租金、售后回租外币支付货款、外资融资租赁公司外债便利化试点等创新政策的地区，对全国租赁业发展起到重要的示范带动作用。目前正在积极推进租赁业务发展升级版工作，积极落实飞机离岸融资租赁业务，可办理对外债权登记、保税租赁、海关管理规定等新一批创新政策，全市总部法人租赁公司2040家，飞机、国际航运船舶、海工平台租赁业务占全国总量的80%，持续多年领跑全国。[②] 目前东疆保税港区已经成为全球第二大飞机租赁聚集区，即使在新冠疫情发生的2020年，东疆保税港区融资租赁仍实现了8%的增长。飞机、国际航运船舶、海工平台租赁业务继续领跑全国，租赁跨境资产占全国的80%以上，已成为高端装备租赁的中心和基地。同时成立了全国唯一一家以融资租赁命名、集中审理融资租赁案件的专业法庭。同时商业保理资产总额和保理融资款余额跃居全国首位。落地国内首笔跨境人民币保理业务，实现了跨境人民币业务一体化、标准化、高效化，便利了跨境贸易和投融资结算。截至2022年，天津自贸区拥有保理企业达531家，拥有全国半数以上中央企业保理公司，

[①] 栾大鹏：《对31省"十二五"期间GDP实际增速的测评及排名》，《国家治理》2016年第10期，第4—18页。
[②] 《专访天津市金融局副局长武岳：服务实体经济 天津打造五大金融创新品牌》，津云，2019年11月6日，https://www.tjyun.com/system/2019/11/06/037773403.shtml。

资产规模 2840 亿元，占全国 30% 以上。① 上述一系列的创新举措为天津市的金融业发展带来了更多机会，促进了天津市与"一带一路"沿线国家及地区投融资交易业务的深入发展，也提高了天津金融的国际化水平。

三、充分利用自由贸易试验区带来的投融资和政策优势服务"一带一路"建设

自由贸易试验区（以下简称"自贸试验区"）是中国经济体制改革和实行对外开放的一个重大战略步骤，与共建"一带一路"倡议的实施互为借助，形成合力。天津市自贸试验区于 2015 年 4 月 21 日挂牌成立，是中国北方第一个自贸试验区，作为海陆交汇点在"一带一路"建设中具有明显的优势，包括天津港东疆片区、天津机场片区、滨海新区中心商务片区。坚持"首创性""差异化"标准，积极推进投资、贸易、监管等制度创新，通过提升要素供给效率，实现更高水平的投资便利、贸易便利、资金往来便利和要素供给便利，打造全国高水平自贸试验区。通过发挥自贸试验区、国家级开发区、综合保税区既有平台作用，做好资源融合，重点发展高质量的物流金融，为对接"一带一路"建设提供依托载体。机场片区是亚太地区重要的航空制造维修基地，东疆片区成为继爱尔兰之后全球第二大飞机租赁聚集地，滨海新区商务片区意在打造中国北方金融创新中心。通过完善投资贸易等配套制度，打通贸易投资自由化和便利化通道，在营商环境、市场准入、海关监管功能和政策升级等方面具有首创性改革创新措施，深度融入国际贸易产业链，是"一带一路"建设的黄金支点。

自贸试验区面向东亚经济圈，作为连接东北亚、东南亚和国内中西部地区，乃至中西亚和欧洲的交汇点的作用更加突出，是建设"京津冀+'一带一路'"海外工程出口基地，中央企业创新型金融板块承载地和跨境投融资的枢纽，助推国家战略和区域的发展。在全国率先推行保税仓储货物介质抵押融资，全国首创"数仓+区块链+金融"供应链金融模式。在"一带一路"建设中，自贸试验区是企业"走出去"的首选平台。通过自

---

① 沈艳兵：《天津建设金融创新运营示范区战略研究报告》，载靳方华、蔡玉胜主编《天津经济发展报告（2023 年）》，天津社会科学院出版社 2023 年版，第 243—244 页。

贸试验区建设，使企业学习国际先进的生产技术和管理经验，积极发展以海铁联运为核心的多式联运，拓展中欧班列国际海运联运功能，打造东北亚新的国际集装箱转运中心。在金融产业特别是融资租赁产业、创新制造业、自贸港口建设、国际贸易、国际航运服务功能方面均有创新发展，建设成为中国北方重要的跨境电商海港基地，成为跨境电商"先理货后报关"试点。同时加强与俄罗斯等"一带一路"沿线国家的跨境业务交流合作，大力发展海铁、海空和海铁陆联运，从而发挥对东北亚区域的航运辐射作用。

天津市建设金融创新运营示范区的核心是创新，天津自贸试验区是金融改革创新的重要平台和扩大开放的重要窗口，累计发布金融创新案例65项，其中有11项金融创新措施在全国复制推广。尤其是天津海关出台全国首个推动解决保税仓储货物质押融资业务海关政策、天津银保监局出台天津自贸试验区银行业市场准入报告类事项清单等金融创新案例得到全国推介。金融服务"一带一路"建设具有创新性，如中信银行开展的"一带一路"出口买方信贷业务，以银团贷款方式为某公司项目境外业主提供9400万美元贷款额度，根据工程项目进度累计发放贷款2500万美元，并受托支付给该公司，支持了该公司在"一带一路"沿线国家的海外工程建设，提升了企业"走出去"的市场竞争力。

随着金融创新的深度和广度不断提升，借助自贸试验区等优势，在金融生态环境建设、供应链金融服务实体经济等方面引领全国不断发展创新，充分利用金融创新运营示范区、自贸试验区、自主创新示范区、国际消费中心试点城市等政策组合叠加优势，推动形成更多的金融创新产品和可推广和复制的创新案例，同时为可持续的金融产品国际化探索新途径，特别是在绿色低碳金融体系建设上探索新模式和新途径，为金融国际化发挥更大作用。

第四节 改革开放先行区域与创新体系国际化的实践

天津市一直是北方对外开放的高地，改革开放先行区是国家对天津的功能定位之一。为发挥服务内陆腹地出海口作用，以联通欧亚，背靠京津冀，面向太平洋的区位优势和自贸试验区对外经贸合作优势，强化服务"三北"，面向东北亚，以双向投资、国际贸易、口岸开放、国际合作、租赁创新等为重点，深化改革，扩大开放。天津作为中国对外开放平台体系建设形态比较齐全的城市，持续扩大对外开放，综合科技创新水平指数连续16年稳居全国第3。以"双城"战略为重点，特别是通过以"滨城"改革开放先行先试试验区，在有效发挥对外开放门户作用、综合配套改革的引领作用、协同发展体制机制更加健全方面，为全国改革开放提供可得知、可推广的经验，通过营商环境不断优化、国企混改、自贸区建设等方式成为带动区域经济发展的重要引擎，以开放理念深入融入"一带一路"建设。

一、通过制度创新推进改革开放先行区建设，为创新体系国际化建设提供制度保障

2017年天津市委市政府出台了《关于进一步加快建设改革开放先行区的实施意见》。以此为指导，先行先试。出台《天津市人民政府关于扩大对外开放积极利用外资的若干意见》，积极促进双向投资，增强配置全球资源和要素的能力。为鼓励企业"走出去"，支持企业积极投保出口信用保险、海外投资保险，提升企业项目运营水平；开展境外投资指引和风险警示，引导和规范企业经营行为，提升应对境外风险能力。建立任务清单制度，围绕任务清单建立工作台账，着力解决项目建设、金融支持、风险管控、安全保障等方面问题，确保各项重点任务按计划落实。

二、加快海外工业园区建设，深化与"一带一路"沿线国家高新技术产业国际合作

天津市与"一带一路"沿线国家外贸快速增长，通过沿线经济走廊的海外园区建设，深度参与中蒙俄、中巴经济走廊建设，推动扩大双向投资，持续提升境外经贸合作区功能。在推进产业经贸深度合作方面，天津市将深化对外投资、产品出口、工程承包和劳务合作，带动优势产能、技术标准和经营管理服务"走出去"，同时推进大宗商品境外生产基地、埃及苏伊士经贸合作区拓展区建设，推动印度尼西亚农业产业园区升级为国家级境外经贸合作区。依据现有科技创新条件、高新技术产业发展基础，

提升制造生产配套能力，建立健全"一带一路"科技创新和高新技术合作机制，加强与发达国家和世界主要经济体的合作，积极向发达经济体看齐，吸引发达先进制造业、战略性新兴产业、企业总部等投资，推动共建联合实验室（研究中心），促进国际技术转移和科技人才交流，加快科技创新和新兴产业培育等方面的合作。①

（一）中埃"泰达园"品牌成为"丝路明星"

天津经济技术开发区总公司（天津泰达投资控股有限公司前身）与埃及国民银行、国际投资银行、阿拉伯承包商公司和苏伊士运河管理局签署协议，成立埃中合营投资股份公司，共同开发建设苏伊士湾经济特区。这是天津市企业首次"走出去"。2007年11月，天津泰达投资控股有限公司通过投标，获准在埃及建设苏伊士合作区。2008年10月，中非发展基金与泰达投资控股有限公司合作，共同出资4.2亿人民币，成立中非泰达投资股份有限公司。2009年11月，苏伊士合作区正式授牌，它是在中埃两国国家元首共同关注下成长起来的国家级境外经贸合作区。经过10多年的开发建设，已逐步成为中埃经贸合作的重要平台，成为中非合作共建"一带一路"的示范性项目。作为国家级境外经济贸易合作区，中埃·泰达苏伊士经贸合作区使古老的丝路文明在新丝路的建设中焕发生机。成功的海外建设经历，也形成了一套完整的"泰达模式"。由中非泰达运营的中埃·泰达苏伊士经贸合作区，在埃及实现了"四最"，即综合环境最优、投资密度最大、单位产出最高、中资企业最密。截至2020年12月底，项目共吸引96家企业入驻，实际投资额超12.5亿美元，累计销售额超25亿美元，纳税近1.76亿美元，直接解决当地就业约4000人，产业带动就业3.6万余人。目前，6平方千米的经贸合作拓展区正在建设中，保税维修、跨境电商等产业服务新业态将逐步落地。经贸合作区内的保税仓服务功能已启动运行，并引入MTS海关物流系统和Go Bus汽车站。入园客户可享受一站式网上清关及物流服务，区内交通顺畅。该经贸合作区已成为中国企业"走出去"的桥头堡、"一带一路"建设的标杆。

---

① 高国力、陈曦：《推进"一带一路"建设同国家重大区域发展战略对接》，《中国发展观察》2019年第23期。

（二）农业"走出去"，推动农业国际投资与合作

天津市在农业科技研发、文化交流方面具有较大的优势，在推动农业政策对话、农业科技合作、农业对外援助方面取得了一定成绩。保加利亚玉米种植、天隆种业越南杂交水稻种植等一批合作项目落地实施，成为当地农业领域的示范性合作项目。

首先，加大政策支持力度。联合政策性和商业性保险机构，为"走出去"农业项目提供金融保险服务，为企业在海外经营保驾护航。深入各区解读和宣传推介"走出去"政治风险统保平台，进一步扩大海外防风险政策的支持覆盖面。通过积极协调资金完成涉及民营企业人身意外伤害保费在内的地方资金拨付，对民营企业境外投资前期费用、贷款贴息等予以支持。按照《天津市"走出去"企业海外投资保险统保平台三年工作方案（2018—2020年）》要求，对企业投保重点方向海外投资保险的保费给予补助。

其次，推动对外投资便利化。推行"鼓励发展＋负面清单"对外投资监管模式，支持包括农业产业在内的实体经济"走出去"。如天津天隆农业科技有限公司响应国家共建"一带一路"倡议，扩大对外交流合作，成立了从事杂交水稻海外推广和现代农业国际合作的专业化公司，将我国杂交水稻、蔬菜技术和产品推广到海外。该公司先后为印度尼西亚当地的883户农户、逾1000人次进行了农业技术培训。天津食品集团成立全资子公司，在保加利亚从事农产品种植和贸易经营活动，先后完成谷子试种、水稻栽培试验、玉米喷灌试验、20个蔬菜大棚试验等项目。天津食品集团也积极融入"一带一路"建设，加快农垦"走出去"步伐。该集团在保加利亚投资3.57亿元人民币，自有土地5.1万亩，租赁土地8.6万亩，打造中国首个与中东欧国家农业合作园区，聚集先进科研机构和农业企业，进行玉米、小麦、油菜、水稻等作物种植实验，积极发展与保加利亚双边大宗农产品贸易，促进中国与中东欧国家农业合作，该园区被农业农村部命名为"16＋1"农业合作示范区。同时，天津食品集团在加纳投资1300万元人民币建设番茄酱加工厂，2019年上半年建成投产后，年产小包装番茄酱5.4万吨，可实现年营业收入4亿元人民币，利润1206万元人民币，有利于壮大食品产业规模，促进当地就业和经济发展，扩大天津食品品牌国

际影响力。

（三）打造中医药"走出去"品牌

经过多年的积累及开发，天津市在中医药现代化等领域处于全国领先水平。2019年10月20日在中共中央、国务院发布《关于促进中医药传承创新发展的意见》后，国家对中医药的支持力度不断加强。中医药产业是天津市传统优势产业，不仅拥有科研能力较强的知名高校和技术创新机构，也拥有速效救心丸、复方丹参滴丸、血必净、京万红软膏等一大批国内知名的传统中药特色产品，更具有较强的技术创新和临床服务优势。天津市中医药产业规模较大，中医药在抗击新冠疫情中也发挥了较大作用。天津中医药大学张伯礼院士是全国著名的中医药专家，2020年被授予"人民英雄"国家荣誉称号。天津市通过承接中医药领域国家级产业集群、产业创新中心、重点实验室、重大基础设施平台，积极推进中医药海外合作，建设国家中医药服务出口基地、参与中医药产业标准制定工作，不断创新中医药应用场景成为天津市中医药"走出去"的主要方式。天津市政府相关部门指导天津中医药大学、天津天士力医疗健康投资有限公司制定中医药服务出口基地建设方案；加强中医药治疗新冠疫情经验海外宣传，搭建线上中医药学术交流和教育平台，开展多样化境外办学；逐步开放中医药产品海外注册公共服务平台，完善现代中药创新中心在中医药产品国际研发等方面的作用机制。随着中医药的技术与经验在海外不断得到推广，中医药治病与保健逐渐成为一些国际友城新时尚。天津市充分运用中医药产业实力雄厚、教育发展基础较好的优势，通过海外科研合作、中医药交流、教育培训等方式促进中医药"走出去"。

三、通过"津城"和"滨城"双城发展格局，探索对外开放的新局面

2017年，天津市第十一次党代会提出了"滨海新区与中心城区要严格中间地带规划管控，形成绿色森林屏障"的决策部署，建设生态、智慧、港产城融合的"滨城"成为天津市"十四五"时期一项重要决策。滨海新区由原来的塘沽、汉沽、大港三个区合并而来，面积超过深圳市，正加快由园区向城市转型。"滨城"的区域优势显著，腹地广阔，为"三北"入

海口，在引领地区外向型经济上，可推动天津经济向高质量发展。

"滨城"具有创新驱动发展特色，是滨海—中关村科技园、京津冀科研成果转化中心、新经济创新、军民整合创新四大国家级创新平台，是天津经济战略发展的龙头。自成为国家综合配套改革试验区以来，通过高质量发展，推动新旧动能转换和产业升级，提高产业链附加值，形成航空航天、石油化工、装备制造、电子信息、生物医药、新能源、新材料、国防工业等新兴技术产业，已形成大飞机、大火箭、大造船、大乙烯"三机一箭一星一站"产业格局，是唯一拥有航空和航天两大产业的城市。

海洋经济作为战略性新兴产业，日益在我国经济发展中占据重要的地位和作用。天津市拥有153千米长的海岸线，3000平方千米的海域面积，天津海洋经济总量比重在全市经济生产总值中逐年提高。近年来，天津市先后获批建设全国海洋创新发展示范区、海洋生态文明示范区和国家科技兴海产业示范基地等。天津正在积极建设全球海洋经济中心城市，在海水淡化、海洋装备制造业、海洋化工和海洋服务旅游业方面加快发展。在推进海上全面合作方面，天津市加强与"一带一路"沿线国家在海洋装备、海水淡化、邮轮产业、海洋渔业等海洋经济领域合作，推进海洋资源联合开发。在利用外资方面，接近1800亿美元，外商投资企业超过15000家，世界500强企业在天津的分支机构已经达到249家，外资企业创造全市进出口额的48.5%。在树立"大港口、大开放、大循环"理念下，推动港口、产业、城市深度整合，相互支撑，整体发展，打造世界级港口城市。

四、以推动"一带一路"沿线国家经济合作，探索更高水平的对外开放

天津市通过推动与"一带一路"沿线国家的经济合作，建设对外贸易强市，加快发展外贸新业态、新模式，全面深化服务贸易创新发展，大力引育贸易总部、知名专业贸易商、跨境电商品牌企业，推进中国（天津）跨境电子商务综合试验区和国家数字服务出口基地建设。通过构建大招商新格局，完善外商投资准入前国民待遇加负面清单管理制度，依法保护外资企业合法权益，推动利用外资稳中提质、稳中增效。深度融入"一带一路"建设，借助《区域全面经济伙伴关系协定》优势，强化与东北亚、东盟、欧盟等国家的经贸往来合作和国际产能合作。推动境外经贸合作区梯

队建设，特别是加快中埃·泰达苏伊士经贸合作区提档升级。深化国际友城合作，重视发挥民间交往作用。通过优化鲁班工坊全球布局，打造民心相通的天津品牌。天津外向型经济整体呈现稳步增长趋势，在公共服务平台、基地研发、产业聚集、品牌建设方面取得明显进步，贸易结构进一步优化，服务贸易快速增长。

五、用好教育科技资源，树立"鲁班工坊"品牌，为城市国际化做好民心相通工作

天津市作为现代职业教育改革创新示范区，跨越国界建设鲁班工坊，成为天津首创并率先主导推动实施的职业教育国际品牌，紧紧围绕所在国家的产业和中国"一带一路"建设对接需求，以建立院校合作技术技能人才培养项目为主体，通过研发国际化专业教学标准，以工程实践创新项目为教学模式，将中国优质职业教育和优质产品技术向合作国输出，培养当地熟悉中国技术、产品、标准的技术技能人才。[1] 在密切人文交流合作方面，天津市借助中国—中东欧国家高校联合会等多边机制，加大与中西亚、东南亚、南亚地区教育培训合作，开展文化领域交流与合作，打造"鲁班工坊"天津品牌。天津院校遴选了大城技术学院、奇切斯特大学、塞图巴尔理工学院、艾因·夏姆斯大学、埃塞俄比亚技术大学等一批优秀合作院校，对接了中泰高铁通运、中国—澜湄五国合作、中巴经济走廊、金砖投资项目、亚吉铁路运营、中企工业园等一批重大项目，合作办学层次从中职教育、高职教育、应用本科到工程硕士，已经在20个国家建设了21个鲁班工坊，遍布亚欧非三大洲。2016年，天津渤海职业技术学院在泰国国大城府建立的鲁班工坊正式挂牌，是我国在海外设立的首个鲁班工坊。2017年，在英国、印度和印度尼西亚再建三个鲁班工坊。2018年在巴基斯坦、柬埔寨、葡萄牙三国也建立了鲁班工坊。2019年，由天津铁道职业技术学院、天津市第一商业学校、吉布提工商学校和中国土木工程集团有限公司共同建设的吉布提鲁班工坊挂牌，这是中国在非洲建设的首个鲁班工坊。推进与"一带一路"沿线国家在教育、科技、文化、卫生等领域

---

[1] 张超：《鲁班工坊建设的实践经验与发展路径》，《天津市教科院学报》2020年第3期，第26—32页。

合作，用好国际性会展平台，为扩大开放营造良好环境。① 随着2020年11月全球规模最大的《区域全面经济伙伴关系协定》签署，建设更高水平的自贸试验区将会迎来更大发展，天津以"一基地三区"作为对接"一带一路"建设的主要抓手，将其打造成为国际国内经济双向循环的重要资源要素配置枢纽、京津冀现代产业集聚区、中日韩自贸区战略先导区。在发展模式、治理机制、文化建设、开放程度方面进行积极探索，特别是探索承接北京非首都功能疏解、京津冀海关区域一体化、区域环境治理、区域协同防疫机制建设，以及在产业创新、体制机制、基础设施建设、环境保护创新协同方面的路径，在推动"一带一路"建设过程中为世界各国提供可资借鉴的优化开发和协同发展的经验，从而提高京津冀协同发展战略的国际开放影响力。同时重点发挥展会作用，通过举办一批国际一流的论坛、会展、赛事等活动，深度发挥夏季达沃斯论坛、亚布力天津峰会等重大会议活动的集聚效应，打造更多天津品牌。以中国—东盟博览会、厦洽会、中非经贸博览会、天津华博会为重要平台，推介津企"走出去"，特别是借助中非经贸博览会平台，举办"走进非洲，合作共赢"专场推介会，进一步拓展了农业企业参与中非合作的渠道。

六、以建立国际消费中心城市为动力，加快城市国际化的步伐

2019年10月，商务部等14部门联合印发了《关于培育建设国际消费中心城市的指导意见》，提出用5年左右时间培育建设一批国际消费中心城市。2021年，国家批准包括天津在内的上海、北京、广州和重庆5个城市率先开展国际消费中心城市培育建设。天津市委市政府制定了《天津市培育建设国际消费中心城市实施方案（2021—2025）》，提出了牢牢把握"国际"这个方向，将天津建设成为聚焦国际消费资源的聚集地；推进培育建设国际消费中心城市和实现"一基地三区"城市定位，构建"津城""滨城"双城格局，推进制造业立市，构建新发展格局。特别是着眼于消费市场国际化，打造全球商品贸易港、跨境电商综合试验区和市内保税展

---

① 阳松谷：《中国职教走向世界：鲁班工坊模式研究》，《哈尔滨职业技术学院学报》2019年第5期，第62—65页。

销综合体，推进"买全球""卖全球"，实施总部机构和首店引进专项行动，提升国际品牌聚集度。通过建设国际消费中心城市，以成熟的配套机制为抓手，以交通网络为纽带，建立具有全球影响力的商业圈，提升对友城特别是东亚友城的吸引力，充分利用与东亚地区地理位置相近但资源禀赋差异的特点，调动东亚区域消费资源，成为全球有影响力的商业圈。

第四章　城市国际化视域下天津国际友好城市合作

天津市作为北方最大的沿海城市和国际港口城市，在城市国际化建设中区位优势明显。由于其位于陆上和海上丝绸之路交汇点，是新亚欧大陆桥经济走廊的重要节点、中蒙俄经济走廊的东部起点，其作为连接华北、西北地区与世界贸易的重要通道，依托京津冀协同发展战略，在推动连接东北亚、辐射中西亚国际大通道建设中发挥了重要的作用。自1973年6月天津市与日本神户市缔结中国第一对友好城市以来，天津国际友好城市数量稳步递增，总体呈上升趋势。天津市重视与友好城市的交流合作，将发挥国际友好城市合作作为开展城市外交的主要渠道和扩大对外开放的重要载体，推动与"一带一路"沿线国家和重要节点城市积极开展人文交流，促进民心相通，服务于天津融入"一带一路"建设，也为城市国际化赋予鲜明的特色。

第一节　天津国际友城合作的发展历程

天津市在现有国际友城布局的基础上，注重顶层设计，均衡国际友城的布局。根据"规模合理、目标明确、重在实效"的原则，按照"城市地位相称、交流合作互补、地区分布广泛、国家外交均衡"的要求进行布局。将加强国际友城工作作为落实共建"一带一路"倡议的重要任务。截至2024年9月，与天津市签订友好城市、交流与合作关系城市、友好交流与合作意向书或备忘录的城市（省/州）总计102对，覆盖53个国家。国际友好关系城市和地区遍布世界五大洲，其中港口城市94个，"一带一路"沿线国家城市29个。从时间维度来看，天津友城发展大体可分为四个阶段，而在每一阶段中，友城工作各具特色，发挥着不同作用。

表4-1 与天津市建立友好关系国际城市概览表(截至2024年9月)

世界区域		友好城市	交流与合作关系城市	友好交流与合作意向书或备忘录城市	合计
亚洲		10	10	13	33
欧洲		12	13	12	37
美洲	北美洲	3	5	7	15
	南美洲	2	4	6	12
非洲		1	1	1	3
大洋洲		2	0	0	2
总计		30	33	39	102

资料来源：根据天津市人民政府外事办公室官网资料整理：https://fao.tj.gov.cn/XXFB2187/GJYC9244/YHCSTJ4276/202008/t20200824_3525190.html。

一、先行先试阶段（1973—1979年）

这一时期，天津共建立2对友好城市，其中美洲地区1对，亚洲地区1对。1972年中日两国实现邦交正常化之前，中日外交呈现出以民促交、官民结合的特点，中日民间外交先行接触。1973年6月24日，天津市在周恩来总理的亲切关怀和推荐下，和日本的神户市签署了友好城市关系协议，成为中国第一对国际友好城市，开创了中国城市直接对外交往的示范。此阶段的城市外交主要是为增进人民友好、改善国民之间的感情需要，天津成为国际友城建设的示范城市，在实践中初步探索和积累经验。这对友城的建立在当时国内外产生了极为深远的影响；之后，美国费城提出与天津市结为友城的意愿。1979年10月，费城代表团访津，正式商谈结好事宜。1979年12月，两市正式建立友城关系。第一对友城的建立首次开辟了中国地方政府对外交流合作的重要渠道，"标志着中国地方政府同国际社会建立了长期、稳定的联络渠道和窗口，也标志着地方外交、民间外交进入一个新的发展阶段"[①]。这一时期，天津友城建设的驱动力主要服务中国的"大外交"需要，友城关系的主要作用在于拉近中外民众的心理距离，培养民众之间的友好感情。从1973—1979年未曾建立新的友城中

---

① 天津市人民政府外事办公室编著：《天津友城三十年》，天津人民出版社2003年版，第20页。

可以发现，对外交往比较缓慢，只在个别国家、个别城市小范围内展开友城建设，且多为一般性人员来往。但是，两对友城的建立，客观上打开了天津市对外开放的重要窗口，为天津市友城建设和对外交往进行了初步探索和实践，积累了宝贵经验。

二、大力开拓服务经济建设阶段（1979—1992年）

党的十一届三中全会作出实行改革开放战略决定。1979年开始，中国以经济建设为中心，政府职能重心转变为发展经济建设。这一阶段，天津市共建立11对友好城市，其中欧洲5对，亚洲4对，非洲1对，大洋洲1对；友好交流与合作意向城市1对。这一时期，随着我国改革开放不断深入，天津迎来友城工作的发展期，友城地域向欧洲和大洋洲扩展，对外交往不再局限于一般人员往来，而是注入了城市规划和建设、文化、体育等实质内容。与起步阶段相比，这一阶段一个显著的特点是"友城关系开始向纵深发展"。这一阶段，天津强调友城工作为经济建设服务，在经贸、科技、文化、体育、城市规划、市政建设、人才培训、招商引资等方面开展了多种形式的对外交流与合作，取得了丰硕的成果。天津与神户第一对友好城市建立之后，对日本产生了深远影响，天津国际友城活动也步入全面快速发展阶段。天津市相继与意大利伦巴第大区、荷兰格罗宁根市、日本千叶县、保加利亚普罗夫迪夫市、波黑萨拉热窝市、土耳其伊兹密尔市、科特迪瓦阿比让市、蒙古国乌兰巴托市建立国际友城关系。1992年，我国改革开放进入快速发展阶段，天津相继与乌克兰哈尔科夫市、瑞典延雪平市、韩国仁川市、德国萨尔州、法国北加莱海峡大区、波兰罗兹市、巴西里约热内卢、亚马逊州、美国橘郡、越南海防市、新西兰惠灵顿市建立友好关系。友城工作维系了天津对外开放的大好局面。天津市相继举办两届中国天津国际友城艺术节，这是天津市有史以来规模最大的对外文化交流活动，扩大了天津的影响力，促进了经贸合作，体现了友城工作成果和友城人民间深厚的友谊。国际友城之间的交往涉及经贸、文化、科技、体育、城市规划、市政建设、招商引资、人才培训等多个领域进入了务实合作阶段。

三、深度融入国际经济，国际化水平繁荣阶段（1993—2012年）

这是天津市发展国际友城数量最多的时期，随着国家对友城工作统筹的不断加强，天津市逐渐在欧洲、东南亚、美洲、非洲局部和中国周边地区开拓友城，不断丰富友城交往经验，加深对友城建设的认识。这一阶段，天津市共建立11对友好城市，其中美洲3对，欧洲4对，亚洲3对，大洋洲1对。结成交流与合作关系城市30对，其中美洲8对，欧洲11对，亚洲10对，非洲1对。与域外23个省市签订了友好交流与合作意向书或备忘录，其中美洲10对，欧洲4对，亚洲8对，非洲1对。1994年，《人民日报》（海外版）头版以大字标题报道了天津市友城工作取得的突出成绩，称最早与国外全方位发展友城关系的天津市，不断丰富民间外交的实质内容，成为补充中央外交和促进地区改革开放的强劲载体。进入21世纪，中国改革开放和社会主义现代化建设取得巨大成就，为天津市继续前进奠定了坚实基础、创造了良好条件、提供了重要保障。2002年，中国·天津国际友好城市年活动的举办，进一步提升了天津市国际交流水平。随着我国经济逐渐深度融入世界经济，天津市整体开放程度也逐步加深，友城交往作为天津市对外交流的主要载体之一，成为天津走向世界的重要途径。这一时期天津市友城建设工作朝着"全方位实质性交流与合作"方向发展，与各友城之间业已存在的感情型友好关系逐步发展为以互惠互利为前提，以立体多元交流和务实协调为特点的新型友城合作关系。

四、顶层设计新时代阶段（2013年至今）

党的十八大以来，中国外交进入了奋发有为阶段。在这一时期，我国提出共建"一带一路"倡议，天津市国际友好城市建设取得了新的突破和进展，加大在"一带一路"沿线国家的布局，展现出新的发展态势和特点。2013年至2024年9月，进入新时代发展阶段。这一阶段，天津市共建立7对友好城市，其中美洲1对，欧洲3对，亚洲3对。结成交流与合作关系城市3对，其中美洲1对，欧洲2对。签订了友好交流与合作意向书或备忘录的有16对，其中美洲3对，欧洲8对，亚洲5对。党的十八大之后，我国国力日益强盛，在应对世纪疫情大考时交出了完美答卷，国际影响力达到前所未有的高度。面临百年未有之大变局和前所未有的机遇与挑战窗口叠加期，天津着力开展友好交流合作，在巩固已建立友城关系的同时，加大力度发展友好交流与合作城市，联系的国家和地区也愈加广泛，对外交流涉及经贸、科技、文化、教育、人才培训等多个领域。近10年，天津市不断加强对友城工作的协调和管理，友城工作更加系统、规范，形成了覆盖世界主要国家和地区、布局合理的友城网络，有力推动了天津市与世界各地的交往与合作。围绕"一带一路"建设，天津市与法国鲁昂—埃尔伯夫—奥特贝尔特城郊共同体、印度尼西亚东爪哇省、美国俄勒冈州、安哥拉洛比托市、吉尔吉斯斯坦比什凯克市建立了友好城市关系。这一时期，天津以友城工作为抓手，拓展对外开放的大好局面，积极发挥国内国际两种资源的优势，为友城间开展多边交流与合作搭建平台，促进天津形成多层次、宽领域、全方位对外开放的格局，创造了良好的对外环境，树立了良好的城市国际形象。值得一提的是，党的十八大以来，天津市友城建设立足国家对其发展的定位，更加突出务实合作、双向交流的特点。天津市积极融入国家"一带一路"建设，稳步推进鲁班工坊建设，在经贸、教育、农业、制造业等传统领域和绿色发展、科技创新、健康产业等新领域不断深化合作，在天津市经济建设和社会发展中发挥着越来越重要的作用。天津友城逐渐成为天津市对外交往的重要载体，对促进国家总体外交和天津城市国际化发展具有重要意义。

表4-2 天津市友城发展情况一览表（截至2024年9月）

阶段	时间	世界区域	友好城市	交流与合作关系城市	友好交流与合作意向书或备忘录城市
起步阶段	1973—1979年	亚洲	1		
		欧洲			
		北美洲	1		
		南美洲			
		非洲			
		大洋洲			

续表

阶段	时间	世界区域	友好城市	交流与合作关系城市	友好交流与合作意向书或备忘录城市
发展阶段	1979—1992年	亚洲	4		
		欧洲	5		
		北美洲			
		南美洲			
		非洲	1		
		大洋洲	1		
繁荣阶段	1993—2012年	亚洲	3	10	8
		欧洲	4	11	4
		北美洲	1	5	6
		南美洲	2	3	4
		非洲		1	1
		大洋洲	1		
新时代发展阶段	2013年至今	亚洲	3		5
		欧洲	3	2	8
		北美洲	1		
		南美洲		1	3
		非洲			
		大洋洲			
数量合计			31	33	39

资料来源：根据天津市人民政府外事办公室官网资料整理：https://fao.tj.gov.cn/XXFB2187/GJYC9244/YHCSTJ4276/202008/t20200824_3525190.html。

第二节　天津开展国际友城合作的主要措施及领域

通过积极参与国家间合作平台，天津市利用国际友城平台，借助民间外交渠道和方式，广泛开展教育合作、文化交流、旅游往来、体育卫生合作、青少年交往、媒体合作，构建全方位、多层次、宽领域的人文交流体系，为城市国际化的拓展打下扎实基础。

一、创新国际友城工作方式

(一) 加强顶层设计,优化国际友城布局,服务于"一带一路"建设

1. 均衡发展与世界各大洲的关系,不断扩大"朋友圈"

主要是深化与亚洲周边国家的国际友城合作。巩固和加强东北亚、东南亚等亚洲周边邻国的国际友城关系,提升国际友城交往水平。进一步发展与欧洲、北美洲、大洋洲等西方发达国家国际友城关系。同时拓宽与拉美、非洲以及南亚、中西亚的"一带一路"沿线重点友好城市的交往。

2. 按照"一城一策"原则,增强国际友城交往的针对性和实效性

天津市加强对国际友城的国别研究,梳理出交往密切、比较密切、一般等国际友城分类,突出"一城一策"原则,增强国际友城交往的针对性和实效性。结合国际友城交往历史、产业结构、合作比较优势等特点,因地制宜制定国际友城合作项目,围绕"一带一路"建设需要,确定拟新建国际友城需要,分析合作基础,策划国际友城结交的契机和形式。

3. 积极利用国际友城平台,搭建国际友城合作平台,促进人文交流

首先,自2010年起,天津市每两年举办一次中国·天津国际友好城市圆桌会议,邀请国际友城的市长、议长等来津参会,以此促进国际友城之间的交流与合作。其次,举办"一带一路"国际港口城市研讨会,推动建立"一带一路"港口城市合作联盟,积极主动拓展对外交往渠道,开展各种经济合作与人文交流活动。再次,积极参与城市国际组织平台建设和活动,如参与2008年成立每两年举办一次的中国国际友好城市大会,天津曾于2016年度获得"国际友好城市交流合作奖"。同时还参与中国人民对外友好协会举办的友好省州(市)长论坛,参加世界城市和地方政府联合组织,当选世界理事会理事和执行局成员,并成为亚太地区理事会理事。最后,利用各种方式,在主办国际会展时引入共建"一带一路"倡议专题。如在举办的夏季达沃斯论坛、中国国际矿业大会、中国企业国际融资洽谈会、中国旅游产业博览会等大型会议活动中,引入共建"一带一路"倡议专题。

（二）建立健全工作机制服务城市国际化建设

1. 完善京津冀外事办公室合作机制

地方外事工作是党和国家对外工作的重要组成部分，对推动对外交往合作、促进地方改革发展具有重要意义。京津冀外事办公室（以下简称"外办"）的合作机制，是落实京津冀协同发展战略、服务雄安新区规划建设、精准服务党和国家总体外交的重要行动，是落实外交部加强国际友城务实合作、地方外办之间的交流对接、地方外办与外交部司局之间的沟通联系工作决策部署的重要举措，在推动地方开放发展方面发挥了排头兵作用，将对全国外事工作发挥先行先试的作用。

京津冀外办经过友好协商，就签署建立三地外事工作交流合作机制备忘录达成共识。2018年5月22—23日，首次京津冀三地外办主任联席会议在天津市召开，会议签署了京津冀外事工作交流合作机制备忘录，积极探索打造"目标同向、措施一体、优势互补、互利共赢"的京津冀外事工作协同发展新格局。为此建立六项常态化工作机制。一是建立定期交流会商机制。三地轮流召开年度京津冀外事工作联席会议，总结梳理三地外事工作交流合作阶段性工作成果，交流讨论重要合作事项，共同跟进重点合作项目，研究拓展合作的思路举措。二是建立重大涉外活动合作机制。打造京津冀大交流圈，紧紧围绕融入"一带一路"建设、京津冀协同发展、雄安新区规划建设、天津自贸试验区建设、冬奥会筹办等国家重大战略和重要工作，整合三地外事资源，相互支持和参与三地举办的省市级涉外活动，扩大涉外活动的辐射力和影响力。三是建立国际友城资源共享机制。相互借助国际友城资源渠道，分享重点城市调研成果，联合举办国际友城活动，搭建国际友城合作平台，拓展国际友城合作项目，推动国际友城交流与务实合作。四是建立人员交流培训机制。加强培训项目、翻译人才等资源共享，互派干部短期培训或挂职，增强交流互鉴。五是建立涉外安全联动机制。加强领事保护平台共建、信息共享，密切涉外安全协同协作、工作交流，共同维护和谐稳定涉外安全环境。六是建立日常沟通联络机制。京津冀三地外办指定专门处室，负责日常沟通联络工作，保持经常联系，及时交流信息，共同推动工作。

2. 建立国际友城工作联席会议机制，推行国际友城工作联络员制度

为服务于城市国际化，推进"一带一路"建设，建立由市领导牵头、外办综合统筹、有关部门配合的国际友城工作联席会议机制，联合市教委、文广局、卫生计生委、旅游局、体育局等部门成立人文交流工作组，在外办设立工作办公室，建立健全工作协调机制。通过建设友城精品展销馆和更多友城办事机构，搭建全市范围国际友城信息中心和工作平台，统筹分配国际友城资源，汇总国际友城合作项目，加强宏观管理、统筹协调和政策资金支持，在全市范围内形成国际友城整体合力，拓展国际友城合作特别是人文领域交流合作渠道。在国际友城工作联席会议机制框架下，推动各部门各区县设置国际友城工作联络员，专项负责国际友城工作。以联络员为重要窗口，加强各部门的协调联动，建立及时有效的沟通联络机制，构建国际友城工作信息网络。同时，发挥天津港澳工作联席会议机制作用，围绕国家赋予港澳在"一带一路"建设中的角色定位，借助天津港澳工作联席会议机制，发挥香港"超级联系人"作用，支持澳门打造世界旅游休闲中心、葡语国家交流平台，以沿线英语系国家和葡语系国家为主要工作对象开展人文交流。

3. 完善内外联动共享机制

一是建立了国际友城领导定期互访机制，使国际友城把握好周期等关键时间节点，开展高层互访、专题研讨等推介活动，丰富人文交流内涵。二是依托天津市政府特别设立的国际友好城市奖学金和公务员互派交流等项目，发挥国际友人、民间重要人士、驻外企业机构、国际友城驻津机构以及社团组织的作用，夯实人文交流和友好合作的民意基础。三是积极借助民间外交平台开展活动。总结和借鉴40多年来开展民间外交的经验，重点推动"一带一路"沿线具有广泛社会影响和实力的友好组织、社会团体建立合作关系，推动所在国开展民间领域交流合作，积累国际友好组织和重要人士人脉资源，借助沿线国家华人组织、侨商、侨胞等资源，增强人文交流的针对性。以"天津国际大讲堂"为抓手，突出"一带一路"建设政策解读和宣传。以鲁班工坊、国际友城艺术节等活动为载体，在教育、文化、体育、卫生等领域推动建设一批示范性、体验性和标志性的友好合作项目。

二、天津开展国际友城合作的主要领域

天津国际友城工作将围绕地方外事服务国家总体外交的主线，紧扣构建新发展格局、建设新型国际关系、共建"一带一路"、提升天津城市国际化功能等重大目标任务，高质高效地做好对外交往工作。通过明确重点合作领域，以国际友城活动促进城市国际化。

（一）经贸领域合作

通过高层互访和政府间的友好往来，深化贸易投资领域的合作，推动"一带一路"沿线国家和地区重点项目的实施。推动国际友城间互相开展城市及商品推介活动，推动双方经贸往来。充分发挥国际友城渠道优势，与国际友城政府经济部门、商会、行业协会及重点企业建立广泛的联系，建立为津企"走出去"的信息服务平台，为企业和机构在境外投资、并购或设立海外研发机构提供政策支持。通过推广和复制中埃"泰达园"模式，在国际友城中建立工业产业园。

（二）港口口岸合作

通过国际友城之间的合作和互动，促进与"一带一路"沿线重要港口城市在投资贸易、港航物流、港口设施、智库合作、媒体交流等方面的合作，推进设立"一带一路"沿线港口城市联盟。通过天津港同国际友城港口间的合作，以缔结友好港口、举办定期研讨、互遣人员培训等方式，加强港口营运管理、码头建设、投资体制、港区改造、环境保护、后勤保障等方面的交流。

（三）产能领域合作

依托现有的国际友城渠道，将哈萨克斯坦、印度尼西亚、马来西亚、巴基斯坦、印度、越南等亚洲周边国家作为开展国际产能合作的重点国家，推动企业与上述国家在基础设施、能源资源、冶金建材、轻工纺织、装备制造等领域开展合作。

（四）创新领域合作

充分发挥国家自主创新示范区政策优势和自贸试验区制度优势，引导

国际友城企业和科研机构来津创新创业，通过高新区在国际友城设立高科技项目孵化中心，促进企业、高校、科研机构与国际友城开展联合研发、合作设立研发机构和国际技术转移中心，并使有条件的企业在国际友城建设科技和产业园区。

（五）教育培训工作

天津市在"一带一路"建设职业教育方面具有优势。作为国家现代职业教育改革创新示范区，天津市提出了职业教育国际化的发展目标，在区域和国家间合作框架下，发挥职业教育优势，与沿线国家重要节点城市在教育领域开展多种形态和层次的交流合作，特别是与东盟、非盟、澜湄国家及域内国际友城开展职教培训领域合作。以海外"鲁班工坊"建设为品牌，服务所在国社会经济发展和中国企业产能输出，对于推进"一带一路"建设和中外人文交流具有重要意义。教育培训工作，在增进民心相通和国家间信任，助力中国企业"走出去"，提升文化自信和中国技术标准，打造中国职教品牌方面具有重要作用。

（六）旅游产业合作

会展是促进"一带一路"沿线国家和地区旅游产业合作的重要方式。由文化和旅游部与天津市政府共同主办、联合国世界旅游组织特别支持的中国旅游产业博览会，自2009年首次举办以来，已经连续举办10次，共吸引80多个国家和地区、国内31个省份参展，影响力逐渐扩大。天津在承办过程中以其雄厚的工业基础、完善的交通配套以及丰富的历史文化等资源优势，在产业链配套、品牌影响力和城市营商环境改善等方面取得了较大的进展。天津市以此为平台，与国际友城旅游产业进行合作，参与"一带一路"沿线国家区域旅游一体化建设。同时天津市还借助联合国世界旅游组织、PATA亚太旅游协会、世界旅游城市联合会、海上丝绸之路旅游推广联盟等平台，加强旅游国际合作。借助国家境外旅游展会平台，开展海外营销活动，建立海外促销专员制度，开展旅游合作。特别与"一带一路"沿线国家联合打造具有丝绸之路特色的旅游产品。天津是邮轮母港，天津市政府制定了《中国邮轮旅游发展实验区建设三年行动方案（2015—2017年）》，设立专项资金，吸引大型邮轮公司落户或增加经停，推进邮轮旅游航线延伸与艘次增长，加大邮轮旅游精准推介力度，将发展邮轮经济作为增强旅游产业合作的一个新的增长点。

（七）文化传媒合作

以国家建交和国际友城结好周年为契机，打造"丝路津韵"对外文化交流品牌，举办国际友城品牌性文化交流活动，目前已经在"一带一路"沿线国际友城开展了"欢乐春节""国际友城艺术节""天津文化周"等活动。通过打造"一带一路"精品项目，向国际友城推介津门文化产品，实现经贸与文化的双轮驱动。同时参与文化和旅游部"部省合作"计划，推动与"一带一路"沿线国家的中国文化中心建立对口合作关系，开展系统文化交流活动。加强与国际友好城市在新兴文化创意产业领域的合作，促进国家动漫产业园等国家级产业园区的创新发展。通过加强与国际友城在非物质文化遗产、历史文化遗存保护方面的合作，在国际友城开办鲁班工坊、孔子学院和孔子课程，提升中国文化的影响力。同时通过主流媒体赴"一带一路"沿线国家国际友城和目标国际友城进行采风和采访，策划"国际友城媒体看天津""天津媒体国际友城行"等系列活动，邀请国际友城主流媒体来津访问等活动，加强中外媒体合作，拓宽合作领域，丰富国际友城的交往内容和层次。

（八）环保领域合作

依托欧美亚地区国际友城合作平台，开展环境保护、城市垃圾处理、科技创新、城市安防等项目合作。以国际友城合作为平台，引进国际友城先进技术和工艺，建立大气污染防治的交流合作机制。通过与相关国际友城开展环保领域人员研修、主题环保研讨会以及青少年交流等活动，培养环保人才。同时以亚太经济合作组织绿色供应链合作网络天津示范中心为平台，促进亚太经济合作组织各经济体绿色供应链产业互联互通和务实合作。

（九）海洋领域合作

天津市在海洋装备、海水淡化、邮轮产业、海洋渔业等海洋经济领域具有比较优势，加强与"一带一路"沿线国际友城在海洋领域的合作，推进国际友城间海洋资源联合开发。特别是加强与东盟、南盟等地区国际友城海洋科技合作，推进重点科技领域的联合攻关和成果转化。

（十）医疗养老领域合作

天津市与国际友城在医疗卫生领域的国际合作起步早，建立了比较扎实的合作基础。借助国际友城渠道，加强国际性医疗学术交流和国际性医护人才培养，丰富了与国际友城医科院校、医疗机构的合作模式及内容，特别是重点发展了与中东欧国家的医疗卫生合作，加强海外卫生科技人才培养基地的建设。如以捷克南捷克州等国际友城为切入点，加快推进中医药"走出去"，开展国际合作，培养创新型高素质医学人才。同时新冠疫情催生天津与国际友城在突发公共卫生事件的联合研究和联合攻关，提高预警处理能力。

（十一）基层结好合作成为主导力量

政府在对外交往中增强了沟通的权威性和可信度，在国际友城交往的初级阶段对于建立彼此的互信关系具有不可替代的作用，这是双方开展经贸活动、科技合作、文化交流达成合作项目信任的基础，也是深入开展交流的前提。政府在前期搭台后，企业和民间团体和组织将发挥主体作用，其利用各自领域对外联系渠道和资源，参与友好城市工作。天津市在民间交往上独具特色和拥有深厚基础，建立了与国际友城交往过程的分层体系，市内各区、企事业单位和社会团体根据自身特点定位与国外相应的城市、机构、团体缔结友好关系，建立主体多元化立体交流机制。各功能区、各产业园区以重点项目、优势产业为依托缔结国际友好关系，从而为天津更好地服务于"一带一路"建设搭建直接的交流平台。

综上，国际友城建设战略合作与"一带一路"建设目标一致，在城市国际化建设中相得益彰，具有相辅相成、相互促进的作用。这使得国际友城能够在发挥自身独特的半官方性质的民间外交的基础上，服务于国家的总体战略，特别是在文化传播、经济和科技交流合作、人才培养等方面服务于共建"一带一路"，在本着共商共建共享原则下，着力配合共建"一带一路"的"五通"，以国际友城合作为着力点和发力点，实现与沿线国家的民心相通，以此促进城市外交向宽领域、深层次、高水平全面发展。

第三节 天津国际友城建设与城市国际化的双重实践

天津国际友城的规模不断扩大,在服务国家战略的同时,也在坚持自身国际化的发展方向,通过积极调动友城资源,对接友城发展优势和方向,形成了不同的交流合作模式和品牌,逐渐形成了网络化、全方位、多元化国际友城网络体系。通过考察天津友城的发展脉络、职能可以看出,天津市在中国城市外交、友城交流领域发挥了引领性作用,国际友城的数量、质量、布局与天津国际化、国际影响力息息相关。特别是通过"一带一路"建设,盘活、挖掘友城合作的既有存量,开辟、建设新的友城关系增量,优化布局,成为促进城市国际化的重要途径和方式。

一、友城工作与城市国际化发展相辅相成

随着中国社会经济发展水平的提高,国际社会地位逐步提升,城市国际化水平得到明显提高,可以说友城建设是促进城市国际化水平提高的重要途径。天津市拥有众多在全球具有较强影响力和较高综合实力的友好城市,这些世界级城市在一定程度上成为天津市开展国际交流和合作的媒介,成为推进高水平改革开放新格局的重要抓手。随着城市国际化水平的提高,友城关系无论是建设规模还是层次都得到了提升。天津市目前处于友城关系网络相对中心位置,不仅友城数量相对较多,而且与其结好的城市也与中国其他城市建立了友好关系,因此,天津市在国际关系网络中具有较强的影响力。党的十八大以来,天津友城工作积极进取,对外开展互联互通,优化友城布局,构建"大友城"格局,为促进地方经济高质量发展发挥了重要的建设性作用。

二、友城交往根据城市国际化的需要向全方位、多元化转变

随着中国快速崛起和城市化进程的深入,国家治理体系逐步完善、全面发展意识持续提升,天津市的发展已超越追求经济增长的阶段,开始转向经济、社会、生态、文化的全方位协调发展。天津市与友城之间的往来

从最初的双边合作发展到多边合作，交流内容从政治、经贸拓展到文化、教育、人才、城市建设、环境保护、低碳经济等诸多领域，并开始在推动社会发展、提高民众福祉和解决发展难题层面加强沟通，讨论治理难题、分享发展经验的频次有所增加。当前，天津市确立了全面建设社会主义现代化大都市的目标，未来天津友城工作的发力点将向提升国际化城市功能延伸，在贯彻开放发展理念中实现城市国际化和发展现代化。

三、友城间合作以经贸往来为基础，人文合作占比逐渐加大

根据天津友城交往实际，友城合作以经济为中心的导向始终未变。随着我国经济深度融入世界经济，国家积极参与全球经济治理，天津市整体开放程度不断加深。2017—2024 年，与天津市建立交流与合作关系城市、签订友好交流与合作意向书或备忘录的国外省市达 18 对，其中 2017 年 3 对，2018 年 2 对，2019 年 2 对，2020 年 1 对，2021 年 3 对，2022 年 1 对，2023 年 2 对，2024 年 4 对。结好对数较为稳定；从分布区域看，欧洲 8 对，亚洲 8 对，南美洲 2 对，地域分布较为集中。这些结对省市基本均拥有港口城市，为所在国家的工业中心或经济中心，具有与天津市开展港口合作或经贸合作的天然优势。此外，天津市在上述部分友好省市或其所在国家已建立鲁班工坊，人文往来较为密切。从与天津建立友好关系数量排名前 10 位国家的分析中可见，在天津市友城关系中，排名前 10 位国家分布于亚洲（占比 40%）、美洲（占比 31%）和欧洲（占比 29%），建立友好关系城市最多的国家是美国（占比 22%）和日本（占比 18%）。美洲和欧洲与天津文化传统、政治制度有着较大差异；日本和韩国是天津近邻，文化传统相近，但政治制度存在本质区别。

表 4-3 与天津建立友好关系数量排名前 10 位的国家
（截至 2024 年 9 月）

国家	友好城市	交流与合作关系城市	友好交流与合作意向书或备忘录城市	合计
美国	3	4	3	10
日本	3	2	3	8

续表

国家	友好城市	交流与合作关系城市	友好交流与合作意向书或备忘录城市	合计
韩国	1	3		4
法国	3		1	4
巴西	2	1	1	4
巴基斯坦			3	3
泰国		2	1	3
俄罗斯		1	3	4
西班牙		2	1	3
瑞典	1	2		3
总计	13	17	16	46

资料来源：根据天津市人民政府外事办公室官网资料整理：https://fao.tj.gov.cn/XXFB2187/GJYC9244/YHCSTJ4276/202008/t20200824_3525190.html。

上述地区与天津市结好的根本原因在于彼此间有着深层次经济合作，同时伴有人文交流。天津外贸长期深耕欧盟、美国、日本、韩国等传统市场，2021年与美国、韩国、日本、欧盟、东盟等贸易伙伴的经贸往来占天津外贸比重六成以上。近10年来，天津先后引进空客A330、A350交付中心，一汽丰田新能源车、艾地盟、神钢汽车铝材、明治乳业等大型外资项目（欧美日），落户莱尔德电子、霍尼韦尔控制科技、PPG涂料等研发中心（美国），SMC、三星电池（日韩）等多家制造业外资企业实际到资超亿美元。事实证明，经济合作在友城关系中稳居主导地位。天津茱莉亚学院的建成使用开创了中美合作办学新篇章。多年来，天津通过高层互访、论坛展会、人员互派等多种形式，不断深化与日韩友城在城建绿化、文化体育、观光旅游、医疗卫生等各个领域的合作并取得丰硕成果。综上说明，人文交流对于进一步推进友城交往具有重要辅助作用。因此，相比地域位置，经济合作与人文交流是天津开展友城工作相对重要的参考标准。按照天津友城工作发展规划，天津市友城工作将继续在配合国家外交总体布局的大前提下，积极践行构建人类命运共同体的国家战略，围绕国家对天津市的战略定位和发展目标，在推动全面建设社会主义现代化大都市的同时，构建布局合理、结构均衡、交往全面、利于发展的"大外事""大友城"格局，走好互鉴互助的开放发展之路。

第五章 国际友城合作助力中蒙俄经济走廊建设

中蒙俄经济走廊是中国陆上"丝绸之路经济带"三大重点建设方向之一，也是"冰上丝绸之路"的主要通道。进入21世纪以来，中蒙俄三国在贸易、投资等方面的国际合作全面展开，形成较为坚实的合作基础。目前中蒙俄经济走廊借助先天条件比较优势，依托第一亚欧大陆桥具有的线路成熟、途经国家较少、运输成本较低、时间短、地缘环境较好等条件稳步推进，正在推动中蒙俄三国基础设施发展与联通，刺激新的产能发展，促进投资与贸易增长，增强人文交流以及在环保领域的协调行动。天津市作为中蒙俄经济走廊东部起点，天津港作为蒙古国出入海洋港口，在"一带一路"建设中发挥着重要作用，也是天津市实现城市国际化的重要平台和手段。

第一节 中蒙俄经济走廊基本情况

中蒙俄三国地缘相邻，边境线漫长，发展战略高度契合。通过打造一条中蒙俄经济走廊，将"丝绸之路经济带"与俄罗斯"欧亚经济联盟"、蒙古国"草原之路"倡议实现对接，加强铁路、公路互联互通建设，推进通关和运输便利化，促进过境运输合作、跨境输电网建设，开展旅游、智库、媒体、环保、减灾等领域的务实合作，实现三国的共同发展目标。目前中蒙俄经济走廊有两条通道：一条是京津冀到呼和浩特，再到蒙古国和俄罗斯；另一条是东北通道，沿着老远东铁路从大连、沈阳、长春、哈尔滨到满洲里和俄罗斯赤塔。两条走廊互为补充形成一个新的开放经济带，统称为中蒙俄经济走廊。经济走廊建设对东北亚地区的和平与发展具有重要意义，三国开展合作，有利于三国经济社会发展的多赢战略。随着俄乌冲突的爆发，全球地缘政治形势发生改变，为经济走廊建设带来了新的挑战,但中蒙俄三方合作具有强大的内生动力和发展韧性。

一、中蒙俄经济走廊的提出及意义

(一) 中蒙俄经济走廊的提出

2014年9月,首届中蒙俄峰会在塔吉克斯坦杜尚别举行。中方提出与俄蒙共建丝绸之路,将"丝绸之路经济带"与俄罗斯"欧亚经济联盟"、蒙古国"草原之路"倡议进行对接,获得了两国的积极响应。中国希望通过打造中蒙俄经济走廊,加强铁路、公路等互联互通建设,推进通关和运输便利化,促进过境运输合作,跨境输电网建设,开展旅游、智库、媒体、环保、减灾救灾等领域的合作。三国还探讨如何把中亚天然气经蒙古国过境到中国和韩国的通道等问题,蒙古国的作用提升了中蒙俄三边关系的重要性。该走廊重点关注七大合作领域,即促进交通基础设施发展及互联互通、加强口岸建设和海关检验检疫监管、加强产能与投资合作、深化经贸合作、拓展人文交流合作、加强生态环保合作、推动地方及边境地区合作,其中交通领域被确定为工作重点。

虽然中俄是中蒙俄经济走廊的大国,但中国与蒙古国互相拥有最长边界线达4700千米,夹在中俄之间,这个经济走廊的顺利开展,离不开蒙古国的参与。蒙古国同意加入和推进中蒙俄经济走廊建设,并认为共建"一带一路"倡议以及中蒙俄经济走廊的出台无疑对蒙古国的经济是一个好消息。[①] 蒙古国和俄罗斯是最早与我国在国际道路运输领域建立合作关系的两个邻国。经过20多年的发展,中蒙、中俄之间已分别开通21条和74条道路客货运输线路。中蒙两国自建立外交关系以来一直发展平等互利的经济关系,各领域的合作不断深化。蒙古国自然资源丰富、地缘位置重要,过境地位特殊,打通中蒙俄经济走廊可连接中俄两个大国的贸易市场。2015年3月,中蒙俄三边进一步就加强在政治、经济、地方政府、科技、人才交流和国际事务上的合作进行磋商,在制定三方合作路线图和建立经济走廊方面进行了深入细致的协商。2016年6月23日,中国国家主席习近平在塔什干上海合作组织峰会期间,同俄罗斯总统普京、蒙古国总统额

---

① 《综述:中蒙俄经济走廊为蒙古经济发展注入新活力》,中国政府网,2015年6月30日,http://www.gov.cn/xinwen/2015-06/30/content_2887060.htm。

勒贝格道尔吉举行中蒙俄元首第三次会晤后，根据三方合作签署的谅解备忘录，对接"丝绸之路经济带""欧亚经济联盟"以及"草原之路"。重点通过基建发展来改善铁路网及跨境贸易服务，加强三方在能源、农业、通信科技等领域的合作。三国元首见证了《建设中蒙俄经济走廊规划纲要》（以下简称《规划纲要》）的签署。《规划纲要》的签署，标志着共建"一带一路"首个多边经济合作走廊正式实施。《规划纲要》为提升三方贸易量、加强过境运输便利、发展基础设施领域的合作创造了有利条件。2018 年 6 月，中国国家主席习近平、俄罗斯总统普京、蒙古国总统巴特图嘎在青岛举行了三国元首第四次会议，共同研究修建共享的输油气管道问题。2021 年，中俄公布的新天然气管道线路，将借道蒙古国，未来蒙古国或将成为中俄天然气及相关供应链的重要中转地。俄罗斯正在建造"东方联盟"输气管，作为蒙古国境内"西伯利亚力量 2 号"输气管的延伸。这些项目的实施为三国跨境基础设施的前景带来生机和活力。

（二）建设中蒙俄经济走廊的意义

1. 推动东北亚和平与发展

通过中蒙俄三国发展战略的对接，实现利益的交汇、活力的迸发和空间的拓展，从而使东北亚经济圈成为世界经济增长的新动力。中蒙俄经济走廊建设对于推动区域社会共同发展、加强政治对话和协商，积累政治互信、深化务实合作，做好三国发展战略、规划的对接与交流，塑造全球和平友好、实现各国间互利共赢具有重要意义。通过三国合作抑制或减少不安全、不稳定因素，以民心相通为基础带动政策沟通、设施联通、资金融通、贸易畅通。

2. 中蒙俄三国的发展对于带动周边国家关系起到示范效应

在全球化背景下，将中蒙俄经济走廊建设作为运输、物流、贸易、人文交流等多领域国际合作的工具，抓住关键通道、关键节点和重点工程，促进基础设施的互联互通，构建多层次、立体化和信息化的物流通道体系。三国的发展将会对周边带来积极的影响，成为促进邻国关系合作共赢的重要途径，联通东北亚经济圈和欧洲经济圈的重要桥梁，这种国家间合作模式是中国发展对外关系的创新之举。

3. 具有促进区域经济一体化的意义

通过中蒙俄经济走廊的互通互建，蒙古国可以获得宝贵的出海口和外贸通道，是欧亚大陆接合部创造区域经济一体化的新范例，同时将为全世界提供新一轮经济全球化健康发展的新经验。这条经济通道连接中国东北三省，向东可以抵达符拉迪沃斯托克（海参崴）出海口，向西到俄罗斯赤塔进入亚欧大陆桥，具有运输成本低、时间短、途经国家少、海关通关成本低等优势，是一条潜力巨大的经济走廊。目前已经开通了"津满欧""苏满欧""粤满欧""沈满欧"等"中俄欧"铁路国际货物班列，基本实现常态化运营。[①] 中蒙俄三国经济具有互补性，通过中蒙俄经济走廊建设，顺应区域经济一体化发展的大潮，消除投资和贸易壁垒，拓宽相互贸易和投资领域，不断提高投资贸易便利化和自由化水平，将有力地推动更加公正合理的新型全球化经济的深入发展，重塑亚洲经济格局。

4. 对中蒙俄三国具有经济发展和社会进步的双重意义

中蒙俄经济走廊建设，不仅是实现三国经济发展战略对接的第一步，而且在广泛领域内的紧密合作对于夯实三国国家关系的物质基础和社会基础作用十分突出。中蒙俄经济走廊建设的推进，丰富了三国间的人文交流，有利于增进相互理解，加深睦邻友好关系。

二、中蒙俄经济走廊的体制机制建设

（一）工作组机制的确立与运行

《规划纲要》第五条确定了中蒙俄经济走廊建设的实施机制，即建设项目规划和落实的授权执行机构。三方授权机构分别是中国国家发展和改革委员会、蒙古国外交部、俄罗斯联邦经济发展部。三方授权执行机构每年举行不少于一次的会面，以监管《规划纲要》及项目实施情况，并协商下一步实施工作的必要措施。三国工作组成员包括与建设项目相关的政府部门、银行、企业代表等，如中国方面主要有国家发展和改革委员会、外交部、交通运输部、商务部、国家铁路局、国家开发银行、进出口银行、

[①] 赵可金：《以互联互通为核心建设六大经济走廊》，《国际工程与劳务》2016年第10期，第20页。

国铁集团、驻蒙和驻俄机构及企业代表等。自《规划纲要》签署以来，三国就机制建设、项目进展召开了两次比较重要的会议。第一次是2017年3月24日，中蒙俄三国牵头部门在北京召开《规划纲要》推进落实工作组司局级会议。三方就推动落实《规划纲要》的有关机制、筛选优先项目清单等问题交换意见，为深化中蒙俄经济走廊建设框架下的务实合作奠定了基础。第二次是2020年11月5日，中国国家发展和改革委员会副主任宁吉喆、蒙古国外交部副部长巴·孟赫金、俄罗斯联邦经济发展部副部长扎赛尔斯基分别率本国工作组成员出席会议。会议通报了中蒙俄经济走廊建设的进展，研究讨论了有关合作文件，并就三方共同关心的问题交换了意见。

（二）外交机制的推动

为建设中蒙俄经济走廊，首脑会晤、政府部门对口会谈，以及智库间、政党间、企业家间的交流合作均发挥着重要作用。其中，三国政府间的外交活动是推动中蒙俄经济走廊建设的关键，三国元首定期会晤、中俄总理定期会晤的作用最为重要。

1. 中蒙俄元首定期会晤机制

中蒙俄三方元首举行定期会晤机制，为推动三方合作而不断凝聚共识，成为中蒙俄经济走廊建设的重要政治保障。第一，有关中蒙俄经济走廊建设的一系列重要文件都是在此机制下见证签署的。2014年9月11日，在杜尚别举行首次中蒙俄元首会晤，三国同意根据需要继续举行三国元首会晤，并建立三国副外长级磋商机制，统筹推进三国合作。在此次会晤时，中国国家主席习近平提出建议，将"丝绸之路经济带"同俄罗斯"欧亚经济联盟"、蒙古国"草原之路"倡议进行对接，打造中蒙俄经济走廊。2015年7月9日，在乌法举行第二次中蒙俄元首会晤，批准了《中华人民共和国、俄罗斯联邦、蒙古国发展三方合作中期路线图》。[1] 并根据2014年三国元首会晤时达成的共识，三国有关部门签署了《关于编制建设中蒙俄经济走廊规划纲要的谅解备忘录》《关于创建便利条件促进中蒙三国

---

[1] 周学明、周心怡：《推进中蒙俄经济走廊建设，发展黑龙江物流金融》，《物流科技》2019年第2期，第162—164页。

贸易发展的合作框架协定》《关于中蒙俄边境口岸发展领域合作的框架协定》，明确了三方联合编制《规划纲要》的总体框架和主要内容。2016年6月23日，在塔什干举行中蒙俄元首第三次会晤，共同见证了《规划纲要》和《中华人民共和国海关总署、蒙古国海关与税务总局和俄罗斯联邦海关署关于特定商品海关监管结果互认的协定》合作文件的签署，标志着共建"一带一路"倡议下的第一个多边合作规划纲要正式启动实施。2018年6月9日，在青岛举行中蒙俄元首第四次会晤，三国元首全面总结三方合作进展和成果，共同规划下一阶段优先任务和方向。2022年9月，在上海经济合作组织峰会期间，中蒙俄三国首脑举行会晤，提出将《规划纲要》延期5年，启动中蒙俄经济走廊中线铁路升级改造和可行性研究，推进中俄天然气过境蒙古国铺设项目。

2. 中俄总理定期会晤机制

自1996年12月中俄总理定期会晤机制建立以来，中俄总理定期会晤机制成为中国对外合作中规格最高、组织结构最全、涉及领域最广的磋商机制。从1996年开始，中俄每年举行一次总理会晤，由两国轮流举办，截至2019年已举办24次。中俄总理定期会晤机制框架下设总理定期会晤委员会、人文合作委员会、能源合作委员会和投资合作委员会4个副总理级委员会。委员会下还设立相关配套分委会和工作小组。各级委员会、分委员会和工作小组的职责在于落实和完成元首会晤、总理会晤达成的战略性共识，发挥政策协调沟通的作用，推进中俄合作项目的规划、落地和完成，进而产生制度累积的效应。中俄总理定期会晤的主要内容有两国总理就双边合作问题交换意见，并分别听取委员会主席的工作汇报，会晤后通常会发表联合公报总结会晤成果，同时见证一系列双边合作文件的签署。[1]

以2019年9月举行的中俄总理第24次定期会晤为例，这次会晤正值中俄建交70周年，双方签署《中俄总理第二十四次定期会晤联合公报》，并共同见证投资、经贸、农业、核能、航天、科技、数字经济等领域12项双边合作文件的签署。联合公报中显示出中俄更加务实的合作目标和落实措施，如在经贸方面提出"努力向2000亿美元贸易发展目标迈进"；在科

---

[1] 张叶：《新时期中俄能源合作的现状与前景》，《国际公关》2020年第8期，第5—6页。

技方面提出中俄两国在2020年和2021年举办"科技创新年"。以及继续加强中哈俄、中蒙俄跨境运输合作，推动完成同江—下列宁斯科耶铁路桥、黑河—布拉戈维申斯克（海兰泡）公路桥及索道建设，继续发展"滨海1号""滨海2号"国际交通运输走廊过境运输合作等，全面落实和深化双方达成的各领域合作协议及共识。①

在中俄总理定期会晤机制框架下，两国展开的地方合作机制更加完备。如中国商务部会同国家开发银行与俄罗斯远东发展部共同编制的《中俄在俄罗斯远东地区合作发展规划（2018—2024年）》，于2018年9月中俄总理第23次定期会晤期间正式批准。该规划是指导双方在俄远东地区合作的纲领性文件，也是中国企业投资远东地区的行动指南，② 大幅度调整了以往的实施协调机制。中国商务部和俄罗斯远东发展部负责实施该规划，在政府间机制框架内设立理事会，即在中国东北地区和俄远东及贝加尔地区政府间合作委员会框架内设立由中俄相关企业家组成的理事会，以促进项目实施并为改善俄远东地区投资和营商环境提供建议。把俄罗斯"东方经济论坛"和"中国—俄罗斯博览会"列为中俄共同推进远东地区经贸合作的重要平台；中俄互设"投资促进机构代表处"；俄罗斯在远东地区举办"中国投资者日"活动，使中国企业有机会与负责远东发展的联邦副总理进行直接对话，对投资过程中产生的问题进行实时沟通并寻求解决途径。③

3. 多边外交合作平台

中蒙俄经济走廊是在共建"一带一路"倡议框架下的多边经济走廊，通过建立国际合作论坛促进多边合作。目前主要有"一带一路"国际合作高峰论坛、"东方经济论坛"和"过境蒙古国"论坛。

"一带一路"国际合作高峰论坛，是由中国政府主办的高规格论坛活

---

① 《中俄总理第二十四次定期会晤联合公报（全文）》，2019年9月18日，外交部网站，https://www.mfa.gov.cn/web/ziliao_674904/1179_674909/201909/t20190918_9869136.shtml。
② 曹英伟：《俄罗斯"积极东方政策"及对东北亚的影响》，《东北亚学刊》2019年第2期，第89—99页。
③ 高际香：《〈中俄在俄罗斯远东地区合作发展规划（2018—2024年）〉述评》，《俄罗斯学刊》2019年第1期，第48—59页。

动，旨在全面总结"一带一路"建设的积极进展，进一步凝聚合作共识，共商下一阶段重要合作举措，进一步推动各方加强发展战略对接，推动国际合作，实现合作共赢。[①] 2017年5月和2019年4月，举办了两届"一带一路"国际合作高峰论坛。第二届"一带一路"国际合作高峰论坛成果清单包括中方提出的举措或发起的合作倡议、在高峰论坛期间或前夕签署的多双边合作文件、在高峰论坛框架下建立的多边合作平台、投资类项目及项目清单、融资类项目、中外地方政府和企业开展的合作项目，共六大类283项。[②] 在2017年5月的首届"一带一路"国际合作高峰论坛期间，俄罗斯总统普京建议中国利用俄罗斯新开通的北极航线，将"一带一路"建设与开通北极航线结合起来。此后，俄方正式邀请中方共同开发北方航道，打造"冰上丝绸之路"。同年8—9月，中方派出船舶，经由北极航道前往北欧国家，试航成功。至此，"冰上丝绸之路"也纳入了中蒙俄经济走廊建设总体框架之中。

"东方经济论坛"由俄罗斯总统普京批准成立，每年在俄罗斯符拉迪沃斯托克（海参崴）举办，截至2023年已举办8届。论坛举办期间签署双边投资协议，举行国家间对话，中国国家主席、俄罗斯总统、蒙古国总统都曾出席。

"过境蒙古国"论坛于2017年在北京、2018年在莫斯科、2019年在乌兰巴托已成功举办了三届。论坛由蒙古国交通运输发展部和乌兰巴托铁路局，中国国际货运代理协会共同举办，论坛对推进中蒙俄通道建设发挥了积极作用。2019年6月5日，蒙古国举办"过境蒙古国—2019"论坛，与会官员和专家就加快推进中蒙俄经济走廊建设、乌兰巴托铁路过境运输、乌兰巴托铁路技术改造及发展纲要（2030年）、提高口岸通关能力等议题展开研讨。除了上述政府机构和多边合作机制直接推动中蒙俄经济走廊建设以外，三国相关智库界、企业界也在关注和探索如何为推动"一带一路"建设或共建中蒙俄经济走廊提供更有力的智力支撑。自2015年9月"中蒙俄智库国际论坛"和"中蒙俄智库合作联盟"成立以来，围绕共建

---

① 《"一带一路"国际合作高峰论坛：推动国际合作 实现合作共赢》，《实践》（思想理论版）2017年第6期，第5—7页。

② 《第二届"一带一路"国际合作高峰论坛成果清单》，《中国产经》2019年第3期，第38—43页。

中蒙俄经济走廊的目标,"中蒙俄智库国际论坛"先后在蒙古国、中国、俄罗斯成功举办了三届,对于推动三国智库界、企业界和政府间的合作与交流,促进三国间政策沟通与民心相通等方面意义深远。2020年7月21日,"中蒙俄智库国际论坛"以视频会议形式召开,并发布《中蒙俄经济走廊智库合作机构关于共同推进新冠肺炎疫情防控国际合作与中蒙俄经济走廊高质量发展的倡议》。

自中蒙俄经济走廊倡议提出以来,截至2022年9月三国进行了6次国家层面的会晤,举办了多次论坛及会议,形成了一系列纲领性文件,明确了经济走廊具体内容、资金来源、实施机制、重点合作领域,确定了一批重点合作项目。中蒙俄通道既是中国全方位深化与俄罗斯、蒙古国合作的重要通道,也是联通东亚圈和欧洲经济的重要通道,中蒙俄在互联互通建设方面形成了以铁路、公路和边境口岸为主的跨国基础设施联通网络。在铁路建设方面,中俄之间完成滨洲铁路电气化改造,与俄罗斯西伯利亚大铁路相连。中蒙俄经济走廊干线铁路(乌兰乌德—纳乌什基—乌兰巴托—二连—北京—天津)到目前为止,俄罗斯、蒙古国和中国三方已达成共识,将在2030年之前对天津—乌兰巴托—乌兰乌德的中部线路进行现代化改造,并将其改造为双轨电气化铁路。中蒙之间,白阿铁路、长白铁路如期全线贯通,策克口岸跨境铁路通道项目正在建设中。在公路方面,中蒙俄完成了《关于沿亚洲公路网国际道路运输政府间协定》签署工作,组织开展了三国卡车试运行。公路线路包括亚洲3号公路(AH-3)的乌兰乌德(俄罗斯)—乌兰巴托(蒙古国)—北京(中国)—天津港(中国)和亚洲4号公路(AH-4)新西伯利亚(俄罗斯)—乌鲁木齐(中国)—喀什(中国)—洪奇拉夫(中巴边境)。然而,蒙古国跨境公路仍未开通,仍然存在许多问题,例如公路基础设施的发展水平较低、物流链建设困难以及过境点的通行能力有限等。在口岸建设方面,中俄之间有6个陆路边境口岸,其中4个主要对俄边境口岸承担中俄间陆路运输货物的65%。中蒙之间陆路边境口岸包括二连浩特在内13个口岸,9个主要对蒙边境口岸承担了中蒙货运总量的95%。蒙俄两国虽加大了基础设施建设力度,但还需要进一步提升,已经打通的线路在铁路、公路设施均存在着等级较低、运能不足的问题。由于在进口商品的管理、认证、技术壁垒、检疫等方面存在着一些差异,三国在经济合作中缺乏规范化的经贸管理及服务体系,市场准入规范、产品质量标准不同、检验检疫制度差异等问题，阻碍产品流通效率；同时还存在三国在全球产业链贸易关联度相对较弱、经贸合作领域结构单一，经贸合作主体结构不够优化，相关政策尚需落实到位，基础设施建设周期长，回报合作机制缺乏创新等问题。但整体来说，中蒙俄经济走廊建设对推动中国东北地区战略振兴与俄罗斯远东开发战略对接，建成东北亚自贸区，形成亚太自贸区及带动亚欧大陆整体经济发展具有重要意义。中蒙俄经济走廊从三国国家层面持续推动，多个重点项目稳步推进，三国经贸合作范围持续扩大，领域不断深化，是共建"一带一路"主体框架下的六大国际经济合作走廊中发展最快的。[①]

第二节　中蒙俄经济走廊与天津城市国际化的实践

天津市在中蒙俄经济走廊建设中具有海、陆、空的优势。天津市通过参与中蒙俄经济走廊建设，深入参与亚太和欧亚两个繁荣的经济贸易圈的构建，极大带动了天津区域及周边的经贸发展。中国驻蒙古国大使指出，天津充分发挥区位优势，大力推动自贸区建设，积极运营天津至莫斯科等亚欧大陆桥海铁联运班列、天津港中蒙俄经济走廊集装箱式联运项目，为中蒙俄经济走廊建设提供稳定的道路运输服务保障，有力促进了三国间经贸往来。[②] 天津利用自身优势，服务中蒙俄三国各领域合作，成为共建"一带一路"的黄金交汇点，应将天津市打造成中蒙俄经济走廊的重要基地和桥头堡。[③]

中蒙俄经济走廊由三个通道组成，一是东北通道，是中欧班列蒙古方向的国际运输主要通道。从京津冀开始，向北抵达内蒙古二连浩特口岸向北，经蒙古国首府乌兰巴托，到达俄罗斯贝加尔湖的乌兰乌德，接续西伯

[①] 田惠敏、张欣桐：《中蒙俄经济走廊三国新动向——中蒙俄合作发展动向及展望》，《中国市场》2022年第24期，第1—7页。

[②] 天津市人民对外友好协会、天津市作家协会编著：《携手行大道，绽放友谊花——天津友城五十年民间交往故事集》，百花文艺出版社2023年版，第245页。

[③] 《天津媒体"一带一路"友城行：中蒙俄经济走廊建设的天津力量》，《天津日报》2018年8月16日。

利亚大铁路。另外还有几条中蒙跨境铁路正在修建过程中，蒙古国还提出利用中吉乌铁路加强与中亚国家的互联互通。二是东北通道，即从俄罗斯的赤塔开始，经过中国内蒙古的满洲里和哈尔滨，连接到绥芬河，再延伸到俄罗斯的符拉迪沃斯托克（海参崴）。这条通道主要确立黑龙江省在太平洋的出海口。三是中部通道，即从蒙古国的乌兰巴托出发，经过乔巴山和霍特，进入中国内蒙古的阿尔山，再延伸到吉林的白城、长春、珲春，最后到达俄罗斯的扎鲁比诺港。这条通道旨在拓展图们江大区域合作。这三条通道贯穿了京津冀协同发展、环渤海经济合作和东北振兴以及俄罗斯远东及东西伯利亚开发和蒙古国矿业兴国战略，交通基础设施的互联互通将促进整个东北亚地区的区域经济合作和大图们江区域经济合作。

一、以天津港为中心的海铁集装箱多式联运方式

天津港作为"丝绸之路经济带"重要出海口和桥头堡，是最早开通国际海运联运大通道的港口，也是我国唯一一个拥有三条大陆桥过境通道的港口，连接东北亚与中西亚。依托拥有二连浩特和满洲里通往俄罗斯两条过境通道的优势，构建了津蒙俄运输网络，开行了天津至莫斯科的铁路班列，成为我国北方对俄罗斯贸易的重要口岸。

（一）以天津港为始发地的海铁联运方式

天津港是我国最早开通国际海铁联动大通道的港口，在中蒙俄贸易运输中的地位显著。蒙古国是一个内陆国家，其海运货物的95%以上经过天津港转运。有来自日韩和东南亚80%的过境货物，通过天津港发往蒙古国和俄罗斯；另外20%为我国企业出口到蒙古国的货物。天津港集团开展中蒙班列服务已有30余年的历史，长期以来为蒙古国运送了大量的工业产品和生产生活资料，伴随着经济走廊的启动，蒙古国的出口与进口均呈上升趋势，对天津港的依赖程度越发明显，为蒙古国经济社会发展提供了坚实的外贸进出口通道保障。

中蒙俄2016年8月18日启动了从中国天津港进入蒙古国的乌兰巴托、俄罗斯布里亚特共和国首府的乌兰乌德的国际公路货运试运行，装载着9辆集装箱的车队从天津出发，途经我国的北京、河北、内蒙古，从二连浩特口岸出境进入蒙古国扎门乌德口岸，再经乔伊尔、乌兰巴托、达尔罕，

从阿勒坦布拉格出境后进入俄罗斯恰克图口岸，终点为乌兰乌德，全程历时7天。其中，中国境内段900千米，几乎全程高速公路；蒙古国境内段1012千米；俄罗斯境内段240千米[1]。这条线路可以替代现有的北京—外贝尔加斯克—伊尔库茨克线路，运行距离较之前缩短了1500千米，打通了天津市海港与周边国家道路运输间的通道，实现中蒙俄三国的过境道路运输，为"中蒙俄国际经济合作走廊"建设提供了道路运输服务保障，是中国共建"一带一路"倡议、蒙古国"草原之路"倡议和俄罗斯"欧亚经济联盟"在交通运输领域对接的有益尝试。天津港在蒙古国与俄罗斯、中国与俄罗斯、俄罗斯与其他国家之间的贸易运输方面也发挥着重要作用。以从日本海运至俄罗斯西部的货物为例，一般运输需要70多天；但若经天津港进行转运，运输时间将可缩短至10天，时间成本和运输费用都将大幅减少。[2] 未来随着这条线路的日益成熟，还可以继续向西延伸到伊尔库茨克和新西伯利亚。另外，中蒙俄三方计划建设通过蒙古国境内的亚洲公路AH-3线路，从中蒙交界南部边境（扎门乌德）起，通过自由经济区阿勒坦布拉格通往俄罗斯。通过这条线路开发蒙古国的能源供应，并建立一条连接欧洲、俄罗斯和蒙古国与亚洲国家的铁路走廊。

  天津港与国铁集团加强合作，保障中蒙班列运力充足。中蒙俄新的货运线路选择天津港作为起点，也将有效串联起海铁联运和陆海联运两条通道，将天津自贸区区域联动的通关、通检模式通过内陆"无水港"辐射到沿线，进一步突出天津港的核心枢纽位置。原有的三条铁路过境线又开通了公路的试运行，正好与中国沿线形成一个互补和互动，打造一个大通道的丝路体系，在北京有平谷、朝阳"无水港"，在内蒙古有二连浩特"无水港"，这些"无水港"和国际通道正好形成互动和业务上的支持，通过海铁联运和陆海联运更有利于打造这条中蒙俄国际运输通道。中蒙俄经济走廊建设将推动中蒙俄三国基础设施发展与联通，刺激新产能发展，促进投资及贸易增长，增强人文交流以及在环保领域的协调行动。

---

[1] 《中蒙俄国际道路货运试运行：打通南北大通道，直达贝加尔湖？》，澎湃新闻，2016年8月18日，https://www.sohu.com/a/111131132_260616。

[2] 《厉害了！天津港获评"国家多式联运示范工程"》，天津网信网，2022年1月20日，https://www.tj.cac.gov.cn/tjsg/cyfz/2022 02/t20220215_5804539.html。

（二）以天津港为起点的中欧班列联运方式

依托中远海运遍及全球的海上集装箱运输网络的多式联运及延伸服务体系，结合天津港作为京津冀海上门户与中蒙俄经济走廊东部起点形成的港口区位优势和物流资源开通班列，在服务内贸的同时做好对沿线国家的外贸和投资工作。将澳大利亚、美国、日本、韩国以及东南亚的货物运送至俄罗斯，并利用在俄资源及欧洲网络组织回程货源，解决国际班列发生的回程空载问题，从而打通多国与中蒙俄的通道。随着这条通道会有更多来自俄罗斯、蒙古国的产品到达中国及世界各地，这条通道有力促进了中蒙俄经济走廊的建设。

2016 年，天津外运中蒙俄货运班列开行，从天津港出发，经二连浩特出境，跨越蒙古国扎门乌德、俄罗斯纳乌什基站进行换装后抵达俄罗斯莫斯科，运行时间为 15 天，全程 7800 千米，货物来自中国华南、华东和天津沿海地区。之前东南沿海货物海运大约 45 天到达俄罗斯圣彼得堡再转到莫斯科，此次班列开通后缩短了 30 天左右。截至 2022 年 6 月，从天津发往满洲里、二连浩特、阿拉山口的中欧班列达到 300 列。2021 年天津港陆桥国际班列运量达到 5.8 万标准箱，居全国沿海主要港口前列，有力支持中蒙俄经济走廊建设[①]。

2018 年 6 月 8 日，在中俄两国元首来津的高速铁路上，中俄铁路和货物运输等双边合作文件完成签署。天津市通过满洲里货运物流通道，加大中俄两国之间的物流业合作发展，进一步扩大原油、东线天然气管道方面的合作。天津市还通过自由贸易区的优势，开发新的贸易规划，发展与俄罗斯的国际贸易。如华泰汽车在俄罗斯设立组装厂，投资 20 亿元人民币。近年来，天津港充分发挥自身优势，积极建设天津至莫斯科等亚欧大陆桥海铁联运班列，积极服务上海合作组织成员国。天津港与俄罗斯远东最大港口符拉迪沃斯托克（海参崴）商贸港有限公司进行合作，加强两港在装卸、海铁联运及基础设施建设方面的合作，推进中俄海上双边贸易发展。据统计，天津港中欧、中亚班列总体运量水平一直保持在全国前列。

---

① 《全程约 7800 多公里！天津国际陆港首次开行中欧班列》，《北京日报》2024 年 7 月 1 日。

2022年中国多式联运合作大会暨第二届世界一流港口多式联运大会在滨海新区举办。天津港2022年中欧（中亚）班列运量首次突破9万标准箱，同比增幅近60%，进一步巩固了天津港陆桥国际班列运量居全国沿海港口首位的领先地位。① 借助综合保税区、自贸试验区政策优势，天津一直致力于打造具有本地特色的中欧班列。2022年9月底天津"保税+"中欧班列运行模式落地。这一模式入选国家服务业扩大开放综合试点示范2023年度最佳实践案例。② 以中欧（中亚）班列为载体，打通了到俄罗斯莫斯科和白俄罗斯明斯克的中蒙俄通道，开通了天津港—中亚国际联运直达班列，积极促进共建"一带一路"贸易畅通，深化与沿线国家合作。③ 目前，天津港集团海铁联运通道数量达到44条，驶向"一带一路"沿线国家的新丝路"直通车"将成为天津市促进中蒙俄三国之间的经贸往来、为国家"一带一路"建设及中蒙俄经济走廊构建创造更加强大新动能的重要途径，其服务"陆海内外联动、东西双向互济"开放格局的作用进一步凸显。以满洲里、二连浩特出境的中蒙俄海铁联运国际班列为例，自2018年以来达到了每周开行1—2列的规模。货物主要产自京津冀和东南沿海，包括家电、家具、工程设备、建材等产品。2018年1月，天津发往俄罗斯莫斯科的货运班列从天津港驶出，中远海运首列中俄国际班列正式启程。这是由中远海运集团与国铁集团、天津港集团有限公司共同打造的华北地区首条中蒙俄海铁联运过境运输大通道。中远海运中俄国际班列的开通大大节省了通行时间和运营成本，按照目前每个集装箱2万元左右的运价，以及每个集装箱平均载货25吨粗略计算，1千克货物的运价不到1元钱。成本的降低，将大幅提升京津冀地区产品的竞争力。④ 海铁联运也为日韩

---

① 《天津港中欧（中亚）班列运量首破9万标准箱，今年运量同比增幅近60%》，天津政府网，2022年12月11日，https：//www.tj.gov.cn/sy/tjxw/202212/t20221211_6054700.html。

② 《聚焦优势领域 拓展合作新空间 融入"一带一路"天津特色品牌叫响》，《天津日报》2023年9月20日。

③ 《全程约7800多公里！天津国际陆港首次开行中欧班列》，《北京日报》2024年7月1日。

④ 《天津港构建中俄国际货运班列大通道 "一带一路"直通车助力中蒙俄经济走廊》，天津政府网，2018年6月11日，https：//www.tj.gov.cn/sy/tjxw/202005/t20200520_2553648.html。

等地商品发往欧洲搭建了快速通道。按照传统线路,货物从日本海运到俄罗斯圣彼得堡需要 70 天;而通过天津港上岸,再由铁路运经满洲里或二连浩特运往圣彼得堡只需要 25 天,运输时间缩短、运输成本降低。

(三) 与沿线城市建立"无水港"

"无水港"建设一直是天津港提高天津口岸服务辐射能力的一项重要举措,是探索"临海经济"和"内陆经济"协同发展的重要成果,通过在中蒙俄沿线内陆城市兴建国际陆港,跨区域口岸进行合作,海关、检验检疫就创新口岸监管服务模式不断进行创新合作。通过建立长效沟通协作机制,将天津口岸的辐射能力进一步扩大到国内腹地,成为口岸建立完善供应链的一个重要环节;同时,密切沿线内陆城市与天津港的关系,全力打造共建"一带一路"东西双向海路交汇双向通道。从 2002 年北京"无水港"建立,至 2017 年,天津与内陆合作建设"无水港"共计 25 个,分布在 9 个省份,其中内蒙古自治区建有 5 个"无水港",包括包头、呼和浩特、巴彦淖尔、二连浩特和鄂尔多斯。目前,包头、呼和浩特、巴彦淖尔"无水港"已经投入运营。天津港通过与"无水港"合作,利用海、陆、铁多式联运,开展公路港、信息港、口岸通关服务、仓储服务等业务,将其打造成与蒙古国、俄罗斯、欧洲相关国家和地区开展贸易的绿色通道和便捷出海口。[1]

(四) 服务于"冰上丝绸之路"

2017 年,在俄罗斯倡议和中国推动下,中俄两国就共建"冰上丝绸之路"达成共识。2017 年 5 月 14 日,在中国"一带一路"国际合作高峰论坛上,俄罗斯总统普京表示,希望中国能够利用北极航线,并将其与"一带一路"进行连接。同年 5 月 26 日,俄罗斯提议中俄共同开发北方海航道,打造"冰上丝绸之路"。[2] 随后,在俄罗斯总理梅德韦杰夫访华期间,中国国家主席习近平表示,中方愿意同俄方就北方海航道建设进行合作,

---

[1] 《天津口岸推进无水港转型升级 打造津蒙俄欧经济走廊新节点》,《港口经济》2016 年第 8 期,第 23 页。

[2] 吴思康、黄虎城:《关于深圳参与"冰上丝绸之路"建设的几点思考》,《北方经济》2019 年第 12 期,第 8—11 页。

共同建设"冰上丝绸之路"。中方也多次派出船舶试航,以考察北方海航道的可行性。2017年8—9月,中远海运共派出5艘船舶,利用北冰洋航行窗口期从中国连云港、天津新港至挪威和丹麦往返,进一步论证了该航线相较于传统航线在节省时间和成本上的优越性,为中国参与"冰上丝绸之路"建设提供了科学的参考依据。

(五)航空运送方式

作为空港型国家物流承载城市,天津市在通过航空带动京津冀区域供应链发展方面发挥着重要作用。根据《京津冀协同发展规划纲要》,天津机场定位为区域枢纽机场和中国国际航空物流中心。《天津市航空物流发展"十四五"规划》明确,集中力量建设中国国际航空物流中心,打造以天津为中心,辐射全国,面向共建"一带一路"、《区域全面经济伙伴关系协定》国家和地区的现代物流新经济走廊。天津机场围绕国家定位,主要通过三种方式服务于中蒙俄经济走廊建设。一是直接开通到俄罗斯和蒙古国的航线。2016年6月13日,天津航空首条洲际航线天津—莫斯科航线正式开通,与俄罗斯南萨哈林斯克有了直航班机。二是加密国内和周边国家、地区的干线航线,打造"空中快线",重点打造与内蒙古、黑龙江、吉林等主要机场桥头堡的双枢纽航线网络。三是围绕国际航空物流中心,开展全货运服务。天津在航空货运方面具有优势,拥有2条跑道和先进的跑滑系统,飞行区4E级,停机位136个,一级货站3家,货库面积6.6万平方米。机场具有进口苗木、冰鲜、药品、水果、食用水生动物5项口岸功能,进口肉类指定口岸功能已经获批筹建。天津空港大通关基地建成后,将提供加工、交易、报关、仓储、运输配送一体的供应链服务。天津机场目前有客货机兼营航线5条,全货机航线13条。货运航班通航城市有俄罗斯莫斯科及新西伯利亚。2019年蒙古航空乌兰巴托—天津货运航班正式开通,蒙古航空是蒙古国最主要的航空公司之一,是连接蒙古国与中国的空中交通枢纽,也以此保证了与俄罗斯和蒙古国的跨境电商直邮进出口业务的开展。目前已经形成以欧美、东北亚为两翼,俄罗斯和东南亚为中轴的国际航线全货机网络。通过开展国际航空运输协会(IATA)医药冷链论证,促进食用活体水生动物进境口岸、冻肉类进境口岸、国际邮政互换口岸的建设,促进与俄罗斯和蒙古国的合作。2021年天津货运航空开通天津—乌兰乌德国际货运航线，该航线是天津货运航空首次在天津开通的国际货运航线，也是天津滨海机场自新冠疫情以来开通的第一条天津始发的国际货运航线。该航线每周执飞4班，主要运载电商产品、日用品和服装等。乌兰乌德地处俄罗斯东西伯利亚地区，是俄罗斯东部古老的商贸中心之一，也是陆上丝绸之路的重要目的地。天津—乌兰乌德国际货运航线是天津货运航空加大"一带一路"沿线国家市场开拓力度的新尝试，为中国和俄罗斯之间的新"丝绸之路"开辟了安全、稳定、快捷的空中通道，是加快构建以国内大循环为主体、国内国际双循环相互促进的新发展格局的具体实践。天津—乌兰乌德国际货运航线为天津及周边地区外贸企业开启了对俄贸易的新窗口，为助推天津市实现高质量发展提供了有力支撑。[①] 天津机场与天津邮政管理局、货运航空公司、货运代理签署了多项战略合作协议，并在空港建立了专业航空物流园区。截至2014年，中外运、海航物流、康捷空等12家知名物流企业已经入驻园区。天津机场在服务经济走廊建设方面具有服务质量的优势。在国际机场协会组织的旅客满意度测评中，天津机场荣获国际机场协会"2016年全球旅客吞吐量500万—1500万量级最佳机场第一名"和"2016年亚太区500万—1500万量级最佳机场第一名"两个奖项；还荣获2017年全球"机场服务质量卓越奖"。

（六）新冠疫情催生海铁联运新方式

新冠疫情暴发后，在全球疫情从反复成为常态的情况下，空运和海运运力受到限制，中欧班列逆势增长，业绩屡创历史新高。天津顺势而为，天津海关成立了中欧班列防疫运营专项工作小组，启动海铁联运过境货物"港场直通"作业改革，将原来2—3天通关时长压缩至3小时以内。推动"关铁通"合作倡议，与二连浩特、满洲里、阿拉山口等口岸海关签署联系配合办法，确保放行、提货、装运作业无缝衔接。2020年前4个月，共通关中欧班列117列，12636标箱，"天津港—二连浩特—蒙古国"固定线

[①]《一带一路新通道 中俄贸易添动能天津货运航空开通天津至乌兰乌德国际货运航线》，天津市交通运输委员会，2022年11月8日，https://jtys.tj.gov.cn/ZWXX2900/TPXW/202211/t20221108_6028165.html。

路日均发运1列。

二、以天津自贸区合作为抓手，促进中蒙俄经济走廊合作

天津市作为中国北方第一个自贸试验区，将为东北、华北进一步开放提供经验。制度创新是其最大特点。作为京津冀协同发展高水平对外开放平台，2019年中国人民银行批准招商银行天津分行正式接入自由贸易账户（以下简称"FT账户"）分账核算业务系统，标志着天津成为继上海、海南之后第三个上线FT账户体系的地区，此举进一步提升了天津市良好的营商环境。天津市在国内融资租赁产业发展方面具有优势地位。天津自贸区飞机租赁公司利用"离岸租赁"与"一带一路"沿线国家航空公司开展飞机租赁业务，支持相关国家航空运输业发展。中国中车、中国铁建、中国中铁等多家中央企业，已在自贸区设立融资租赁总部，通过租赁出口国产飞机、船舶、电力设备、轨道机车、工程设备、节能环保等装备，支持"一带一路"沿线国家和中资海外项目建设。融资租赁汇聚了许多优势，如财务风险小，限制条件少，融资期限长，越来越受到中小企业的青睐。俄罗斯、蒙古国的企业来天津投资建厂，就可利用融资租赁服务带来的便利和天津市出台的一系列优惠政策。通过自贸区制度创新开展"国际中转集拼"，打通与铁路、航空的通道，吸引国际中转集拼货源。通过中蒙俄经济走廊建设，进一步发挥自贸试验区制度创新优势，实现与其他自贸区的错位发展；依托通关、通检、冷链物流、融资租赁的优势，深度参与经济走廊建设。

三、京津冀协同发展与中蒙俄经济走廊建设

天津港是京津冀海上门户，以京津冀协同发展为重要支撑开辟服务中蒙俄经济走廊新路径。天津是增强口岸服务辐射功能、促进区域产业转型升级、推动区域金融市场一体化，构筑服务区域发展科技创新和人才的高地。因此通过深度参与中蒙俄经济走廊建设，天津着力推动新旧动能转换和产业升级，提高产业链上的附加值，建造陆海交通网络，在辐射"三北"和在京津冀协同发展的基础上进一步向中蒙俄经济走廊建设上延伸。

一是与俄罗斯能源合作促进京津冀协同发展。京津冀共建中俄东线天

然气管道项目是两国元首亲自商定并关注的中俄能源合作重大战略项目，对于深化全方位合作和促进两国利益融合具有重要意义。通过京津冀合作将来自俄罗斯远东地区，经俄罗斯"西伯利亚力量"管道与外输管道实现互联互通，使京津冀长期能源供应生命线得以保障，这也为京津冀在管线建设中的协同合作发挥了重要作用。二是充分发挥天津市中欧班列起点的作用。北京开通的中欧班列绝大多数从天津出发，与天津港各码头公司、船公司、货代建立了联系机制，在天津港航运中心开通了中欧班列受理服务窗口，开展一站式服务。三是借助北京在服务业的发展，以及创新资源方面一直处于全国领先地位的优势开展合作。涉及俄罗斯、蒙古国的项目可以与京津冀一起享受一系列优惠政策和阶段性成果。四是新技术输出。为了给中国的技术输出铺平道路，将中国的专利技术拿到俄罗斯申请专利，利用俄罗斯先进制造水平起草制定国际标准，以此支撑中国的技术走向世界，并与其他国家的筑路技术快速融合。如天津海泰环保科技发展股份有限公司是一家"走出去"的天津企业，与俄罗斯国家研究型技术大学、俄罗斯联邦公路署、俄罗斯阿丁斯克改性沥青工厂比较先进的改性沥青实验室等机构，共建联合研发中心，输出"胶粉改性沥青"技术等合作达成意向，在俄罗斯筹建研究院，修建公路，并与国内其他相关企业一起输出综合利用的全产业链，探索企业"走出去"新模式。[1]

四、天津市与俄罗斯、蒙古国在中蒙俄经济走廊的合作

在当前国际贸易环境面临全新调整的背景下，各国之间加强交流与对话意义重大。中蒙俄经济走廊建设为促进各方深化合作、平等相待、开放包容、共赢共享带来新的机遇，通过积极探索务实合作新领域、新方式，扩大经贸往来、加强产业合作、共建总部经济、拓展交往领域，为各方经贸合作走深走实注入更多的正能量。

---

[1] 《天津企业深融"一带一路"底气十足"走出去"》，天津政府网，2017年2月19日，https：//www.tj.gov.cn/sy/ztzl/ztlbtwo/kjxzxqy/gzdt/202005/t20200520_2457992.html。

（一）天津市与俄罗斯的经贸合作

俄罗斯是全球国际贸易的重要参与者，其能源、矿产、木材等初级产品出口在全球占有重要地位，目前是全球最大的石油和天然气输出国。一直以来，天津与俄罗斯各地区进行了比较密切的交往，天津与俄罗斯的贸易往来相对比较频繁，主要以一般贸易为主。高新技术产品、机电产品、服装成为主要贸易产品，涵盖石油、航运、航空、重型机械、自贸区等领域；而且主要从俄罗斯进口能源资源型产品。以2018年为例，天津对俄贸易增长60.5%，居于全国前列。[1] 当前天津对俄贸易有以下特点：进口以国有企业为主，出口以民营企业为主；从具体商品来看，天津市对俄罗斯主要出口如手机及基站、液晶显示板等电子产品，以及船、服装、汽车零配件、钢材、自行车等；主要进口铜、煤、铅矿等矿产品，以及植物油、木材等。双方主要合作方式如下。

1. 能源资源战略合作基础深厚

天津市与俄罗斯的能源合作具有良好的条件和背景，已经形成贸易、勘探、炼化、装备等领域合作，合资、合作、股权并购多模式发展的全方位能源合作格局。天津市作为外向型城市，对外投资额逐年递增。向俄罗斯投资项目主要集中在能源领域，包括石油、天然气的合作开发以及炼油厂合资建设项目等。中国石油天然气集团公司与俄罗斯石油公司在亚信第四次峰会上达成了总额50亿美元的项目协议，该项目落户天津市南港工业区。2019年，中俄单体最大石油项目——AGPP项目在天津港保税区建设完成。这是俄罗斯"西伯利亚力量"管道工程项目的配套工程，以此保证中俄天然气供气协议（东线）商品天然气供应，同时长期满足东西伯利亚和远东地区的内部需要。2019年12月，中俄东线天然气管道正式开通，这是中俄新时代全面战略协作伙伴关系向经贸领域推进的又一成果，也直接带动了中俄双边贸易额的增长。[2]

---

[1] 《2018年天津市国民经济和社会发展统计公报》，天津市统计局，2019年3月11日。
[2] 《今年上半年天津口岸对俄罗斯贸易额增长贸易逆差扩大》，天津海关网，2020年7月23日，http://www.customs.gov.cn//tianjin_customs/zfxxgkzl/2956245/2956347/427910/3202090/index.html。

2. 科技创新产业合作成为双方合作的新动能

天津市对俄合作集中在共建联合实验室、科技创新合作服务平台方面，主要集中在智能制造、生物医药与大健康、海洋工程装备等领域的合作，并取得了技术成果。在非能源、高科技和创新发展领域，依托天津国际技术研发中心，突出创新优势。中俄跨国医疗器械领域合作突出。与俄罗斯科学院、圣彼得堡彼得大帝理工大学、俄罗斯国家研究型技术大学等俄罗斯知名科研机构开展合作。俄罗斯扩大对天津高新技术的投资，投资涉及研究、技术服务和地质勘察等领域。

3. 通过物流合作提高便利化水平

交通物流合作拓展，充分利用天津港横贯东中西、连接南北方的有利条件，打造东西双向海陆交汇航运枢纽；借助京津冀协同发展机遇，大力开发京津冀及腹地对中亚、欧洲的出口产品运输，发展高端国际集装箱班列物流服务。

4. 天津的海外项目纷纷落地俄罗斯

截至2018年，天津市在俄罗斯共设立企业机构近50家，中方投资5572万美元。俄罗斯在天津投资企业67家，合同外资额达9613万美元，实际利用外资额1572万美元。如2019年天津中成股份与天津建工以联合体形式共同开拓俄罗斯市场，签署俄罗斯叶卡捷琳堡科学城项目。

5. 贸易领域扩大，进出口出现新的增长点

在中俄两国元首的共同关注下，农业合作已经成为中俄两国经贸合作的重要组成部分，农产品进出口贸易成为双边贸易的亮点和增长点。经过7年协商，2020年1月俄罗斯两家牛肉生产商（米拉托尔格公司和扎列奇诺耶集团）获得了进入中国市场的许可证。天津对俄罗斯出口机电产品较多，其中手机及基站、汽车零件、液晶显示板等产品已具有一定规模。俄罗斯每年汽车及零件进口大约有200亿美元，但目前大多数被日本、韩国、德国、捷克等国家占有，未来天津可依托自身汽车工业优势，加大对俄罗斯汽车相关产品的出口市场开拓力度。

（二）天津市与蒙古国的合作

中国的共建"一带一路"倡议同蒙古国"草原之路"倡议、全球发展倡议同蒙古国"新复兴政策"、中国"两步走"发展战略目标同蒙古国"远景2050"长期发展政策对接，扩大贸易、投资、金融、矿产能源、基础设施、数字经济、绿色发展等领域合作。① 蒙古国正致力于扩大交通网络，以支持中蒙俄经济走廊，促进三国之间的贸易。天津已经成为蒙古国"东向"发展战略的重要支点，津蒙合作前景广阔。2009年天津与蒙古国签署了深化津蒙经贸合作备忘录，津蒙分别成立了工作组并建立协调沟通机制，定期举行工作会谈，共同开展国际贸易、国际中转、国际采购、出口加工业等业务，推动经贸领域的务实合作。天津市主要向蒙古国出口机电产品、矿业机械和日用品等，从蒙古国主要进口畜牧产品和矿产品。蒙古国对交通基础设施的需求很迫切，自双方在农牧业、矿产资源方面合作潜力巨大。

蒙古国制定的"草原之路"倡议规划了5个项目，总投资约500亿美元，项目包括连接中俄的997千米高速公路、1100千米电气化铁路、扩展跨蒙古国和天然气与石油管道等。② 因此，津蒙合作的重点是利用天津港区位优势，依托天津市综合实力，构建蒙古国融入东北亚经济圈的"战略平台"。中国已经连续多年成为蒙古国第一大贸易合作伙伴、最重要的投资来源国和援助提供国。自1998年以来中国成为蒙古国第一大投资国。③ 中国是蒙古国最领先的投资者，目前已对蒙古国投资54亿美元。1990年中蒙两国贸易总额为4120万美元，2022年达到136.4亿美元，占同期外贸总额的64.3%。其中出口额达105.7亿美元，同比增长38.5%，进口额30.7亿美元，同比增长21.8%。研究显示，蒙古国的GDP约10%，国家总投资的30%—50%来自外国投资，有14000多家外资企业，其中中资企业占50%。中蒙力争将两国贸易额提升至200亿美元。④ 天津与蒙古国经济往来密切，以2018年为例，天津与蒙古国的总贸易额为15.4亿元人民

---

① 《中华人民共和国和蒙古国关于新时代推进全面战略伙伴关系的联合声明》，国防部网，2022年11月28日，http://www.mod.gov.cn/gfbw/qwfb/yw_214049/4927170.html。

② 王海燕：《"一带一路"视域下中蒙俄经济走廊建设的机制保障与实施路径》，《华东师范大学学报》（哲学社会科学版）2016年第5期，第112—118页。

③ 芳芳、图门其其格：《中国对蒙古国直接投资的现状及影响分析》，《财经理论研究》2010年第4期，第52—57页。

④ 《2022年蒙古国对外贸易情况》，《蒙古消息报》2023年2月19日。

币，位列全国第 5，占全国对蒙古国贸易总额的 2.9%，为天津市贸易伙伴的第 49 位，占天津外贸的 0.2%，同比增加 47.2%，经济合作保持良好势头。津蒙经济合作的主要特点为：

第一，构建蒙古国融入东北亚经济圈的"战略平台"。天津成为连接蒙古国—内陆腹地—日韩等东北亚地区的全新战略平台，成为蒙古国对外贸易的"天津通道"，天津港成为蒙古国货物运输和对外贸易最便捷的通道。

第二，整合天津战略资源，扩大对蒙古国的投资。充分发挥天津市作为中蒙俄经济走廊东部起点的作用，加快建设与蒙古国贸易需求相适应的基础设施，打造利益共同体。天津对蒙古国投资的重点为矿产开发、电站建设、经济适用房建设、绿色住宅小区建设、公路和铁路等基础设施建设。

第三，用好贸易协定规则。关注蒙古国改善投资环境、促进大型项目国际合作的经济振兴政策。寻求合作领域的战略对接，积极参与其"东向"发展战略的实施。2021 年 1 月 1 日起，中国与蒙古国相互实施《亚太贸易协定》的关税减让规定，平均降税 24.2%。针对《亚太贸易协定》，支持企业用好原产地政策，享受优惠关税税率。

第四，在天津市建立中蒙俄物流园。近几年，蒙古国与天津市自贸区的交往日益紧密。在其对外出口的产品中，活禽、动物、蔬菜的比例日益加大。为了更好地利用天津港在中蒙俄经济走廊的优势地位，蒙古国在天津东疆保税港建立了物流园区，占地 10 公顷，项目将会为蒙方和津蒙合作物流及加工企业提供厂房，为蒙古国过境货物提供仓库和堆场。自贸区为物流园建立一站式服务，还提供临时储存的超大冷库，针对蒙古国进出口商品提供特色服务。2022 年，津蒙东疆物流园实现了轻资产运行，现已开展蒙古国通过天津港的过境出、进口，以及与国内企业的出、进口全部四种业务形态的仓储物流服务。目前以津蒙东疆物流园作为扩大津蒙贸易合作的载体平台，在完备物流、仓储等基本功能的基础上，逐步延伸拓展采购、贸易、加工等高附加值功能。同时推动物流通道向全球采购基地升级。充分利用天津的港口、自贸试验区、综合保税区、金融服务等综合优势，逐步将蒙古国过境贸易向转口贸易过渡，吸引蒙古国企业在天津实现全球采购、仓储运输、加工、销售一体化发展，在天津形成蒙古国的全球采购基础。特别是充分发挥蒙古国连接中俄商路的重要作用,探索借助蒙古国企业拓展对俄转口贸易,积极拓展三国间的贸易合作。

第五,搭建津蒙俄企业交流平台,促进产业延伸。依托蒙古国、俄罗斯驻华贸易促进机构、商会、贸促会等渠道和资源,搭建津蒙、津俄贸易企业精准对接平台,助力出口企业打通进入蒙古国、俄罗斯市场的销售渠道。同时依托过境蒙古国的货物,探索运贸一体化及其衍生业态,促进通道物流及其延伸服务的协调发展,形成贸易与产业的相互促进和良性循环。

总之,天津与俄罗斯、蒙古国在中蒙俄经济走廊的合作情况呈现出密切合作的态势,今后还需要强化顶层设计,统筹推进,准确把握国内外发展趋势,树立中蒙俄经济走廊建设天津"黄金交汇点"理念,打造联通中外、辐射周边、资源集聚、要素融合的开放平台,合理规划优化与蒙古国和俄罗斯经贸交往的空间布局,提升在中蒙俄经济走廊建设的影响力。

第三节 天津国际友城合作助力中蒙俄经济走廊建设

天津市一直将国际友好城市合作作为开展城市外交的主要渠道和扩大对外开放的重要载体,不断深化与国际友城的务实交流合作,借助国际友城资源,发挥国际友城作用,以中蒙俄经济走廊重要节点为抓手,在构建陆海内外联动、由南向北不断探索开放途径下,在国际友城建设服务于城市国际化方面不断开拓创新。

一、天津与俄罗斯国际友城的交流概况

20世纪初,俄罗斯在中国东北修建了著名的中东铁路,这条铁路为天津与俄罗斯的联系起到了重要作用。中俄两国地方合作由来已久,2018—2019年是中俄地方合作交流年,截至2017年10月底,中俄已经缔结了140对友好城市及省州。截至2020年1月,天津与俄罗斯国际友城共有2对:1993年5月17日,与莫斯科州签订友好交流与合作意向书;1998年4月7日,与新西伯利亚州成为交流与合作关系城市。天津市与俄罗斯友城之间交往比较密切,俄罗斯代表团多次访问天津,在天津经济开发区落

实了一系列经贸合作项目。2018年,天津市成为中俄地方合作理事会成员单位,在中俄地方合作理事会框架下,将更好地发挥地方交往的主体作用。天津市对俄友城交往方面,以行动引领合作,立足于城市建设、经贸、旅游、文化、教育、体育等领域的交流合作,增强友好信任,深化务实互利合作,完善交流平台,注重民间人文交流,为双方的互利合作不断提供新的动力。

(一) 与莫斯科州交流的基本情况

1. 基本情况

莫斯科州位于俄罗斯首都莫斯科周围,是俄罗斯联邦主体之一,属中央联邦管区,成立于1929年1月14日,首府莫斯科市。面积为4.43万平方千米,占俄联邦领土总面积0.28%,行政区包含莫斯科市。莫斯科州属于中心经济区的成员,经济活动与莫斯科市紧密相连,是俄联邦预算收入的来源之一,在俄联邦预算收入和税收方面居于第3位。主要工业部门有机械制造和金属加工,其中火箭太空行业、航空工业、原子能工业为支柱产业。1993年5月17日,天津市与莫斯科州签订友好交流与合作意向书。

2. 与莫斯科州的交流情况

天津与莫斯科州于1993年签订友好交流与合作意向书,自此双方在科技创新、抗疫合作、文化艺术、青少年交流、体育交流等方面展开了具有针对性且符合双方利益的多元合作,促进了双方相互理解、相互尊重和文化交融。为天津更好地服务于"一带一路"建设奠定了坚实的人才基础。天津与莫斯科州交往的主要特点如下:

第一,经贸合作是核心。俄罗斯是天津市重要的贸易伙伴之一。在中俄两国政治互信日益增强的背景下,双方企业合作意愿也不断加深,呈现出全方位、多层次、宽领域合作的特点。天津市开通津蒙欧班列,全程约7600千米,从天津、莫斯科双向对开,途经二连浩特、蒙古国等地,运行时间约12天。相比目前最近的经由满洲里出境到达莫斯科的线路缩短大约1000千米。这趟西行天津—莫斯科班列运载货物以汽车发动机、家电及日用品为主,之后增加电子产品、机械设备、五金配件、汽车整车等高附加值商品。而东行莫斯科—天津班列已于2016年11月23日从新西伯利亚开出首趟列车,装载着俄罗斯产的木质板材等货物到达天津,填补了双向重箱运输的空白。

天津企业与友城企业开辟了多种合作渠道。一是天津国资委与俄中双边理事会展开合作，共同搭建双方合作平台。截至2018年，天津市在俄罗斯设立企业机构44家，中方投资额达5572万美元，俄罗斯在天津投资企业67家，合同外资额达9613万美元，实际利用外资额1572万美元。① 二是通过工商联合作平台，促进友城商会之间就会务合作、商务交流、产业投资对接等活动的展开。如天津建工集团通过平台承揽了乌兰乌德市的59万平方米开发项目，是集住宅、商业、学校等一体的配套建设项目。三是促进跨境电子商务平台建设。主要包括中国商品的本土化和电子化、线上专业展会、O2O、品牌推广、本币结算、售后服务等。通过跨境电商合作，为天津企业寻求更多在俄罗斯发展的机会，为推动贸易和投资自由化、便利化提供机会。通过津洽会、中俄博览会等会展平台，使中俄地方经贸合作不断深化，围绕国际消费中心城市和区域商贸中心建设，扩大特色商品保税展示。

天津市与俄友城在抗疫物资合作上有所创新。2020年新冠疫情暴发，国家通过鼓励航空公司"客改货"、增加中欧班列班次密度、开辟国际快船运输渠道等，不断打通防疫物资"补给线"。在全球抗疫的关键时刻，中国生产的防疫物资每天都以最快速度运往急需的国家和地区。天津航空积极回应国际"客改货"包机需求，灵活调整运营策略、调动飞机运力并快速转变"客改货"运行规范，实现"客舱+腹舱"货运新形式。海航集团天津航空积极保障国际"客改货"包机需求，截至2020年5月17日，天津航空已执行近60班次国际"客改货"包机任务，将1087.9吨防疫物资运往俄罗斯、澳大利亚、法国、西班牙、英国等8个国家和地区，缓解当地医疗物资紧缺问题。② 天津航空GS7781天津—莫斯科航班满载着防护服等医疗物资顺利降落莫斯科机场，这是天津航空于天津始发的首班"客改货"包机，对促进天津属地经济发展起到积极作用。建立天津出港的国际空中通道，向国际及地区疫情防控提供有力支持。

---

① 《天津市与俄罗斯进出口贸易额增长24.72%》，《天津日报》2018年6月13日。
② 《天津航空"客改货"包机运输防疫物资抵达莫斯科》，腾讯网，2020年5月18日，https://new.qq.com/rain/a/20200518A002PR00。

第二，科技创新合作。科技合作是共建"一带一路"倡议的重要组成部分。天津与俄罗斯合作具有特色，特别是与希尔邵夫海洋研究所针对海洋产业的合作。希尔邵夫海洋研究所1946年成立，隶属俄罗斯科学院，随着"一带一路"建设的深入发展，2017年该所加强与天津在海洋产业方面的合作，在海洋资源勘探、水文地理、北部航线开发等领域共同开展研究。该研究所与天津海之星公司合作，由双方共同研究的水下清洗设备正式下线，走出实验室，还未量产就收到阿联酋、马来西亚、新加坡等国的订单。这一合作模式对俄罗斯其他实验室的合作起到引领示范作用。俄罗斯有许多高校院所希望与中国合作，如莫斯科国立大学等，这些学院在应用物理、生物制药等方面处于领先地位，天津的大学资源在国内外也名列前茅。科研转化需要当地科研人员的配合，上下游产业链配套，更需要两国对双方市场的判断。俄罗斯多家科研院所与中国汽车技术研究中心、天津大学激光实验室等单位签订初步合作意向。[1] 天津与俄罗斯科技合作服务平台分别获得授牌，未来将为两地科技创新合作开辟绿色通道，建立俄罗斯海洋科技、新能源新材料、人工智能、生物医药等九大领域200多项技术数据库，促成20多项俄罗斯专利和成果签署落地及达成合作意向，成为中俄创新交流的"枢纽"。[2]

第三，体育交流合作机制健全。天津市与莫斯科州的体育交流与合作历时多年，无论是内容还是所涉及领域，合作与交流的条件都比较成熟。合作的重点主要涉及体育科技、体育工业、体育产业与竞技体育等方面，已形成了比较成熟的体育合作机制。2006年，中俄体育合作分委会第六次会议在天津举行并签署了体育交流合作协议。原先的协议只涉及竞技体育，而此次签订的协议又加入了群众体育、体育教育、体育科研等多方面内容，标志着中俄两国的体育合作进入了新的阶段，并为双方体育领域进行更加广泛和深入的交流打下坚实的基础。俄罗斯在击剑、花样游泳、蹦床等项目上具有世界顶尖水平，莫斯科州曾派出多名优秀教练员来津执教，如1999年3月柳德米拉-切连科娃成为首位外援加盟天津女排队。他

---

[1] 《市科技局与俄罗斯科学院签署科技合作协议》，天津政府网，2019年4月4日，https://www.tj.gov.cn/sy/zwdt/bmdt/202005/t20200520_2443735.html。

[2] 《滨海新区科企与俄企"牵手"合作》，天津政府网，2019年9月24日，https://www.tj.gov.cn/sy/ztzl/ztlbtwo/kjxzxqy/gzdt/202005/t20200520_2458264.html。

们的鼎力相助使天津市在这些项目上的水平提高很快，天津体育在全运会中取得了优异的成绩。

第四，文化旅游和文艺交流方面独具特色。天津是一座历史文化名城，与俄罗斯交流历史深厚。20世纪初，沙俄曾在天津建立租界地，位于海河北岸是九国租界地中最大的一个，在俄租界内建立了最高权力机关俄国领事馆。1900年12月，中俄两国签订《天津租界条款》，1917年俄国爆发了十月革命，苏联政府宣布放弃帝俄时期在华一切特权，将天津等在华俄租界归还中国。天津俄租界1924年正式由中国政府收回，更名为天津特别行政区第三区。天津与莫斯科州的旅游交流独具特色。天津市多次组团参与莫斯科州的旅游展，以打造国际旅游目的地和集散地为目标，吸引了许多俄罗斯游客。如以"天天乐道，津津有味"滨海航母主题公园为例，这是以苏联退役的"基辅"号航空母舰为载体建立的大型军事主题公园，每年接待游客达到百万人次，收入超亿元人民币。而天津建立的俄罗斯文化创意风情街也颇具旅游特色，以"未出国门，便入俄境"为目标定位，吸引俄罗斯商家入驻，搭建中俄文化交流平台，以此促进了中俄旅游交流。友城间在艺术方面交流也很频繁。天津市在莫斯科、圣彼得堡、伊尔库茨克等地多次举办专场文艺演出、非物质文化遗产展览和"天津电影周"活动；天津大剧院的舞台上也经常可以看到来自俄罗斯大剧院的演出。2019年"美丽天津"欢乐春节活动走进莫斯科，在莫斯科市郊的中共六大会址常设展览馆举办，促进了津派文化走进俄罗斯。天津博物馆与俄罗斯各大博物馆合作紧密，未来也具有较大的合作潜力。

第五，青少年交流充满活力，两地高校交流密切。青少年是国家和民族的希望，也是世界和人类的未来。做好中外青少年交流，是培养人民友好事业接班人的重要方式。各国青少年群体是较易接受新事物的群体，友城间面向青少年群体的活动一直是各国友城工作的重点。长期以来，国内外友城间持续开展丰富多彩的文体项目，成为青少年交往的主要方式。2010年，天津外国语大学在俄罗斯伏尔加格勒国立师范大学建立了孔子学院，每年注册学员有600人左右，年举办中国文化活动达60—80场次。学院举办的中国文化讲座、中国美食周，特别是中国文艺演出深受俄罗斯青少年的欢迎。2018年6月，中国国家主席习近平和俄罗斯总统普京共同观看了在天津体育馆举行的中俄两国青少年冰球友谊赛。比赛不仅推动两国青少年之间的交流，也为中俄两国青少年互相学习、增进了解提供了平台。两地合作办学也取得了优异成绩，天津大学与莫斯科大学、莫斯科国立鲍曼技术大学签订校际合作备忘录。天津大学与莫斯科大学在激光领域的科研合作开展多年，近年来两校在经管领域合作项目也在增多。同时还在俄罗斯启动了鲁班工坊项目。2020年，天津电子信息职业技术学院与莫斯科国立通信与信息技术大学签署协议，合作共建俄罗斯鲁班工坊，两校共建通信技术和计算机网络技术2个专业。这是天津在海外建设的第24个鲁班工坊，此次合作加深了两校之间的合作和发展，搭建了中俄在通信与信息技术领域合作交流的桥梁，从而培养出具有国际视野和通晓国际规则的技术人才。

（二）与新西伯利亚州交流的基本情况

1. 基本情况

新西伯利亚州位于西西伯利亚平原东南部，鄂毕河上游，是俄罗斯联邦一级行政单位。首府新西伯利亚市。新西伯利亚诞生于西伯利亚铁路大地干线上，是俄罗斯的第三大城市，是整个西伯利亚地区最大的城市和经济、科技、文化中心。该州与哈萨克斯坦接壤，水资源丰富，是俄罗斯远东重要的军事工业城市和发达的农业区，食品工业也很发达，食品工业产值占工业总产值的24.5%。同时也是全国及世界闻名的科学研究基地和教育中心，经常承办国际交易会和展览会；银行、证券交易所和保险金融公司种类也很齐全。主导产业有飞机厂、核燃料、涡轮和水力发电机、纺织机械、农业机械、电子元器件设施、冶金和金属加工等。2020年12月8日，全球城市2020—2021年度经济竞争力和可持续竞争力排名公布，新西伯利亚州经济竞争力排名第661位，可持续竞争力排名第502位。2020年12月，全球城市实验室发布全球城市榜单，新西伯利亚州入选全球城市500强，居第486位。

2. 与新西伯利亚州的交流情况

天津市自1998年与新西伯利亚州建立交流与合作关系之后，政府间合作顺畅，在科技、体育、文化交流方面展开了密切的合作，特别是在中蒙俄经济走廊建设过程中经贸合作进一步深化，取得了较大的进展。主要表现在以下四个方面。一是两地政府推动友城交往。1998年4月，俄罗斯新西伯利亚州州长维·彼·穆哈率代表团访问天津。4月7日天津市市长张立昌和新西伯利亚州州长穆哈共同签署了"中华人民共和国天津市人民政府和俄罗斯联邦新西伯利亚州政府关于建立交流与合作关系协议书"。1999年3月6—12日，新西伯利亚州副州长涅霍罗什科夫率87人代表团参加天津小交会。天津市副市长王述祖、梁肃分别会见宴请代表团主要成员。1999年7月14—21日，天津市副市长梁肃等8人访问新西伯利亚州，落实与新西伯利亚州有关经贸、科学技术与文化合作项目的协议签署。2000年6—7月，应新西伯利亚州邀请，天津市人大常委会副主任罗远鹏率领天津市代表团对俄罗斯进行了为期一周的访问。2005年，州长多拉果夫斯基·维克多·亚历山大洛维奇访问天津，双方在经贸、医药等领域的合作日益频繁。二是在政府的推动下，两地文化艺术交流深入。为了加深中俄民间文化交流、加强中俄在文化之间的了解与认同，天津中俄文化艺术交流中心于2009年10月26日正式成立。该中心是中国国内第一家由俄罗斯大使馆指定的非营利的中俄民间文化交流机构，以"促进中俄文化交流、传播中俄文化"为宗旨，以"加强中俄间的文化认同"为目的，活动内容包括舞蹈、绘画、音乐、语言四个方面。三是两地科技成果应用效果显著。科技是双方重要的合作领域之一，双方拥有丰富的科研经验和潜力，并将重点放在科技成果的应用上。举办中俄高新技术合作洽谈会，推动建立中俄（天津）智能与信息化技术成果转化平台。四是青少年教育交流机制化。天津大学与俄罗斯科学院西伯利亚分院就绿色化工和能源开展合作。俄罗斯科学院是世界重要研究机构之一，基础研究实力处于全球领先地位，西伯利亚分院是俄罗斯科学院最大区域分支机构，创造了大量科研成果。天津大学与西伯利亚分院在重大科研合作及学者交流方面有着坚实的合作基础。除此之外，天津市院校赴俄开展中医药科研、医疗和教育调研，拓展与俄顶尖高校及科研院所合作。

二、天津与蒙古国国际友城的交流概况

天津与乌兰巴托于1992年建立友好合作关系。自建立友好关系以来，两地高层互访不断，国际友城合作内容涵盖经贸、文化、教育、环保、旅游等多个领域，合作渠道和形式多种多样，民间外交活跃，互动形式多元。

（一）乌兰巴托的基本情况

乌兰巴托是蒙古国首都，位于蒙古高原中部，面积约4704平方千米，人口约144.4669万（2018年），占蒙古国人口将近一半，其中74%的人口是青壮年，是世界上人口最年轻城市之一。市区沿着图拉河布局，整座城市沿河而建呈狭长形，西部有乌兰巴托成吉思汗国际机场，市区南面有蒙古国的圣山，山顶有宰桑纪念碑，可俯瞰全市。市中心有国家宫和成吉思汗广场。连接中俄的铁路贯穿乌兰巴托，北至色楞格省苏赫巴托尔，南抵中国内蒙古自治区二连浩特市。乌兰巴托是蒙古国最大的城市和政治、交通中心，有通向全国各省市的公路网和飞机航线，铁路与中国和俄罗斯衔接，还有开往中国和俄罗斯的通航班机，是连接中蒙俄三国并继续延伸的亚欧大陆桥的重要组成部分。全国大部分工厂企业在此设立，工业以轻工业、建筑材料、金属材料和食品工业为主。全市工业总产值约占全国工业总产值的一半以上。地毯曾获得莱比锡国际博览会奖牌，裘皮服装、山羊绒和驼绒制品也是该市主要的创汇产品。

（二）与乌兰巴托交流的基本情况

1992年9月26日—10月3日，乌兰巴托市副市长巴桑扎布率蒙古国乌兰巴托市政府代表团访问天津市。9月27日，时任天津市市长聂璧初与乌兰巴托市副市长巴桑扎布出席了"中华人民共和国天津市与蒙古国乌兰巴托市结为友好城市关系协议书"签字仪式。自协议书签订之后，天津与乌兰巴托在经贸、港口、农业、教育、卫生等领域深入交流合作，双边合作稳定密切，以合作清单实现合作共赢，主要有以下特点。

1. 双方互设代表机构，合作更具有实质性

2009年，津蒙双方签署经贸合作备忘录，成立津蒙合作工作组，推动双方企业签署多个项目合作。2019年，天津在蒙古国乌兰巴托市开设服务窗口，为蒙古国企业提供天津口岸的通关物流等服务；设立促进交流与合作的代表机构，结合在乌兰巴托市开设的服务窗口功能，促进两地合作。2022年，天津市与乌兰巴托市签署进一步加强友好城市关系的备忘录。

2. 经贸合作处于核心地位

津乌两地为促进中蒙俄经济走廊建设，巩固天津口岸作为蒙古国出海

口的重要地位，共同将天津港口枢纽服务功能从蒙古国延伸到欧洲，多策并举。一是中蒙两国将在天津和乌兰巴托两地互设口岸通关服务联络处。目前蒙古国经铁路运输的90%过境货物由天津港转运，口岸通关服务窗口更加有效地拓展了天津市港口的服务功能。2019年，天津市商务局、天津港集团有限公司与蒙古国天津商会、天津东疆保税港区国际贸易服务有限公司进行合作框架签约，[①] 共同推动蒙古国与天津市扩大进出口贸易、转口贸易、跨境贸易，扩大贸易规模，畅通中蒙俄物流通道。二是建立空中经济走廊。天津航空继2010年开通天津—呼和浩特—乌兰巴托航线后，于2019年12月15日在中蒙建交70周年之际开通直航飞机。这一空中走廊的开通进一步打开了蒙古国对外开放的通道，帮助蒙古国实现资源输出和扩大对外贸易，促进中蒙政治合作与商旅往来，助力"一带一路"建设。三是运营天津—乌兰巴托国际集装箱班列。2020年5月，从天津集装箱中心站首发的编组54节铁水联运国际集装箱发往乌兰巴托。天津中心站是华北唯一的到发线（办理列车到达和出发使用的线路）兼货物线集装箱作业场站，装车后可直接上线运行，采取的"船边直提"方式，可节省2天时间。沿中欧班列通道从二连浩特口岸出境转乌兰乌德至乌兰巴托，全长1583千米，是目前国内过境运输最短线路（运行5天左右）。四是以绿色低碳为理念的房地产合作成为品牌。天津引进蒙古国电力项目、天津市房地产信托集团投资开发建设的乌兰巴托房地产项目，位于核心圈内，具有节能环保特点，正成为津乌合作的一个品牌。五是天津企业与乌兰巴托企业合作。以交流促相知，合作谋共赢。2014年，渤海钢铁集团投资9500万美元在蒙古国建设铁矿项目，已在蒙古国生根。天津食品集团计划在乌兰巴托投400多亿建设50公顷温室大棚，中资比例为96.4%，运用中国的新技术种植蔬菜，供应乌兰巴托市民，以及出口国际市场。目前在蒙古国的天津企业有几十家，主要从事基础设施建设、能源建设、文化体育交流等。成立于2017年的蒙古国天津商会已经成为蒙古国中国商会的副会长单位。天津一些老字号在蒙古国具有一定的知名度，如海鸥手表、狗不理包子等，为两地的经贸合作开拓了新的领域。蒙方组派医疗代表团访津，

---

① 《天津市政府与招商局集团签署全面战略合作框架协议》，天津市招商引资促进会，2018年4月13日，http://www.zhaoshang.org.cn/swhz/swhzt/383.html。

加强医疗合作,同时天津医药企业家对乌兰巴托进行"技术输出"展开论证。六是利用展会开展合作。天津举办的津洽会专门邀请蒙古国设立商品专区,集中展示蒙古国皮制品、羊绒、羊毛制品等。七是依托天津二手车出口试点和天津港优势资源,吸引优质二手车出口企业聚集,完善二手车整备、检测、仓储、物流、报关、零部件供应、金融保险服务等功能,深度开发蒙古国市场。

3. 人文交流具有亮点

一是科技教育成为交流合作的新亮点。天津市在海外率先主导推动实施职业教育,开办鲁班工坊已经成为一项职业教育的国际品牌,自2016年以来陆续在"一带一路"沿线国家展开合作。天津电子信息职业技术学院、天津渤海职业技术学院、天津海运职业技术学院与蒙古国国立教育大学、戈壁-孙布尔盟职业技术学院就开设鲁班工坊达成协议。天津工业大学已于2019年秋季全额资助部分蒙古国留学生在津进行4年本科学历教育及1年学前汉语培训。在此基础上,天津外国语大学也将开设新蒙古语专业。天津与乌兰巴托以举办国际友城文化周、春节演唱会等方式促进双方民间相互了解。天津为了让更多的人了解乌兰巴托特色旅游,特意组织了推介会,天津对乌兰巴托商品进行了展卖。

二是体育和文化活动加强津乌人文交流。如盛世中体体育发展(天津)有限公司通过赞助和承办蒙古·美丽乌兰巴托国际定向马拉松、一带一路·中蒙残疾儿童运动会等体育文化活动,加深双方了解,增进中蒙青少年友谊。中蒙两国体育交流源远流长,早在1954年,蒙古国自行车队13名骑手从乌兰巴托骑行到了北京,受到了毛主席的亲切接见。之后这13名骑手来到了天津,天津的杨柳青年画和小吃都给这些年轻的骑手留下了深刻的印象。以此为契机,天津通过体育与乌兰巴托加强交往,先后举办了乒乓球、篮球、马拉松、自行车等多项比赛,特别是组织青少年之间的交流赛。

三是津蒙两地在民间交流方面全面深入。蒙方媒体定期来津访问。天津市与蒙古国的各区、社会团体派出代表团互相访问,乌兰巴托市巴彦朱日和区与天津南开区在脱贫攻坚、社区治理方面展开交流合作。

三、以国际友城助力中蒙俄经济走廊建设

建立国际友城有助于构建地区的友好和信任关系。通过建立国际友城机制，促进地区间的经贸往来保持长期稳定的关系，以利于友好信任关系的深化与巩固。

（一）天津在中蒙俄经济走廊沿线国际友城建设中存在的问题

一是天津在中蒙俄经济走廊沿线仍存在着国际友城结好覆盖面不广的问题。俄罗斯是经济走廊建设的重点区域，是天津对外投资和科技交流的重点地区，虽然与新西伯利亚州建立交流与合作关系、与莫斯科州签订友好交流与合作意向书，但至今没有与俄罗斯正式缔结友好关系的城市，这与双方密切的合作关系不匹配、也不对称。

二是在布局分配上不合理，未能按照实际交往情况将国际友城建设跟上。建立国际友好城市的目的是为了增进人民之间的友谊，共同促进发展，这与共建"一带一路"民心相通的内容是一致的。从目前看，虽然天津在2018年制定了开展对乌兰巴托的10件实事工作，但对开展与国际友城的工作缺少机制化安排与连贯性。

三是受制于蒙古国经济发展水平影响，目前天津与蒙古国双边贸易仍处于较低水平，涉及领域较窄，特别是高新技术、先进制造业产品贸易规模偏小。到目前为止，政府推动国际友城的工作比较多，但企业民众参与比较少，而只有根植于民间才能为国际友城间的交流合作奠定坚实的民意基础。

（二）国际友城建设重点关注城市

针对津蒙俄合作的现状，应把国际友城建设与推动中蒙俄经济走廊建设结合起来，优先在经济走廊沿线进行国际友城布局，从而提高国际友城缔结的针对性和可行性。

1. 布局俄罗斯伊尔库茨克州

作为中蒙俄经济走廊建设的重要节点城市，俄罗斯伊尔库茨克州地理上与中国邻近，自然资源以及科技和文化资源丰富。近年来，该州积极开展对华合作，特别是与中国东北三省和内蒙古等地区往来频繁，在经贸、

教育、文化和旅游等领域都取得了许多积极成果。天津发展伊尔库茨克州为国际友城的原因如下。

第一，中资企业活跃。据伊尔库茨克州官方统计的数据，2017年伊尔库茨克州对华贸易总额达39.3多亿美元，占其对外贸易总额近49%。截至2018年，在伊尔库茨克州登记的中资企业200多家，主要从事林木采伐及加工、采矿、旅游、劳务合作等。投资合作成为新增长点，由华为公司提供设备的伊尔库茨克数据处理中心于2017年6月投入试运营。北京燃气集团、中国平煤神马集团与伊尔库茨克上乔斯克油气公司、伊尔库茨克石油公司等企业在投资领域开展合作，我国已连续多年成为伊尔库茨克州第一大贸易伙伴。

第二，天津市和伊尔库茨克州同为中俄互联互通的枢纽，也是津蒙欧班列的重要节点城市。伊尔库茨克州是俄罗斯西伯利亚的重要交通枢纽，中俄之间通过满洲里和二连浩特及蒙古国的两个陆路口岸的铁路运输都要经过伊尔库茨克州。天津作为中国北方重要港口，是蒙古国对外运输的主要出海口，可为中蒙俄经济走廊提供便捷的陆海联运通道。

第三，天津市与伊尔库茨克州在很多方面有较强的互补性。伊尔库茨克州与中国距离较近，交通便利，是俄罗斯西伯利亚地区重要的工业城市，双方在石油化工、木材加工、物流运输、产能合作、旅游开发等领域具有很大的发展潜力和合作前景。同时伊尔库茨克地区自然资源丰富，经济开发有待加强；天津是中国北方重要的经济中心，工业和制造业发达，双方在经贸合作、产能合作和投资合作方面前景良好。2021年，东西伯利亚工商会组织了伊尔库茨克州的公司和天津企业家一系列在线视频会议，确定了在石油化工、煤炭、液化气、聚合物、食品进一步合作的意向。

第四，贝加尔湖在中国的知名度高。该湖距伊尔库茨克市66千米，是伊尔库茨克主要的旅游资源。近年来，随着贝加尔湖知名度不断提升，赴伊尔库茨克旅游的中国游客不断增多，目前开通伊尔库茨克航线的中国城市有17个，旅游成为该州的支柱产业，旅游合作成为地方合作的新增长点。根据伊尔库茨克州旅游署公布的统计数据，2017年赴该州旅游的中国游客数量达到12万多人，占该州外国游客数量一半以上。中国已经成为伊尔库茨克州最大的入境旅游客源国。2015年，天津曾开通赴伊尔库茨克旅游包机。天津和伊尔库茨克都有丰富的历史文化和旅游资源，合作潜力很大。

第五，天津与伊尔库茨克州在人文交流上具有发展潜力。目前天津已经与伊尔库茨克州开展经贸、教育、开发区建设等领域的合作。在伊尔库茨克州200多个来自中国的投资项目中，有8个来自天津。在人文交流方面也有一定的基础。2016年天津市在伊尔库茨克州举办了"天津电影周"活动，为当地民众加强对天津的认识和了解发挥了积极作用。目前，也有一些伊尔库茨克州的留学生在天津高校学习。双方今后应进一步加强包括旅游在内的人文合作，加深对彼此城市的认识和了解，增进民众之间的友谊，促进民心相通。

2. 布局俄罗斯符拉迪沃斯托克（海参崴）市

俄罗斯符拉迪沃斯托克（海参崴）市地处亚欧大陆东北部、阿穆尔半岛最南端，是俄罗斯太平洋沿岸最大港口城市，也是俄罗斯远东地区最大的城市和经济、文化中心，具有丰富的教育、科学资源，是远东地区主要文教科研中心，建有俄罗斯科学院西伯利亚分院远东分部、太平洋海洋研究所及远东联邦大学等多所高等学校。俄罗斯为了加强与中国、韩国、日本等东北亚国家之间的经济合作，已决定把符拉迪沃斯托克（海参崴）及其周围地区建成自由经济区。中国为落实振兴东北老工业基地的战略部署，促进利用境外港口开展内贸货物跨境运输合作，海关总署决定进一步拓展吉林省内贸货物跨境运输业务范围，增加俄罗斯符拉迪沃斯托克（海参崴）港为内贸货物跨境运输中转口岸，增加浙江省舟山甬舟集装箱码头和嘉兴乍浦港2个港口为内贸货物跨境运输入境口岸。[1] 黑龙江省、吉林省的内贸货物经由绥芬河、珲春等口岸出境，运至俄罗斯等国境外海港装船，再转运到我国东南沿海港口。

俄罗斯符拉迪沃斯托克（海参崴）市作为俄罗斯著名的港口城市，与天津市在中蒙俄经济走廊建设中具有很大的合作空间。天津港于2017年与符拉迪沃斯托克（海参崴）商贸港有限公司签署合作谅解备忘录。建于1897年的符拉迪沃斯托克（海参崴）商贸港有限公司，位于俄罗斯符拉迪

---

[1]《海关总署公告2023年第44号（关于进一步拓展吉林省内贸货物跨境运输业务范围的公告）》，海关总署网，2023年5月4日，http://www.customs.gov.cn/customs/302249/2480148/5008565/index.html。

沃斯托克（海参崴）市金角湾不冻港，主要从事集装箱、大宗货物、车辆等的码头转运服务。天津港是中蒙俄经济走廊东部的起点和"21世纪海上丝绸之路"战略支点，与俄罗斯各港口之间贸易往来密切。2016年，天津港对俄集装箱海运业务同比增长32.9%。根据备忘录，双方将加强在港口装卸、海铁联运及基础设施建设等方面的合作：利用西伯利亚铁路开展货物运输，积极推进双方集装箱业务发展和港口信息系统的资源共享；通过大货主、船东和海上承运人大力发展中国与俄罗斯之间的集装箱国际海运业务。天津市与符拉迪沃斯托克（海参崴）市确定友好城市合作关系，将促使双方建立和保持长期友好经贸联系，增进相互信任，为更好地服务中蒙俄经济走廊建设起到重要作用。

（三）今后发展方向

1. 推动中蒙俄国际友城联盟合作机制的建立

在加强共建"一带一路"和中蒙俄经济走廊建设背景下，天津与乌兰巴托、西伯利亚州、莫斯科州、伊尔库茨克州、鞑靼斯坦共和国、鄂木斯克州、乌兰巴托确实有很大的合作空间。借助莫斯科的国际城市论坛、天津夏季达沃斯论坛和世界智能大会等平台促进中蒙俄国际友城联盟发展，从而由一对一国际友城模式转变为一对多的网络化国际友城联盟模式，从而使交往水平不断提升、交往范围不断扩大。

2. 以国际友城合作提升中蒙俄经贸发展

随着中国"一带一路"建设的不断发展和未来中蒙俄经贸交流的越发深入，贸易规模提升空间和潜力较大。当前，应加速推进电子产品、机械设备、化工等中国优势产业对蒙、俄出口力度，同时关注蒙古国和俄罗斯的资源禀赋和产业结构，扩大能源资源、农畜产品等蒙古国优势商品的进口力度。从具体商品来看，目前中国对蒙古国出口的货运汽车、工程机械、钢材、手机等产品在蒙古国的进口市场中份额较高，竞争力较强。上述产品也基本被天津市优势产业所覆盖，也是天津市对蒙出口的主力产品，所以应结合本地产业优势，继续加大上述优势产品对蒙出口力度，抢占市场份额。进口方面，应继续加大自蒙进口资源类产品力度，为本地原材料类产品提供更多的来源渠道。同时，可对蒙古国畜产品加以关注，如优质牛羊肉等，满足本地消费市场升级需求。天津市应加强与中蒙俄国际友城之间针对跨境运输的相关规则的沟通与制定，进一步完善相关法规、标准体系，为国际道路运输便利化奠定基础。

3. 发挥民间外交的主导力量

中蒙俄经济走廊建设的理念和目标只有获得国内外民众的广泛拥护和支持才能具有生命力，为此需要让更多的民间力量参与进来。在政府部门间建立起来的国际友城信任机制下，充分释放民间组织的力量，发挥企业和其他民间组织的主体力量，充分调动社会各界的积极性，不断鼓励民间组织发挥自主性和能力就成为深化国际友城合作的最主要方式，以此形成从官方到民间的国际友城友好关系网络。[①] 一方面借助民间组织的力量和平台为友好城市间交流合作开辟新的途径和方法；另一方面发挥社会民间组织的力量，通过形式多样的活动，增加社会民众对国际友城的认识，特别是依托中蒙俄之间已经建立起来的交通设施，加强国际友城合作，促进民心相通，从而提升整个经济走廊的建设水平。

---

① 徐留琴、杨晓燕：《"一带一路"背景下加速发展友好城市的意义和对策》，《城市观察》2017 年第 5 期，第 153—162 页。

第六章　国际友城合作助力新亚欧大陆桥经济走廊建设

新亚欧大陆桥是"丝绸之路经济带"的一个组成部分，又称第二亚欧大陆桥。东起太平洋西岸中国东部沿海港口，向西到达大西洋东岸荷兰鹿特丹、比利时安特卫普等港口，是一条国际化的铁路交通干线，全长约1.09万千米，出国境后分3条线路抵达荷兰鹿特丹港。它的东西两端连接太平洋和大西洋两大经济中心，中间地带即亚欧腹地除少数国家外，基本上属于欠发达地区。新亚欧大陆桥区域经济发展具有互补性，大陆桥的东部和西部具有资金、管理和技术优势。中间地带通过沿桥开放，更好地吸收国际资本、技术和管理经验。目前，世界经济呈现东移现象，亚太经济迅速增长，亚太和欧洲互为主力双向辐射作用明显。新亚欧大陆桥的发展对于促进陆桥经济走廊的形成，扩大亚太地区与欧洲的经贸关系，开创世界经济的新格局具有重要意义。天津市作为新亚欧大陆桥经济走廊的重要节点城市，积极融入新亚欧大陆桥建设，以港口为起点，以大陆为桥，依托过境班列，通过海港、空港、铁路基础设施建设缩短物流空间距离以及时间，从而架起亚欧大陆东西端的"连心桥"，是作为港口城市的天津面临的重大发展机遇。

第一节　新亚欧大陆桥经济走廊建设基本情况

新亚欧大陆桥经济走廊依托亚欧大陆桥建立的联通亚欧的经济走廊，是横贯大陆、以铁路为干线的便捷运输大通道。主要功能是便于开展海陆联运，缩短运输里程。从我国多地经中哈边界的阿拉山口出境，抵达荷兰的鹿特丹港，随着2017年义乌—伦敦中欧班列的开通，实际新亚欧大陆桥已经延伸到英国。这条通道是横贯中国东、中、西部双向开放的"钢铁国际走廊",已经成为一条开放型国际大通道和经济走廊。

一、新亚欧大陆桥的基本情况及线路分析

(一) 基本情况

新亚欧大陆桥,又名第二亚欧大陆桥,依托中国国内的陇海兰新线,中国的东部、中部等城市,从不同方向汇集于兰州,与新亚欧大陆桥连通,经新疆霍尔果斯口岸出境,进入哈萨克斯坦与哈铁路相连,经与俄罗斯铁路友谊站接轨,进入俄罗斯铁路网,途经阿克斗亚、切利诺格勒、古比雪夫、斯摩棱斯克、布列斯特、华沙、柏林达荷兰的鹿特丹港,辐射世界30多个国家和地区。新亚欧大陆桥总长约1.09万千米,哈萨克斯坦和俄罗斯将修建或被改建的路段为2800千米和3400千米。在中国义乌至英国伦敦班列开通后,此线实际长度达到12451千米,运行时间18—20天,其中在我国境内面积扩大到全国80%左右的地区。随着全长约523千米中吉乌铁路的启动,从中国南疆铁路喀什站途径吉尔吉斯斯坦,最终到达乌兹别克斯坦的安集延站。铁路一旦建成,总里程将缩短900千米,节省运输时间7—8天,成为中国到欧洲、中东的最短货运线路。[1]

新亚欧大陆桥被认为是中国西部到欧洲西部最好的运输通道,是"丝绸之路经济带"的重要载体,也是所有亚欧路线中唯一一条全线开通的路线。将亚欧两大陆原有的陆上运输通道(北线)缩短了运距2000—5000千米。从远东到欧洲的货物比绕道印度洋和苏伊士运河距离缩短了8000千米,距离节省了20%;比绕好望角的海上运输线缩短了15000千米,比经巴拿马运河海上运输线缩短了10000千米,比经北美大陆桥缩短了运距9100千米。[2] 从而构成了一条沿当年亚欧商贸往来的以铁路为主连接亚太、欧洲的便捷陆路通道,该物流桥主要是为货物从生产到消费地之间的流通而搭建的。新亚欧大陆桥是"丝绸之路经济带"的基础,这条国际大

---

[1] 《吉尔吉斯驻华大使:期盼中吉乌铁路尽快开工实施》,《21世纪经济报道》2022年6月7日。

[2] 阎金明:《丝绸之路的文化传承与大陆桥发展新思路》,《理论与现代化》2015年第1期,第22—26页。

通道促进了亚欧国家间的经贸发展。上海合作组织、国际铁路联盟、欧盟、欧亚经济联盟、日本、韩国等看好新亚欧大陆桥运输及沿线地区区域经济发展，均认为新亚欧大陆桥具有不可比拟的政治、经济、地理优势，具有较大的发展空间。中国经欧亚北部和中部走廊至欧洲的货物贸易正在蓬勃发展。

2016年6月8日，重庆、成都、郑州、武汉、长沙、苏州、东莞、义乌8个始发城市启用了中欧班列统一品牌。中欧班列初步释放了亚欧陆路物流和贸易通道的潜能，促进了中国与"一带一路"沿线国家以及其他欧洲国家之间的经贸合作，也成为推进"一带一路"建设的重要载体和抓手。在开辟亚欧陆路运输新通道的同时，中欧班列打开了国际运输合作新局面。相较于海运和空运，中欧班列运输价格是航空的1/5，运输时间是海运的1/4，受自然环境影响小、稳定性高。其平均碳排放量是航空运输的1/15、公路运输的1/7，在应对全球气候变化、推动碳达峰碳中和方面发挥了重要作用。随着中欧班列的开行，我国与25个通达国家的进出口值从2013年的4万亿元人民币增长到2022年的7.42万亿元人民币，贸易规模持续扩大，贸易往来更加便捷，开放水平不断提高。中欧班列快速发展，有力提升了国际物流供应链的韧性，强化了全球交通合作，推动共建"一带一路"高质量发展。

中欧班列对中欧贸易的积极作用主要是开辟了内陆地区面向亚欧国家的贸易新通道。铁路运输比海运省时、比空运经济，具有自身独特优势，尤其适合内陆城市之间跨境点对点运输，对实现我国内陆地区与亚欧国家的贸易畅通意义重大。随着中欧班列不断增加，货源品种更加丰富，区域带动和辐射能力更强。此外，中欧班列激发了中国企业对"一带一路"沿线国家的投资热情。随着中欧班列不断发展，中国企业参与相关国家铁路、场站、装卸、集散、物流等基础设施建设的意愿日渐强烈。[1] 中欧班列在新冠疫情期间，作为贯通亚欧的经济大动脉，为全球抗疫作出了贡献。数据显示，自2013—2023年，中欧班列已累计开行7.7万列，运送货物731万标箱，货值3400亿美元。在国内，形成经阿拉山口、霍尔果斯、

---

[1] 《商务部：中欧班列不断增加 区域带动和辐射力更强》，中国新闻网，2016年11月24日，https://www.chinanews.com/gn/2016/11—24/8073753.shtml。

二连浩特、满洲里、绥芬河等口岸出境的西、中、东3条运输主通道,时速120千米中欧班列运行线已达86条,联通112个城市;在境外,初步形成了北、中、南三大通道,通达欧洲25个国家和地区的217个城市,以及沿线11个亚洲国家和地区的超100个城市。在合作机制上,由中国铁路倡导成立中欧班列运输联合工作组,中国、白俄罗斯、德国、哈萨克斯坦、蒙古国、波兰、俄罗斯7国铁路部门定期协商解决中欧班列运输过程中的重大问题,推动中欧班列国际合作网络建设,共同营造稳定、安全、可持续的发展环境。① 尽管爆发了俄乌冲突和巴以战火,但中国主导的中欧班列依然稳定运行,同时借助中老铁路的便利,通过"中欧+澜湄快线"将欧亚、东亚和东南亚国际大通道正式打通。但从国家层面看,新亚欧大陆桥运输还缺乏统一的陆桥运输发展战略,组织协调工作机制不完善,亟待加强对陆桥运输的宏观调控。②

(二)线路分析

共建"一带一路"的六条陆上线路有三条贯穿欧亚大陆的不同地区,"丝绸之路经济带"目标是通过六大经济走廊拓展中国通往欧洲和亚洲的陆路运输大动脉。由于俄乌冲突、西方对俄罗斯的制裁以及俄罗斯对东欧的过境限制,使共建"一带一路"倡议的北方走廊受到了负面影响,连接俄罗斯、乌克兰、波兰和白俄罗斯与东亚的新亚欧大陆桥项目受到影响。但在这种情况下,以东南亚和中国为起点,途经哈萨克斯坦、里海、阿塞拜疆、格鲁吉亚直至欧洲国家的中部走廊或跨里海国际运输走廊(TITR)越来越受到重视。为此,格鲁吉亚、阿塞拜疆、土耳其和哈萨克斯坦于2022年3月发表了一项四方声明,表示有必要发展跨里海国际运输走廊。因此上述国家大大拓展了与中国的跨境物流联系。出于研究的需要,新亚欧大陆桥所指范围是广义的概念,既包括传统意义的跨亚欧大陆的两条走廊,还包括中国—中亚—西亚的中部走廊计划。

1. 亚欧大陆桥两条走廊

目前新亚欧大陆桥经过俄罗斯的两条走廊,即亚欧大陆桥和新亚欧大

---

① 纪文慧:《中欧班列拓展国际运输新通道》,《经济日报》2023年10月9日。
② 龚月明:《西伯利亚大陆桥运输挑战欧洲航线》,《海运情报》2011年第5期,第4—5页。

陆桥，俄方称为欧亚北部走廊和欧亚中部走廊。一是跨西伯利亚走廊。该通道从符拉迪沃斯托克（海参崴）到鹿特丹全长约13000千米。中欧班列依托西伯利亚大铁路主要分为三条线路：（1）从哈尔滨或经哈尔滨出发，从满洲里出境，经俄罗斯西伯利亚大铁路到莫斯科、布列斯特、布拉格、华沙再到汉堡、柏林或杜伊斯堡的线路；（2）从绥芬河口岸运输到乌苏里斯克（双城子）口岸，而后经西伯利亚大铁路到莫斯科；（3）从天津或北京出发，从二连浩特出境，走蒙古国的乌兰巴托、俄罗斯的乌兰乌德，接入西伯利亚大铁路走俄罗斯的莫斯科、白俄罗斯的布列斯特、波兰华沙到德国。这条货运大通道以满洲里出境线路为主。二是新亚欧大陆桥。这是目前中欧班列跨境运输的主线路。该线路从连云港到鹿特丹全长约10900千米。它依托中国陇海兰新线分成南北两条线，北线囊括了大量中国中西部城市，从新疆阿拉山口出境，经哈萨克斯坦的多斯特克、阿克斗亚、扎雷克、阿斯塔纳、十月城向北接入俄罗斯铁路，经莫斯科、布列斯特、华沙、柏林到达鹿特丹港。南线包括从霍尔果斯出境，经哈萨克斯坦的阿拉木图、希姆肯特、克孜勒奥尔达、阿克托别，俄罗斯的奥伦堡，白俄罗斯的布列斯特等城市到德国。当前这些运输线路主要依托这两个大陆桥，构成了以中欧班列为主要运输形式、以集装箱为主要运输载体，沟通中国与欧洲两个大市场，带动沿线国家过境运输和经济贸易发展的货运物流服务网络。

2. 中部走廊计划，跨里海中亚高加索走廊

2023年7月31日，中国和格鲁吉亚将双边关系升级为战略伙伴关系。双方同意就中国提出的共建"一带一路"和"全球安全"项目加强协调与合作。第三届"一带一路"国际合作高峰论坛的第一个重要成果就是发展中部走廊。它将加强亚欧大陆桥，这是中国通往欧洲的最快通道，从中国西部的新疆维吾尔自治区经哈萨克斯坦到阿塞拜疆、格鲁吉亚和土耳其再到欧盟。为此中国提出构建"一带一路"立体互联互通网络，加快中欧铁路快线提质发展，参与跨里海国际运输走廊建设，办好中欧铁路合作论坛，合力打造铁路、公路直达欧亚大陆的物流新通道。从连云港到鹿特丹全程约10900千米，该线前半段在哈萨克斯坦境内分成北、中、南3条线。北线从中国中西部城市始发经阿拉山口出境，经哈萨克斯坦的热兹卡兹甘—别伊涅乌铁路（1202千米）到阿克套或库里克港，乘火车轮渡过里海到阿塞拜疆巴库阿拉特港，再经波季（格鲁吉亚）、罗马尼亚康斯坦港进入欧盟（或者经保加利亚布尔加斯港）。打通这条路线需要大量系统性工作，包括发展阿克套、巴库和波季（格鲁吉亚）的集装箱吞吐能力，改造和建设铁路、公路和隧道以及集装箱物流中心。

中线从霍尔果斯出境、经阿拉木图，在奇姆肯特向北，至沙尔卡尔向西到阿克套或库里克港乘火车轮渡跨里海到阿拉特港，过土耳其到欧盟。这是一条雄心勃勃的路线。但它的难点在于大部分基础设施必须从零开始建设，还要穿越很多国界，切换几次运输模式（从陆路转到水路再转到陆路）。2017年巴库—第比利斯—卡尔斯铁路投入运营，将伦敦到北京的铁路行程缩短至2周以内。而中土合作的埃迪尔内—卡尔斯的高速铁路基本建成，该通道将土耳其这两座位于东西两端的城市连接起来，推动中部走廊建设，成为中国—欧盟洲际铁路的一部分。

南线从霍尔果斯出境，经哈萨克斯坦的阿拉木图，在奇姆肯特向南，经乌兹别克斯坦的塔什干、撒马尔罕、布哈拉，土库曼斯坦的阿什哈巴德到土库曼巴什港，乘火车轮渡到阿拉特港。这3条线在巴库阿拉特港汇合成一条线，走巴库—第比利斯—卡尔斯铁路，横穿土耳其前往欧洲。因地缘政治等方面的原因，目前跨里海中欧班列只能采用该走廊的中、北两条线路。

3. 经伊朗走廊的线路

中国西部—哈萨克斯坦—土库曼斯坦—伊朗再经土耳其进入欧盟，这是进入欧洲最短的路线之一，且运输成本较低。2011年2月，这条路线的首班集装箱列车开始运行。列车在9天内从中国浙江开至土哈边境，在14天内开到德黑兰。经该线路从中国到伊朗的运输时间是水路的一半（水路大约25—30天），且这条路线的理论运力是每年30万标准箱。

共建"一带一路"倡议的主要内容是强调政策协调、基础设施和设备连接、消除贸易壁垒、实现金融一体化、密切各国社会联系。这是一种全新的全球化模式，核心不仅包括贸易，也包括基础设施建设和包容性增长。共建"一带一路"倡议潜能无限，其涵盖的国家囊括全球70%的人口，全球55%的GDP，蕴藏着全球70%的油气资源。陆上和海上丝绸之路风险和成本不一样。海上交通更为便宜，陆上交通距离很远，维护成本高，不稳定的风险也高，但是陆上交通节省时间，两条路线相辅相成。俄乌冲突给中欧班列的发展尤其是欧洲业务带来"巨大的不确定性",导致"结构性"变化,未来中吉乌铁路的开通,使得中国发往欧洲的铁路运输货物可以绕开俄罗斯,经过哈萨克斯坦的跨里海国际运输走廊,将对新亚欧大陆桥运输通道形成互补。

二、新亚欧大陆桥的发展阶段

(一) 夯实基础阶段(1990—2011年)

此阶段为新亚欧大陆桥开通运营阶段。1990年9月新亚欧大陆桥全线贯通,1992年12月正式开始运营。它东起中国的连云港,经过郑州、西安、兰州、乌鲁木齐穿越哈萨克斯坦,经俄罗斯、白俄罗斯、乌克兰、波兰、德国等欧洲口岸,全程10900千米。[1] 这一阶段工作的重点是按照大陆桥运营的要求,加强口岸建设、完善基础设施、制定法规政策、开展国际合作、积累经验、提高管理水平、搞好对外宣传,与沿途国家达成运营协议。在将近20年的运营过程中,其优势所带来的经济效益显著提高,逐步为各方所重视,2010年集装箱运量可达20万—50万标准箱,对中国经济的辐射作用日趋增强。它的建成是传统丝绸之路的复兴,重现当年亚欧商贸往来的传统丝绸之路,也对亚欧大陆经贸活动发挥着重要作用。[2]

1. 国内打基础阶段

1994年,中国政府把沿桥(中国段)可持续发展列入中国21世纪议程优先项目。1994年12月,有关单位完成了新亚欧大陆桥中国段(长4131千米,宽200千米)遥感综合调查,对资源、环境进行了初步评价。1995年,中国《国民经济和社会发展"九五"计划和2010年远景目标纲要》要求加快发展新亚欧大陆桥沿线经济带。"九五"计划期间,将把建设资金相对集中地投向中国的中、西部地区。

2. 国际合作

1992年,中国同有关国家政府共同签署了建设亚欧光缆协议,成立了

---

[1] 杨永生、李永宠:《规划建设亚欧大陆桥新线的重大战略意义——兼论山西融入丝绸之路经济带的机遇》,《经济问题》2015年第12期,第15—18页。

[2] 罗开富:《新亚欧大陆桥的历史作用与发展前景》,《大陆桥视野》2008年第1期,第29—31页。

亚欧光缆管理委员会。这条亚欧光缆东起中国的上海，西至德国的法兰克福，途经中国、哈萨克斯坦、吉尔吉斯斯坦、乌兹别克斯坦、土库曼斯坦、伊朗、土耳其、乌克兰、波兰、德国等国，加上分支，全长26万千米。1994年10月26—28日在国务院总理李鹏倡议下，中、俄与中亚五国铁道（运输）部长在北京召开会议，批准了"开发利用经友谊关—阿拉山口边境通道的国际铁路干线计划"。1995年9月11日，中国政府和哈萨克斯坦政府签署了《关于利用连云港装卸和运输哈萨克斯坦过境货物的协定》。中俄双方总理定期会晤委员会设置了运输分委员会。大陆桥不仅是世界主要经济板块之间经贸联系运输的需要，也是地缘政治格局和战略安全的需要①。

（二）成长发展阶段（2013—2019年）

此阶段主要以构建"五通"为主要特征，其中设施联通为优先选项，在尊重国家主权和安全关切的基础上，沿线各国加强基础设施建设规划、技术标准体系对接。2013年9月7日，中国国家主席习近平在哈萨克斯坦纳扎尔巴耶夫大学演讲中指出："为了使我们欧亚各国经济联系更加紧密、相互合作更加深入、发展空间更加广阔，我们可以用创新的合作模式，共同建设'丝绸之路经济带'。"②新亚欧大陆桥作为亚欧主导运输线地位得到确立，铁路集装箱运输定期化，集装箱运量持续增加。科技的进步推动着大陆桥运输的现代化，高速铁路、多轨铁路相继投入使用，丝绸之路进入互联互通新时代。

1. 国内互联互通的实践

2015年，国家发展和改革委员会、外交部和商务部共同发布《推动共建丝绸之路经济带和21世纪海上丝绸之路的愿景与行动》，详细规划了新亚欧大陆桥，以沿线重点城市为支撑，以区域经济发展为目标，打造亚欧大陆的经济合作走廊。2016年，国家发展和改革委员会发布修订的《中长期铁路网规划》，中国将投入3.5万亿元人民币促进铁路建设，到2020年

---

① 罗萍：《建设和完善连云港新亚欧大陆桥的战略思考》，《大陆桥视野》2009年第5期，第43—44页。

② 习近平：《习近平谈治国理政》第一卷，外文出版社2018年版，第289页。

铁路网规模达到15万千米，其中高速铁路3万千米，覆盖全国80%的大城市。到2030年，我国铁路基本建成内外互联互通、区际多路畅通、省会高铁连通、地市快速通达、县域基本覆盖。同时制定《中欧班列建设发展规划（2016—2020年）》，到2020年实现年开行5000列左右的目标，基本形成布局合理、设施完善、运量稳定、便捷高效、安全畅通的中欧班列综合服务体系。2017年5月26日，在国铁集团倡议下，重庆、成都、郑州、武汉、苏州、义乌和西安7家班列平台公司共同发起成立了中欧班列运输协调委员会，积极探讨搭建信息共享平台、进一步降低全程运输成本及开辟新运输通道等工作。

2. 国际互联互通的实践

在中欧班列的建设方面：2011年3月，首开重庆—阿拉山口—杜伊斯堡的中欧班列开始运营，成为新亚欧大陆桥出现以中欧班列为特征的新型运输组织方式。2016年6月20日，统一品牌中欧班列直达欧洲（波兰）仪式在波兰华沙举行，此后所有按照固定车次、线路、班期和全程运营时刻开行的往返中国与欧洲的列车都统一采用这一标识。2017年4月20日，中国、白俄罗斯、德国、哈萨克斯坦、蒙古国、波兰和俄罗斯七国铁路部门签署《关于深化中欧班列合作协议》，不仅为中欧班列的进一步深化发展提供了机制保障，也为合力打造中欧班列国际物流品牌赢得更多支持。

在国际合作方面：2014年3月，上海合作组织在中期发展战略中明确提出大力发展金融、能源、通信、农业四大领域的经济合作。中哈（连云港）物流合作基地、中哈霍尔果斯边境合作中心项目相继开工。2014年11月，中国、柬埔寨、老挝、蒙古国、缅甸、巴基斯坦、塔吉克斯坦等国在北京举行加强互联互通伙伴关系对话会。中国国家主席习近平指出：以亚洲国家为重点方向，率先实现亚洲互联互通；以经济走廊为依托，建立亚洲互联互通的基本框架；以交通基础设施为突破，实现亚洲互联互通的早期收获；以建设融资平台为抓手，打破亚洲互联互通的瓶颈；以人文交流为纽带，夯实亚洲互联互通的社会根基。[①] 我们要建设的互联互通，不仅是修路架桥，不光是平面化和单线条的联通，而更应该是基础设施、制

---

① 习近平：《习近平谈治国理政》第二卷，外文出版社2017年版，第497—499页。

度规章、人员交流三位一体,应该是政策沟通、设施联通、贸易畅通、资金融通、民心相通五大领域齐头并进。这是全方位、立体化、网络化的大联通,是生机勃勃、群策群力的开放系统。新亚欧大陆桥的互联互通有利于寻找新增长点和培育新竞争优势,是亚欧合作与持续繁荣的新动力,这是对古丝绸之路的传承和提升。①

2015年,中俄考虑将"丝绸之路经济带"与欧亚经济联盟对接,2017年中俄签署《关于实质性结束中国与欧亚经济联盟经贸合作协议谈判的联合声明》,标志着中俄在战略对接方面完成实质谈判。《中华人民共和国与欧亚经济联盟经贸合作协定》2019年10月25日获批,2019年《欧亚经济联盟与中国国际运输货物和交通工具信息交换协定》缩短了货物在联盟和中国境内通关手续办理周期,提升了协议签署过境运输的竞争力和吸引力。

上海合作组织在加强铁路互联互通方面加强合作。在《上海合作组织成员国政府间国际道路运输便利化协定》中涉及六条过境欧亚经济联盟和上海合作组织的国际交通运输走廊,最长的一条交通走廊是从连云港至波罗的海沿岸的圣彼得堡,总里程8455千米。2015年,中欧双方达成多个层面的对接共识。2016年,《中国—中东欧国家合作里加纲要》确定在贸易投资,互联互通,产能、产业及科技合作,金融合作,农林合作,人文交流,卫生合作,地方合作8个领域60多个项目内容加强合作。既有合作持续加强,又有新的合作领域不断开拓。2017年和2019年中国举办两届"一带一路"国际合作高峰论坛,创办了亚洲基础设施投资银行,设立了丝路基金、中东欧"16+1"金融控股公司等金融机构,设立了中白工业园等标志性境外经贸合作区,建成比雷埃夫斯港、匈塞铁路、莫斯科—喀山高速铁路项目等标志性基础设施,形成了新亚欧大陆桥沿线多国多港、陆海空冰立体格局,与新亚欧大陆桥沿线多国利益深度融合。

(三) 持续增长阶段 (2019年至今)

2020年初,新冠疫情暴发以来,国际物流的海运、空运不同程度受

---

① 杨永生、李永宪:《规划建设亚欧大陆桥新线的重大战略意义——兼论山西融入丝绸之路经济带的机遇》,《经济问题》2015年第12期,第15—18页。

阻，往来于中国与欧洲以及新亚欧大陆桥沿线各国的集装箱国际线路联运班列——中欧班列已成为防疫物资运输的重要物流通道，中欧班列成为一条全天候、大运量、绿色低碳的，具有安全快捷、受自然环境影响小等综合优势的陆上运输新通道，有力保障了全球产业链、供应链稳定。为此，中国铁路部门和海关等政府部门紧密配合，在做好疫情防控的同时，进一步完善和提高运输服务能力，不仅确保了中欧班列的常态化开行，还开辟"绿色通道"保障急需抗疫物资和日用消费品运输。在此期间，中欧班列逆势增长，成为联通亚欧大陆的"生命通道"，为全球产业链、供应链的稳定及全球抗击疫情作出了重要贡献。

2020年4月，商务部印发疫情防控期间中国开行多班防疫物资专线，在2016年中欧班列突破1000列、2018年突破5000列后，2020年中欧班列共开行12400列，共发113.5万个标准箱，同比增长56%。截至2021年6月，中欧班列累计开行4万列，合计货值超过2000亿美元，打通了73条运行线路，通达欧洲23个国家160多个城市。新冠疫情暴发以来，中欧班列累计向欧洲发运1199万件、9.4万吨防疫物资。[1] 曾经困扰中欧班列的空车返回问题得到解决，近来回程车次运载物资大幅增长，2019年达到3700箱，各地方政府补贴也逐渐取消。中欧班列具有分段运输、不涉及人员检疫的优势，面对疫情防控常态化全力承运进出口货物。横跨欧亚大陆的中欧班列凭借独特优势，开行量和货物发送量逆势上扬，为稳定国际供应链发挥了重要作用。依托中欧班列，完善了海外仓库建设，增强海外集散分拨能力，打造铁路港，提速了国内国际的口岸建设，聚拢了产业集群，助力内陆城市对外开放。创新运营组织模式，形成"铁路+"多式联运"一单式"改革，运输单证具备贸易结算和融资功能。

三、新亚欧大陆桥经济走廊具有的特点及时代意义

随着亚太经济的迅速崛起，世界贸易重心的东移，新亚欧大陆桥的战略意义也越来越重要。新亚欧大陆桥以其固有的优势，成为沟通亚太地区与欧洲大陆的重要通道，有利于促进沿桥国家的经贸合作、亚欧经济的发

---

[1] 《"共建一带一路取得的成果令人鼓舞"（外媒看中国）》，《人民日报》2021年8月19日。

展与繁荣。

（一）推进更高水平的对外开放

无论是在历史上还是地理位置上，中国一直是陆上丝绸之路的枢纽。新亚欧大陆桥是中国改革开放经济建设中的一个重大成就，对于推动中国与周边及欧洲各国经贸联系起到不可替代的重要作用，成为联系中国东部地区与广大中西部地区的重要纽带。特别是对于缩短我国东西部地区的差距、加强东西部地区交流与合作，促使我国经济快速、高质量、均衡发展具有重要意义。中国的陆上丝绸之路建设是参照自身发展模式的延续，是不断推进的现代化基础设施建设。我国西部地区自然资源丰富，但没有将资源优势转化为经济优势，经济远远落后于东部地区；过去西部地区的经济发展方向只是面向东部，且与周边国家贸易往来较少。而新亚欧大陆桥的发展，通过发挥沿线中心城市的作用，以点带面，推动西部地区向东西双向开放，促进西部地区优势资源的大规模开发开放，提高资源利用率，改善产业结构。以 2001 年开通的中欧之间第一条真正意义的中欧货运班列渝新欧铁路为例，2009 年重庆成功地引入惠普等国际电子巨头进驻，但对于一个内陆城市，商品出口到欧洲物流是一个问题，如果从上海到广州再航运到欧洲，无论是货运成本还是时间成本都是令人不能接受的。在国家有关部门的支持下，沿线六个国家海关管理层召开会议形成协议。在渝新欧铁路开通之前，重庆市已培育巨大的电子产业集群，成为全球最大笔记本电脑生产基地，这为渝新欧铁路带来了稳定的货源，可以进行常态化运行。把重庆电子与汽配产品通过连接线运送到陇海铁路，再经兰新铁路到达新疆阿拉山口，一直运送到德国工业区（鲁尔区）的杜伊斯堡，回程可以将欧洲的食品与豪华汽车带回国内，为此重庆市也从一个远离海洋的内陆城市升级为拥有国际陆港口岸的城市，成为内陆城市第一开放高地。在重庆的示范效应下，成都、郑州、西安、武汉、苏州、石家庄、义乌等十多个城市纷纷开出自己的中欧班列，甚至沿海城市广州、天津等也开出了自己的粤新欧、津新欧班列。随着这条亚欧大陆桥运输量进一步提升，重庆、成都、武汉、郑州等内陆城市的国际货运能力可以与沿海海港的吞吐能力相当，而原先在沿海地区的高附加值产业有可能向内陆城市转移，新疆、甘肃、陕西等西部省份则有可能重新成为中国对外开放的前沿阵地。

（二）国内国际"双循环"与新亚欧大陆桥高质量发展相得益彰

共建"一带一路"倡议与国内国际"双循环"新发展格局，是目前中国备受瞩目的两大决策，以国内大循环为主体，国内国际双循环相互促进的新发展格局，是新时代深入推进共建"一带一路"倡议重要突破点，高质量共建"一带一路"的动力之源，也是促进新亚欧大陆桥经济走廊建设的新思路。中国的国内大循环建设，有利于发挥"中国制造＋中国消费"的超大市场优势，在这一过程中主要是补齐短板，在新一轮外向型经济建设中提高国内产业链、供应链的全球竞争力，进一步提高对外开放水平和开放质量。中国通过亚欧大通道建设，把东、中、西部多数省份横向连成片、形成带，同时纵向连接主要沿海港口城市，并不断向中亚延伸，使许多中西部城市成为向周边地区国家辐射的国际物流通道的节点，极大增强了中西部地区发展动力和对人才的吸引力，促进了区域经济协调的发展。畅通内循环可以解决地方同质化的竞争，特别是一些地方城市为响应共建"一带一路"出现区域功能定位趋同、产业结构布局重叠、同质化竞争加剧的现象。因此，加强京津冀、长三角和粤港澳大湾区龙头引领作用，打造自贸试验区及周边区域的新一轮开放型经济的高地，成为新时代制度型开放规划的引领区、压力测试区和国际对标区。通过打通国内大循环，以经济走廊建设带动沿线地带的经济向高质量发展。

（三）有利于开辟多元化国际贸易大通道

改革开放以后，特别是中国加入世界贸易组织后，中国开始参与世界经济循环，经过20多年的发展，中国不仅成为世界工厂，还开始向高端制造业发展，逐步形成"大进大出，两头在外"的外向型经济发展模式。中国90%的进出口贸易都要通过海上通道，海上通道是中国对外贸易的生命线。以2019年为例，中国进出口总额达到了31.54万亿人民币，占GDP的近1/3，中国已是全球第一大铁矿石、煤炭、粮食进口国和第二大石油进口国，而且中国对进口石油的依赖程度超过了60%，铁矿石进口占全球进口总量的70%以上。保障海上运输安全，早已成为中国的核心利益。中国目前已经开辟了30多条远洋运输线，可以抵达150多个国家和地区。作为主航线的西行航线及开往中东、非洲和西欧的航线承担了我国进出口原油的80%，天然气的64%，锰矿的50%，占到总贸易额的30%以上。而对于一些霸权国家来说，控制海上运输线，维护其霸权，是打击潜在竞争对手的最低成本的操作手段。当年英国称霸全球最重要的一点就是控制了海上交通咽喉。2021年世界最为繁忙的苏伊士运河的意外堵塞，给全世界的物流造成的损失巨大。作为重要水路大动脉，苏伊士运河是目前连接亚欧的最短线路，占全球贸易12%的物流通过这里。"长赐"号的意外触底搁浅，造成了运河危机，在新冠疫情背景下，成为压垮全球贸易的那根稻草，凸显了全球供应链的脆弱性，因此海上通道的抗风险能力成为世人关注的重要问题。全球供应链面对突发、不可控因素时，通过更加多元化、现代化的海上、陆上多式联运方式，可以减少对海上咽喉要道的过度依赖，而亚欧大陆间的铁路运输服务，其运输成本相对空运低，运输时间相对海运短，在特定物流需求下具有较大优势。

（四）促进亚欧大陆沿线国家的多边合作和践行新型国际关系

亚欧大陆是全球陆地面积最大、人口最多的大陆，但因经济文化差异、民族和宗教矛盾妨碍了亚欧大陆国与国之间建立更紧密的合作。特别是位于亚欧地区中间地带的广大中亚和东欧国家，大多没有出海口，其经济增长过多地依赖于初级生产或自然资源的开采，从而成为亚欧大陆桥的发展洼地。早在20世纪90年代，随着新亚欧大陆桥的全线贯通，中国希望通过亚大欧陆桥建设让亚欧大陆东西两端不再受地缘政治影响，恢复经贸联系，实现良性互动。首先是解决连通性问题，共建"一带一路"倡议可以为这些国家提供重要的技术和资金，以帮助相关国家建立经济发展所需要的基础设施。与此同时，欧亚大陆的许多国家针对本国的发展特点制定了自己的丝绸之路计划，如土耳其就试图复兴它与新丝绸之路计划的原有纽带；俄罗斯新丝路行动的重点是重建其过去与中亚各国的政治与经济联系；一些中亚国家也制定了自己的丝绸之路计划，以加强相互之间的政治和经济合作。这对中国与广大亚欧大陆桥沿线国家特别是中亚地区发展全方位合作关系，实现多边合作，并为复兴丝绸之路达成共识奠定了基础。在这样的背景下，亚欧国家之间的基础设施进一步联通，国际道路运输进一步便利化，中亚将重新成为亚欧大陆桥陆路交通的枢纽和桥梁。

以上海合作组织倡导的"上海精神"为代表的新型合作理念，开创了区域经济、安全合作的新发展模式，中国与中东欧合作模式也日益成熟，其所具有的共同特点是通过一个开放的地区平台，提供了一个深化国际合作的框架。通过深化"五通"推动经济一体化。在"五通"中重点是基础设施互联互通，即为参与国建设公路、铁路、油气管道、电力电信并为之融资。还包括建设重要的经济走廊和港口，以便于商品、资本、技术、人员和信息的流动。基础设施互联互通是经济发展的重要组成部分，加强基础设施互联互通将大大消解经济增长的瓶颈，有助于深化贸易、投资和金融一体化，促进发展中国家开展更多贸易。中国正在践行一种新型的国际关系，即邀请全世界的伙伴与中国一道共商共建共享，能够最大程度地实现互利互惠，采取的是开放的地区主义原则，参与国可以参与最符合其需要和优先考虑、适合其国情和国际合作的任何层次、任何领域的合作，这是一个开放和包容的平台，以实现共同发展。中国正在以这种独特的方式开展多边合作，维护世界的和平与繁荣。

（五）促进亚欧大陆文明交流互鉴

纵观亚欧大陆的历史可以看出，这个地区是一个文明繁荣和缔造历史的地方。几千年来东西方文明在这一地区相互交流商品、科学和思想，彼此互相借鉴，在这一过程中，古代丝绸之路发挥了重要作用，开创了一个贸易与文明交流的辉煌时期。丝绸之路不仅是互通商品的贸易之路、通商之路，更是传播文化成果和实现和平之路。但随着15世纪葡萄牙海上帝国的崛起及欧洲崛起，亚洲国家几乎全部衰落。随着冷战的结束、亚洲的整体崛起，特别是中国的和平发展，大亚欧地区又逐渐成为地缘政治的热点。自2020年席卷全球的新冠疫情暴发后，大多数西方国家政府未能有效控制致命疫情和由此造成的经济损失，它们推行内向型和保护主义政策；与之相反，当前的危机对于亚洲来说却是一个转折点，亚洲国家对此次大流行的管控好于西方国家，又使该地区在过去50年强劲发展的基础上助推了亚洲的复兴。自中国提出共建"一带一路"倡议后，为亚欧进一步融合带来了契机。中国摒弃传统的地缘政治思维，提倡一种共商共建共享的合作方式理念，提出"团结互信、平等互利、包容互鉴、合作共赢，不同种族、不同信仰、不同文化背景的国家完全可以共享和平、共同发展"的丝路精神，促进这一地区建立政治上的互信，以和平方式解决争端，形成文化上的相互尊重、平等互利。欧亚地区具有过去伟大的文明和辉煌的历史，未来欧亚地区共建命运共同体、利益共同体和责任共同体必将成为亚欧大陆文明的一个有机组成部分。

（六）促进欧亚经济的相互融合发展

经济全球化已经是世界经济发展的潮流，国际间的资金、技术、商品、劳动力等要素流动更加频繁，国与国之间的联系也越来越紧密。在共建"一带一路"背景下，新亚欧大陆桥经济走廊建设以中欧班列等现代化国际物流体系为依托，重点发展经贸和产能合作，拓展能源资源合作，通过在沿桥地带实行沿海地区的开放政策，对于构建畅通高效的区域大市场具有重要作用。中国的倡议力挽当前的"逆全球化"危机，是对关税保护主义、力求与世界隔离建立新壁垒和"脱钩论"的有力回应。

新亚欧大陆桥的贯通和发展，相对于亚欧大陆桥北线在地理位置和气候条件方面更加优越，整个亚欧大陆桥避开了高寒地区，港口无封冻期，自然条件好，吞吐能力大，可以常年作业，从而有利于促进沿桥区域经济的平衡协调发展，对于推进沿桥地带的开发开放、加快工业化和城市化进程、提高各国综合国力具有重大的战略意义；对于亚欧两大洲经济走廊的形成、开创世界经济的新格局具有重要的现实意义。随着全球经济力量东移，欧亚地区充满了巨大的发展潜力，对亚太地区"西进"的吸引力大增。新亚欧大陆桥吸引范围除中国外，还包括日本、韩国、东南亚各国，甚至一些大洋洲国家也可利用此线开展贸易活动。新亚欧大陆桥的发展，有利于开拓中亚市场，对于扩大中国对外经贸合作有着不可忽视的重大作用。新亚欧大陆桥的建设以中国国内畅通的交通网络、边境运输的拓展、周边及更大范围交通运输对接为主要条件。经济走廊建设服务相关国家的经济建设和国家间的经贸合作，以运输通道功能的建设为标志，将会带动沿线产能合作及基础设施建设。

新亚欧大陆桥区域经济发展具有明显的互补性。一方面，对于日本和西欧等发达国家来说，这一区域是一个人口众多、资源丰富的巨大市场，是它们输出资金、技术和管理的理想之地；对中国、中亚和东欧国家来说，通过沿桥开放，可以更好地吸收国际资本、技术和管理经验，加快经济振兴和发展。另一方面，亚太地区经济的迅速增长，越来越需要开拓欧洲市场，而欧盟为谋求发展也需要到亚太地区寻求贸易伙伴，选择投资对象，亚太与欧洲的双向辐射越来越明显。新亚欧大陆桥的发展，为沿桥国家和亚欧两大洲经济贸易交流提供了一条便捷的大通道，对于促进陆桥经济走廊的形成，扩大亚太地区与欧洲的经贸合作，促进亚欧经济的发展与繁荣，进而开创世界经济的新格局具有重要意义。

第二节 新亚欧大陆桥经济走廊与天津城市国际化的实践

天津是亚欧大陆桥连接东北亚经济圈的纽带，是东北亚国家通过亚欧大陆桥进入中亚与欧洲市场的最近港口。天津市依托区位、产业优势，正全力打造国内大循环重要节点、国内国际双循环战略支点作用。

一、天津参与亚欧大陆桥建设的历史渊源

丝绸之路历史久远，其线路不断发展演变。最先是实现与外族、外域交往的各种交通路线，也就是路。在中华民族形成的历史进程中，道路也最先成为实现民族交往、文化融合、经济发展、国家统一的先导，历朝历代为道路拓展付出了持续而艰辛的努力。

（一）津商"赶大营"与近代丝绸之路

天津居首都之门户，为水、陆之要冲，在漫长的历史年代里，系南粮北运、北盐南运的交通枢纽和运销中心。由于地理位置重要和经济条件优越，历代统治者都比较重视天津地区道路运输的发展，对于天津密切与各地之间物资、文化等方面的交流起到了重要的作用，也为中国的经济发展和物资交流发挥了重要作用。作为西北贸易的对外商口，天津是中国西北部和欧洲经济贸易的交汇点。

1. 津商"赶大营"与丝绸之路

历史上津商远赴新疆经商，始自19世纪70年代左宗棠远征新疆时"赶大营"，并一直延续至20世纪。当时天津杨柳青商人，从天津到遥远

的新疆经商，他们的马车上装满远征军专用物品，追随行走在大路上的军队开始做生意，通常所说的"赶大营"由此而来。大营即当时清政府在新疆的驻军军营，为了维护国家统一，保障内陆与西北边疆2000多年的丝绸之路畅通而设。而天津商人通过丝路连接了京畿（北京、天津地区）与西北边疆的社会经济与民生生活，保障了军需，起到后勤保障的作用。自清末起，杨柳青商人便是联系新疆和中国内陆的使者，他们富于进取、刻苦忍耐的精神，克服了自然和经济上的困难。根据方兆麟学者的研究发现，"赶大营"人进新疆的路线自西安以后走的就是丝绸之路古道，其商贸的物流路线途径草原丝绸之路、沙漠之路和天山廊道路网，这些路不仅对促进新疆经济社会发展起到了重要作用，也对促进西北地区与天津的交流交往以及促进天津经济发展起到了重要作用。[1] 作为西北贸易的对外窗口，天津市是中国西北部和欧洲经济贸易的交汇点。经过半个世纪的发展，经商者将新疆的大量棉花、皮毛、药材等土畜产品运往天津，对天津以民族资本为主的纺织业、皮毛加工业以及外贸和港口发展给予了有力的支持，而且带动了沿途交通运输业的发展。

以天津开港、京包铁路开通为契机，中国西部各省同天津紧密地联系起来。在新疆活跃的汉人商业资本或者外国资本的代表，多是天津帮（杨柳青），或者以天津为根据地的外国商人。社会落后且缺少近代交通工具的西北诸省，都以天津为中介，同世界市场联系在一起。如1927—1928年，天津共有外国贸易公司263家，其中毛皮、皮革公司有96家，由天津出口的羊毛占到全国出口总量的90%，当时西北地区的皮毛生意对天津对外贸易和港口的发展起到了重要的作用。[2]

2. 津商与近代丝绸之路的复兴

津商"赶大营"大抵有三条路线，即中路、丝路驼道、西伯利亚铁路。

第一条是中路，即经过河西走廊和位于甘、新两地交界的星星峡进入新疆，这是最近的线路，是"赶大营"人挑担随军进入新疆的必经之路，也是一条较难走的路，即丝绸之路定义中的天山廊道路网。当年"三千货

---

[1] 方兆麟：《丝路寻踪：津商赶大营》，中国文史出版社2018年版，第9页。
[2] 方兆麟：《丝路寻踪：津商赶大营》，中国文史出版社2018年版，第92页。

朗遍天山",津商沿着这条近代以来最长的商道,经天山郎道路网将京津商品带到了天山南北,又将大量土畜产品带回天津,对盘活新疆商品流通、促进新疆经济发展作出了重要贡献。

第二条是"赶大营"的物流路线——丝路驼道。这是当年的丝绸之路古道,汉代曾在这条路上设立关税,一直是内地与西域通商的(以货运为主)的古驼道。以绥新驼道为主线,即从内蒙古归化(呼和浩特)到新疆古城子(奇台),驼道大致分为北、中、南三条道路,漫长而艰险,在中国近代西部交通史上占有重要地位。近代绥新驼道的兴起,不仅重新恢复了古丝绸之路的繁华,而且其驮运规模创造了中国畜运史上的奇迹;不仅促进了新疆的发展,也促进了天津国际贸易的繁荣。随着商业流通的快速发展,汽车作为长途运输工具,于民国初年开始在西北地区兴起。1933年,新疆商人朱炳创办了颇有影响的绥新长途汽车公司,总部设在天津法租界,总站设在内蒙古归化,终点是乌鲁木齐。这条当时中国最长的穿越草原沙漠的汽车运营路线,创造了西北公路运输的奇迹。

第三条是少数天津富商乘西伯利亚铁路往来于天津与新疆,俗称为"坐俄台",这是津商搭乘现代交通工具进疆的路线之一。西伯利亚铁路修建于1891年,至1916年全线通车。往来的商人从天津坐火车经奉天(沈阳)到哈尔滨,再从哈尔滨乘坐火车到满洲里,办好出境手续后,坐马车过境到俄国境内的后贝加尔斯克(或赤塔),登上西伯利亚铁路火车后,经过七天七夜,到达鄂木斯克,再乘船沿额尔齐斯河顺河而下,到达哈萨克斯坦境内的塞米巴拉金斯克(历史上的商贸重镇)进入新疆。清末年间,津商通过"赶大营"进新疆,经过艰辛创业成为新疆最大的商帮,三条线路横跨津、冀、鲁、豫、陕、甘、新等地,长约8190千米。当年"三千货郎遍天山"的天津商人挑着担子沿着天山廊道路网活跃在这些古丝绸之路上,将天津的商品带到天山南北,又将大量的土畜产品从新疆运到天津,从而使古丝绸之路重新复兴起来,将沿海地区近代文明、理念等带到新疆,这条商道成为沟通沿海与西域边疆两地经济文化交流与往来的坚实桥梁,堪称中国近代商业史上的一个奇迹。[1]

---

[1] 方兆麟:《丝路寻踪:津商赶大营》,中国文史出版社2018年版,第185页。

（二）近代丝绸之路的驼道与新亚欧大陆桥

持续了70年之久的"赶大营"商贸之路，不但使古丝绸之路在近代得到复兴，而且向东延伸到渤海之滨，形成了中国第一条亚欧大陆桥。中华人民共和国成立后，国家加速修建连接东部与新疆的交通大动脉。在铁路建设方面，1950年，东起连云港、西至兰州的铁路建成通车；1958年，包头到兰州铁路建成；1962年，兰州到乌鲁木齐铁路通车。这几条铁路的修建与通车，使中国有了可以从北京、上海经陇海线、包兰线转兰新线至新疆的火车运输线。改革开放后随着科技的发展，这些铁路又修建了复线，局部开通了高速铁路。

在公路建设方面，从20世纪开始修建的西兰公路到新中国成立后修建的兰新公路，以及21世纪初的连霍高速公路，再到亚洲投资最大的单体公路建设项目京新高速公路（G7）于2019年4月建成通车，全长2540千米，进一步缩短了北京至新疆的距离，这条高速公路正是在当年绥新驼道和绥新公路的基础上修建起来的，已成为新亚欧大陆桥的重要组成部分。当年"赶大营"津商将沿海地区的商品和近代文明传到了新疆，促进了新疆发展，同时也将新疆和西北地区的物产运往天津出口，为天津成为中国北方最大的国际贸易港口城市奠定了坚实的基础，同时为沟通边疆与内地、沿海与西域、东亚和西亚，甚至地中海沿岸经济、文化交流及人民之间的往来作出了重大贡献。津商"赶大营"活动成为丝绸之路历史上光辉的一页。

二、天津参与新亚欧大陆桥经济走廊建设的现状

目前国际上公认的亚欧大陆桥有两条：一条是西伯利亚大陆桥，即第一亚欧大陆桥，以俄罗斯东部的符拉迪沃斯托克（海参崴）为起点，经西伯利亚大铁路通往莫斯科，然后通达欧洲各国，贯穿亚洲北部，经俄罗斯、中国、哈萨克斯坦、白俄罗斯、波兰、德国、荷兰，最终到达荷兰鹿特丹港，全长约13000千米；[1] 另一条是新亚欧大陆桥，是由中国主导的

---

[1] 张建卫：《新亚欧大陆桥运营管理及发展的研究》，《铁道运输与经济》2014年第6期，第3—4页。

国际大陆桥，很大一部分途经古丝绸之路。这两条通道，形成了一种竞争关系。经过多年的发展，新亚欧大陆桥已经成为支撑我国"丝绸之路经济带"的重要物流通道。

(一) 新亚欧大陆桥与天津方案

1. 天津新亚欧大陆桥的桥头堡地位

天津市作为流通节点城市，经济规模和商品流通量较大，商流、物流、资金流和信息流高度汇集，具有较强集聚、辐射等功能，在流通网络中处于枢纽地位。中国商务部等10部门于2015年联合印发《全国流通节点城市布局规划（2015—2020年）》指出，通过西北北部流通大通道，发挥滨海新区龙头带动作用，以北京、呼和浩特、石家庄、太原、银川、乌鲁木齐为支点，经哈萨克斯坦、俄罗斯、白俄罗斯到达欧洲，促进环渤海地区和西部地区流通产业联动发展，发挥亚欧大陆桥功能，辐射中亚、西亚和东北亚地区。依照规划要求，天津市着力发展津蒙欧亚联运大通道，从而成为新亚欧大陆桥最短的东端起点，陆海桥的连接点。[1] 新亚欧大陆桥自开通以来，连云港是新亚欧大陆桥的东端桥头堡；但是2013年原铁道部宣布调整新疆阿拉山口站到达东流径路，这意味着改道加长了新亚欧大陆桥的运输距离，使连云港渐渐失去最短运输路线的优势，同时也给其他口岸提供了做桥头堡的机会。[2]

2. 天津方案

天津港是国内唯一同时拥有四条铁路通往欧洲陆桥的港口，天津方案全程运距最短，在中俄境内的距离也最短，运费最低。1996年，天津至阿拉山口陆桥直达运输线的首趟集装箱列车从天津港集装箱码头开行。1997年，天津港陆桥集装箱转运欧洲大陆桥首次过境成功。2008年，天津港满洲里过境集装箱班列正式开通。通过发展多式联运推动"一带一路"建设，借助四条通道开展海陆多式联运，通过满洲里、二连浩特、阿拉山口

---

[1] 《商务部等10部门联合印发〈全国流通节点城市布局规划（2015—2020年）〉》，《全国商情》2015年第21期，第3页。

[2] 刘威峰、段元萍、龚思行：《基于新亚欧大陆桥运输特点对我国的影响的分析》，《中国水运》（下半月）2016年第2期，第41—42页。

和霍尔果斯口岸,由蒙古国、哈萨克斯坦、俄罗斯通往中亚、西亚与欧洲。[1]

第一条是天津港过霍尔果斯口岸至中亚、俄罗斯和欧洲。霍尔果斯口岸是世界上最大的"无水港"之一,是进出这一地区的中欧货运列车的主要站点。中欧班列面临的主要挑战是如何提升运输效率和效益。第二条是天津港过阿拉山口口岸至中亚、俄罗斯和欧洲。第三条是货运集装箱从天津港上岸,经北京、山西大同、内蒙古二连浩特入蒙古国,经乌兰巴托北入俄罗斯与西伯利亚大铁路接轨,到布列斯特分流,西抵荷兰鹿特丹。此线路经过华北平原,工农牧业较发达。第四条是天津港经满洲里沿西伯利亚大铁路,经俄罗斯的莫斯科到布列斯特分流,再经波兰华沙、德国的柏林到荷兰的鹿特丹港。

天津市通过天津方案积极培育过境班列运输服务市场,扶持规模大、能力强的重点企业,创立国际化服务品牌。凭借共建"一带一路"海陆交汇点的区位优势,天津港通过全面推动海铁联运发展,形成了东北亚—天津港—大陆桥—中亚、西亚和欧洲的双向多式联运模式。打造日韩与中亚、欧洲过境班列运输产品,支持重点跨境物流企业量身定制日韩对欧过境运输物流产品,打造"津新欧"集装箱班列品牌,发展高端国际集装箱班列物流服务;将协同提升大陆桥运输服务水平,给予天津港过境班列运价优惠,推促航运企业延长集装箱免费用箱期,降低滞箱费和海运费,建立统一的电子商务平台。[2]

(二)天津在新亚欧大陆桥经济走廊的发展

1. 天津港联通新亚欧大陆桥优势明显

天津港是我国最早开通国际海铁联运大通道的港口,是辐射华北、西北的重要枢纽,拥有大片腹地,具有发展港口物流的区位优势。天津港已经成为中西部地区进入国际市场的绿色通道,承接日韩货物通往中亚、欧洲的最短起点,从而成为联通东北亚与中亚、欧洲大市场的重要

---

[1] 李勇:《天津主动融入"一带一路"建设的实践与思考》,《求知》2017年第11期,第38—40页。
[2] 张苗苗:《天津整合海空铁 对接"一带一路"》,《珠江水运》2015年第6期,第38页。

枢纽。

第一,依托港口优势,天津加大海铁联运,将在亚太经济圈和欧洲经济圈紧密连接中发挥重要作用。目前与日韩已开通了28条海上航线,海铁联运的货物向北经二连浩特运到蒙古国,还可经满洲里到达俄罗斯,经阿拉山口、霍尔果斯口岸运抵中亚、欧洲地区。目前天津港运行的有2016年开通的天津至白俄罗斯的明斯克班列,截至2019年发运货物超过10000标准箱;2017年开通的天津至乌兹别克斯坦的安集延班列。铁路部门还与天津海关、检疫部门密切配合,提高通关效率,减少口岸停留时间;开通中欧班列铁路受理服务窗口,提供受理、装车、发运一站式服务。以日本货物运到中亚为例,从2015年起,日本以汽车为主的商品运到天津港后,通过国际班列就可运送到哈萨克斯坦,运输时间从原来的70天缩短到现在的15天。从2020年起,因为全球新冠疫情蔓延,各国封锁政策给中欧班列带来考验,空运和海运不确定性增加。天津市抓住机遇,针对新冠疫情防控期间社会物流运输通道不畅的状况,大力推进"公转铁、散改集",迅速打通直达腹地的海铁联运"大动脉"。在中欧班列两天一班的情况下,铁路部门根据需求,加密发车频次,达到一天一班甚至一天两班,业务量增加了50%左右。目前天津已经有30多家陆桥代理企业可以为过境班列组织货源和供口岸通关。同时在天津港围绕海铁转运的货物、物流集散点也在建设,可以有200万标准箱的生产能力。

第二,天津加快内陆地区的"无水港"建设步伐。形成外通内联公路、铁路集疏运体系,构建形成了"9个营销中心+35个'无水港'及1个物流中心"的内陆物流网络布局。既有从天津向中亚、欧洲的丝路带,又有反向的丝路带;更有部分物流中心城市的货物经陆上丝路到海上丝路或从海上丝路到陆上丝路,比如重庆、乌鲁木齐都有可能再做集散,而天津港的各个"无水港"会变成货物供给站,货物源源不断地从"无水港"到达西部各个地区。在这种情况下,"无水港"的意义凸显,因为内陆"无水港"本身就是一个具备除船舶装卸功能之外全部功能的港口。在已有32个内陆"无水港"的基础上,向中亚和欧洲地区扩展,形成沿大陆桥分布的"无水港"体系。

第三,加快体制机制创新。协调铁路和海运等部门实行一单全程服务,培育更多运营实体和综合服务,发展跨境物流和高端集装箱班列服务，天津港不断加强与世界知名航运企业和大物流商、贸易商的战略合作。依托天津港，通过提升海陆交通、物流储运、金融服务、港口制造等要素，发挥新亚欧大陆桥的桥头堡作用，建设通过新亚欧大陆桥腹地的重要枢纽城市。

2. 天津自贸区建设服务于新亚欧大陆桥经济走廊

自贸区依托其贸易自由化、投资便利化、法治环境规范化、高端产业集聚、金融服务完善的优势，不断改善营商环境、扩大产业集群，特别是在租赁保理、汽车贸易、高端制造维修方面的优势，在跨境电商、生物医药、数字经济、新一代信息技术等方面着重发力，有效服务于新亚欧大陆桥，积极培育供应链金融创新生态系统。

第一，解决民营外贸企业融资难问题。自贸区探索基于数字仓库改造和可信仓单的供应链创新，在全国首创"数仓+区块链+金融"供应链模式。不同于传统供应链金融业务服务，基于可信仓单，集仓单质押、处置、交易、风控锁价于一体综合服务体系，能够满足实体经济流通、融资、风险管理的集成需求，对解决中小企业融资难问题意义重大。

第二，通过外商投资准入前国民待遇和负面清单管理模式，提升天津对外开放水平，吸引沿线国家投资聚集实现"走出去"。通过深化金融领域的开放创新，推动资本项目开放，减少资本流动限制，借助国内、国际两个市场，依靠双循环发展战略的政策支持，为企业"走出去"提供高效、便捷的资金融通平台。

第三，天津创新性的国际贸易单一窗口的建立，使企业可以在单一窗口进行报关报检的"一次申报"，申报效率提高25%以上，节省人力成本和时间成本，从而大幅降低企业的通关费用。

第四，重点建设经贸产业园。新亚欧大陆桥经济走廊建设以陆上国际大通道建设为依托，以沿线中心城市为支撑，以重点经贸产业园区为合作平台，共同打造新亚欧大陆桥。天津市以在沿线国家建设经贸产业园区为重点，帮助企业数字化转型，特别是新冠疫情倒逼企业转型，通过云推介活动瞄准欧亚门户开展云展示和云推介，帮助产业园招商引资。

第五，服务于亚洲基础设施投资银行建设。以自贸试验区为依托，整合沿带沿路相关国家金融资源，以外汇储备资金、产业基金、对外援助资金为杠杆，撬动全球资金参与"一带一路"建设，推进中国与沿线国家的资本互联互通。由于共建"一带一路"倡议的顺利实施需要有充足的资金流供应，已经发起设立的两个金融机构只能解决部分资金问题，巨量资金还需通过金融创新来解决。但在当前，无论是以国家开发银行为主导的开发性金融，还是农业、进出口等政策性金融，抑或是商业性金融，在"一带一路"建设推进过程中都面临着一些风险。相比之下，融资租赁业则可在"一带一路"建设推进中发挥重要的作用。天津紧紧依托目前具有国内领先地位的融资租赁业来配合亚洲基础设施投资银行的业务开展，正在倡导组建公私合营的亚洲基础设施租赁基金，这将是天津对接共建"一带一路"倡议的重要突破点。利用融资租赁业与共建"一带一路"倡议对接的契机，发挥好先行先试的政策优势，通过与亚洲基础设施投资银行合作来牵头成立"亚租赁"业务机构，并就具体建设项目与亚洲基础设施投资银行进行有效洽商和联动，以支撑和服务于亚洲基础设施投资银行的具体运营，从而充分实现二者的优势互补。

3. 京津冀协同发展与新亚欧大陆桥经济走廊建设

首都在一个国家经济社会发展中占据重要地位。从古代丝绸之路的起点城市看，汉代以长安为起点，随着首都东移，洛阳又成为丝绸之路的起点，首都在丝绸之路的建设上具有举足轻重的作用。新亚欧大陆桥连接着东部活跃的东亚经济圈，亚洲基础设施投资银行总部和丝路基金总部都设在北京，加上京津冀协同发展地带，北京在丝绸之路的重要地位随着时间的推移将会越来越重要。第一，承接北京非首都功能外迁转移，辐射"三北"，形成特色产业集群。天津工业体系比较完备。目前天津一方面对传统产业进行改造升级，另一方面大力发展生物医药、人工智能、新材料、新能源等战略性新兴产业。随着京津冀协同发展的推进，天津承接北京非首都功能外迁转移，在此过程中天津依托产业基础雄厚、产业体系较为完善的优势，在完成支柱产业新旧动能转变的过程中，借助新亚欧大陆桥经济走廊建设与西部建设形成优势互补，与西部地区建立优势特色产业集群。第二，开辟共建"一带一路"服务贸易国际通道。大力发展以中欧班列（天津）为依托的国际海铁联运，积极打造"京津冀+'一带一路'"海外工程出口基地。第三，建设京津冀数字贸易创新发展示范区。以滨海—中关村科技园、宝坻京津中关村科技城等重点园区为载体，探索建立重点园区和领军企业在京津冀区域内共建共赢发展新模式。融合"数字+"

模式，创新举办京津冀服务外包协同发展论坛，支持创建京津冀大数据技术国家工程实验室，推进大数据中心项目建设。

三、天津服务于新亚欧大陆桥经济走廊建设的成果

（一）对沿线国家货物贸易稳定发展

对新亚欧大陆桥沿线国家的贸易额持续增加，已成为拉动天津口岸外贸发展的新动力。天津对"一带一路"沿线国家进出口贸易不断增长。2019 年，天津口岸对"一带一路"沿线国家贸易进出口总值为 3748.2 亿元人民币，出口 2392.5 亿元人民币，进口 1355.7 亿元人民币，新亚欧大陆桥沿线国家贸易总额为 1912.28 亿元人民币，占天津对外贸易的 27.1%。[①] 2022 年，天津口岸对"一带一路"沿线国家进贸易出口总值为 6708 亿元人民币，增长 41.2%，占天津口岸进出口总值的 33.4%。[②] 欧盟（不包含英国）在 2020 年、2021 年仍位居天津口岸贸易伙伴首位。天津对沿线国家进出口贸易呈现稳步增长，对外贸易结构进一步优化，对外贸易平台持续改善。民营企业和外商投资企业在外贸领域持续发力，正成为天津市对新亚欧大陆桥沿线国家的主力。民营企业充分发挥生产经营灵活多变的优势，展现出发展韧性，对沿线国家出口大幅增长。天津对新亚欧大陆桥国家的出口增长点为机电产品和劳动密集型产品，而进口的产品特别是从欧盟进口的机电产品、医药品和农产品，占天津自沿线国家进口的九成左右。

（二）通关速度大力提高

天津口岸推行进口货物"船边直提"，出口货物"抵港直装"等创新监管模式，特别是在新冠疫情防控期间发挥了重要作用。进口整体通关时间为 32.94 小时，比全国缩短了 4.88 小时，较 2017 年压缩 74.62%；出口整体通关时间为 0.85 小时，较全国缩短了 1.01 小时，较 2017 年压缩

[①]《2019 年天津口岸对"一带一路"沿线国家贸易值同比增长 4%》，中国新闻网，2020 年 1 月 22 日，https：//www.chinanews.com.cn/cj/2020/01—22/9067623.shtml。

[②]《2022 年天津口岸进出口总值首破 2 万亿元》，中国新闻网，2023 年 2 月 1 日，https：//m.chinanews.com/wap/detail/zw/cj/2023/02－01/9945012.shtml。

95.91%。海关的"通关+"模式，把各项优惠政策与不同类型企业的实际需求相结合，量身打造通关便捷方案。如宜家公司应用了两步申报、汇总征税、区块链验证和"船边直提"等优惠政策，使货物能够第一时间提离码头进入仓库，降低物流成本。

（三）开通"卡车航班"，打通对欧"第四物流通道"

2020年，天津开通直达欧洲的"卡车航班"，从天津出发一路向西，跋涉10000多千米抵达德国，行程约14天，这标志着卡车陆运成为继航空、船舶、铁路之后天津与欧洲之间的"第四物流通道"。特别是新冠疫情暴发以来，传统空运、海运通道受到影响，中欧卡航（天津）物流服务有限公司与中远海运工程物流公司积极为天津市空客项目开辟中欧公路运输通道，卡车穿越霍尔果斯、哈萨克斯坦、俄罗斯、白俄罗斯、波兰最终抵达德国，耗时不到中欧班列的一半，成本比空运便宜40%。尽管优势明显，但与国际上陆海桥城市成功发展的经验相比，仍有不完善的地方。如运输体系结构不合理影响陆路集疏能力，导致天津港集疏运通道还不够畅通，无法最大程度发挥桥头堡作用，这也是天津城市国际化需要努力改进的重要方面。

第三节 天津国际友城合作助力新亚欧大陆桥经济走廊建设

天津市紧紧围绕"一带一路"建设总体部署，以新亚欧大陆桥沿线重要节点城市为目标，支持与沿线国家的国际友城的结好工作，不断扩展国际友城间的人文交流渠道，提升人文交流合作水平。在新亚欧大陆桥的布局上坚持拓展中西亚、延伸中东欧、发展欧洲为目标，均衡发展沿线国家的国际友城布局。

一、拓展新亚欧大陆桥中亚、西亚结好城市

中亚地处亚欧大陆中部，是新亚欧大陆桥必经之地，该地区成为中欧班列的重要物流中转站。2014年，在第38届世界遗产大会上，由中国、哈萨克斯坦、吉尔吉斯斯坦三国联合申报的"丝绸之路：长安—天山廊道

的路网"成功列入《世界遗产名录》,成为世界上首个跨国合作成功申遗的项目。2023年,召开中国—中亚峰会,也是中国和中亚五国建交31年来六国元首首次以实体形式举办峰会,在中国同中亚国家关系发展史上具有里程碑意义。[1] 中国是中亚国家重要的贸易伙伴。中哈率先开展产能和投资合作,已建成的札纳塔斯100兆瓦风力发电机、江淮汽车生产线、奇姆肯特炼油厂现代化改造等大型战略项目,为哈萨克斯坦经济社会发展提供强大助力;中吉合作的"达特卡—克明"输变电工程结束了吉尔吉斯斯坦电力资源分布不均、输送不畅的历史;中吉乌公路顺利通车,让昔日的"马帮驼铃"被现代化车队代替,成为跨越高山、畅通无阻的国际运输大动脉;"瓦赫达特—亚湾"铁路桥隧道的贯通,使塔吉克斯坦南北相隔的铁路变成通途;杜尚别热电厂的建成,让塔吉克斯坦首都冬季缺电成为历史;中塔合作建设的中泰塔吉克斯坦农业纺织产业园的竣工,不仅创造了千余个工作岗位,更使当地纱织品一举跻身全球高端市场;中国是土库曼斯坦最大的贸易伙伴,天然气合作是两国关系的基石,截至2023年2月,土库曼斯坦对华天然气供应已超3600亿立方米;在乌兹别克斯坦,"安格连—帕普"铁路隧道,彻底改变了上千万人的出行方式,被当地居民称赞"中国建设者用900天成就了今天火车900秒穿行大山的奇迹"。从产业升级到互联互通,从互利共赢到民生改善,中国同中亚五国共建"一带一路"合作持续深化、不断拓展,取得一系列历史性、标志性、突破性成就,展现出强大活力与韧性。[2] 中国和土耳其作为亚洲东西两端国家,正通过"一带一路"建设携手发展。中国在土耳其就有1200多家中国企业,自2015年中土政府签署共建"一带一路"倡议与"中间走廊"计划之后,中国企业在土耳其的投资规模超过30亿美元,在金融、制造业、能源电子和基础设施等领域的投资进一步增加。2014年,经过9年的努力,中国在土耳其建成了首条从土耳其首都安卡拉至伊斯坦布尔的海外高速铁路项目伊安高铁,全长533千米,中国中标路段全长158千米,合同金额12.7亿

---

[1] 《高光时刻!中国—中亚峰会将在西安举行》,西安网,2023年5月9日,http://o.xiancity.cn/system/2023/05/09/031053425.shtml。
[2] 王云松:《携手构建更加紧密的中国—中亚命运共同体——写在中国—中亚峰会即将举行之际》,新华网,2023年5月9日,http://www.news.cn/2023—05/09/c_1129599460.htm。

美元，设计时速 250 千米，是中国企业在海外组织承揽实施的第一个电气化高速铁路项目。2020 年，中欧班列"长安"号西安—伊斯坦布尔—布拉格线路的首发班列，穿越土耳其博斯普鲁斯海峡的马尔马拉海底隧道，抵达土耳其伊斯坦布尔，实现了中国和土耳其铁路建设的成功对接，全程 12251 千米，涉及两大洲 10 个国家，开辟这条线路将提升中欧班列运行时效和辐射能力。2023 年 3 月，天津首先开通土耳其抗震中欧班列，进一步完善了亚欧铁路互联互通网络。

截至 2023 年 12 月，天津市与土耳其的伊兹密尔市结为国际友好城市，与以色列的里雄莱锡安市结成友好交流与合作关系城市，与哈萨克斯坦的阿拉木图和乌兹别克斯坦的安集延州签署友好交流与合作意向书或备忘录。天津发展中西亚友好城市关系，成为新亚欧大陆桥建设的重要抓手。

（一）天津与哈萨克斯坦、乌兹别克斯坦、吉尔吉斯斯坦和土耳其的合作

在古丝绸之路的时代，商队穿越欧亚大陆，并在中亚和南高加索地区沿线的驿站进行休整。但当贸易活动开始依赖海运之后，陆上商路渐渐被人放弃，因此许多欧亚大陆上的贸易随之衰落。如今，这种局面随着"一带一路"建设的推进而被改变。中国在中亚的许多经贸合作项目正在进行。与天津建立友城的哈萨克斯坦、乌兹别克斯坦和吉尔吉斯斯坦已经获得了良好效益。天津与哈萨克斯坦和乌兹别克斯坦在共建"一带一路"上紧密合作，取得了明显成效。

哈萨克斯坦是中国共建"一带一路"倡议的首倡之地，是最早与中国开展共建"一带一路"合作的国家之一，也是中国在中亚地区的重要合作伙伴。截至 2019 年，中国是哈萨克斯坦第二大贸易伙伴，双边贸易额为 143.9 亿美元，同比增长 23%。哈萨克斯坦是世界最大的内陆国，也是新亚欧大陆桥在中亚的重要途经国和战略支点国，是上海合作组织成员。中国的共建"一带一路"倡议与哈萨克斯坦"光明之路"新经济政策深入对接，2019 年两国元首一致同意建立永久全面战略伙伴关系，战略互信程度高，合作基础好。2014—2020 年，中哈两国举行 18 轮政府间产能合作对话，形成"政府＋协会＋企业"的工作机制。中哈在基础设施、商贸物

流、金融服务、口岸经济等领域深入合作。该国已在与中国接壤的边境上开放了巨大的陆上口岸等，至 2019 年共建立了 19 个物流终端和仓库，至 2021 年共建立了 13 个经济特区和 23 个工业园。目前正在扩建其在里海上的港口，同时改造完善铁路和公路基础设施。天津与哈萨克斯坦的合作主要集中在产能合作方面。

乌兹别克斯坦是欧亚经济联盟重要国家，也是上海合作组织成员之一。2016 年，乌兹别克斯坦总统米尔济约耶夫启动了改革进程，目标是构建出口导向型经济，推行了一系列改革措施，如取消货币双重汇率、企业和民众可以自由兑换货币、税收改革、海关部门改革、农业多元化、银行改革等。乌兹别克斯坦目前对 65 个国家公民实行 30 天免签制，对包括美国在内的 77 个国家采取简化电子签证制度。改革开放使该国焕发新气象，经济迅猛发展，信贷规模不断扩大，社会更加开放，与邻国关系大幅改善，并积极融入欧亚经济联盟。根据世界银行发布的数据，乌兹别克斯坦营商环境排名提前，2018 年改革成果显著国家排名前 10，总排名快速提升至第 74 位，超过了印度、南非、巴西、阿根廷、埃及等国。中国和乌兹别克斯坦是全面战略伙伴关系，中国一直是该国最大贸易伙伴，也是乌兹别克斯坦最大出口市场，中国的共建"一带一路"倡议与"新乌兹别克斯坦"发展战略对接，推进互联互通，深化贸易投资合作。2019 年中国商务部与乌兹别克斯坦投贸部签署《关于建立投资合作工作组的谅解备忘录》，在中乌政府合作委员会框架下建立投资合作工作组，作为双边投资合作的政府间平台。两国在贸易、投资、能源、交通运输等领域合作成果丰硕。中国在乌企业超过 19000 家，分布在化工、建筑材料、药品生产、农业和轻工业等领域。

中国与吉尔吉斯斯坦是全面战略伙伴关系。中国长期保持、吉尔吉斯斯坦第一大贸易伙伴国和第一大进口来源国地位，2022 年，双边贸易额达 155 亿美元，创历史新高。[①] 吉尔吉斯斯坦与中国山水相连，有 1100 千米的共同边界，也是最早支持并积极参与"一带一路"建设的国家之一。在古代，两国通过丝绸之路保持友好交往，如今两国关系因"一带一路"建设变得更加紧密，在经贸、能源、基础设施建设、互联互通等领域取得了

---

① 《开创中国吉尔吉斯斯坦关系新未来》，《人民日报》2023 年 5 月 12 日。

重要合作成果，共同实施了"达特卡—克明"输变电线项目、比什凯克市政路网、灌溉系统改造工程、奥什医院等一系列基础设施建设和民生工程。2018 年 2 月，中吉乌国际货运道路开通，将三国间货物陆路运输时间由 10 天缩短到 2 天，双方正加快推进中吉乌铁路等项目。目前，两国已建立 20 余对友好省州和城市。双方正积极推动互设文化中心、在吉尔吉斯斯坦设立鲁班工坊等，进一步推动在教育、卫生、青年、媒体等领域合作，不断夯实中吉友好的民意基础。

土耳其位于亚洲西部，横跨欧洲、亚洲两大洲，位于亚洲和欧洲东南部的交汇点上，还是从黑海通往地中海的海上交通要道，自古是亚欧商路重要的枢纽和中转站，是新兴经济体的代表。中土两国都是二十国集团成员国，2010 年两国建立战略合作伙伴关系。中国提出共建"一带一路"倡议后，土耳其率先响应。中国是土耳其在亚洲的第一大贸易伙伴，全球第三大贸易伙伴，2022 年中土双边贸易进出口总额 385.5 亿美元。① 双边贸易具有互补性。中国承建的土耳其阿达纳胡努特鲁电厂是自两国建交以来中资企业在土耳其直接投资金额最大的项目，它的投入运行标志着两国合作迈上了一个新的台阶。2023 年 2 月土耳其发生严重地震灾害，这座电厂屹立不倒，为该地区提供了稳定的电力供应，成为两国合作成果的生动实践。

1. 国际产能合作顺畅

针对企业融资难问题，中国国家开发银行设立 150 亿美元中哈产能专项贷款，为中哈产能合作重点项目提供融资支持，丝路基金也设立 20 亿美元中哈产能合作基金。利用投融资，天津与哈萨克斯坦在产能合作上持续推进，取得明显效果。中材集团所属天津水泥工业设计研究院有限公司于 2011 年开始承揽的哈萨克斯坦南方经济特区奇姆肯特市标准水泥公司项目和 2020 年与乌兹别克斯坦卡拉扎克签署的日产 5000 吨熟料水泥生产线项目，全部采用中国水泥技术和装备，合同范围从原料输送到水泥包装发运，内容包括工程设计、设备供货、安装和调试等，对天津市开拓和发展中亚及俄罗斯市场具有重要作用。2017 年，中国天津渤化石化有限公司向哈萨克斯坦阿克托贝州新建聚乙烯和聚丙烯项目，该项目以天然气为原

---

① 齐力：《土耳其希望成为"一带一路"建设中联通亚欧的枢纽》，《中国对外贸易》2023 年第 8 期。

料，总投资 40 亿美元，年产 60 万吨聚烯烃装置，将创造 3000 个工作岗位。2021 年，中国石油天然气勘探开发公司和滨海新区管委会成立中亚锐思钢管（天津）有限公司，在哈萨克斯坦投资建设大口径油气管道钢管厂等大型项目。已建成的全线总长 2800 多千米的中哈原油管道是我国第一条陆路进口跨国原油管道，被称为"丝绸之路第一管道"，是连接两国的能源大动脉。

天津与乌兹别克斯坦和吉尔吉斯斯坦在能源合作上也很活跃。2018 年，天津钢管集团获得乌兹别克斯坦重大天然气开采项目订单。2022 年，天津水泥院与吉尔吉斯斯坦捷列克—塔什水泥公司（以下简称"南方建材"）签订了凯明日产 3800 吨熟料生产线及伊萨克阿琴水泥粉磨站项目，此项目是吉尔吉斯斯坦最大的项目，对吉尔吉斯斯坦整个水泥乃至建材行业的发展起着至关重要的作用，项目建设将推动吉尔吉斯斯坦其他相关行业的发展，对后疫情时期吉尔吉斯斯坦的经济恢复起着重要作用。该项目的签订为双方进一步深入合作奠定了坚实的基础，也将进一步加深中吉两国人民的友谊，为当地人民创造更多的福祉。[1] 南方建材是吉尔吉斯斯坦最大的水泥公司，年产水泥超过 100 万吨。南方建材和天津水泥院的合作渊源深厚，在长期的合作中建立了互惠互信的友好关系。在世界疫情加剧蔓延、大宗商品价格剧烈波动和全球经济持续低迷的环境下，经过多轮谈判，项目成功签署，是天津水泥院践行国家共建"一带一路"倡议的现实举措，项目建成后将成为吉尔吉斯斯坦的标志性项目，将极大带动周边地区的经济发展。

天津与土耳其的能源合作突出。中国能建天津电建承建的土耳其泽塔斯三期 2 台 660 兆瓦火电工程，2018 年获得土耳其最佳火电项目奖和电力特殊贡献奖。该项目按照中国标准设计和制造，是"一带一路"沿线的重点项目，也是土耳其国内建设投产的最大现代化环保机组。[2] 天津出口到

---

[1] 《天津水泥院新签吉尔吉斯斯坦凯明熟料生产线及伊萨克阿琴粉磨站项目》，天津水泥院网，2022 年 10 月 27 日，https://www.ccement.com/news/content/26869536408525001.html。

[2] 《中国能建天津电建承建土耳其泽塔斯三期项目获最佳火电项目和电力特殊贡献奖》，北极星火力发电网，2019 年 8 月 2 日，https://m.cn/cn/mrews/20190802/997222.shtml。

土耳其的最大直径土压平衡盾构机，应用于土耳其迪亚巴克尔省的锡尔万排水隧道，对于增强当地供水网络能力，提高居民生活水平起到很大的作用。

2. 在互联互通上稳步推进

天津—哈萨克斯坦国际铁路货运班列畅通运行。2017 年首趟班列开通，搭载 82 个标准箱约 1007.4 吨建材和汽车散件。为此，天津海关下属新港海关专门建立了"一带一路"通关协作机制，加强与天津企业转关出口、过境业务密切阿拉山口海关配合，确保业务运行便捷顺畅。同时强化企业信用培育，利用中国和哈萨克斯坦建立的经认证的经营者（AEO）国际互认，可以享受较低查验率、优先查验等便利措施，进一步提升货物出口效率，从而使企业更快融入"一带一路"建设。[①] 2018 年圆通航空开通首条通往中亚国际航线，天津往返阿斯塔纳和天津往返阿拉木图，主要是包机航线，运输电子产品，成为"空中丝绸之路"的榜样。天津口岸首次开通"哈萨克斯坦—阿拉山口—天津—东/南亚"铁海联运航线。2022 年 12 月，哈萨克斯坦驶来的列车在天津港完成卸货，该批货物将搭乘"卓远海昇"号轮船发往最终目的地印度。此次运送的货物为安赛乐米塔尔集团旗下铁米尔套钢厂生产的马口铁，由中欧班列运抵天津，再通过海运方式集中出运，充分发挥了共建"一带一路"海铁联运的优势，新航线的开通也将保障国际物流链的畅通高效。[②]

通往新疆霍尔果斯口岸的公路货运也成为互联互通的重要补充。如新冠疫情防控期间，为保障哈萨克斯坦科斯塔奈州 50 兆瓦风电项目复工复产，中国企业寰泰能源从天津发运 70 米长的发电叶片到霍尔果斯口岸，过海关后用起重机吊至特种车辆上，继续向西北行驶 2200 千米，抵达位于俄哈风电项目现场。落户天津港保税区的中铁十二局国际工程有限公司承建哈萨克斯坦 KB 公路改造和 TKU&UD 公路改造项目。天津至乌兹别克斯坦多式联运开通较早，2012 年开通了纳沃伊—天津的货运航线；2017 年开通到安集延国际货运专列，列车从天津新港站发车，在新疆阿拉山口口

[①]《天津海关积极施策助力企业出口"一带一路"》，天津海关，2022 年 9 月 30 日，http://www.customs.gov.cn/tianjin_customs/427885/427886/4602595/index.html。

[②]《天津口岸开通铁海联运新航线》，《天津日报》2022 年 12 月 26 日。

岸出境，途经哈萨克斯坦后抵达安集延，承运产品为中国企业在乌投资建厂采购物资，运行15天，行程约6000千米，班列的开行为企业降低20%的物流成本，并缩短了运输时间。乌兹别克斯坦航空在天津机场有定期货运班机，对新冠疫情防控期间利用航线网络运送抗疫物资发挥了重要作用。

天津到土耳其交通方式海陆兼有。天津到土耳其伊斯坦布尔港有海航线，约9000海里，经台湾海峡、中国南海、苏伊士运河，预计航行时间30天。2023年2月开通了首趟装载抗震物资的中欧班列。土耳其连续遭遇两次7.8级地震，给当地造成严重的经济损失。为了将救援物资尽快运抵灾区，铁路部门综合考虑集货地点、货源结构、运输场地、装卸作业条件及运输成本，最终确定从天津出发。该班列装载1万顶抗震救援帐篷，共计50个标准箱。从中国出境后，在哈萨克斯坦的阿克套换装，通过驳船抵达阿塞拜疆巴库港，再通过铁路抵达土耳其。此次班列为救援绿色通道，为跨国支援行动提供了强有力的运输支撑。铁路作为陆上运输的主力军，在重载、高速运输和信息化、智能化方面取得了新的突破，增加了新的活力，发挥了骨干作用。天津至土耳其中欧班列的开行，是践行服务"一带一路"沿线国家和地区经济民生，推动高质量发展，助力构建人类命运共同体的重要举措。此次专列的顺利开行，彰显了"与世界相交、与时代相通"的中国智慧。①

3. 搭建电子商务平台，跨境电商合作稳步推进

天津与乌兹别克斯坦驻华大使馆于2020年创建电子商务平台，② 通过该平台可以使企业、协会及相关组织快速查询相关信息。天津海关跨境电商B2B出口陆路渠道正式运行，企业通过跨境电商B2B了解海外客户的交易意向，利用中欧班列和海关B2B出口监管出境，意味着海、陆、空渠道全面畅通。

4. 科技项目初显成效

截至2018年，天津与14个国家和地区的20多家机构联合成立共建

---

① 《嘹亮汽笛传遍亚欧》，人民网，2023年4月4日，http://opinion.people.com.cn/n1/2023/0404/c1036—32657494.html。

② 该电子商务平台网址为uzchinaexport.com/cn。

"一带一路"科技创新合作联盟,与40多个官方和民间机构建立了科技创新合作渠道,创立了天津科技成果转化交易市场,开通了科技企业"走出去"综合服务网上平台,累计培育并认定国际科技合作基地147个,培育国家级国际科技合作基地19个。如哈萨克斯坦国家航天局与天津市企业及研发机构开展技术转移、联合研发合作。天津科技大学利用哈萨克斯坦盐湖卤水虫卵资源研究展开的科学环保开发,被列入中哈政府科技合作项目。

5. 农业合作成为新的增长点

中国和中亚地区农业合作稳步推进。中国农业技术助力哈萨克斯坦,扩大对中国的农业出口。如金骆驼集团有限公司在哈萨克斯坦南部图尔克斯坦州建立乳制品工厂,于2018年9月投产,是中哈产能合作重点项目,生产的骆驼奶搭乘中欧班列运行至天津。天津农产品打通了中亚国家的贸易通道,通过2016年开通的天津—明斯克班列运到中亚国家。如静海产的干果通过单一商业、提前申报、全国通关一体化等举措,搭乘中欧班列销往哈萨克斯坦、乌兹别克斯坦、土库曼斯坦等国家和地区。

6. 民营企业发展速度加快

中国企业积极进驻乌兹别克斯坦国家级经济特区吉扎克自由经济区。通过充分发挥商会的联络组织作用,天津民营企业"走出去"发展速度加快。如明源丝路(天津)实业有限公司在乌兹别克斯坦投资建设玻璃制造与深加工项目,是园区内最大的投资项目之一。该项目于2016年开工,总投资1.1亿美元,目前已开始向哈萨克斯坦、吉尔吉斯斯坦和阿富汗等国出口玻璃制品。

7. 文明交流互鉴稳步推进

共建"一带一路"倡议源自中国,机遇和成果属于世界。天津与中亚和西亚等国文明交流源远流长,特别是随着共建"一带一路"持续推进,双方不断拓展在金融、医药、新能源、数字经济等新兴领域的合作,文明交流与对话成果丰硕。天津市自2022年在塔吉克斯坦开设首家鲁班工坊后,加快建设哈萨克斯坦鲁班工坊和乌兹别克斯坦鲁班工坊,为两国培养更多技术技能人才,服务当地经济社会发展。哈萨克斯坦鲁班工坊由天津职业大学与哈萨克斯坦阿斯塔纳理工学院、东哈萨克斯坦谢里克巴耶夫技术大学合作建设，计划开设汽车维修技术、运输设施与技术专业。乌兹别克斯坦鲁班工坊由天津海运职业学院与乌兹别克斯坦塔什干国立交通大学合作建设，首期开设现代物流管理和软件技术两个专业。鲁班工坊建成后，将提升当地学生的就业质量，为两国本土人才培养注入新的活力，同时也为中资企业在当地经营起到降本增效的功能。① 近年来，天津与土耳其人文和经贸往来日益频繁，人员交流密切，务实合作稳步推进。两国国家领导人在出席上海合作组织成员国元首理事会会议期间，共同表示发展好中土关系符合两国长远利益，对深化发展中国家团结合作也具有重要意义；要聚焦发展合作，发挥好两国间各项合作机制作用和各自优势，推动高质量共建"一带一路"结出更多硕果。土耳其晔迪特派大学孔子学院是南开大学在"一带一路"沿线国家建立的第一所孔子学院。成立5年来，该孔子学院努力融入当地，开设了一系列独具特色的中文课程，举办了诸多高品质文化活动。以孔子学院为平台，南开大学与土耳其晔迪特派大学在学生交换、教师交流、合作举办讲座和研讨会等方面开展了一系列实质性的合作，为推动中土教育、文化交流作出了积极贡献。

（二）中亚、西亚友好城市与天津交往情况

1. 阿拉木图市、安集延州、比什凯克市、伊兹密尔市与天津交往情况
（1）阿拉木图市基本情况

阿拉木图是哈萨克斯坦的一个直辖市，也是该国乃至中亚第一大城市。面积682平方千米，人口近230万（2023年统计），是哈萨克斯坦经济、文化、教育、金融和交通流中心。坐落在哈萨克斯坦东南部的山区，15世纪成为丝绸之路通往欧洲的必经之路，受益于1926年西伯利亚铁路的贯通，其经济整体繁荣。在1997年之前阿拉木图是哈萨克斯坦首都。由于阿拉木图地处哈萨克斯坦东南部，人口密度过大，发展余地接近极限，难以满足首都建设发展的需要，加之城市生态环境恶化、大气污染严重，又处于地震活跃地带，首都安全受到威胁。于是哈萨克斯坦议会根据总统提议，于1994年7月6日通过迁都决议。1997年12月10日，

---

① 《我市加快推进哈萨克斯坦和乌兹别克斯坦鲁班工坊建设》，《天津日报》2022年9月16日。

阿斯塔纳市正式成为哈萨克斯坦"永久性首都"。从此，阿斯塔纳取代阿拉木图成为哈萨克斯坦新的政治中心。阿拉木图尽管失去了首都的地位，但仍是哈萨克斯坦最大的经济、文化和科技中心，是哈萨克斯坦的心脏地带。阿拉木图国际机场是哈萨克斯坦最大的国际机场，距市中心14千米，承载了哈萨克斯坦一半的旅客运输量和68%的货物运输量。铁路通达西伯利亚、乌拉尔、中亚和新疆，其重要性尤其取决于其在丝绸之路的位置。

（2）安集延州基本概况

安集延州是乌兹别克斯坦的十二个州之一，其土地面积为4200平方千米，人口约为213.55万，是乌兹别克斯坦人口密度最高的州，该州面积不到该国总面积的1%，但居住着该国总人口的近10%。安集延州下辖14个县，首府安集延市是工农业较为发达的城市，工业部门有重要的机械制造、电机、建材、轻工、食品等行业，农业主要是植棉业、果园业、蔬菜和粮食种植业。这里还是该国石油和天然气的主要产区。与俄罗斯许多大城市互通航班。安集延州很早就成为著名的贸易集散地，公元9世纪便在古丝绸之路上驰名中亚。

（3）比什凯克市基本情况

比什凯克市是吉尔吉斯斯坦的首都，亦是该国的政治、经济、科教及文化中心。比什凯克是中亚地区重要的工业城市，工程、纺织、建材和食品工业是其工业主导部门，对吉尔吉斯斯坦经济贡献超过1/3。这里有80多个民族，是古代丝绸之路其中的一条经过天山山脉、贯通西域和中亚草原的要道驿站，这里自古就是商人休憩之地，频繁的商旅活动为后来的城市发展打下了基础。比什凯克市还是该国重要的交通枢纽，交通便利，四通八达。通过多条公路、铁路与国内各州及哈萨克斯坦、乌兹别克斯坦等周边国家相连接，机场航线覆盖50多个城市，是亚洲与欧洲联系的重要通道。铁路直达莫斯科、伊尔库茨克、塔什干、贾拉拉巴德等城市，航空运输连接莫斯科、圣彼得堡、新西伯利亚、基辅、塔什干、阿拉木图等城市。

（4）伊兹密尔市基本情况

伊兹密尔市是土耳其第三大城市，位于安纳托利亚高原西端的爱琴海边，素有"爱琴海明珠"之称，有400多万人口。该市是重要的工业、商业、外贸、海运中心之一，同时也是历史文化名城、旅游胜地和军事要塞，产值仅次于第一大城市伊斯坦布尔，居全国第 2 位。伊兹密尔港为土耳其西部最大港口，位列 2019 年全球城市 500 强榜单的第 260 名。主要产业有纺织、食品、建材、造船、造纸、洗涤剂、服装、电子、冶金、化工、通信设备、石油加工、建筑等。伊兹密尔博览会是土耳其历史最长、规模最大的国际博览会。有两个自贸区——爱琴海自贸区和伊兹密尔自贸区，13 个综合工业区和 4 个技术发展区。未来，中欧班列在大力发展多式联运的基础上，在经过巴库—第比利斯—卡尔斯线路后，有可能一路向西，抵达伊兹密尔港，从海路进入南欧，伊兹密尔在新亚欧大陆桥发展中的作用会越来越大。

2. 天津与中西亚 4 城市友城交往情况

天津与中亚国家友城的交往主要体现在国际通道的建设和运输上。无论是陆路还是航空航线布局都是衡量一座城市外向型经济的重要指标。天津市与阿拉木图市和安集延州的交往始于"机缘"，与中西亚国家友城的合作都起源于一个合作项目，因合作项目而拉近了彼此的友好关系。

（1）与阿拉木图市结好情况

天津市与阿拉木图市于 2002 年 11 月 22 日签订友好交流与合作关系意向书。李盛霖市长对两市的友好交往给予充分肯定，对天津环球磁卡集团等企业在该市投资设厂提供的支持和帮助表示感谢。2002 年，阿拉木图市与天津环球磁卡集团在进行充分洽谈的基础上，初步确定在阿拉木图市的人口 IC 卡信息管理网络系统、交通 IC 卡信息管理网络系统、公交 IC 卡智能收费系统、预付费水电气表非接触 IC 卡信息系统管理工程等领域进行合作。天津环球磁卡集团还将在阿拉木图市投资设厂。同年 11 月 22 日，阿拉木图市常务副市长巴扬达洛夫一行访问了天津市，并表达了希望与天津市在经济贸易、科学技术、文化教育、体育卫生、城市建设和环保旅游等领域进行广泛交流与合作的愿望。天津市市长李盛霖会见了阿拉木图市常务副市长巴扬达洛夫，并出席了天津市与阿拉木图市建立友好交流与合作关系意向书签字仪式。从此两市往来密切，充分发挥各自优势，拓宽合作领域，推动合作不断深入。两市在各自国家的地位以及两国在国际政治经济中的战略位置和意义，决定了两市的合作与交流互补性强、前景广阔。

(2) 与安集延州结好情况

天津市与安集延州的友好交往始于 1996 年。当时天津市武清区津都制衣有限公司董事长王敬泰在安集延州投资 30 万元人民币开办实业，经过 3 年的努力，得到可观的回报，取得了令人满意的成果。为感谢安集延州政府的支持，进一步推动两市州在经济及各个领域的交流与合作，特邀请安集延州州长来津访问，洽谈经贸合作并与天津市商谈建立友好交流与合作关系事宜。1999 年 3 月 11 日，乌兹别克斯坦安集延州第一副州长穆伊季诺夫·哈尔别科率政府代表团访问天津，并表示希望与天津市建立友好交流与合作关系。3 月 12 日，天津市副市长王述祖会见了安集延副州长并签署了"天津市和安集延州建立友好交流与合作关系意向书"。双方商定，在平等互利的原则下，两市州在经济贸易、科学技术、文化教育、体育卫生、城市建设和环保旅游等领域进行广泛的交流与合作。同时该代表团还与天津市签署了数项经济合作意向。目前，天津津都制衣有限公司已更名为天津春泰工贸有限公司，在乌兹别克斯坦安集延州的企业运转良好。

(3) 比什凯克市结好情况

2023 年 5 月 18—19 日，天津市与吉尔吉斯斯坦首都比什凯克市签署友好城市关系协议书。2021 年 4 月，天津市市委书记在天津会见吉尔吉斯斯坦驻华大使等欧亚地区六国驻华使节，就推动天津市和比什凯克市建立友好城市关系达成共识。2023 年 5 月，双方在陕西省西安市召开的中国—中亚峰会上正式签署友好城市关系协议书。目前双方在经贸、科技、文化、教育、城市管理等领域进行友好交流与合作，推动共建"一带一路"高质量发展。

(4) 与伊兹密尔市结好情况

天津市与土耳其伊兹密尔市于 1991 年 9 月 23 日正式建立友城关系。1991 年 9 月 11—23 日，天津市副市长李慧芬率天津市政府友好代表团赴土耳其进行友好访问。9 月 23 日，李慧芬副市长代表聂璧初市长与土耳其伊兹密尔市市长洽克穆尔共同签署"中华人民共和国天津市与土耳其共和国伊兹密尔市结成友好城市关系协议书"。天津市与伊兹密尔市自结好以来在高层互访、经贸、文化、青少年交流等领域开展了交流合作。1996 年，天津贸促会与伊兹密尔国际会展中心签署了友好合作协议。每年一次的伊兹密尔博览会是世界上著名的博览会之一,其在国际经贸活动中的影响逐年扩大,每年都有包括西欧主要工业国在内的30多个国家,近2000家公司参加这一博览会,参观人数近300万人次,其中天津市于1990年、1992年两次派团参展,仅1992年就有70万人次到中国馆参观,展会的成交额达121万美元,取得丰硕成果。1996年7月17—20日,伊兹密尔市市长顾问兼伊兹密尔国际博览会董事长穆斯塔法·鲍亚吉奥卢,受伊兹密尔市市长厄兹法图拉委托率团访问天津。双方就纺织品贸易、在伊市共建多层停车场、进口中草药及建立中国餐馆和针灸医疗中心等事宜进行了商谈,并于7月19日与天津市第一中心医院签署了在伊市建立"中国针灸及按摩中心"合作意向书。自两市结好以来,双方在伊市建立了埃什雷夫帕夏中国传统医学诊疗中心,天津医疗小组在该中心工作一年,受到伊方好评。1995年5月4—9日,伊兹密尔市副市长加利普·哈勒哲博士来津访问,与天津就餐饮业方面的合作进行了探讨。[①] 2021年是中国与土耳其建交50周年,也是天津市与伊兹密尔市缔结友城30周年,天津市通过举办图片展览"海河丝路情"展示两国两市的自然美景和人文风情,拉近彼此间的距离。发展天津市与伊兹密尔市的友好关系,加强各个领域的合作与交流,不断扩大两市经济技术合作和贸易交往,将对带动天津市经济、工业发展及外贸出口起到重要作用,也将对天津市有更多产品进入欧洲市场起到积极的推动作用。

(三) 天津与中亚、西亚国家友好城市结交特点

一是阿拉木图是中亚国际友城的支点城市。两市无论是在经济贸易、文化教育、体育卫生、科研环保、城市建设,还是国际工程承包、民营中小企业交流与合作等领域都取得了较大的进展,特别是与阿拉木图市的设施联通方面,阿拉图市成为天津市进入中亚的支点城市。二是以国际友城合作带动与中亚、西亚国家的合作。通过举办经贸洽谈会,就资源开发、进出口贸易、轻工、纺织、建材、化工等领域寻找合作空间。三是交通的互联互通是合作亮点。天津与中西亚国家友城合作的主要亮点是与阿拉木

---

① 《与亚洲友好城市关系·天津与土耳其伊兹密尔市》,北方网,2004年8月19日,http://tianjin.enorth.com.cn/system/2004/08/18/000845655.shtml。

图市、安集延州、比什凯克市、伊兹密尔市互联互通国际大通道的建设和交通运输，从而为天津市作为新亚欧大陆桥的桥头堡起到保障和助力作用。通道运输和建设不仅体现在多式联运的中欧班列上，如天津港发往阿拉木图市的班列装载着京津冀周边货品，2020年突破80万标准箱，同比增加40%；还体现在"空中丝绸之路"建设上，阿拉木图市与天津市有直航飞机，助力天津与中亚共建"一带一路"。四是合作优势领域是产能合作。

二、深化与新亚欧大陆桥沿线欧洲国际友城合作

随着新亚欧大陆桥的发展，"一带一路"建设的推进，沿线的欧洲国家日益成为重要的对华贸易中心，中欧之间的经贸合作领域不断拓宽，在贸易、投资、金融、基础设施、第三方市场合作等相关领域开展合作，特别是在一些新兴产业领域如数字经济、环保、科技等都有广泛的合作前景。2022年，天津对欧盟等主要贸易伙伴进出口均实现增长，进出口达到1977.4亿元人民币，增长4%。此外，对英国出口实现两位数增长，达到21.8%。自德国进口实现两位数增长，达到22.7%，其中集成电路、锂电池、飞机等机电产品出口增长迅速，汽车、飞机等商品进口仍居全国前列。[1] 天津与新亚欧大陆桥沿线的欧洲国家建立了多个友好城市关系，在扩大人文交流、拓宽经贸合作、加强城市建设和社区管理等方面进行了广泛的交流与合作，为天津服务于新亚欧大陆桥沿线欧洲国家奠定坚实的基础。

（一）天津与新亚欧大陆桥沿线欧洲国家在共建"一带一路"上紧密合作

天津与欧洲国家联系比较紧密，特别是与德国的合作一直发展良好。中德是全方位战略伙伴，两国高层互访频繁，双方政治互信和务实合作不断得到深化。天津市与德国的合作主要聚焦于科技合作与先进制造，努力开发欧洲市场。目前天津与德国的制造业合作较多，包括大飞机制造、汽

---

[1] 《外贸进出口数据发布！2022年天津汽车、飞机等商品进口居全国前列》，新浪网，2023年2月1日，http://tj.sina.com.cn/news/zhzx/2023-02-01/detail-imyeeens9997509.shtml?from=tj_cnxh。

车制造等。德国是欧洲国家在津投资企业较多的国家之一，主要集中在机械、汽车、电子和服务贸易业，产业集中度较高，德国一直是天津市欧洲国家第一大贸易伙伴，2019 年贸易额达到 480 亿元人民币，占欧盟贸易总额的 25%。波兰位于欧洲中部，是丝绸之路通往欧洲的重要一环。中波是战略合作伙伴关系，2012 年在波兰首都华沙举行了首届中国—中东欧国家领导人会晤，波兰也是第一个以创始人身份申请加入中国主导的亚洲基础设施投资银行的国家。波兰是中国在中东欧国家最大的贸易伙伴，中国也是波兰在亚洲的最大贸易伙伴。天津在此区域聚焦海外工程和科技合作，努力开发中东欧市场，利用现有平台，加强与斯洛伐克、捷克、波兰等国的贸易往来，在零部件、矿产品、葡萄酒、肉类的基础上进一步扩大贸易种类。2014 年，中荷双方建立开放务实的全面合作伙伴关系。在这种良好的氛围下，天津与欧洲的法国、德国、荷兰、英国、波兰、意大利等主要国家在经贸、环境保护、新能源文化、教育等方面的合作进展良好。

1. 先进制造业的合作处于核心地位

一是制造业合作基础雄厚。目前天津是德国企业在中国北方的主要集中区，根据天津商务局统计数据显示，截至 2021 年 6 月，累计有 450 余家德资企业来津落户，合同外资 49.93 亿美元，实际使用外资 38.28 亿美元。其中包括空客、大众汽车、西门子等德国大型企业，还有更多的德国中小企业也进入天津发展，2/3 是制造型企业，并实现了本地化发展。天津与空客的合作成为共赢伙伴关系，已经打造成为生产、装配、服务一体化的产业链和价值链，使天津成为世界重要的民用航空飞机生产基地。2012 年，时任德国总理默克尔曾访问北京在主持第二轮中德政府磋商后，来到天津出席第 100 架空客 A320 飞机下线仪式。

二是对外开放制度创新上先行先试。1989 年，天津港务局与荷兰渣华集团合资成立中国第一家商业性保税仓库，为后续进一步扩大开放，设立保税区打下基础。在此基础上，1991 年天津港保税区正式成立，成为我国最早运作的保税区。经过 30 多年的发展，天津港保税区已经发展成为"三区两港"，管理面积达到 202.4 平方千米，成为优惠政策多、功能齐全、手续简化、开放层次高的特殊区域。

三是拓宽智能制造合作。目前，全球正进入以智能产业为主导的新经济发展时期，数字化、网络化、智能化日益成为未来制造业发展的主要趋势。中国与德国在智能制造、工业互联网等领域开展合作。天津对智能制造产业发展高度重视，设立中德智能制造合作联合工作机制，而以汽车为代表的先进制造业成为今后合作的亮点。2018年获批建设天津中欧先进制造产业园、2019年设立天津意大利中小企业产业园等都是推动共建"一带一路"国际合作的重要成果，并着力打造全国先进制造研发基地和中欧经济合作新平台。与西门子、菲尼克斯等德国工业4.0领域领先企业签署协议，在智能制造领域开展技术合作与人才培养。如德国纬湃科技于2020年在天津设立亚太区混合动力及电动汽车系统研发中心，引入全球领先的研发测试设备。此外，中德在工业设备、公共设施、智能物流方面的合作也明显增多。同样天津企业也通过入股德国企业获取相关技术和在欧洲的生产基地，如长荣股份入股德国百年企业海德堡，以此为依托向全球市场拓展。天津力神锂电在德国大众汽车总部沃尔夫斯堡开设销售办事处，深入与德国汽车的合作。

2. 互联互通进入快车道

畅通的经济循环带来健康、持续的发展，通过参与经济走廊建设，有助于天津与欧洲的互联互通更加紧密，形成经济共振的"朋友圈"，更好实现全方位联动和多元化共赢。天津市依托港口和铁路得天独厚的区位优势，从这里始发的中欧班列通过铁路网连接过境口岸，使海运抵达天津港货物再换乘火车运到亚欧国家，极大地畅通了国际国内物流通道，为周边国家和地区带来了持续的经济增长动能。为保障中欧班列高效开行，铁路有关部门加强与地方政府、海关等部门的对接联系，定期召开中欧班列协调会，及时掌握政策、互通信息、解决问题；落实铁路、船公司、港口码头、货运代理公司四方日常联系机制，动态掌握中欧班列到港船期、检验检疫、货物通关信息；优化中欧班列作业场区集装箱进出、堆码及装车路线，安排专人检查装车质量，压缩配空、装车、加固等环节作业时间，全力提高中欧班列运输组织效率。高质量开行中欧班列，不仅需要铁路的精心组织，同样需要海关、港口等多个部门的齐心协力、密切配合。为了服务好中欧班列，天津海关创新实施了"港场直通"物流改革，在该模式下，中欧班列承运的过境货物可实施"船边直提"作业，自卸船至运达铁路堆场时间由2—3天最短压缩至3小时以内，大幅提升了中欧班列的发运效率。天津港集团公司对中欧班列全面实施"五专三优先"服务政策,其中"五专"即"对接服务专人负责、设立卡口专用通道、设立码头专用场地、预留专用机械设备、设立应急处理专用窗口";"三优先"即"优先组织装卸、优先安排舱位、优先集疏运",这些措施极大地保障了中欧班列从"海运"到"铁运"换装"零"延时。在铁路、海关、港口的齐抓共管下,天津港中欧班列实现了班列货物到达、装卸、编解、查验、发运无缝高效作业。目前,从天津港开行的中欧班列线路已通达俄罗斯、蒙古国、德国、白俄罗斯、土耳其、哈萨克斯坦等国家。[①]

3. 人文交流合作密切

天津有着对外交流合作的悠久历史和传统底蕴。欧洲是天津国际友城数量最多、建立关系较早的地区。人文交流可以拉近各国间关系,是加强相互了解的切入点。天津人文交流的特点表现在以下四个方面。一是在城市建设方面,借鉴欧洲友城建设经验。天津城市建设吸收法国、意大利等国家的友好城市成功经验,完善天津市的城建规划。如1984年,法国北加莱海峡大区派规划专家来津工作,对金融街、海河和老城区改造提出了许多重要意见,并为天津未来城市发展制定了一揽子规划。之后,天津在加快城市建设中,特别是在海河综合开发改造中,吸纳了法国城建理念和建筑风格,进行房屋拆迁、河道清淤、桥梁修建、园林绿化等,城市面貌发生了很大变化。而天津意大利风情区的修建也体现了友城之间的相互借鉴和帮助。天津意式风情区位于天津市河北区,始建于1902年,保留了100余栋小洋楼,是目前意大利本土之外,亚洲唯一保存完整的意大利风貌建筑群。天津与意大利伦巴第大区于1985年建立友好关系,1993年双方就合作建设意式风情区达成共识。1999年,意大利伦巴第大区生产和交通部部长来津考察风情区,并签署了合作建设风情区协议书。与此同时,天津市领导及河北区负责人也多次去伦巴第大区进行风情区项目推介和洽谈。经过保护性的修建与开发,最终形成了亚洲最大的异国风情别墅区。近年来,该风情区举办了意大利风情旅游节、达沃斯文化晚宴、中国旅游产业

---

① 《钢铁巨龙奔驰不息!京津冀持续助力中欧班列行稳致远》,天津海关网,2023年9月20日,http://Wuzhan.customs.gov.cn/tianjin_customs/ztzl73/ckcbztzdfwzt/ssdt/5388712/index.html。

节等多个具有国际影响的文化活动，吸引了数百万游客。意式风情区已成为天津城市建设的一张新名片和对外交往的一个新窗口。二是以企业商会举办投资企业洽谈会方式密切两国两城的关系。通过加强与各国际友城驻津机构、驻天津外国商会的沟通联系，各国驻津机构进一步发挥了促进友城发展联系的桥梁纽带作用，依托各自优势，进一步加强务实合作。如2008年德国商会在天津成立了办事处，通过与政府加强联系，为企业提供交流平台。天津市也积极协助解决各机构在天津发展遇到的困难和问题。三是以科技合作项目带动友城发展。如天津市与英国曼彻斯特市结为友城的机缘为曼彻斯特大学在新材料领域的科研优势，两市就共同推进石墨烯的创新与应用而结好。四是借助专项平台以点带面向其他领域渗透。如天津在荷兰友城格罗宁根大学共设中欧医学合作创新基金，以此为平台，与天津的医院、大学建立了广泛的联系，从而拓展到医疗、教育和科技创新领域的全方面合作。通过两城官方互访、项目对接和商务考察，深化了友城间的联系。由中国国际文化交流中心、"一带一路"创新发展合作中心、中东欧中医药学会联合合作，共同谋划建设中匈天津中医药合作项目，对加强中匈关系合作具有重要意义。

4. 在教育合作上独树一帜

天津与欧洲教育方面的合作进入快速发展期和质量提升期，国际交流合作不断深化。天津高校数量众多、学科门类齐全，与欧洲友城之间在拓展教育交流、合作办学、学术和科研合作方面存在很大的发展空间。天津与欧洲教育合作主要表现在以下三方面。一是职业技术合作紧密。目前职业教育国际合作进入新的阶段，在加强国际合作基础能力建设方面，高质量发展职教国际合作、促进中外产业转型升级、扩展人文交流领域与方法得到很大提升。如中德设立天津中德应用技术大学，是我国第一所应用技术教育本科层次大学，也是中德两国政府在职业教育方面最大的合作项目，经过30多年的发展，在现代职业教育教学理念、教学模式、教学内容等方面独具特色。2016年，天津中德应用技术大学正式成为工业和信息化部中德智能制造合作试点示范项目，并成为德国学生海外实习基地。天津市机电工艺学院与荷兰蒙特里安职业学院建立友好关系。2016年，天津与利物浦建立友城关系意向书后，设立了欧洲鲁班工坊；2018年，天津与塞图巴尔签署建立友好城市关系意向书后，开设了首家葡萄牙鲁班工坊。欧洲顶级商学院荷兰商学院在天津开设校区，其在全球有11个校区，每年有近万名来自60个国家的学员系统学习全球先进的管理理论和经验。二是合作办学有实质性发展。天津城建大学与波兰比亚韦斯托克工业大学、克拉科夫工业大学共同创建国际工程学院，并成立联合管理委员会和学术委员会，这是中国与波兰两国合作的首个中外合作办学机构。三是为欧洲企业家举办培训班。天津理工大学"一带一路"中东欧研究院和波兰欧亚商业教育基金会合作的"中波企业家培训班项目"在波兰东南部城市格利维采举办，从而促进天津与中东欧国家高校与企业间的产学研合作，拓宽合作领域。在后疫情时代，欧洲地缘政治发生了很大变化，教育之间的交流与合作对促进民心交通变得更加重要。

（二）天津与新亚欧大陆桥沿线欧洲国际友城交流情况

天津是中国近现代工业文明的先驱，有着对外交流与开放的悠久传统。[①] 自共建"一带一路"倡议提出以来，新亚欧大陆桥是实现陆海内外联动、东西双向互济的主要通道，天津与沿线友城在经济、教育、文化和体育方面进行了密切的交往与合作。截至2023年，天津与欧洲主要国家共建立友城32对，涉及19个国家，覆盖大约70%的欧盟国家。其中，建立友好关系城市12对，涉及10个国家，为波黑的萨拉热窝市、法国的北加莱海峡大区、法国的鲁昂—诺曼底大都市区（原名鲁昂城郊共同体）、法国的留尼汪大区、意大利的伦巴第大区、荷兰的格罗宁根市、保加利亚的普罗夫迪夫大区、乌克兰的哈尔科夫市、瑞典的延雪平市、德国的萨尔州、波兰的罗兹市、丹麦的科灵市。建立友好交流与合作关系城市10对，涉及8个国家，为乌克兰的基辅市、瑞典的哥德堡市、瑞典的延雪平省、德国的科隆市、波兰的罗兹省、丹麦的凯隆堡市、西班牙的阿斯图里亚斯大区、西班牙的马德里大区、芬兰的图尔库市、希腊的萨洛尼卡市。签署友好交流与合作意向书或备忘录城市10对，涉及9个国家，分别为法国的尼斯市、意大利的热那亚市、西班牙的毕尔巴鄂市、白俄罗斯的莫吉廖夫州、英国的大曼彻斯特市和利物浦市、罗马尼亚的康斯坦察省、捷克的南

[①] 《共绘"天津时刻"聚焦发展合作》，人民网，2019年4月17日，http://world.people.com.cn/n1/2019/0417/c1002-31035103.html。

捷克州（又称"南波希米亚州"）、比利时的安特卫普省、葡萄牙的塞图巴尔市。

1. 经贸关系不断提质升级

天津与沿线国际友城在经贸、医疗卫生、人员培训、软件技术、体育等诸多领域开展合作。一是利用会展如津洽会、夏季达沃斯国际友城圆桌会议、国际旅游博览会、"一带一路"国际港口城市研讨会、世界智能大会等交流合作平台，密切友城间的经贸联系，进一步加强民间友好交流。如早在2005年4月18日，首届中国天津经济合作与投资洽谈会暨第十二届天津春季全国商品交易会在天津国际展览中心举行，来自日本、韩国、巴西、澳大利亚、意大利的国际友好城市及友好交流合作关系城市的代表来津参展。在2016年召开的中国·天津国际友好城市圆桌会议，形成了《2016中国·天津国际友好城市圆桌会议备忘录》，是参会各方友城代表就继续深化友城合作，共同推动城市建设与发展达成的共识。中国·天津国际友城圆桌会议自创立以来，以推动友城合作为宗旨，得到世界各国友城的一致赞誉。会议以"合作·发展·共赢"为主题，分享城市发展的成功经验，共同寻找应对风险挑战的办法，推动互利共赢。2018年，中国·天津国际友好城市圆桌会议召开，共有来自11个国家、12个国外城市（省、大区）的55名代表出席。参加会议的欧洲主要国家的友城市长，包括英国大曼彻斯特市市长、荷兰格罗宁根市市长、波黑萨拉热窝市市长、波黑巴尼亚卢卡市市长、比利时安特卫普省省长、丹麦南丹麦大区主席、芬兰图尔库市市长、西班牙瓦伦西亚自治区副主席。天津主要媒体还对英国大曼彻斯特市市长安迪·博纳姆、芬兰图尔库市市长米娜·艾薇、比利时安特卫普省省长贝嘉蒂、荷兰格罗宁根市市长彼得·奥德森、西班牙瓦伦西亚自治区副主席兼可持续经济、生产、贸易和劳工部部长拉法埃尔·克利门特进行了专访。二是加强与欧洲友城的联系，共同深化合作。2007年，荷兰格罗宁根市与德国奥尔登堡市联合代表团访津，三方签署了天津市人民政府和格罗宁根市政府、奥尔登堡市政府三市合作备忘录。三是加强海外园区建设。如积极参与中国—中东欧国家地方省州长联合会。2017年，天津派团出席在保加利亚普罗夫迪夫市举行的中国—中东欧国家地方省州长联合会第三次工作会议，明确进一步加强天津食品集团在保加利亚的园区建设。四是积极推动在津建立办事处。2018年，荷兰格罗宁根驻津经济代表处在华苑产业园科技金融大厦正式开业。同年，法国留尼汪大区议会主席迪迪埃·罗伯特访津，签署关于法国留尼汪大区驻津经济代表处入驻天津国际友好城市交流中心合作框架协议书，留尼汪大区驻津经济代表处正式在津成立。天津与欧洲友城自建立友好关系城市之后，政府高层之间及各领域代表互访不断，并以此为平台，实现更广泛的交流与合作。

2. 教育合作推动国际友城关系发展

天津与沿线欧洲国家在校际合作方面卓有成效。通过教育科研方面的合作，为天津与国际友城之间的良性互动贡献力量。加强青年之间的交流，如早在2007年就与荷兰友城格罗宁根市签署了天津市人民政府与荷兰格罗宁根市政府间青年干部在岗培训合作项目合作协议书。天津中德合作应用技术大学与德国萨尔州技术与经济应用科技大学签署合作备忘录，在机械、电气、信息等专业领域开展合作。天津大学、天津医科大学与格罗宁根大学签署校际合作协议，两校在工程、建筑、医学等多个领域开展合作。职业教育成为拓宽友城关系、推动友城建设的有效途径。如2018年天津与塞图巴尔市签署建立葡萄牙鲁班工坊合作协议，同时签署天津市与塞图巴尔市建立友好城市关系意向书，使鲁班工坊成为推动友城建设的一个重要方式。2021年10月15日，由天津农学院、天津市经济贸易学校和保加利亚普罗夫迪夫农业大学合作共建的保加利亚鲁班工坊举行"云揭牌"暨启运仪式，职业教育成为中欧合作的一个品牌。

3. 医疗卫生方面的合作基础扎实、成果斐然

天津市为积极响应国家共建"一带一路"倡议，在扩大医疗健康领域的国际合作，提升国际影响力方面作出了贡献。早在1963年，天津市陆续派出医疗队45批、队员1237人次赴非洲执行援外医疗任务，[1] 在医疗对外援助方面具有一定的影响力。与欧洲友城的医疗合作促进了天津医疗水平的整体提升。天津与法国北加莱海峡大区，就教育和医疗方面合作达成意向；与荷兰国际友城签署医学合作协议，在科研、人才培养、临床技术等方面开展合作。2013年，荷兰格罗宁根市副市长冯·库伦和德国奥尔登

---

[1] 《首届海河卫生与健康国际大会上午开幕　天津医疗援非55年成绩斐然》，《今晚报》2018年9月10日。

堡市市长盖德·施宛德纳联合访津，共同见证天津市卫生局与荷兰格罗宁根大学医疗集团、天津市外专局与中欧医学创新与合作基金会签约仪式，以及天津市人力资源和社会保障局向中欧医学创新与合作基金会执行主席颁发"天津市招才引智大使"聘书仪式。2017年4月19—21日，荷兰格罗宁根市市长彼得·奥德森率政府、医疗、教育等领域代表访津，双方签署关于格罗宁根市在天津市设立办事机构的备忘录、天津医科大学与格罗宁根大学医学中心合作协议、天津市外专局与中欧医学创新与合作基金会合作协议。天津在格罗宁根大学医学中心建立医学人才海外培训基地，选派相关技术人员接受欧盟标准的临床技能培训，以此为基础，天津的临床技术培训中心获得欧盟认证，实现培训中心国际化管理和标准，同时推动天津健康事业的发展，双方围绕营养、慢性病、儿童、心理等方面联合开展合作。随着中国经济的发展，中医药国际传播与发展也进入了新的发展阶段，如天津与匈牙利之间的中医药合作独具特色。

4. 文化艺术、市民交流比较频繁

在友城举办"天津周"，加强友城间的人文交流。如早在2005年10月，天津在意大利举办"中国·天津周"活动。在友城伦巴第大区举办天津—伦巴第大区经贸洽谈会和意大利"中国·天津周"开幕式暨中国民族音乐会。国际友好城市的民间交流活动也别具一格。2019年5月23日，来自天津市国际友城荷兰格罗宁根市市民马丁、马丽乐骑自行车访津。他们曾是格罗宁根市政府职员，此次骑行万里的公益活动以荷兰格罗宁根市为起点，以国际友城天津市为终点，旨在通过骑行活动介绍格罗宁根市，助力公益项目，为格罗宁根贫困儿童募集自行车。在津期间，他们在天津大学开展了"公益骑行筑梦之旅"分享活动。新冠疫情暴发后，天津向欧洲友城支持抗疫物资。如2020年3月，天津市向意大利伦巴第大区、热那亚市、安科纳省卡斯特菲达多市捐赠口罩、防护服，向意大利对外贸易委员会、意大利高等卫生研究院和意大利企业家联合会捐赠口罩，表现出友城之间的守望相助。

表6-1 天津欧洲国际友城一览表（截至2023年12月）

国家	友好城市	交流与合作关系城市	友好交流与合作意向书或备忘录城市
波黑	萨拉热窝市：于1981年5月28日正式建立友城关系。萨拉热窝市是波黑的首都和经济、文化中心，旅游业发达。主要工业有动力设备、汽车制造、金属加工、化学、纺织、陶瓷、食品加工等。与天津在旅游、体育等领域开展交流合作。2019年，天津市赠建的象征两市友谊的"联谊亭"在萨拉热窝市萨菲科公园揭牌		
法国	1. 北加莱海峡大区：于1984年10月10日建立友城关系。该区是法国18个大区之一，是法国地理位置最北的大区，同英国和比利时接壤，是法国排名第三的经济大区，拥有门类齐全的经济产业，主要是大型零售业、电子通信技术业、汽车业、健康产业和生物技术等 2. 鲁昂—诺曼底大都市区（原名鲁昂城郊共同体）：于2013年5月21日正式建立友城关系。鲁昂—诺曼底大都市区成立于2010年1月1日，以鲁昂市为中心，是法国北部历史名城、文化重镇，港口优势明显，经济、科教发展水平较高，与天津市在教育领域开展了交流合作		尼斯市：于2017年6月26日正式签署加强友好交流合作意向书。该市是法国南部地中海沿岸第二大城市（仅次于马赛），是法国滨海阿尔卑斯省省会和该省最大城市，文化、旅游业发达。尼斯市是欧洲乃至全世界最具魅力的海滨度假胜地之一，每年到访尼斯市区的旅客数量超过400万

续表

国家	友好城市	交流与合作关系城市	友好交流与合作意向书或备忘城市
法国	3. 留尼汪大区：于 2014 年 10 月 17 日建立友城关系，是法国海外省之一，同时也作为法国 18 区之一享有与法国本土地区一样的地位。具有独特历史的留尼汪大区，使得其聚集了来自欧洲、非洲、中国、印度、马来西亚、马达加斯加及科摩罗群岛的大量移民，从而形成了多民族文化特色。与天津市在经贸、文旅、教育领域开展了交流合作		
意大利	伦巴第大区：于 1985 年 5 月 9 日正式建立友城关系。该区是意大利最大的大区之一及首要工业大区，首府兼第一大城市米兰。主要工业有冶金、化工、机械制造、飞机制造、汽车制造、皮革加工、纺织等。交通便利，是东西欧的交通桥梁，也是连接欧洲大陆与地中海的枢纽。与天津市在经贸，中小企业领域开展了交流合作		热那亚市：于1994年10月18日正式签订友好交流与合作意向书。该市是意大利最大商港和重要工业中心，位于意大利西北部，其所在的利古里亚海岸沿岸为著名旅游胜地。海运业务是该城市的主要经济来源，且运输与保险业十分发达。另外，还有石油化工、钢铁、冶金、食品及造船业。它也是造船工业中心，全国1/3的船舶在此建造。还有机械、铁路器材、炼油、钢铁与纺织等工业

续表

国家	友好城市	交流与合作关系城市	友好交流与合作意向书或备忘录城市
荷兰	格罗宁根市：于1985年9月12日建立友城关系。格罗宁根市是荷兰格罗宁根省的首府，是荷兰北部的知识、科学、文化、贸易和工业中心。主要工业有印刷、化工、塑料制品、纸制品、机械制造、电子和建筑业等，与天津市在教育、医疗、经贸领域开展了交流合作		
保加利亚	普罗夫迪夫大区：于1989年10月15日正式建立友城关系。该区在人口及经济规模方面与首都所在地索非亚大区均属全国最大的大区，位于保加利亚中南部。大区的工业门类较齐全，包括重工、化工、机械、皮毛、服装以及计算机等高科技工业部门。与天津市在农业、教育领域开展了交流合作		
乌克兰	哈尔科夫市：于1993年6月14日建立友城关系。哈尔科夫市是乌克兰科技、交通、贸易、教育中心，电力设备、航空航天、农业设备、军工产业发达，拥有100多所大学和专业学院	基辅市：于1993年4月6日建立友好交流与合作关系。该市是乌克兰首都，也是经济、文化、政治中心。地处乌克兰中北部，交通发达，是水陆空交通枢纽，苏联的重要工业中心之一，工厂遍布全市，以市中心区以西和第聂伯河左岸最为集中	

续表

国家	友好城市	交流与合作关系城市	友好交流与合作意向书或备忘录城市
瑞典	延雪平市：于1993年9月23日建立友城关系。该市坐落于瑞典的南部，为延雪平省的首府，是瑞典的一个重要物流中心，宜家、伊莱克斯等企业的中央仓库就设在延雪平市	1. 哥德堡市：于1993年5月1日建立友好交流与合作关系。该市是瑞典第一大港口和第二大工业城市，位于西海岸卡特加特海峡，与丹麦北端相望，是瑞典旅游胜地之一 2. 延雪平省：于2009年4月7日正式建立交流与合作关系。该省位于瑞典南部，地理位置优越，交通方便，拥有造纸、电子、信息、机械等工业	
德国	萨尔州：于1994年9月28日正式建立友城关系。该州位于德国西南部，煤炭储量丰富。该州拥有世界最先进的钢厂、欧洲最著名的萨尔钢铁工业和世界上最大的陶瓷生产厂家	科隆市：于2007年9月12日建立友好交流与合作关系。该市是德国第四大城市，曾是汉萨同盟主要成员，现为水陆交通枢纽的重要河港。工业有军工、冶金、机械、化学、制药、炼油、纺织、食品等部门。该市为全国金融中心之一、全国重要褐煤产地之一，建有大火电站	

续表

国家	友好城市	交流与合作关系城市	友好交流与合作意向书或备忘录城市
波兰	罗兹市：于1994年10月11日建立友城关系。该市位于波兰中部，是罗兹省省会，是波兰的第二大城市。罗兹市是波兰重要的工业中心，还是纺织业、化工、电信业的中心。其纺织工业以棉、毛、丝和化纤制品为主，年产量占全国纺织产量的40%。该市是华沙至费罗茨瓦夫铁路的重要运输中心。该市有6所高等院校，是波兰的电影制片及美术工艺中心。2013年从成都到罗兹的班列，即"蓉欧快铁"的开通促进了罗兹物流业的发展，并成为共建"一带一路"倡议的典型项目	罗兹省：于1994年10月11日建立友好交流与合作关系。该省为波兰中部的一省，首府为罗兹市，为全国最小省份，面积1520平方千米。以纺织业为主，其他行业有农业、养牛业和化工业。以首府为中心，生产棉、毛、纺织品	
丹麦	科灵市：天津市武清区于2015年11月与该市签署了建立友好市区关系协议。该市坐落于南丹麦大区，是斯堪的纳维亚半岛与欧洲大陆的连接纽带。丹麦空运公司总部坐落于科灵市瓦姆德鲁普机场。主要产业为造船、机械制造、纺织和畜牧养殖等。武清区与其之间的合作集中在经济领域，在科灵市和丹麦企业丹佛斯的推动下，武清区已引进丹麦企业22家，初步形成聚集效应	凯隆堡市：于1999年9月13日建立交流与合作关系。该市在生态城市建设中以生态工业园建设为突破点，努力攻克资源替代、资源耗用减量化、无害化处理、废弃物循环利用技术等，支持相关产业构建起循环经济产业链条，形成工业共生体系，为生态城市建设奠定重要的产业基础	

续表

国家	友好城市	交流与合作关系城市	友好交流与合作意向书或备忘录城市
西班牙		1. 阿斯图里亚斯大区：于1996年7月2日建立友好交流与合作关系。该区是17个大区之一，位于西班牙北部，面积10604平方千米。下辖78个城市，其中奥维耶多市是大区行政机关所在地，希洪市是大区的港口城市，是西班牙的第三大港口城市。阿斯图里亚斯大区是西班牙工业化先进的地区，与天津市在钢铁、制铝、发电、化工等领域进行合作 2. 马德里大区：于1997年4月7日正式建立交流与合作关系。该区是西班牙的商业、公共行政中心，也是西班牙国会及皇室所在地。工业主要有纺织业、食品业及金属等	毕尔巴鄂市：于1995年2月23日签订友好交流与合作意向书。该市是西班牙北部城市，位于内尔维翁河口，距比斯开湾12千米，是仅次于巴塞罗那的全国第二大港口。毕尔巴鄂市位于铁矿区中，为全国最大的钢铁和化学工业中心之一，还有造船、电工器材、纺织等部门，海洋捕鱼业发达
芬兰		图尔库市：于2000年3月10日建立交流与合作关系，是芬兰第四大城市。工业基础雄厚，文化科技发达。在造船、电信、出版、航空、文化、教育、生态环保等领域处于世界领先地位。与天津市在经贸、文化、教育、生态环保等领域开展交流合作	

续表

国家	友好城市	交流与合作关系城市	友好交流与合作意向书或备忘录城市
希腊		萨洛尼卡市：于2002年3月4日建立交流与合作关系。该市是希腊第二大城市，也是希腊北部的门户，既是优良的港口，也是工商业、政治、文化和教育中心，主要工业有钢铁、石油化工、纺织、机械、医药和酿酒	
白俄罗斯			莫吉廖夫州：于2019年5月17日签署建立友好交流与合作关系协议书。该州位于白俄罗斯东部中心，同俄罗斯交界，首府莫吉廖夫市。该州矿产资源丰富、农业发达，是白俄罗斯主要工业中心之一，也是重要的历史和文化中心。莫吉廖夫州是白俄罗斯轮胎、水泥、电力发动机、橡胶鞋、纺织品等材料的主要生产地，建有1个莫吉廖夫自由经济区。与天津市在经贸投资、教育等领域开展交流合作

续表

国家	友好城市	交流与合作关系城市	友好交流与合作意向书或备忘录城市
英国			1. 大曼彻斯特市：于2019年12月3日签署建立友好交流与合作关系协议书。该市位于英国英格兰西北部，是由10个市镇组建的城市联合体，为英国伦敦之外最大的金融、企业及专业服务中心，主导产业包括公共卫生、医疗保健、创意数码、先进制造、教育和体育。与天津市在经贸、教育、新能源领域开展了交流合作 2. 利物浦市：于2016年10月28日签署建立友好城市关系意向书。该市位于英格兰西北部，默西塞德郡的首府，英格兰8大核心城市之一，英国著名商业中心，也是重要的客运港，与世界各大港有定期班船联系。拥有英国久负盛名的老牌名校利物浦大学。与中国的贸易可上溯至清朝年间，市内建有欧洲最古老的中国城
罗马尼亚			康斯坦察省：于1995年3月7日签订友好交流与合作意向书。该省具有悠久的历史，由古希腊人创建于公元前6世纪，是罗马尼亚最古老的地区之一，也是罗马尼亚经济最发达的地区之一。经济多元化，包括农业、旅游、港口与海上运输、机械制造、化学、石油化学、电力、木材加工、造纸等

续表

国家	友好城市	交流与合作关系城市	友好交流与合作意向书或备忘录城市
捷克			南捷克州（又称"南波希米亚州"）：于2014年8月28日正式签订友好交流与合作意向书。该州位于捷克南部，首府捷克布杰约维采。工农业比较发达，森林采伐、木材加工和制浆造纸为主要的传统工业部门。有发达的机器制造业，生产摩托车、机床和精密机床、电信设备、缝纫机等，还有轻工、纺织、食品等部门
比利时			安特卫普省：2017年6月23日正式签署加强友好交流合作备忘录。该省拥有比利时最大、欧洲第二大海港安特卫普港。首府安特卫普市是比利时第二大城市，是欧洲著名文化中心，是世界最大的钻石加工和贸易中心。与天津市在港口领域开展交流合作

续表

国家	友好城市	交流与合作关系城市	友好交流与合作意向书或备忘录城市
葡萄牙			塞图巴尔市：于2018年12月5日签署建立友好城市关系意向书。该市位于萨杜河口湾北岸、毗邻里斯本，是葡萄牙第三大港口。工业以陶瓷、制盐、沙丁鱼罐头、葡萄酒、软木加工为主。与天津市开展职业教育合作，由天津机电职业技术学院与塞图巴尔理工学院共同建设葡萄牙鲁班工坊

资料来源：根据天津市人民政府外事办公室官网资料整理，https://fao.tj.gov.cn/XXFB2187/GJYC9244/MLYC1235/。

三、国际友城助力天津新亚欧大陆桥建设

新亚欧大陆桥沿线国家多、关系比较多元。天津与沿线国际友城合作有亮点，如与荷兰国际友城格罗宁根市的合作曾获得2016年和2017年"国际友好城市交流合作奖"。但还需要加强战略规划，充分发挥开展城市外交主渠道的作用。

（一）天津在新亚欧大陆桥国际友城建设过程中存在的问题

1. 仍存在着国际友城结好覆盖面不广的问题

在新亚欧大陆桥的重要区域，如津欧班列终点城市白俄罗斯的明斯克、荷兰的鹿特丹是天津服务经济走廊建设的重点区域，应是天津对外投资和科技交流的重点地区，但至今天津未与此地区签署政府间友好关系协议，与服务于经济走廊建设的实际有差距。

2. 民心相通宣传力度需要进一步改进

建立国际友好城市的目的是增进人民之间的友谊与了解，共同促进发

展，这与共建"一带一路"民心相通的意向是一致的。天津与欧盟的经济交往密切，欧盟是天津的第一大贸易伙伴，双方在教育、文化往来虽然比较深入，但对外宣传力度不大，未能做到民心相通。

3. 交往层次和交往重点未能做到统筹规划

在新亚欧大陆桥整条线路的谋划上缺乏顶层设计，未能在欧洲发达国家和中亚发展中国家的国际友城之间做好统筹谋划。如德国科隆是重要节点城市，但双边贸易和投资相对其经济体量还比较小，两国企业间交流合作还需要进一步加强，教育等交流明显不足。到目前为止，国际友城的工作政府推动得比较多，而企业民众参与得比较少，而只有根植于民间才能为国际友城间的交流合作奠定坚实的民意基础。

（二）今后在国际友城建设上重点关注的城市

针对天津市服务于新亚欧大陆桥的现状，陆桥运输通道与新亚欧大陆桥经济走廊覆盖区域高度重合，为此应把国际友城建设与推动新亚欧大陆桥经济走廊建设结合起来，优先在经济走廊沿线进行国际友城布局，从而提高国际友城缔结的针对性和可行性。

1. 关注荷兰港口城市鹿特丹

天津市在构建陆桥建设中，在欧洲目的港口区位选择上应重点关注荷兰鹿特丹港，将其作为重点合作伙伴。其地理位置优越，位于欧洲莱茵河与马斯河汇合处，在港口规划建设与运营管理方面有着先进的管理理念和管理经验，特别是作为自由贸易港，在离岸贸易和离岸金融的带动下，贸易附加值和产业服务等让鹿特丹成为全球最活跃的经济体之一，同时也带动周边经济发展。

鹿特丹港经过多年的开发建设和技术经验的长期积累，已发展成为世界规模最大、功能最完善的世界级港口之一。天津在新亚欧大陆桥运营上有直通鹿特丹港的线路。从天津始发的津蒙欧联运大通道，货运集装箱从天津新港上岸后，经天津、北京、山西大同、内蒙古二连浩特入蒙古国，经乌兰巴托北入俄境与西伯利亚大铁路接轨后，到布列斯特分流，西抵鹿特丹。同时，天津与鹿特丹在港区建设上合作紧密。鹿特丹港务局于2011年与天津南港工业区签订协议，为港区提供设计、建设、运营等方面的咨询服务，助力天津成为中国北方石油化工产品枢纽港。天津与鹿特丹具有许多相似性，均具有港口制造业发达的特点，这为今后加强两地的发展奠定了基础。天津针对自身优势和现有条件，将与鹿特丹港口的合作升级为两地之间的政府合作，加强国际友城之间的交流，与通道建设形成良性互动。

2. 关注白俄罗斯首都明斯克

天津市与白俄罗斯合作紧密。2016 年，津欧班列天津至明斯克线路开通，班列载满基建材料，到达中白工业园，运输周期为 13 天，返程装载白俄罗斯及周边国家的木制品、食品等货物。这是天津服务"一带一路"建设和京津冀协同发展的重要举措，也将"丝绸之路经济带"综合资源平台与天津自贸区功能创新平台连接起来。2016 年，天津首开至明斯克的货运包机航线。明斯克—天津航线初期计划为每周 2 班包机航班，后续根据市场情况转为定期航班运营。该货运包机航线的开通，为京津冀地区与东欧之间的货物运输开启了空中通道，也为两地经贸往来提供了便捷的流通途径。明斯克是白俄罗斯首都，是该国政治、经济、科技和文化中心，也是白俄罗斯最大的工业中心，其机械制造业、金属加工工业、轻工业和食品工业发达，尤其是毛织品占工业产值的 80%。2016 年，北京与明斯克建立友好关系城市。明斯克是连接欧亚的主要经济体并且是欧亚国家的桥梁。天津通过深化与明斯克的关系，特别是在已建立起来的商贸关系基础上，进一步深化民心相通的工作，实现与中东欧地区的互联互通、优势互补、合作共赢。

3. 深化与比利时安特卫普省的关系

比利时安特卫普省于 2017 年与天津市签订友好交流与合作意向书。安特卫普省是比利时弗拉芒大区境内最北端的省份，首府是安特卫普市，境内坐拥欧洲第二大港口安特卫普港。安特卫普省面积为 2867 平方千米，居民人口约 180 万人（2013 年统计），是比利时最大的省。安特卫普虽然不是新亚欧大陆桥传统意义上的节点地区，但是比利时的经济中心，距离首都布鲁塞尔较近，港口运输和物流业发达，交通便利，辐射能力强。天津考虑在既有联系的基础上深化与其关系，从而在大陆桥建设上体现出天津特色。

天津与比利时安特卫普省联系比较紧密。2007年天津利和集团投资的中国欧洲贸易中心在距离安特卫普港15千米的物流园内启动。2010年，两地工商企业在经济贸易等领域的合作达成协议，签订经贸合作备忘录，根据协议应对方邀请不定期组织代表团互访，开展商务考察、贸易洽谈、经济合作等活动。天津市商务委员会与安特卫普经济发展局具体负责双方的日常联系，并协调处理双方合作过程中的事项，之后双方的商务交流、政府高层互动频繁，两地政府于2017年在安特卫普签署友好交流与合作意向书。安特卫普省在比利时外向型经济中占有重要的位置，拥有完善的海关数据对接系统、成熟稳定的海陆运输模式和多条运输航线，是联通中欧贸易的枢纽，为天津企业提供高端基础设施和专业支持服务奠定了基础。

4. 关注英国大曼彻斯特市

大曼彻斯特市包含了英国最大的都会圈，是英国重要交通枢纽与商业、金融、工业、文化中心，也是国际化大都市。2022年3月，大曼彻斯特市发布了新蓝图，高度重视贸易关系，着重在数字、技术、健康和先进制造等领域开展国际合作，旨在与世界各国和城市交流合作实现繁荣，应对全球挑战。天津市与大曼彻斯特市在诸多领域存在深入加强交流合作的契合点，目前双方正筹备签署相关交流计划，两市未来进一步合作的平台更加广泛。

一是加强政府间合作，深化友好关系与互信。双方政府可推动签署交流计划，确定重点交流计划和项目，共同探讨两市间多领域合作。双方可以主动邀请对方高层参加当地举办的重要活动，并推动高层互访及视频互动，进一步夯实友好交流基础，助力两国关系行稳致远。

二是**深化经贸领域合作，促进行业联动**。双方可持续推动经贸往来，探索投资战略合作机会，聚焦科技创新、产能合作、绿色增长、医疗等领域合作，实现更高水平互利共赢。在原有沟通机制上，创建"联席对话"机制，由政府和企业牵线，委派专人专项对接，各部门间形成合力，促成两市商业机构之间开展更多合作。双方还可支持创新共享，构建更为广泛的商务合作网络。大曼彻斯特市作为英国北部振兴计划核心城市，目标是成为英国第二个经济中心，与南部伦敦市相呼应。天津市着力培育建设国际消费中心城市，强化消费对经济发展的基础性作用，畅通国内大循环，实现经济高质量发展。可以利用两个城市规划之间存在的相似点，积极探索成熟方案经验，如借鉴大曼彻斯特市从工业城市转型为以金融、教育、旅游、商业、制造业为特色的繁华不夜城的可取之处，助力天津建设国际消费中心城市。

三是拓展人文领域合作，以点带面，以面连片。在教育科研领域，大曼彻斯特市教育资源富足，可考虑建立天津市与大曼彻斯特市中小学校际间伙伴关系，建立大学间研究及其他领域伙伴关系，开展师生交流、培训和各类项目合作。在医疗及生命科学领域，可推动两市医疗机构间合作，促进两市专家学者、研究机构交流医疗创新等方面的经验做法。在体育领域，可探索开展官方与民间团体竞技类项目的交流合作。2022年6月，第八届全英中华端午龙舟会在英格兰大曼彻斯特地区索尔福德市水上运动中心举行，共有英国当地36支龙舟队参赛，这是龙舟会因新冠疫情中断两年后的首次重启，反响热烈。同月，天津市也举行了海河龙舟赛，在津多家外资企业和外籍友人踊跃参加。鉴于此，可以通过推动天津市与大曼彻斯特市联合举办龙舟赛事，促进两市间开展文化体育交流，促进两市在文化领域交流互鉴。

四是探索生态文明领域交流，倡导低碳和可持续合作。以共商如何迈向碳中和目标为契机，加强两市在建设绿色城市、环境友好城市方面的合作。以天津建设智慧城市为契机，共同探索能源利用更高效、经济增长更绿色、城市发展可持续的可行性路径。以共同探索可再生能源等新能源生产及使用途径为契机，推动两市在新能源产品生产制造、科技创新等领域签署更多合作项目。

（三）今后发展方向

1. 推动新亚欧大陆桥国际友城联盟合作机制的建立

在服务于新亚欧大陆桥背景下，天津、阿拉木图、安集延、明斯克、罗兹、科隆、萨尔州、格罗宁根、鹿特丹、安特卫普还有很大的合作发展空间。借助天津夏季达沃斯论坛、世界智能大会、中国国际矿业大会、中国（天津）国际汽车展、世界职业技术教育发展大会等平台促进发展，从而由一对一国际友城模式形成一对多的网络化国际友城联盟方式，使交往水平不断提升、范围不断扩大。

2. 以经贸合作提升新亚欧大陆桥经济走廊建设的效益与规模

一是积极参与沿线国家的互联互通建设，特别是广大中亚地区。充分发挥天津市工业基础比较扎实，积极参与沿线国家道路桥梁、轨道交通、港口码头、航道疏浚、水电设施和信息通信领域的投资与合作。二是积极参与沿线国际友城的农业科技合作。天津沿线国际友城普遍农业基础较好，围绕重点项目和重点企业，利用沿线城市生产要素实现原产地多元化，以仓储物流、生产加工、国际贸易为切入口，推动与沿线国际友城在基础民生和现代服务业、现代制造业方面的深度合作。三是将沿线国际友城的重点产业与天津产业结构调整升级结合起来。天津依托比较完备的制造业产业体系，以加强向沿线国家出口为导向，促进天津在具有自主知识产权的高技术水平、高端优势产业"走出去"，在沿线国家投资合作，特别是促进与广大中东欧国家的合作。同时，在中亚能源资源集中的国家投资建厂，共建产业合作园。

3. 以科技合作提升新亚欧大陆桥经济走廊质量

针对新亚欧大陆桥的特点，科技合作是各国交流合作的重点。虽然天津与格罗宁根市有比较深入的科技合作，但是整体仍然存在着合作不足的现象。在新亚欧大陆桥背景下国际友城合作应重视科技的互助合作，确定合作的层次。对于欧洲的国际友城从前期的获得转变为现在的合作互利共赢；对于中亚等发展中国家采取互助共赢方式。经济、文化、科技的联姻应是"一带一路"建设的主要特征。在传统领域的合作基础上，加大国际友城在信息、通信、节能技术、医疗等高新科技领域的合作，特别是在非正常状态下，加强国际友城之间虚拟空间的连接显得尤为重要，通过国际友城的互信搭建大数据共享平台，进一步密切沿线国家的联系，为"一带一路"建设提供开放、包容、合作、可持续发展的动力。

4. 以形式多样的民间外交促进国际友城之间的互信互利

新亚欧大陆桥经济走廊建设参与的国家和地区较多，如何在众多的参与者中体现出天津特色是一个值得思考的重要问题。一是从天津自身的特色看，文化教育是搭建国际友城固定长期交流的重要领域。特别是天津具有海外职业教育的特色，在经济走廊建设中发挥着重要作用。近年来大量的中资企业进入"一带一路"沿线国家，对跨国性职业教育的需求不断增强。通过在海外建立鲁班工坊，与沿线国家共享职业教育优势成果。二是充分调动各方力量，释放民间组织的活力。从沿线国际友城建立过程看，往往是因一个合作项目自下而上带动城市间的交往，为此应发挥企业和其他民间组织的优势，如对外友协、侨联、工商团体、各国商会、学术科技团体作用，形成合力。三是充分挖掘潜力，推动务实合作。确定重点合作的城市，特别是促进沿线陆海港口城市的合作，以点带面，不断挖掘合作潜力，一城一策，通过形式多样的活动，增加社会民众对国际友城的认识，通过国际友城合作促进民心相通，从而带动提升整个经济走廊的建设水平。

第七章　国际友城合作助力海洋中心城市国际化

21世纪被称为海洋世纪，海洋是生命的摇篮。我国是一个海陆兼备、管辖海域面积达300多万平方千米的海洋大国，海洋越来越关系到国家的安全和民族的兴衰。《全国海洋经济发展"十三五"规划（公开版）》中采用全球海洋中心城市这一名称，全球海洋中心城市作为陆海统筹的桥梁，应充分利用好海洋和陆地两种资源，带动区域经济的共同提升，达到陆海统筹发展的目标。

第一节　中国海洋中心城市的发展概况

中国作为一个陆海统筹的大国，海域面积辽阔，海洋面积相当于陆地面积的1/3，跨越温带、亚热带和热带，拥有约1.8万千米的海岸线，坐落着数十个港口城市，有8个海上邻国（包括韩国、日本、菲律宾、马来西亚、文莱、印度尼西亚、越南、朝鲜）。从古代开始，中国就有"舟楫为舆马，巨海化夷庚"的海洋战略和"观于海者难为水，游于圣人之门者难为言"的海洋意识[1]。现在海洋仍然是人类赖以生存的"第二疆土"和"蓝色粮仓"。党的十八大以来，中国提出"建设海洋强国"目标，在延续中国古代丝路精神的基础上，通过海上丝路建设，践行国际海洋合作新模式。

---

[1] 《习近平的海洋情怀》，央视网，2018年6月5日，http：//news.cnr.cn/native/gd/20180605/t20180605_524258630.shtml。

一、海洋中心城市借助"21世纪海上丝绸之路"的提出和发展

海上丝绸之路相对于陆上丝绸之路而言,是古代中国与外国进行交通贸易和文化交往的海上通道,形成于秦汉、兴于唐宋、停滞于明清,是已知最为古老的海上航线,具有悠久的历史,且路线相对比较稳定。主要运输丝绸、茶叶、香料、陶瓷等商品,后演变为经贸文化交流的世界性海上贸易通道。

(一)中国海上丝绸之路的历史渊源

历史记载和学者描述的海上丝绸之路都是通过与海上航线相关的贸易活动刻画出来的,以中国沿海港口为始发地,分为东航线和南海航线两条线路。东航线即沿朝鲜半岛北侧和中国东部沿海东向日本、中国台湾及其周边诸岛。南海航线主要经过朝鲜海峡、南海、孟加拉湾、阿拉伯海沿岸、波斯湾沿岸和非洲东岸近海。

1. 形成于秦汉时期

伴随着木帆船的产生发展以及航海技术的进步,人们较为准确地摸索到西太平洋和北印度洋的季风规律并将其运用到航海技术上。初步形成将中国与东南亚、印度洋各国连接起来的海上通道。在魏晋南北朝时,随着航海中心自北向南转移,当时的通商船队已经可以到达波斯湾附近。

2. 繁荣于隋唐时期

唐朝中期以前,中国对外贸易的主要通道是陆上丝绸之路,之后由于战乱及经济重心南移,海上丝绸之路取代陆上丝绸之路。到了唐朝时期由于实行对外开放政策,鼓励外商来华贸易,加之航海技术日趋成熟,利用北极星的高度进行天文定位导航、运用观测计算的"重差法"测量航海陆标、利用赤云和晕虹预测台风等,唐代连结东西的海上丝绸之路畅通,海外交通联系的地区增多,贸易加大,尤其是东非也被纳入东西方海上商业贸易网络之中,涌现出广州、泉州等大型海港,同时还专门设置了总管海路邦交外贸的市舶司。

3. 全盛于宋元时期

到宋元时期,以罗盘导航为标志的航海技术实现重大突破。远洋海船

制造技术取得突破，海船规模变大、结构先进、抗风浪性提高，水密隔舱技术广泛应用到造船业，使得中国的造船技术居于世界领先行列。宋代开辟了第一条横越太平洋的海上丝绸之路，东起日本、朝鲜半岛，西达波斯湾、东非和地中海沿岸，海外交通和海外贸易达到空前繁荣，海上丝路航线与120多个亚非欧国家建立了联系。到了元代，泉州成为世界最大的国际贸易港，与亚非90多个国家有通商关系；同时加强对海外贸易的管理，在多个港口城市设立市舶司或市舶处，主要职能是征收税款、处置船货、船舶出港和引航手续，以及招徕和保护外商等。

4. 由盛转衰于明清时期

明初实行海禁与朝贡贸易于并举的政策。1405—1433年明成祖朱棣派遣郑和七下西洋，率领15世纪世界上最庞大的远洋船队出入于太平洋和印度洋，浮历数万里，历时约30年。远达东非海岸，访问了30多个西太平洋、印度洋国家和地区，加深了与东南亚、东非的友好关系。郑和船队在造船技术、船队规模、航海技术、后勤保障、通信联络、航海里程等方面均处于世界领先水平，形成了较为完善的海上交通网络，标志着海上丝绸之路的鼎盛时期。

15—18世纪末开始的地理大发现，揭开了人类海洋时代的序幕，欧洲人相继进行全球性海上扩张活动，开启了大航海时代和世界性海洋贸易时代。这一历史转型时期，中国面临禁海与开海的博弈。明朝中后期，基于地理大发现和航海技术进步，自漳州月港经马尼拉横渡太平洋到墨西哥阿卡普尔科的太平洋新航线得以开辟。这条航路主要由西方殖民者控制，但从另一方面看也意味着可以通过海路运输将太平洋两岸的亚洲与美洲联系起来，中国丝绸通过海上丝绸之路几乎通达世界。但随着明清开始实行严格的海禁政策，中国盛极一时的海上丝绸之路逐渐衰落。

19世纪中叶以来，随着中国海外移民人数的急剧增加，历史上形成的华商跨国网络已由一个单一的贸易网络演变成为一个集贸易、移民、金融、企业经营、商人组织等多种跨国网络于一体的复合网络。广大华人移民群体凭借这一网络体系，发展了多重跨国联系与多领域合作、交流与融通，这种来自民间的多重联系与多维合作，成为近代中国南海地区海上丝绸之路重要的组成部分。到近现代，特别是鸦片战争爆发后，西方列强凭借船坚炮利从海上打开了中国的国门，西欧商人改变了传统海上丝绸之路以和平贸易为基调的特征，商业活动常常伴随战争硝烟和武装抢劫。中国进入了百年的屈辱历史，中国海权丧失，沦为西方列强的半殖民地，沿海口岸被迫开放，也标志着我国古代海上丝绸之路的衰落乃至终结，这种状况一直延续了整个民国时期，直至中华人民共和国成立。

（二）中国海洋中心城市的发展

全球海洋中心城市概念最早见于2012年挪威海事展、奥斯陆海运等几家机构共同发布的《全球领先的海事之都》报告。2017年国家发展和改革委员会、国家海洋局联合印发《全国海洋经济发展"十三五"规划（公开版）》采用这一名称。随着全球经济进程加快，世界各国紧密联系在一起，沿海城市成为技术和经济增长的依托，为海洋经济发展提供平台。建设高质量的全球海洋中心城市成为"十三五"期间海洋经济高质量发展的重要内容。2013年，中国提出"21世纪海上丝绸之路"，为促进全球海洋中心城市的高质量跨越发展提供了重要的发展路径。中国国家主席习近平先后提出共建"丝绸之路经济带"和"21世纪海上丝绸之路"（以下简称"一带一路"）的重大倡议。2015年，中国政府发布《推动共建丝绸之路经济带和21世纪海上丝绸之路的愿景与行动》[1]；2017年6月，国家发展和改革委员会、国家海洋局联合发布《"一带一路"建设海上合作设想》[2]。根据海上合作设想，重点建设三条蓝色经济通道：一是连接中国—中南半岛经济走廊，经南海向西进入印度洋，衔接中巴、孟中印缅经济走廊，共同建设中国—印度洋—非洲—地中海蓝色经济通道；二是经南海向南进入太平洋，共建中国—大洋洲—南太平洋蓝色经济通道；三是积极推动共建经北冰洋连接欧洲的蓝色经济通道。具体为从中国沿海地区出发经过泰国、印度尼西亚等东盟国家穿过马六甲海峡进入孟加拉湾，途经斯里兰卡、印度及巴基斯坦南亚三国，然后分成三条线路，北线穿过霍尔木兹海峡来到波斯湾，西线经红海到达非洲东海岸的内罗毕和欧洲的鹿特丹，南线沿印度洋向南至澳大利亚，中间辐射东盟和中东等人口、资源密集的地区，是连通欧洲、亚

---

[1]《经国务院授权三部委联合发布推动共建"一带一路"的愿景与行动》，中国政府网，2015年3月28日，http://www.gov.cn/xinwen/2015-03/28/content_2839723.htm。

[2]《"一带一路"建设海上合作设想》，中国政府网，2017年6月20日，http://www.gov.cn/xinwen/2017-06/20/content_5203985.htm。

洲、非洲和大洋洲海上贸易的航路。这三条线路是海上丝路建设的具体措施，以建设蓝色经济通道为主要内容，通过海上通道及基础设施、海洋经济、海洋文化和海洋科技领域的互联互通与交流合作，沿着绿色发展、依海繁荣、安全保障、智慧创新、合作治理的人海和谐发展之路建设。中国关于海上通道建设重点以港口建设为节点，共同建设畅通安全高效的运输大通道，在引进过程中给予沿海城市在海洋合作布局中的新的定位，促进地方政府参与海洋合作外交。2019年4月，习近平主席首次提出"海洋命运共同体"理念，是人类命运共同体理念在海洋领域的思想引领和重要发展。天津市作为"丝绸之路经济带"与"21世纪海上丝绸之路"的陆海交汇点和海上丝绸之路的重要支点，具有"陆海双拼"特色，积极将海洋经济融入"一带一路"建设的战略定位。

"21世纪海上丝绸之路"所确定的方向虽有古代海上丝绸之路路线痕迹，但已不仅是重建古代海上丝绸之路，更是有着历史的超越。中国海洋中心城市建设既包括海路运输走廊基础设施建设，还包括产业园、科技园、产能合作、自贸区建设等方面的综合性支撑项目。与古代丝绸之路相比，中国海洋中心城市建设的海上航路不分古今一直存在，但用"21世纪"强调，指明其是当代的丝绸之路，包括相关现代设施的支撑及产能合作。2003年，国务院制定印发第一个海洋经济纲领性文件《全国海洋经济发展规划纲要》；2012年，《全国海洋经济发展"十二五"规划》指出，在全国建立三大海洋经济圈：一是环渤海的北部海洋经济圈，由辽东半岛、渤海湾和山东半岛沿岸及海域组成，海洋经济发展基础雄厚、海洋科研教育优势突出，是我国北方地区对外开放的重要平台；二是东部海洋经济圈，由江苏、上海、浙江沿岸及海域组成，海洋经济外向型程度高，是"一带一路"建设与长江经济带发展战略交汇区域；三是南部经济圈，由福建、珠江口及其两翼、北部湾、海南岛沿岸及海域组成，其海域辽阔、资源丰富、战略地位突出，是我国对外开放和参与经济全球化的重要区域。① 党的十九大提出坚持陆海统筹重大海洋战略发展政策，2017年国家发展和改革委员会和国家海洋局联合印发《全国海洋经济发展"十三五"

---

① 《全国海洋经济发展"十二五"规划》，中国政府网，2013年1月17日，www.gov.cn/gongbao/content/2013/content_2321113.htm。

规划（公开版）》提出在深圳、上海等城市建设全球海洋中心城市。随后广州、天津、宁波、舟山、大连、青岛、厦门等城市也相继出台有关政策，提出建设全球海洋中心城市的目标。①

进入21世纪，世界正处于百年未有之大变局，世界经济中心东移，新的科技革命催生了许多新产业、新业态，经济全球化日益深入，区域一体化方兴未艾，尤其是在新冠疫情冲击下，对世界经济影响深远，国际格局面临深度调整和变化，世界正呼吁更加公平正义的国际秩序，如何确保21世纪的和平、发展和繁荣是世界所有国家都要思考的问题。2013年10月，中国国家主席习近平访问印度尼西亚，在国会大厦发表题为《携手建设更为紧密的中国—东盟命运共同体》重要讲话，提出"东南亚地区自古以来就是'海上丝绸之路'的重要枢纽，中国愿同东盟国家加强海上合作，使用好中国政府设立的中国—东盟海上合作基金，发展好海洋合作伙伴关系，共同建设21世纪'海上丝绸之路'"。同时致力于加强同东盟国家的互联互通建设。中国提出的海上丝绸之路倡议，顺应沿线各国加快经济增长的愿望并与各国顶层设计相对接。这种对接不仅包括海上、陆地，还包括空中、管道、网络（光缆）、线路（输变电）复合型网络，以及相关支撑的基础设施和产业合作体系。这是一种新型的海上合作模式，强调的共商共建共享，不与现行的地区多边安排相冲突，更不会替代现有机制与安排，而是秉承人类命运共同体理念，推进海上沿线国家求同存异、开放合作、市场运营、合作、共赢。而海洋中心城市建设是落实中国海洋强国战略，构建海洋科技创新体系，提升海洋综合管理能力，参与海洋治理的重要手段，特别是其发展规划所具有的辐射性和国际影响力成为城市国际化的重要方面。

二、海上丝路沿线各国在发展海洋经济上存在着国际合作的空间

中国制定的《全国海洋经济发展"十三五"规划（公开版）》指出，到2020年全国海洋经济生产总值年均增长7%，占GDP比重达到9.5%，

---

① 《全国海洋经济发展"十三五"规划（公开版）》，中国水网，2017年5月23日，https://www.h20-china.com/news/258548.shtml。

海洋经济国际合作取得重大成果。我国海洋经济占 GDP 总量的 10%，远低于美日等传统海洋强国 50%—60% 的比重。从另外一个角度上看，这为中国发展海洋经济、开展国际合作提供了机遇。《国务院关于"十四五"海洋经济发展规划的批复》指出，发展海洋经济要加强组织领导，明确工作责任，创新体制机制，发挥自身优势，坚持陆海统筹，以陆促海、以海带陆。[①] 中国远洋渔业、海洋油气开发和海洋旅游产业领域有着非常大的国际合作潜力。海洋资源具有流动性、渗透性、开放性和不可分割性，同时对深海的开发利用上具有未知性和危险性，使得海上丝路沿线国家和沿海国家在开发利用海洋方面拥有共同的利益。且海上丝路沿线国家除日本之外大多数国家仍是发展中国家，海洋产业发展不平衡，在海洋开发的资金、技术、人力方面存在着困难，而且世界上大多数国家都无法独立而系统地进行海洋开发。因此，发展海洋经济的国际合作是大势所趋。

2023 年是共建"一带一路"倡议提出 10 周年，中国与东盟 10 个成员国都达成并实施了共建"一带一路"共识。《中国—东盟关于"一带一路"倡议与〈东盟互联互通总体规划 2025〉对接合作的联合声明》，有助于不断深化拓展合作领域，推进绿色发展、数字经济、蓝色经济等领域合作。在共建"一带一路"中，中国与东盟合作发挥了示范和表率作用。2020 年，中国—东盟贸易指数较 2010 年上涨 141.09%。[②] 近 10 年来，中国与东盟贸易年均增长 9.9%，快于中国整体年均增速 4.3 个百分点，东盟由中国第三大贸易伙伴跃升为第一大贸易伙伴。中国与东盟贸易占中国对外贸易总值比重同比上升了 1.4%，在中国对外贸易中发挥着重要支撑作用。2022 年，在东盟 10 国中，中国是越南、马来西亚、泰国、印度尼西亚、新加坡、菲律宾、柬埔寨、缅甸这 8 个国家的第一大贸易伙伴，是老挝第二大贸易伙伴和文莱的前三大贸易伙伴之一。2022 年，中国是马来西亚、老挝、柬埔寨、泰国、文莱第一大投资来源国，是缅甸和印度尼西

---

① 《国务院关于"十四五"海洋经济发展规划的批复》，中国政府网，2021 年 12 月 27 日，http://www.gov.cn/zhengce/content/2021-12/27/content_5664783.htm。
② 《中国—东盟贸易指数发布 10 年上涨超 140%》，中国政府网，2021 年 9 月 12 日，http://www.gov.cn/xinwen/2021-09/12/content_5636894.htm。

亚的第二大投资来源国。① 《东盟互联互通总体规划2025》与"共建一带一路"倡议实现对接，中国的"一带一路"建设在东南亚已卓有成效，通过"一带一路"建设在东南亚影响力稳步提升，并展现出更广阔的合作前景。

三、"21世纪海上丝绸之路"的发展及海洋城市的高质量发展

"21世纪海上丝绸之路"倡议将中国绿色可持续高质量发展、进一步对外开放与经略海洋、海洋强国等多种战略叠加，通过政策沟通、设施联通、贸易畅通、资金融通、民心相通，在共商共建共享原则推动下，与沿线国家加强战略对接与共同行动。

（一）加强全方位的政策沟通

中国通过与沿线国家建立全方位、多层次、宽领域的蓝色伙伴关系、签署海上合作备忘录或合作规划共同推动海上合作平台建设。政府之间加强沟通，构建多层次宏观政策沟通机制。东南亚地区自古以来就是海上丝绸之路的重要枢纽，东盟是中国周边外交优先方向和高质量共建"一带一路"重点地区。中国与《东盟互联互通总体规划2025》深度对接，与印度尼西亚、马来西亚、越南等国签署海洋双边机制，并与柬埔寨"四角战略"、菲律宾"大建特建"计划、"泰国4.0"发展战略等具体国家发展战略充分结合。在印度洋方向，海上丝路合作也比较顺利，2014年、2015年中国与马尔代夫共和国、斯里兰卡等先后签署共建"21世纪海上丝绸之路"谅解备忘录，巴基斯坦也以政府声明形式支持海上丝绸之路。与欧洲国家也开展合作，2015年与匈牙利签署合作备忘录，这是我国首次与欧洲国家签署海上丝绸之路协议，并与葡萄牙正式建立蓝色伙伴关系。中欧启动"中国—欧盟蓝色年"。2018年7月，中欧签署《关于为促进海洋治理、渔业可持续发展和海洋经济繁荣在海洋领域建立蓝色伙伴关系的宣言》。2019年，首届中国—欧盟"蓝色伙伴关系"论坛在布鲁塞尔举办。同时阿

---

① 《许宁宁：中国与东盟贸易正呈方兴未艾之势》，中国新闻网，2023年4月13日，http://www.jjckb.cn/2023-04/13/c_1310710542.htm。

拉伯国家联盟、海湾合作委员会、非洲联盟等区域组织对海上合作持欢迎态度。在大洋洲南太平洋方向，中国与新西兰、巴布亚新几内亚签署的加强"一带一路"倡议合作的安排备忘录中，海洋合作是重点。在北极方向，中国提出积极推动共建经北冰洋连接欧洲的蓝色经济通道，同时发布《中国的北极政策》，提出与沿线各国共建"冰上丝绸之路"，中俄就共建"冰上丝绸之路"达成共识，中日韩设有北极事务高级别对话。政策沟通是加强与沿线国家发展倡议对接，实现政治互信，获得越来越多国家支持与参与的重要政治保障。

（二）设施联通方面稳步推进

海上丝绸之路绵延上万千米，中国75%的能源供应要通过这条线路，其中占75%的为石油供应。特别是马六甲海峡，中国对外贸易的25%、原油进口的65%需要经该水道运输，是世界最繁忙的水道之一，也是中国的"海上生命线"。沿线国家有30多个，各国在经济、政治、社会、文化、宗教等方面差异很大，但中国与沿线国家的发展计划相对接，虽然沿线发展中国家的基础设施普遍比较落后，既缺乏资金又缺乏技术，但往往资源丰富，具有广阔的市场需求和发展潜力，中国与沿线国家在基础设施和产能合作方面存在优势互补。中国经过了改革开放40多年的高速发展，形成了一大批优势产业集群和先进制造业，特别是在高铁、港口、路桥、通信、核电、能源开发等行业拥有世界领先技术。在港口建设方面，作为推动海上丝绸之路的重要手段，通过在东南亚、南亚、非洲和欧洲承建、参建和租赁经营港口建设，以及依托港口进一步加强的产业园区和临港工业城市建设，通过港口建设以及连接港口的铁路、公路等基础设施的建设，与沿线国家形成紧密的经贸合作，共同推动国际社会建设安全高效的海上运输通道。至2019年我国已经在全球20个国家参与了56个国际港口的建设和投资。我国有三条主航道：一是南海—马六甲海峡—格雷特海峡—孟加拉湾—斯里兰卡附近海域—阿拉伯海—曼德海峡—红海—苏伊士运河—地中海航线，承载的物流价值占我国对外贸易海上运输总额的59%；二是南海—大洋洲海上通道沿印度半岛西侧到达波斯湾的海上石油运输线；三是横穿印度洋—非洲—大西洋到欧洲的大型船舶通道。我国与一些地理位置重要、经济基础较好，具有较大经济开发潜力或是补给保障基地的港口加强合作。目前我国已在土耳其海峡、曼德海峡、苏伊士运河、霍尔木兹海峡、直布罗陀海峡和马六甲海峡等海运通道周围以不同方式投资建设了港口，极大增强了对海运通道安全的控制力。

（三）贸易畅通方面蓬勃发展

自古以来，海运在货物贸易运输方面具有较大的经济优势，海上物流是中国开展与沿线各国经贸合作的基础，除少数商品之外，绝大多数商品主要以海上运输方式到达交易目标国。为此中国加强与周边沿海国家投资、贸易方面的紧密合作，与沿线国家签署高标准自由贸易协定，加强海关、税收、审计监管等领域合作，以此为基础建设经贸合作园，通过解决贸易与投资便利化问题，消除投资与贸易壁垒，建立共建"一带一路"税收征管合作机制，加快推广"经认证的经营者"国际互认合作，创造比较好的营商环境。如马来西亚马六甲临海工业园区、巴基斯坦瓜德尔港口自由区建设、缅甸皎漂港"港口+园区+城市"综合一体化、中马钦州—关丹"两国双园"、柬埔寨西哈努克港经济特区、埃及苏伊士经贸合作区等境外园区建设都取得了较大的成效，对"一带一路"建设起到了示范的作用。同时在中国构建基于"双循环"的新发展格局背景下环渤海、长三角、海峡西岸、珠三角等经济区和沿海港口城市发挥地方特色，加大开放力度，深化与沿线国家的务实合作。如福建21世纪海上丝绸之路核心区、浙江海洋经济发展示范区、福建海峡蓝色经济试验区和舟山群岛海洋新区建设等。同时将自贸区建设与海洋经济发展示范区建设相结合，截至2019年，与47个丝路国家签署了38个海运协定，以"丝路海运"命名的有50条航线，开行1024个航次。丝路海运的规模和国际海运品牌影响力日渐增长，强化国内国外产业园区的联动，释放发展的潜能，促进我国新一轮的高质量对外开放。

（四）资金融通方面创新发展

资金融通是海上丝路的重要保障，中国与沿线国家合作推进亚洲货币稳定体系、投融资体系和信用体系建设，同时扩大沿线国家双边本币互换、结算的范围和规模。除了亚洲基础设施投资银行和丝路基金外，中国设立了共建"一带一路"专项贷款、各类专项投资基金，还发行丝路主题债券，支持多边开发融资合作中心有效运作，拓宽海洋产业合作的投融资渠道。同时制定了《"一带一路"融资指导原则》，发布了《"一带一路"债务可持续性分析框架》，为共建"一带一路"融资合作提供指南。中国各级政府、境内外金融机构、民营企业主体也为"一带一路"建设设立多种专项基金与贷款。沿线国家政府和信用等级较高的企业以及金融机构可以在中国境内发行人民币债券，符合条件的中国境内金融机构和企业可以在境外发行人民币债券和外币债券，在沿线国家使用所筹资金。如中国在2011年与东盟建立"中国—东盟海上基金"并设立"中国—东盟银行联合体"，还在2014年设立"21世纪海上丝路"产业基金，基金规模是1000亿人民币。

（五）民心相通方面成果显著

民心相通是海上丝绸之路的根基。首先，中国坚持以人民为中心的发展理念，在聚焦消除贫困、增加就业、改善民生，让共建"一带一路"成果更好地惠及全体人民，为当地经济社会发展作出实实在在的贡献得到了沿线国家的认同，提升了中国的软实力。其次，广泛开展海上丝绸之路专项文化交流、学术往来、人才互动、媒体交流合作，特别是在扩大相互留学生规模、开展合作办学方面取得实效。如中国通过在沿线国家举办文化节、艺术节、电影节、电视周和图书展等方式加强了人文交流。中国设立了"丝绸之路"中国政府奖学金项目，打造了海上丝绸之路专属旅游线路等一系列涉海活动，成为中国与沿线国家相互交往的桥梁和纽带。

自海上丝绸之路建设提出以来，中国以基础设施为核心，以产业园区为抓手，以投资合作为手段，以科技、教育文化合作为精神内核，不断加强与沿线国家的合作，且合作范围不断扩大，合作领域不断拓宽。

第二节　海洋中心城市国际化与天津的实践

天津市是中国环渤海经济区关键城市，是共建"一带一路"重要海陆交汇点之一，是北方地区最大的沿海开放城市，是京津冀和"三北"腹地海上门户，以陆上国际大通道和海上重点港口城市为依托，兼具区位、港口、产业、海洋经济等综合优势。天津在服务于海上丝绸之路方面围绕天津港作为国际航运和物流中心的龙头带动作用，以自贸区建设为手段，以京津冀协同发展为保障，以科技、教育、文化等合作为有效补充，不断加强与海上丝绸之路沿线国家的合作，合作范围、规模和层次方面不断扩大。天津市政府在 2019 年颁布的《关于建立更加有效的区域协调发展新机制的实施方案》中提出建设"全球海洋中心城市"，[①] 在《天津市海洋经济发展"十四五"规划》中提出，对标全球海洋中心城市，加快构建现代海洋产业体系，促进区域海洋经济优化布局，推进海洋绿色低碳发展，深化海洋经济开放合作，打造国内大循环重要节点、国内国际双循环战略支点，为高质量建成经济领先、技术创新、区域协调、开放合作、生态宜居的现代海洋城市提供坚强支撑。[②]

一、天津港在服务"21世纪海上丝绸之路"的黄金节点作用

天津市管辖海域面积约 2146 平方千米，海岸线北起津冀海域行政区域界线北线，南至津冀海域行政区域界线南线，岸线全长 153.67 千米，沿海地势平坦，拥有港口、油气、盐业和海洋等优势资源，为海洋经济发展提供了良好基础条件。海洋产业经济总体实力不断提升。海洋生产总值由 2016 年 4046 亿元人民币增加到 2019 年的 5268 亿元人民币，年均增速达到 5.1%，海洋产业成为天津市经济发展的重要支柱。滨海旅游业、海洋油气业、海洋交通运输业、海洋科研教育管理服务业占主导地位，为海洋经济高质量发展打牢坚实基础。[③] 统计数据显示，在全球 35 个国际化大都市

[①]《中共天津市委、天津市人民政府印发〈关于建立更加有效的区域协调发展新机制的实施方案〉》，天津市政府网，2019 年 12 月 10 日，https://www.tj.gov.cn/sq/tztj/tzzc/202005/t20200521_2613640.html

[②] 天津市人民政府办公厅：《天津市海洋经济发展"十四五"规划》，天津市政府网，2021 年 7 月 5 日，https://www.tj.gov.cn/zwgk/szfwj/tjsrmzfbgt/202107/t20210705_5496422.html。

[③] 天津市人民政府办公厅：《天津市海洋经济发展"十四五"规划》，天津市政府网，2021 年 7 月 5 日，https://www.tj.gov.cn/zwgk/szfwj/tjsrmzfbgt/202107/t20210705_5496422.html。

中，有 31 个是依托港口发展起来的，港口奠定了城市发展基础，城市也为港口的发展提供了支持和经济腹地。2019 年 1 月，习近平总书记视察了天津港，提出要把天津港打造成世界一流智慧港口、绿色港口，更好服务京津协同发展和共建"一带一路"。

天津港地处渤海湾西端，主要由北疆、东疆、南疆、大沽口、高沙岭、大港六个港区组成，是京津冀的海上门户，是距雄安新区最近港口，辐射"三北"内陆腹地，连接东北亚与中西亚。天津港港区重点发展集装箱、滚装、邮轮运输产业。以东疆、北疆和南疆港区作为天津建设北方国际航运核心区的主要港口；大沽口、高沙岭和大港港区重点服务临港工业发展，为拓展运输功能以及部分货类转移提供空间；高沙岭港区是天津港未来集装箱增长的拓展区。推动形成东疆港区高端多元发展，南疆、北疆港区优化提升发展，大沽口、高沙岭和大港港区港产联动发展格局，加快打造世界一流智慧港口、绿色港口。天津港是世界人工深水大港，码头等级 30 万吨级，主航道水深 22 米，拥有各类泊位 192 个，同世界上 200 多个国家和地区的 800 多个港口保持航运贸易往来，每月到港航班超过 550 班，世界最大的 30 万级船舶可以进出天津港。2020 年，天津港完成集装箱吞吐量 1835 万标准箱，同比增长 6.1%，增幅继续位居全球十大港口前列。[1] 天津港 2019 年入选国家物流枢纽建设名单，"建设世界一流绿色智慧枢纽港口"项目被列入交通强国建设试点任务。货物吞吐量和集装箱吞吐量稳居世界港口前十强。新华·波罗的海国际航运中心发展指数显示，2020 年天津排名全球航运中心第 20 位，天津港位居大陆港口第 6 位。天津港地处受台风影响极小的渤海湾，是国内最安全、年度工时最长的深水大港，正在打造世界一流的智慧港口、绿色港口，更加凸显濒海临港的"出海口"优势和全国先进制造研发基地的研发与生产优势，为促进高质量发展提供坚实的动力支撑。[2]

---

[1] 天津市人民政府办公厅：《天津市海洋经济发展"十四五"规划》，天津政府网，2021 年 7 月 5 日，https://www.tj.gov.cn/zwgk/szfwj/tjsrmzfbgt/202107/t20210705_5496422.html。

[2] 天津市人民政府办公厅：《天津市海洋经济发展"十四五"规划》，天津政府网，2021 年 7 月 5 日，https://www.tj.gov.cn/zwgk/szfwj/tjsrmzfbgt/202107/t20210705_5496422.html。

天津港沿着海上丝绸之路出发,成为"21世纪海上丝绸之路"的"黄金节点"。天津港形成两条主要通道:一是构建向东联通日韩的密集航线航班;二是向南联通珠三角、长三角等国内沿海港口,构建覆盖东南亚、南亚、中东、非洲、欧洲等国家和港口的海上通道,中远海运、马士基、地中海航运、达飞等世界知名航运企业均在天津港开设航线运营。全球排名前3位的海运联盟均已在天津港开辟了班轮航线。实现了1.8万—2万标准箱周班常态化运行,海洋经济开放合作层次显著提升。2022年,天津港与海上丝绸之路沿线国家贸易额累计达到8000亿元人民币,在全球和区域性海洋事务中的话语权和影响力不断提升。[1] 2022年《区域全面经济伙伴关系协定》正式生效,对于推动区域经济贸易合作、投资自由化和便利化,以及区域经济一体化发挥重要作用。《区域全面经济伙伴关系协定》推动天津外贸规模稳定增长,《区域全面经济伙伴关系协定》带来的关税减让、原产地累积规则、贸易便利化等政策让天津进出口企业获得了实实在在的增长和收益。2022年全年,天津口岸《区域全面经济伙伴关系协定》项下超60亿元人民币进出口货物享受关税优惠。其中,享惠进口货值42.8亿元人民币,进口货物享受关税减免6500多万元人民币;天津出口企业向天津海关申领《区域全面经济伙伴关系协定》原产地证书4100多份,出口货值17.5亿元人民币,出口货物可享受进口国关税减免近900万元人民币。[2]

(一)天津港积极开辟海上丝绸之路外贸远洋新航线

港口是国内国际产业链、物流链的重要节点,在以国内大循环为主体、国内国际双循环相互促进的新发展格局下,港口正进一步发挥海运、陆运、服务产业链、供应链的重要枢纽作用。天津港一端连着"21世纪海上丝绸之路",现有"海丝路"集装箱班轮航线40余条,涉及新加坡、巴

---

[1] 天津市人民政府办公厅:《天津市海洋经济发展"十四五"规划》,天津政府网,2021年7月5日,https://www.tj.gov.cn/zwgk/szfwj/tjsrmzfbgt/202107/t20210705_5496422.html。

[2] 《天津口岸RCEP实施一年来 超60亿元货物享RCEP关税优惠》,中国经济网,2023年1月5日,http://district.ce.cn/newarea/roll/202301/05/t20230105_38326948.shtml。

基斯坦、土耳其、南非、西班牙、法国和德国等沿线40多个港口。一是开通海上丝绸之路外贸航线。天津港2016年先后开通东方海外东南亚线、现代东南亚线等6条"一带一路"沿线国家集装箱班轮航线。如2020年3月天津港开通了天津—胡志明集装箱班轮新航线，由每周1班改为每周2班。目前天津港通达东南亚集装箱航线有32条，年货吞吐量达到157万标准箱。其中，天津港至欧洲的集装箱班轮航线运量最大，年货物吞吐量60%以上来自沿线的港口。二是集装箱海运联盟在天津港开辟同样的航线。如"2M"（马士基和地中海）联盟开辟的欧洲集装箱国际航线，由天津港出发，经韩国釜山、中国上海、马来西亚丹戎帕拉帕斯、埃及苏伊士、德国不来梅和汉堡等港口，最远至瑞典哥森堡，总运力超过21万标准箱，是天津港最大的国际集装箱班轮航线。全球最大集装箱海运联盟——海洋联盟于2020年在天津港开通欧洲新航线。海洋联盟由中远海运、达飞轮船、长荣海运、东方海外四家船公司组建，合作运力在各国国际海运联盟中排名第一。成员长荣海运投入10条14000—20000标准箱船型远洋集装箱进行周班运行。货轮从天津出发，经新加坡、科伦坡、苏伊士运河，抵达安特卫普、汉堡、鹿特丹等欧洲主要港口。2022年，连续开通了"达飞/太平/宏海东南亚航线""海丰东南亚航线"和"地中海东南亚航线"三条航线，更好地服务于共建"一带一路"和《区域全面经济伙伴关系协定》，是地中海航运近年来在天津港开通的第一条东南亚航线，重点服务越南、泰国、新加坡、马来西亚、印度尼西亚等《区域全面经济伙伴关系协定》成员国，由5—6条2500—3500标准箱全集装箱船按周班运营。这些线路的开通实现了天津港同东南亚各主要港口之间每天都有集装箱班轮往来，并将天津到东南亚国家的海上运输时间缩短至最少9天。① 《区域全面经济伙伴关系协定》为天津港船业提升全球影响力提供了契机。

（二）积极加入和促进"丝路海运"联盟形成合力作用

天津市积极发展和完善多式联运体系，不断拓展集装箱航线网络，

---

① 《天津港开通多条"一带一路"及RCEP航线，促进北方对东南亚贸易》，《北京日报》2022年7月24日。

加快完善以天津港为核心的环渤海内支线网络，大力发展集装箱海铁联运，推进大宗货物"公转铁＋散改集"，支持中欧班列国际海铁联运发展，打造联通日韩、东北亚地区与中亚、欧洲等地区的国际海铁物流大通道。

1. 通过加盟"丝路海运"联盟，升级"两港一航"南北物流大通道航线

天津市在拓展海陆两条丝绸之路辐射范围的基础上，创新发展内贸南北运输，稳外贸、促进内需发展，通过港口之间的合作，在航运基础上向两端扩展和延伸。天津与全国多家港口、航运企业达成战略合作，陆续开通了天津至宁波、厦门、钦州等多条航线，促进了南北港口、港口与航运企业间的合作。天津于2020年加入"丝路海运"联盟，重点升级与厦门港务集团和上海中谷海运"两港一航"精品航线，共同推出"两港一航"服务标准，形成厦门—天津—"三北"地区贯通南北物流的大通道。厦门有几十条东南亚航线，通过"两港一航"精品航线到达天津，借助天津海上与陆上丝绸之路交汇点优势，快速到达中亚、东欧地区。

2. 发起建立内贸港航服务联盟

内贸集装箱运输对促进内地扩大内需，构建南北区域完整流通体系，提高多式联运起到重要作用。2020年7月，天津港集团、广州港集团与泛亚航运、中谷航运、安通控股、信风海运等内贸航运企业联手发起成立内贸港航服务联盟，并发布"海上高速—FAST"品牌，宣布《共建海上高速，共促南北融通，中国内贸集装箱运输港航服务联盟联合倡议书》。通过创新港航生态圈，增强南北港口协同联动，构建京津冀—粤港澳交通大通道。天津与广州分别是北方、南方最大的内贸港口，占全国内贸吞吐量的30%以上。天津与广州于1997年首航成功后，2005年两港联合推出"天津—南沙"内贸精品航线，2010年两港签署友好合作协议，并成功运营"津广快线"，成为定点定班，准到准离的精品航线，充分发挥了内循环战略支点作用，为促进南北产业合作、经济交流、区域发展作出了贡献。

3. "两点一航""天天班"成为海上丝绸之路的品牌

2000年，浦海航运旗下的"向春"轮由大连驶向天津，首次开通环渤海支线海上运输。截至2020年，天津港已联合秦皇岛、黄骅、曹妃甸等10余个环渤海港口形成干支联动，无缝对接、相互支撑等合作模式。开辟内支线中转航线，打造环渤海货物"海上巴士"——"天天班"。据统计，"天天班"全年运量突破100万标准箱，同比增长60%，80%货物来自津冀两地港口。"天天班"已稳定运行多年，带动了集装箱中转吞吐量，特别是天津—秦皇岛"两点一航"模式和"天天班"成为海上丝绸之路的品牌。

4. 加强国际、国内强港之间的合作

（1）与国际港口签署友好协议

近年天津港加快与国际知名港口签署友好港口协议，分别与日本神户港、马来西亚巴生港、俄罗斯符拉迪沃斯托克（海参崴）港、阿联酋迪拜港、比利时安特卫普港、西班牙巴塞罗那港和拉斯帕尔马斯港、德国汉堡港、法国马赛港等13个港口建立了友好港关系或签署了友好交往备忘录。在海上丝绸之路建设方面，天津市以港口为龙头，以投资贸易为纽带，以产业为支撑，积极融入海上丝绸之路建设。

（2）国内港口签署全面战略合作框架协议

为了加快世界一流港口建设，天津市分别与宁波舟山港、山东省港口集团签署《世界一流港口全面战略合作框架协议》，就长三角经济带、环渤海圈经济合作与京津冀协同发展进行对接合作。与辽宁港口集团签署《深入推进务实战略合作框架协议》，通过优势互补、合作共赢，围绕开发集装箱远洋干线业务，提升环渤海内支线业务、发展中欧班列，推动客滚运输、国际邮轮业务等进行合作。2022年，随着从国外进口的725吨青豌豆从上海洋山港出发运往天津港，国内首单"沿海捎带"业务正式实施。这是中国国际航运领域扩大对外开放的重大举措，有利于提升中国港口对国际海运航线、货物资源的集聚和配置能力，助力全球枢纽港建设。[①]

集装箱吞吐量是国际一流现代化强港的重要标志，超大型集装箱船的接卸能力则是国际一流集装箱码头的重要标志。天津港通过提高在泊效

[①] 石森昌：《天津北方国际航运核心区建设研究报告（2021）》，载天津社会科学院编《天津经济与社会发展报告（2021）》，天津社会科学院出版社2021年版，第225页。

率，有效带动多条航线在天津港运量的提高。同时对标建设世界一流港口目标，建立以"2M"（马士基和地中海）联盟北欧1线为试点的"精品航线"示范工程。通过"智慧+绿色"建设，该航线跻身全球港口作业效率第一名，成为"21世纪海上丝绸之路"经贸合作的高质量发展的港口样板。如中国最大集装箱船，即最多可装载21237个标准箱的货轮"中远海运宇宙"于2018年首次停靠天津港，装卸作业后驶向海上丝绸之路沿线国家和地区的港口，标志着天津港主动融入"一带一路"建设，对外辐射力增强。

（三）通过高质量发展推动海洋中心城市国际化建设

天津作为地处渤海湾的沿海直辖市，海洋先进制造与新兴产业发展态势良好，海洋现代服务业持续健康发展，海洋科技创新成效显著。2019年12月，天津发布《关于建立更加有效的区域协调发展新机制的实施方案》提出，落实海洋强国战略，优化配置与海洋相关的产品、服务和资源，推动海洋经济跨越发展，构建海洋科技创新体系，凸显海洋城市文化特色，提升海洋综合管理能力，积极参与海洋治理，建设全球海洋中心城市。[1]天津市将在"十四五"期间推进国家海洋经济发展示范区建设，做大做强海洋工程装备、海水淡化等海洋经济优势产业链。根据中国海洋大学徐胜、高科发表的《中国海洋中心城市高质量发展水平测度研究》显示，天津海洋经济持续增长态势。[2]

表7-1　海洋中心城市高质量发展指标体系

	二级指标	三级指标	四级指标
海洋中心城市高质量发展指标体系	创新性	海洋科技经费支出力度 海洋科技人员数量 海洋科技成果产出	海洋R&D经费投入强度 海洋R&D人员集聚度 人均海洋发明专利授予数

---

[1]《中共天津市委、天津市人民政府印发〈关于建立更加有效的区域协调发展新机制的实施方案〉》，天津市政府网，2019年12月10日，https://www.tj.gov.cn/sq/tztj/tzzc/202005/t20200521_2613640.html。

[2] 徐胜、高科：《中国海洋中心城市高质量发展水平测度研究》，《中国海洋大学学报》（社会科学版）2022年第4期。

续表

	二级指标	三级指标	四级指标
海洋中心城市高质量发展指标体系	协调度	城乡发展协调程度 经济稳定程度 陆海统筹发展程度 产业协调程度	城乡居民平均收入之比 消费价格指数 海洋生产总值增长率 海陆经济关联度 第三产业生产总值占比
	绿色性	废水排放情况 固体废弃物排放情况 废气排放情况 海水污染程度	单位生产总值废水排放量 单位生产总值固体废弃物排放量 单位生产总值烟（粉）尘和 SO_2 排放量 化学需氧量
	开放度	港口建设水平 旅游发展水平 利用外资情况 对外贸易情况	港口货物吞吐量 国际旅客人数 单位生产总值实际利用外资金额 进出口总额与地区生产总值之比
	共享性	海洋财富共享情况 总财富共享情况 城市建设水平	人均海洋产业生产总值 人均地区生产总值 单位生产总值城市建设固定资产投资额
	集聚度	人口集聚 金融集聚 海洋产业高级化集聚 固定资产集聚	人口密度 单位生产总值金融机构存贷款总额 海洋第三产业区位熵 固定资产投资与地区生产总值之比
	辐射性	交通便利程度 国际影响力	公路交通路网密度 轨道交通路网密度 举办国际性会议次数

2013年，国家发展和改革委员会正式批复实施《天津海洋经济发展试点工作方案》，提出建成海洋强市，将天津建成全国海洋高新技术产业集聚区、海洋生态环境综合保护试验区、海洋经济改革开放先导区和陆海统筹发展先行区，成为继山东、浙江、广东和福建获批后第五个海洋经济发展试点地区。

先后获批建设全国海洋经济创新发展示范区、海洋生态文明示范区和国家科技兴海产业示范基地，海洋经济总值占全市生产总值比重逐年提升，成为天津市经济发展的重要支柱和新的增长点。2019年，天津市提出建设全球海洋经济中心城市的目标。在2021年颁布的《天津市海洋经济发展"十四五"规划》中提出"双核引领五区联动"举措，即以津城核心支撑区和"滨城"核心发展区引领南港工业区、天津港保税区、天津港港区、滨海高新区海洋科技园、中新天津生态城旅游区建设，大力培育新兴海洋产业，加强在海水利用业、海洋装备制造业、海洋药物与生物制品业、航运服务业等方面的发展，同时巩固在海洋运输业、海洋油气及石油化工业、海洋旅游与文化产业、海洋工程建筑业的优势地位。优化升级传统海洋产业如海洋渔业、海洋盐业及盐化工业、海洋船舶工业，以鲜明的海洋经济高质量发展推动海上丝绸之路的发展。

1. 与海上丝绸之路沿线国家的海洋产业合作卓有成效

天津市通过深化与"21世纪海上丝绸之路"沿线国家和地区海洋经济、贸易、文化交流合作，加强海洋产业投资合作，打造对外海洋合作新的高地，推动海洋经济高质量发展。首先，海洋工程建设海外战略布局以点带面逐渐铺开。在中日韩陆海联动通道建设的基础上，积极参与东南亚、南亚和南太平洋各国的海洋经济开发与合作，通过海外分公司、实体专业公司在巴布亚新几内亚和孟加拉国建设基地。其次，具有国际影响力的海水淡化工程龙头企业与沿线缺水国家开展合作。重点选取中亚、西亚等"一带一路"沿线缺水国家，以自主海水淡化技术和装备转移输出为核心，参与当地海水综合利用建设项目，推动海水淡化与综合利用技术。再次，与海上丝绸之路沿线国家邮轮合作逐步展开。主要与日本、韩国、新加坡等国的邮轮游艇领域进行合作，允许境外邮轮公司在天津注册设立经营性机构，开展国际航线邮轮服务业务。最后，借助海底光缆工程总包和技术优势，积极承接东南亚、中东、非洲等"一带一路"沿线国家和地区项目，持续做大做强海底光缆和通信产业规模。

2. 海洋科教文化交流活跃

天津市海洋高新技术研发方面实力雄厚，科技创新成效显著。2019年，天津临港海洋经济发展示范区是由国家发展和改革委员会、自然资源部批准建设的全国性海洋经济示范区。截至2020年拥有国家级和省部级海洋科研院所27家，国家级和省部级海洋重点实验室、工程中心、研发中心

35家，建设科技兴海示范工程39个，培育产生海洋领域亿元科技型企业58家。天津大学、天津科技大学等十几所高校都开设涉海专业。"十三五"规划以来形成涉海发明专利、实用型专利等知识产权400余项。在海洋工程、海水淡化、海洋环境监测、海洋油气开采、海上平台等技术处于领先地位。一是深化海洋科技国际交流合作，积极引进国际海洋资料中心、国际海洋学院等组织机构，加强与沿海其他省区在海洋产业、科技、教育等领域的交流与合作，形成教育、科技与人才培养共同体。依托中国—东盟智慧海洋中心等平台，推动与东盟和沿线国家在海洋领域人才培养、战略研究、科研的合作，以此为基础打造新的产业合作平台。二是举办国际脱盐大会、国际海洋论坛等活动，以亚太脱盐协会为平台，加强与国际脱盐协会、国外企业、科研机构的交流与合作，推进与中亚、西亚国家在海水淡化领域的技术研发、平台建设、标准互认、人员交流与培训等全方位的合作。三是依托国家重点实验室加强涉海环保领域合作。如依托分离膜与膜过程国家重点实验室，推进与沿线国家院校和科研院所在海水淡化、污水处理、工业循环用水等领域的合作，提升天津膜技术的国际竞争力。四是打造北方港航科教创新中心。天津海运职业学院充分利用已有港航科教资源，立足打造具有影响力的国内一流港航特色高校，规划建设港航科教产业园，实现与滨海高新技术产业开发区海洋片区联动融合发展，从而成为建设东北亚乃至全球港航领域新思想的重要策源地。

3. 提升了在海洋事务方面的影响力

天津市国家级海洋机构集中，通过深化与海洋国际组织、东盟、日本、韩国等主要国家与地区海洋事务深度合作，在海洋事务的影响力不断得到提升。一是打造国际海洋事务高端培训平台。参与中国—东盟海平面与气候变化国际合作交流、中国—东盟海洋信息技术高级研修班、中日韩—东盟蓝色经济合作研讨会等项目的实施，打造国际海洋高端培训平台建设。二是打造国际海洋合作平台。开展与国际组织海洋资料交换与合作。通过国家海洋信息中心建设运行的全球海洋和海洋气候资料中心中国中心（CMOC/China）、中国Argo资料中心等项目运行，与国际组织开展合作。通过与自然资源部合作举办国际海洋空间规划论坛，筹建世界海洋空间规划和蓝色经济发展平台与信息系统。举办世界海水淡化技术研讨会，筹办世界海水淡化装备制造展览会，提升海水淡化先进装备制造基地影响力。三是参与海洋标准计量的制定，打造绿色和智慧港口标准。依托亚太区域海洋仪器检测评价中心、全球海洋教育学院开展海洋标准计量国际交流与合作，参与最佳实践和国际规划的制定。2022年，天津港与华为、科研院校和头部企业成立智慧港口全球创新实验室，打造智慧港口创新联合体。2022年8月，成立天津市港口标准化技术委员会，致力于推进构建符合智慧绿色枢纽港口建设的天津港标准化技术体系和港口行业技术标准。作为全国港口企业首家地方标准委员会，有助于提升天津港在国内港口行业的影响力和竞争力，助力世界一流绿色智慧港口建设。[1]

二、京津冀协同发展与海洋中心城市国际化建设

天津市在京津冀协同发展中涉海因素鲜明，特别是天津港在京津冀协同发展中发挥着海上门户枢纽的作用。

（一）建设世界一流津冀港口群错位发展优势互补

在京津冀协同发展战略下，为推动津冀港口间的优势互补，有效利用双方资源，谋求发展共赢，天津港集团与河北省政府有关部门和港口企业建立对接机制，津冀港口签署合作协议加快环渤海港口资源整合，形成分工协作、错位发展集装箱干支联动网络。天津港集团和河北港集团于2014年专门成立合资公司渤海津冀港口投资发展有限公司，注册资本20亿元人民币，各出资50%，负责天津及河北区域港口项目的投资运营和管理。公司成立后为进一步推进两地港口资源的集约利用，促进协同发展提质增效，公司收购天津港部分码头泊位，拥有天津港高沙岭港区新型建材产业基地通用码头，收购黄骅港综合港区多用途码头3号、4号泊位的51%和90%股权。天津港高沙码头工程是散杂货码头，借助河北港口集团在大宗散杂货方面的管理技术优势提升业务，河北黄骅港多用途码头则是集装箱码头，借助天津港集装箱项目航线，管理团队优势加快发展。与邢台市签订战略合作协议，开展"无水港"合作，开通邢台—天津港海铁联运通道，实现班列化运行。通过津冀港口之间合作，协同错位发展优势互补形

---

[1] 石森昌：《天津北方国际航运核心区建设研究报告（2021）》，载天津社会科学院编《天津经济与社会发展报告（2021）》，天津社会科学院出版社2021年版，第229页。

成合力,打造环渤海港口群之间港口物流产业链,在海洋新兴产业如物流金融、航运保险、绿色港口建设方面进行深度合作。2020年,天津港集团与河北港集团正式签署《世界一流津冀港口全面战略合作框架协议》,打造津冀港口协同发展升级版,在与河北两家港口合作基础上,增加与河北省四家港口集团的合作。瞄准同一个目标即建设世界一流津冀港口群,共同推动区域合作升级、港口经营模式升级、全球物流供应链网络升级和津冀港航协同升级,共同为京津冀协同发展提供保障。

(二) 建设环渤海"海上巴士"

天津以资本为纽带,助资黄骅、唐山等河北港口共同拓展腹地,形成的环渤海"海上巴士"已经成为京津冀协同发展的一个海上丝绸之路合作的服务品牌,天津港联合秦皇岛港、黄骅港等10多个环渤海港口,开辟内支线中转航线,现在拥有17艘船舶,每月航班突破120余艘次,形成环渤海"海上巴士",提升海铁联运能力。环渤海支线年运量从初期的几千箱到2020年运量突破100万箱,同比增长60%。2021年,中远海运港口收购天津港集装箱码头有限公司34.99%的股权,推出"海上高速—FAST"内贸航线品牌。打响津港服务品牌,"津港四千,天天为你"服务品牌入选国务院国资委品牌建设典型案例,是全国港口行业唯一入选案例。①

(三) 推动营商环境持续优化

服务于京津冀协同发展战略,大力推动营商环境持续优化。一是天津港分别设立北京、天津及河北三个区域总部,35家直营(加盟)店推行"一站式阳光价格",即从海运运费和港口相关费用上给予减免,外贸装卸费达到沿海港口最低水平,为腹地实体经济升级减负。二是联合浦海、中谷等船运公司组建环渤海每日动态跟踪协调,每周总结分析市场等机制,进一步提升干支线中转效率,将天津港阳光价格、阳光服务、阳光效率服务延伸到京津冀腹地,推进"无水港"网络向港口营销网络转型,实现物流加速集聚和优化配置。三是大力优化营商环境。推广"精品航线"和

---

① 石森昌:《天津北方国际航运核心区建设研究报告(2021)》,载天津社会科学院编《天津经济与社会发展报告(2021)》,天津社会科学院出版社2021年版,第213页。

"码头运抵"模式,实施"跨境贸易绿色通道"、外贸进口重箱"船边直提"等流程再造模式常态化运转,实现陆运作业24小时不停工,推动京冀口岸进出口合规时间大幅下降,跨境贸易便利化水平明显提高,天津营商环境在全球190个经济体排名由2019年第46位跃居到现在的第31位。

(四) 积极服务于雄安新区海上门户

为服务于"千年大计"雄安新区,2019年天津港在雄安核心区成立雄安新区政务服务中心,作为天津港港口功能资源的前置展示和服务中心,全方位对接雄安新区和天津市,同时将河北区域总部从石家庄迁至雄安新区,构建"一中心三节点",即雄安新区政务服务中心,保定、胜芳、白沟前端政务服务平台。开通服务雄安新区绿色运输通道,在码头闸口和天津国际贸易与航运服务中心分别设置了专用通道,与前端营销服务平台形成精准对接,成为雄安新区海上门户。

全球约有60%的经济体来自港口海湾地带及其直接腹地。根据施罗德发布的《2023年全球城市指数报告》,截至2023年3月,全球前30名最佳城市大多是海洋城市,如前5名城市为旧金山、波士顿、伦敦、纽约、墨尔本,可见全球已经进入海洋经济时代。[1] 世界海洋经济的发展是由全球海洋中心城市带动的,全球海洋中心城市以海洋资源为基础,拥有领先的海洋核心竞争力,在一定区域内起着枢纽作用且对全球经济社会活动具有较大影响力。为了全面客观评价全球海上丝绸之路节点港口城市航运发展能力,助力全球航运资源优化配置,由中国经济信息社联合波罗的海交易所于2014年创立的新华·波罗的海国际航运中心发布的发展指数评价显示,2023年排名前5位的城市为新加坡、伦敦、上海、香港、迪拜。[2] 全球排名前20位的海洋中心城市与世界级城市、世界级城市群有较大的重叠。可见,这些海洋中心城市大都位于世界级城市群中,是具有突出港口

---

[1] "The Schroders Global Cities Index Is a Ranking of the Strongest City Economies around the World", 2023, https://www.schroders.com/en—gb/uk/intermediary/spotlight/global—cities/global—cities—index/.

[2] "Xinhua—Baltic International Shipping Centre Development Index Report (2023)", https://www.balticexchange.com/content/dam/balticexchange/consumer/documents/Xinhua—Baltic%20ISCDI%20Report%202023.pdf.

优势和综合城市竞争力的世界城市。海洋中心城市发展依托世界级城市群而生，同时对区域的发展起到了良好的带动作用，中心城市和区域的发展起到了相辅相成的作用。目前，天津发展全球海洋中心城市国际化建设仍然存在着一些挑战。从国际看，全球经济增长持续放缓，中美经贸摩擦影响加深，单边主义和贸易保护主义加剧，疫情等非传统安全威胁持续蔓延，全球供应链"短链化"态势明显，将对天津海洋产业对外投资和合作建设带来诸多不确定因素；从国内看，宏观经济下行压力持续增大，但经济结构性矛盾凸显，实体经济困难增多，国内投资消费减缓，部分海洋行业产能过剩和高技术产业发展不足并存，将对天津海洋产业结构调整和转型升级形成较大压力。周边沿海各地海洋经济发展势头强劲，以主要海洋城市为引领的城市群虹吸海洋高端要素与资源，积极抢占海洋科技和人才战略高地。从天津看，天津港受到环渤海港口曹妃甸港、秦皇岛港、大连港等周边港口的冲击，面临着先行优势减弱、竞争形势严峻的双重压力。同时面临在发展质量和效益水平上有待提高、在整体海洋经济和创新型产业发展仍有待加强等问题。为此，天津应加快港产城融合发展，强化交通枢纽地位，促进环渤海地区的互联互通，依托自身制造业基础，产业结构持续优化，海洋产业加速向绿色智能化发展，促进研发和创新的提升，依托港口海洋经济和外向经济，不断发挥"一带一路"建设枢纽门户作用，不断优化区域发展格局，带动北方沿海地区在更广范围、更高层次上参与国际竞争力，为国家深化对外开放拓展新的空间。

第三节 天津国际友城合作助力海洋中心城市国际化

天津市紧紧围绕海洋强市和国家级海洋经济发展示范区建设，依托天津自贸试验区和全国跨境电商试点城市等制度创新优势，借助天津港在世界港口中的影响力和吸引力，以扩大天津港与"一带一路"沿线港口开展合作为重点，逐步推动天津市与沿线港口城市开展涉海合作，以向海开放，织密"21世纪海上丝绸之路"沿线国家的国际友城网络。

一、深耕与东北亚海上丝绸之路友好城市的合作

中日韩三国历史上就通过海上贸易的形式进行密切的政治、经济、文化交流,在此基础上形成了多条海上交通道路,且主要以丝绸为贸易商品。历史上交通道路大体分为五条:一是明州道(今宁波)—韩国—日本;二是扬州—海州(今连云港)—韩国;三是登州(烟台)—朝鲜、日本;四是大连—丹东—朝鲜半岛西海岸—日本;五是图们江—滨海地区—朝鲜、日本。这五条道路通过中国东部和南部海岸交通与其他地区互相联系,其道路与港口组成了古代东北亚地区海上交通网,形成了东北亚丝绸之路。古代的东北亚丝绸之路为中日韩在海上丝绸之路的合作打下了良好的历史基础。作为东北亚的主要国家,日本和韩国是最早与天津开展经贸合作的,天津也是日韩投资企业最为密集的城市之一。目前天津海运拥有完善的国际近洋集装箱运输网络,经营及管理天津、上海至日本、韩国等国家和地区的国际近洋直航班轮运输航线。

(一)天津与日本、韩国在海上丝绸之路的合作日益紧密

随着经济全球化和局域经济集团化趋势的不断发展,东北亚地区日益重视国家和地区性的经济合作,为促进中日韩贸易关系的发展提供了重要条件。中日韩三国在产业、贸易、金融、投资等领域具有较高的相互依赖与合作契合度。中国是日韩最大的贸易伙伴,日韩是中国外资来源地,三国经济具有很强的互补性。东北亚地区经济合作的不断深化也会对中日韩贸易合作进一步发展创造良好的外部环境。特别是《区域全面伙伴关系协定》的签署,在此框架内中国首次与日本建立了经贸合作关系,有助于进一步促进中日韩三国经贸合作,增加天津港与日韩港口之间的贸易往来,特别是通过海铁联运方式,通过"津蒙俄""津蒙欧"融入"一带一路"建设,促进天津打造成为东北亚新的国际航运枢纽中心。

1. 与日韩借《区域全面伙伴关系协定》探讨建立中日韩自贸区战略先导区

天津与日本和韩国有邻近的地理位置和类似的文化背景,并且在自然资源、劳动力资源和产业结构等方面互补性较强,双方经济交流和贸易合作具有良好的自然条件和客观优势。文在寅政府积极推进朝鲜半岛"新经济地图构想"和"新北方政策",中韩两国于2018年举行的中韩经济部长

会议决定，将韩国"新北方政策"和"新南方政策"同中国的共建"一带一路"倡议对接。日本经过长时间观察，对共建"一带一路"倡议采取有条件合作政策。2018年9月25日，中日双方针对第三方市场合作召开专项会议，表明日本对"一带一路"应对政策出现实质性转变。总体来看，未来中日韩无论是在经贸还是人文交流方面都有巨大的发展空间。在中美博弈持续加剧、中日竞和关系凸显的背景下，日本对"一带一路"总体上形成合作与制衡并举的应对思路。中国围绕"一带一路"的合作面临诸多挑战，但仍具有发展潜力，呈现不少合作亮点。[①]

一直以来，日本和韩国都是天津的主要贸易伙伴。如在外贸方面，2019年天津对日本实现进出口756.4亿元人民币，日本是天津市第四大贸易伙伴、第四大出口市场、第二大进口来源地。2019年，天津对韩国实现进出口697.8亿元人民币，韩国是天津第五大贸易伙伴、第五大出口市场、第三大进口来源地。天津与日韩贸易额占全市出口、进口比重均为20%左右。在外资方面，天津是日韩企业重要的聚集地，至2020年底，天津现存日韩企业1600家，占全市外商投资企业总数的18%。从投资规模看，投资总额1000万美元以上企业270家，其中有100家企业投资总额为5000万美元以上，约1/3企业注册在天津自贸区及滨海新区。天津港是中韩自贸协定的受益者。[②] 天津与日韩贸易往来较为频繁，贸易关系较为稳定。1991年12月24日，"天仁"轮首航；1994年12月24日，天津机场与仁川机场正式通航，使两市的往来更加便利，极大地密切了两市的关系。随着两市友好交流合作关系的全面发展，透过仁川这个交流窗口，使更多的韩国企业了解天津，极大地促进了双方的经贸合作。30年来，韩资企业在天津市对外开放格局中的地位日益提高，在天津市经济发展中的作用也越来越大。截至2023年3月底，天津市累计批准韩资企业1542家，天津三星等韩资企业在天津市经济发展中所起的作用日益显著，尤其在出口创汇、税收和劳动力就业等方面作出了重要贡献。

2022年5月，天津市政府制定《〈区域全面经济伙伴关系协定〉

[①] 杨伯江、刘瑞等：《"一带一路"推进过程中日本的角色分析》，中国社会科学出版社2023年版，第4页。

[②] 孟兴：《中日韩自贸区小循环加快构建 RCEP给天津自贸试验区"撒红包"》，《天津日报》2020年11月20日。

（RCEP）的若干措施》（以下简称《若干措施》），从货物贸易、招商引资、境外投资、服务贸易、跨境电商、国际合作、金融服务等方面提出24项具体措施，助力相关产业和企业加快适应更加开放的区域市场，享受更多政策红利[1]。通过《区域全面经济伙伴关系协定》，中国与日本首次达成了双边关税减让安排。根据《若干措施》，天津将进一步发展对日货物贸易，针对关税减让幅度较大的商品，建立进出口重点商品和企业清单。依托自贸试验区，天津将构建中日韩自贸区战略先导区。对接中国在《区域全面经济伙伴关系协定》中对日本和韩国投资、检验结果国际互认、原产地声明制度、服务贸易、跨境电商、知识产权保护等方面的相关承诺，在天津自贸试验区率先开放和创新，为中日韩自由贸易协定进行风险压力测试。通过加强《区域全面经济伙伴关系协定》框架下基于三国特殊经济功能区之间跨境贸易和双向投资的便利化试点措施研究，主动对标中欧全面投资协定、《全面与进步跨太平洋伙伴关系协定》（CPTPP）等国际高标准规则，将原产地规则、服务贸易、知识产权保护等方向作为重点研究方向，探索在投资准入、服务贸易、金融开放、数字经济、竞争政策、政府采购、知识产权保护、劳工与环境标准、争端解决机制等重点领域的制度创新和政策突破，明确开展风险压力测试的方向路径。通过利用好《区域全面经济伙伴关系协定》中的国际经济合作条款，加强与日本、韩国相关地区和仁川、釜山等特殊经济区域在医疗美容、生物医药、信创产业、人工智能、融资租赁、商业保理等方面的合作，打造国内国际双向循环的资源配置枢纽，促进中日韩产业链、供应链、价值链和分销网络的调整和重塑。

2. 与日韩海铁联运通过"津蒙俄""津蒙欧"助力融入"一带一路"建设

在地理位置上，天津与韩国间的海路距离虽长于胶东半岛与辽东半岛的主要港口，但天津港与釜山港的整体海路只有742海里，辐射"三北"地区，陆路发达并与空港相配套。从船期跟踪数据看，目前每周有超过50个集装箱班次往返于天津与韩国的各大港口之间。日本和韩国利用海运班

---

[1] 《天津市高质量落实〈区域全面经济伙伴关系协定〉（RCEP）的若干措施》，天津政务网，2022年5月10日，https://www.tj.gov.cn/zwgk/szfwj/tjsrmzfbgt/202205/t20220510_5878122.html。

轮将商品（主要是日本丰田汽车和韩国的现代大客车等）整车过境天津港后，通过"津蒙俄""津蒙欧"到达蒙古国和中亚市场。如2020年开通了首列亚欧陆海贸易大通道（名古屋—天津·西安—阿拉木图），日韩过境汽车海铁联运笼车班列在天津顺利发车。该批过境出口车辆从日本工厂出厂后，首先通过日本内贸海运抵达名古屋港口，随即搭乘国际滚装船前往天津。在天津港码头完成整车接卸作业后，再次搭乘中铁特货笼式专用运输列车一路西行，途经西安经由霍尔果斯口岸出境，到达哈萨克斯坦阿腾科里车站之后，最后通过轿运车运往阿拉木图并在客户指定地点交付。该通道与传统的运输线路相比，采用的是"滚装船+JSQ笼车+轿运车"相结合的运输模式，将全程运输时间由原来以海运为主60多天的运输缩短至现在的20天左右，大幅降低了全程运输时间，提升了运输时效。日韩过境汽车海铁联运笼车班列成功开行，为日韩企业特别是汽车主机厂商出口中亚、欧洲地区提供了一个全新的选择，进一步彰显了亚欧陆海贸易大通道在全球国际物流网络中的重要作用。[1]

3. 在产业园合作上独具特色

天津与日本在产业园方面合作紧密。日本四日市市既是一座化工城市，又是日本著名的环保城市，在治理工业污染和环境保护方面具有许多先进经验。为了学习和借鉴其先进经验，经双方协商，四日市市政府出资为天津培训环保人员，从1991—1996年共为天津培训环保人员12批、94人次，内容涉及大气污染和水质污染防治技术、汽车尾气排放的监测与治理等。同时，四日市市还派出20多名环保专家来津举办治理大气污染和水污染及环境保护研讨会，来自天津市各区县环保部门的200多人参加了研讨会，收获很大。通过借鉴四日市市的先进经验和技术，对解决天津市大气环境、水源保护、污水处理、垃圾发电、节能减排等问题起到了积极作用。2008年5月，在时任中国国家主席胡锦涛与日本时任首相福田康夫共同见证下，天津市与日本北九州市签署中日循环型城市合作备忘录，就子牙循环经济产业区循环经济的发展开展广泛合作。2019年6月，天津市静海区与北九州市签署了《关于开展循环低碳经济领域合作的框架协议》，

---

[1] 《陆港新模式！亚欧陆海贸易大通道日韩过境汽车海铁联运（笼车）首发》，西部网，2022年8月13日，http://news.cnwest.com/bwyc/a/2022/08/13/20818859.html。

深化了中日之间在循环低碳经济领域的合作，同时加强了与株式会社日本综合研究所等日本高端智库和产业平台之间的合作。委托株式会社日本综合研究所编制了《"天津市静海区中日循环产业园区"开发战略规划》《天津市静海区中日健康产业园发展规划》，确立中日双方在国际诊疗中心、中日合作康养护理学校等项目进行合作。2020年，中日（天津）健康产业发展合作示范区挂牌，这是国家发展和改革委员会正式批复建立的中日地方发展合作示范区，主要聚焦健康产业合作，未来中日依托产业园在循环经济和健康产业上将有更大的合作前景。

天津自贸区与韩国仁川经济自由区等特殊经济区的战略合作也在进一步深化，围绕优势产业合作、《区域全面经济伙伴关系协定》相关条款落地、航运物流合作、电商合作等新模式加强合作，天津市与韩国经贸合作向复合型结构转型。

4. 数字经济合作成为中日韩新干线

运用《区域全面经济伙伴关系协定》在电信领域增加的国际海底电缆系统等便利规则，推动海底通信、智慧城市和可数字化交付的服务外包等领域国际合作，加快融入《区域全面经济伙伴关系协定》数字贸易市场网络。2016年，天津跨境商品电子口岸上线，成为全国跨境电商的示范区。结合《区域全面经济伙伴关系协定》实施，通过完善财政、金融支持政策，扩大跨境电商、海外仓、外贸综合服务、保税维修、离岸贸易等新型贸易方式规模。充分运用数字技术和数字工具，集成外贸供应链各环节数据，推动外贸全流程优化。通过高水平履行电子商务规则，对接国家"丝路电商"合作机制，利用贸易便利化规则，与日韩开展电子商务务实合作。如天津与日本世界500强企业雅玛多签订协议，在保税备货、海外采购、国内电子商务平台、O2O方面进行合作，即利用其分布于日本、北美、欧洲的快递物流网络，将其电商及线下商户快递包裹汇集到自贸区，与国内物流无缝对接，形成跨境直邮特色。在电子商务平台企业全球化经营上，完善仓储、物流、支付等全球电子商务基础设施建设，带动品牌出海。通过支持跨境电商海外仓建设，完善海外仓储物流服务体系。补足货运航空等跨境物流短板，在打造与跨境电商等新业态新模式相适应的公海铁空邮立体式物流通道方面进行了有益的探讨。

5. 高端制造行业成为日韩企业投资重点

日资企业在天津开发区形成了以汽车制造为主，覆盖电子、医药、精密仪器制造、环保和现代服务业稳定的投资布局。截至2018年，该区累计日资企业超过430家，投资总额超过60亿美元，规模以上工业总产值合计超过950亿元人民币，在各投资来源国中居第1位。截至2019年，居住在天津的韩国侨民达到了24000人，其中包括三星、LG等在内的2000多家韩国企业，向天津投资约45亿美元。这些企业多数入驻滨海新区，集中以电子元件及组件为代表的高端制造。韩国和天津的双边贸易额超过120亿美元，是天津市的第二大贸易伙伴，天津是中国与韩国贸易排名第6位的城市。韩国和天津市的经济合作开始从传统的出口加工转向尖端制造业、消费品和服务领域的合作。[1]

6. 与日韩在科技和新兴产业合作方面具有潜力

天津与日本、韩国产业互补性强，有助于依托产业链实现协同发展、互利共赢。天津与日本、韩国产品结构具有明显的互补性，产品贸易以机电、机械、电子、纺织等为主，双方充分发挥了各自比较优势。"十四五"规划期间，天津充分利用《区域全面经济伙伴关系协定》创造机遇，积极开展中日韩自贸区战略先导区建设。当前，天津倾力引育发展新动能，致力于发展智能科技、生物医药、新能源新材料等产业，推进国家新一代人工智能创新发展试验区建设，为日韩产业深度合作提供了较好的产业发展基础。如通过中韩技术转移平台，梳理韩国在人工智能、生物医药、新能源新材料方面的成果，筛选出斗元顶峰、东海株式会社、麦缇格株式会社等知名韩国科技企业带来的氢燃料电池、危废处理等技术成果，以及在人工智能方面进行合作。对接我国在《区域全面经济伙伴关系协定》中对日本和韩国投资、检验结果国际互认、原产地声明制度、服务贸易、跨境电商、知识产权保护等方面相关承诺，天津率先为中日韩自由贸易协定谈判进行风险压力测试，打造了国内国际双向循环的资源配置枢纽。[2]

---

[1] 《外交部天津全球推介活动举办——共飨"天津时刻"聚焦发展合作》，人民网，2019年4月17日，http://world.people.com.cn/n1/2019/0417/c100231035103.html。

[2] 平力群：《中日韩自贸区战略先导区建设研究报告》，载靳方华、蔡玉胜主编《天津经济发展报告（2023）》，天津社会科学院出版社2023年版，第214页。

（二）天津与日韩友好城市交往情况

中日韩三国友好城市之间的交往既有深厚历史，又有民意基础，地方政府也在加强沟通、增进了解、深化友谊方面探索了一些有效的途径和方法，为真正成为好邻居好伙伴努力。1973年6月，在周恩来总理的亲切关怀下，天津市与神户市在中日邦交正常化第二年结为友好城市，这是中日间第一对友好城市，也是中国与国外缔结的第一对友好城市，在此带动下，上海与横滨、大阪，西安与奈良、京都，南京与名古屋等先后建立友好城市关系。天津市先后与四日市市、千叶市结为友好城市关系，截至2022年中日间友好城市已超250对，居于中国与国外结为友好城市的第2位。1993年7月，江苏省连云港市与韩国全罗南道建立了第一对友好城市，此后，上海与仁川市、山东省与庆尚南道、辽宁省与京畿道、北京与首尔市、天津与仁川市先后建立友好城市关系。中韩建交以来，两国城市外交得以长足发展，友好城市数量逐年攀升，截至2020年底，中韩友城数量就已经达到206对，仅次于中美和中日之间的友好城市数量。韩国是中国第三大结好对象国，在中国友城中占有十分重要的地位。据韩国市道知事协议会统计（由于对友城的认定标准不同，中韩双方的友城统计数据略有差别，特此说明），截至2017年底，韩国与世界各国结友好城市697对，其中与中国的友好城市对数占友好城市总数的31.1%，中国是韩国最大的友城结好对象国。

截至2023年，天津市已与日韩两国共建立友城12对，其中友好城市4对，分别为日本的神户市、四日市市和千叶市，韩国的仁川市。友好交流与合作城市5对，分别为日本的函馆市、秋田县，韩国的釜山市、京畿道、首尔市。友好交流与合作意向书或备忘录城市3对，为日本的大阪市（商务伙伴城市BPC）、北九州市（开展中日循环型城市合作备忘录）、大阪府。天津与国际友城建设呈现出鲜明特色。

1. 由双边交往向多边交往发展

在双边交往的基础上，天津通过中日韩三国建立起来的中日韩友好城市大会、东亚经济交流推进机构、东北亚地区政府联合会等次区域地方政府合作机制，搭建三国地方政府开展交流沟通信息的平台，围绕特定议题共同合作将国际友城合作推向深入。如早在2007年就由天津市市长带队出席第一届东亚经济交流推进机构城市合作论坛及第二届执行委员会。借助夏季达沃斯论坛、中国·天津国际友好城市圆桌会议,邀请日本秋田县参加会议,双方加深了了解、增进了友谊,在以航空产业为重点,促进节能环保、港口物流、文化教育等领域的交流与合作等达成一致意见,共同签署了建立友好交流与合作关系城市意向书。

2. 与日韩国际友城交流成效显著

日本和韩国国际友城一直都是天津推进友好交流的重点方向。多年来,天津借助国际友城的平台,通过高层互访、经贸推介、论坛展会、平台活动、人员互遣等多种形式不断深化与日韩国际友城在经济环保、城建绿化、文化体育、观光旅游、医疗卫生、人员交往等各个领域合作,取得丰硕成果。为表彰天津市与四日市市在环保合作方面取得的成绩,日本自治体国际化协会和总务省向两市颁发了总务大臣奖。2014年,韩国仁川市获得由中国人民对外友好协会颁发的"对华友好城市交流合作奖",天津市获得"国际友好城市交流合作奖"。天津建立"津韩友城工作联席会",提升天津与韩国友城之间的关系。以天津市与神户市友好城市交流为例,曾经获得了九个"第一"。一是1973年中日结成第一对友好城市;二是大熊猫第一次作为友好使者参加神户人工岛活动;三是在1983年天津市授予神户市前市长宫崎辰雄为天津市第一个荣誉市民;四是20世纪80年代初,随着天津市对外贸易的快速发展,天津市聘请神户港口顾问团为天津第一个友好城市顾问团,有效地解决了天津的压港问题;五是1984年8月神户市在天津的第一家日式酒吧开业;六是神户市出资1亿日元在天津的水上公园建立了神户园;七是开通了天津—神户第一个定期客货国际班轮"燕京"轮;八是1993年神户市倡导提供1亿日元无偿援助新建天津代谢病防治中心;九是在2008年两市结为友好城市35周年,天津组织社区工作者访问神户,成为中国社区工作者出访国际友城的第一例。

第一,双方政府及高层领导对发展国际友城关系高度重视。如2010年为纪念天津与日本四日市市两市结好30周年,四日市市市长和议长带队一行41人访津。天津市政府主要领导同志会见代表团全体成员,共同出席了两市结好30周年纪念仪式,并签署了纪念两市结好30周年宣言书。另外,在各自发生重大事件或举办重要活动时也给予相互支持。如2009年5月,日本神户市等地暴发甲型H1N1流感疫情,灾区急需口罩,天津以最快速度向神户市捐赠了 20 万只防护口罩，有效控制了疫情的蔓延。

第二，双方由友好交流向解决实质问题发展。为了有利于友城自身的快速发展，使友城间具备坚实的合作基础和加强对外合作的迫切愿望，国际友城的交往不断扩展到各个领域。

与日本友城的合作在解决实际问题上有特色。如在港口合作方面，1981 年，天津港开始建设中国第一个集装箱码头，神户港派技术人员来津进行现场指导，使天津港少走了许多弯路。1984 年，以神户市港湾局鸟居幸雄为团长的神户港口顾问团来津协助工作，帮助天津港解决了长期压船压港问题，制定了天津港长远发展规划。神户专家的工作成绩受到邓小平等中国领导人的高度赞扬。在医学方面的合作深入也有实效。如日本神户大学教授马场茂明是国际著名的糖尿病专家，他积极斡旋日本政府无偿援助 5 亿日元，与天津医科大学合作兴建了中国第一个集防治、科研、教学为一体的现代化糖尿病专科医院。2008 年，天津中医药大学与神户东洋医疗学院合作成立神户东洋医疗学院中医特色孔子课堂，开展多层次的汉语课堂和中医药特色文化活动；2018 年，两校又合作成立天津中医药大学针灸推拿学院神户校，联合培养 3 年制针灸推拿学专业大学专科学生。为协助天津奥运绿化工程，神户市绿化考察团访津。考察团与相关部门进行工作会谈并实地考察天津市主要道路景区及奥运场馆周边情况，还分批派遣专业技术人员来津为天津市容美化、绿化工作提供技术指导和帮助。2020 年 2 月在天津市抗击新冠疫情的关键时期，日本神户市、四日市市向天津市捐赠医用物资；天津市也同样支持日本神户市和四日市市等友城抗击新冠疫情，友城之间表现出守望相助的情谊。

与韩国友城的人文交流也很密切。自 1996 年以来，天津和仁川为了解两国的历史、文化和生活风俗，以及两个城市的今后发展方向和经济贸易现状开展了公务员研修活动，以每年互派研修团的方式进行，双方共有近 400 名公务员参加了研修；两市律师协会也多次组团互访，就两国的司法制度进行交流。通过以上活动，两市在行政、司法的交流关系得到了加强。两市基层单位的互访和交流也十分密切。2001 年 11 月，天津市大港区与仁川延寿区建立友好城区关系；天津市蓟县（现为蓟州区）与仁川市江华郡确立了结好意向。2002 年 5 月，天津外国语学院与仁川大学签订了友好交流与学生交流协定。2019 年 7 月，天津对外友协、教育委员会代表团访问仁川，与仁川大学签署了教育领域合作协议。

第三，与日韩友城之间的经贸合作紧密。天津与神户建立友城后，1973年"渤海一号"轮由日本神户港开往天津港，成功开辟了中国第一条中日国际集装箱班轮航线。1980年，天津港与神户港结为友好港。1990年，天津和神户实现海上客货班轮通航，"燕京"轮出渤海过黄海，经韩国海域进入日本内海。"燕京"轮正式投入运营至今，为中日两国经贸合作和人员往来架起了一座海上金桥。1991年，天津至韩国仁川的"天仁"轮开通为中韩贸易和人员交往打通了一条便捷的出海之路。随着两市友好交流合作关系的全面发展，更多的韩国企业了解天津，极大地促进了双方的经贸合作，韩资企业在天津市对外开放格局中的地位日益提高。友城的合作为实现更高水平的互利共赢、加强中日韩地方交流合作、推动中日韩关系行稳致远贡献了力量。

3. 与日韩国际友城未来发展方向

天津市与日韩国际友城将在深化经贸、健康医疗、智能科技、港口、人文交流、时尚消费等领域进行重点合作。

第一，积极引导和支持民间团体、民间人士参与友好城市交流。目前天津和日韩友城交流主要以行政机构主导下的政府间交流为主，市民参与度不高。友好城市交流与合作必须坚持经济交流和人文交流并重、官方交流与民间参与并重。问卷调查结果显示，在中日韩友好城市交流中，中方城市比较注重经贸交流，而日韩城市更加注重人文交流。随着国家治理体系的完善、全面发展意识的提升，当前城市的发展早已超越了单纯追求经济增长的阶段，而开始强调经济、社会、生态、文化的全方位协调发展。对于友城政府而言，建立友好城市关系不仅能加强城市之间的经济贸易合作，通过交流获得发展的先进经验、共同解决发展的难题，还有助于城市塑造开放包容的形象，提升城市和居民的人文气质。

第二，加大线上"云上"的交流力度。如一场突如其来的疫情阻断了国际正常的交流和合作，那么可以通过"云上"开展紧密的活动，提高沟通合作水平，充分发挥国际友城加热和保温作用。为此，充分利用信息化时代的优势，建立友好城市工作网络交流平台，实现信息交流、经验分享。在网络平台上可以宣传自身经济社会发展所取得的成就、良好的投资环境、丰富的旅游资源、各具特色的传统文化等。这对于提升城市自身国际知名度和影响力,以及吸引投资、开发国际市场都具有不可忽视的重要作用。天津与日韩友城还可以在各自媒体上开设"国际友城之窗"专栏,互相介绍两市在文化经贸等方面的交流合作情况,重点介绍对方城市的地理、历史、文化、经贸、教育、旅游、物产、环境等情况,展现不断拓展国际朋友圈的积极探索和成果。

第三,加强天津与日韩友城间人文交流,增进两市的友谊。中日韩同属儒家文化圈,文化上的相似使地方政府之间的交流与合作更加容易。比如,举行体育友谊赛、参加民俗节日、举办民俗品展览、举办歌舞团公演及摄影展等。这些活动贴近双方民众生活,民众参与度高,使民众在体验活动乐趣的同时了解彼此文化。城市间交流合作需要新的活力,需要一代代青年人传递接力棒。友好城市之间应适度增加青少年交流项目,给双方青少年提供了解对方文化、深入交流思想、培育友谊的机会,培养中日韩友好事业的接班人。天津市与日韩友城应努力为两国青少年的修学旅游提供强有力的政策、法律保障,加强相关部门的管理职能,尽可能多地为学生们创造良好的交流学习机会和条件。比如,天津市政府特别设立了国际友好城市奖学金,包括市长特别奖学金,还有友城国际联络员的短期研修班。

第四,本着友好和互利共赢的原则,积极打造国际友城交流品牌活动。特别是在共建"一带一路"合作上,将双方的交流方式以品牌方式固定下来,进一步促进双方友好关系。在共建"一带一路"合作背景下着力加强国际友城的体制机制创新,依据天津国际友城多是著名国际港口城市的特点,建立国际友城多边港口城市联盟。如天津港与仁川港结为友好港,签署《天津滨海新区与仁川自由经济区域厅友好交流意向书》,此后与仁川自由经济区签署战略合作协议,发挥国际友城合作的引领示范作用。如通过建立中日韩港口城市联盟,定期召开研讨会,围绕港口城市发展的共同课题探讨解决办法、交流经验,进一步推进工作。

尽管中日韩三国之间依然存在着许多短时间难以化解的矛盾,但未来三国在应对全球挑战上,特别是解决全球治理难题上,应对东方智慧进行合作,求同存异,形成共识,为亚洲地区以至世界的和平与发展作出贡献。[1]

---

[1] 葛建华、马兰:《中日韩合作抗疫:构建卫生健康共同体》,《东北亚学刊》2020年第3期,第24—32页。

表 7-2 天津市与中日韩国际友好城市一览表（截至 2023 年）

国家	友好城市	交流与合作关系城市	友好交流与合作意向书或备忘录城市
日本	1. 神户市：于 1973 年 6 月 24 日建立友城关系，是中日间也是我国与国外缔结的第一对友好城市，是日本阪神工业区的核心城市。工业主要以运输机械、钢铁、橡胶、电机等为主。商业发达，以经营纺织品、家具、百货为主。神户港是世界上较大的国际贸易港之一，拥有日本最先进的医疗技术研究机构，致力于打造"神户医疗产业都市"。特产有清酒、葡萄酒、珍珠和神户牛等。与天津市高层领导和各界人士互访频繁，在港口、教育、体育、动物养殖、青少年交流等领域均有合作 2. 四日市市：于 1980 年 10 月 28 日建立友城关系，是三重县和名古屋大城市圈西南部的中心城市，也是日本石油化工联合企业基地。近年来重视发展高新技术产业。该市在治理大气污染、环保人员培训方面成绩较为突出。四日市市港是日本中部地区陆海交通枢纽。与天津市在经贸、节能环保、文化体育、教育卫生、青少年交	1. 函馆市：于 2001 年 10 月 18 日建立交流与合作关系，位于北海道南部，是北海道重要港口，是日本最早与外国通商的港口之一。与天津市在经贸、教育、青少年交流等领域开展了交流与合作 2. 秋田县：于 2012 年 7 月 25 日签订协议，位于日本本州岛东北部，森林资源丰富，水稻产量在东北地区居首位。工业主要包括石油化工、冶金、机械和木材加工等。近年来，秋田县重视发展航空航天和风力发电等高新技术产业，在飞机零配件制造和节能环保型汽车技术研发方面拥有一定优势。秋田县旅游条件独特，温泉等资源丰富。与天津市在高层交往、经贸、旅游、公务员及青少年交流等方面开展了交流与合作	1. 大阪市：于 2004 年 6 月 15 日与天津市签订了缔结商务伙伴城市的协议，是日本第二大城市，也是日本海、陆、空的重要枢纽。大阪市自古被称为"天下的厨房"，以美食之都驰名世界。名胜古迹较多，众所周知的大阪城、日本环球影城以及世界最大规模之一的海洋博物馆吸引着世界各国游客。与天津市在高层互访、经贸、人员交流等领域开展了合作 2. 北九州市：于 2008 年 5 月 7 日与北九州开展中日循环型城市合作备忘录，位于日本九州岛北端的福冈县，是日本的四大工业地带之一，主要产业为钢铁、化学，并致力于资源循环型城市的构建。2004 年，北九州市制定了创建"世界环境首都"的目标。在 2006 年度、2007 年度日本环境首都评比中，北九州市连续两年获得第一名，2008 年被国家批准为"环境模范城市"。目前，北九州市正努力建设成为环境与产业协调发展的低碳经济型城市。与天津市在环

续表

国家	友好城市	交流与合作关系城市	友好交流与合作意向书或备忘录城市
日本	流等领域开展了富有成效交流与合作 3. 千叶市：于1986年5月7日建立友城关系，是千叶县首府，距离首都东京约40千米，距离成田国际机场约30千米，是承担首都圈部分功能的大都市。千叶市的钢铁、机械、食品等工业发达。千叶港是日本国内货物吞吐量排名第2位的国际贸易港。市内交通运输体系发达，有高速公路直通东京和成田机场。市内采用的悬挂式单轨交通系统的营业里程为世界第一。与天津市在高层互访、经贸、教育医疗、文化体育、公务员培训及青少年交流等领域开展了交流与合作		保、经济、港口、旅游等方面开展了交流与合作 3. 大阪府：于2008年11月20日签署合作意向书，是日本关西地区重镇，阪神工业地带的中心，日本东西的交通枢纽。世界著名的人工岛屿机场——关西国际机场位于大阪府内。主要产业为钢铁、机械制造、造船、化工、纺织和造纸等。大阪府内多河流，水域面积占大阪总面积的10%以上，有"水都"之称。与天津市在高层交往、经贸、环保等领域开展了交流与合作
韩国	仁川市：于1993年12月7日正式建立国际友城关系，是韩国首尔市的卫星城，韩国第二大港口城市。拥有大宇、INI等大型企业及众多中小企业，其中汽车、机械、金属、电机四个行业占70%。仁川市拥有仁川国际机场，未来将建设成为东北亚的枢纽机场。仁川港将建成集航空口	1. 釜山市：于2007年7月23日建立合作关系，是韩国第二大城市，釜山港是世界最繁忙的海港之一，海洋运输是经济重要构成。与天津市在港口物流、国际会议、公务员交流等领域开展交流与合作 2. 京畿道：于2008年3月28日建立交流与合作关系，位于韩国西北部，环	

续表

国家	友好城市	交流与合作关系城市	友好交流与合作意向书或备忘录城市
韩国	岸、通信口岸、海港口岸、观光港和商务港五种功能为一体的港口。仁川自由经济区是国家指定的韩国首批自由经济区，包括松岛、永宗及菁萝三个地区正在快速发展。与天津市在经贸、文化、人员交流等领域开展了卓有成效的交流合作，堪称中韩两国友城合作的典范	抱首尔市和仁川市，首府为水原市。京畿道拥有仁川国际机场、仁川港以及平泽港等，韩国国内25%以上的中小企业都集中在该地区，主要产业为制造业、IT业和汽车零配件产业，是尖端科技产业的中心地带。与天津市在高层互访、国际会议等领域开展了交流与合作 3. 首尔市：于2009年4月12日签署协议，是韩国的首都和政治、经济、科技、文化中心，金融、房地产、电信、批发和零售业比重高于韩国其他地区平均水平。首尔市将创新产业、旅游会展产业、社会服务产业列为未来三大新兴产业。旅游会展业的发展目标是将首尔市打造成世界第三大会展中心和国际化大城市。与天津市在高层交往、国际会议、环保、公务员培训等领域开展了交流与合作	

资料来源：根据天津市人民政府外事办公室官网资料整理，https://fao.tj.gov.cn/XXFB2187/GJYC9244/MLYC1235/。

二、深化与东南亚海上丝绸之路沿线国家友好城市的交流与合作

东南亚作为海上丝绸之路的咽喉要道，从古至今都对海上贸易的畅通和繁荣起着关键作用，也是中国"一带一路"建设的核心区域和合作重点

区域，除了海陆之外，还包含中国南方省份与东盟建立的"中国—中南半岛经济走廊"陆上大陆桥建设，东南亚国家联盟的所有10个成员国都是亚洲基础设施投资银行的57个创始成员之一。中国与东盟是战略合作伙伴关系，关系发展良好。中国共建"一带一路"倡议与《东盟互联互通总体规划2025》相对接，互联互通是合作的主要内容，如中老铁路、中泰铁路，东盟40多个港口，大部分由中国维修、建设，这加速了中国与东盟港口城市的合作。特别指出的是在全球突发新冠疫情、各国经济下行压力加大的情况下，中国与东盟国家克服疫情影响，经贸合作逆势上涨。东盟在历史上成为中国第一大贸易伙伴，形成了中国与东盟互为第一大贸易伙伴的局面。天津市与东盟联系紧密，特别是在经贸领域合作发展势头强劲。如2022年对"一带一路"沿线国家的进出口成为天津口岸外贸增长的主要拉动力量，累计达6708亿元，增长41.2%，占口岸进出口总值的33.4%。特别是《区域全面经济伙伴关系协定》生效一年来，天津口岸对其他14个成员国进出口达6421.7亿元人民币，比2021年增长20.4%。其中，对10个成员国进出口增速超过两位数。[①]

（一）天津与东盟在海上丝绸之路建设上的合作全面深入

长期以来，天津市与东盟国家和东盟地区国际组织保持着良好的交流关系，在友城、经贸、文化、教育等各领域均开展了务实合作。东盟是天津主要贸易伙伴，在"一带一路"建设中各国和地区经贸合作日益深入，取得丰硕的成果，探索了比较行之有效的发展模式。

1. 不断拓宽与东盟"一带一路"沿线国家海上物流新通道

随着中国与东盟在经贸领域的合作日益紧密，特别是中国—东盟自贸区升级《议定书》全面生效，天津对东盟的贸易结构进一步优化，一般贸易比重不断上升，民营企业出口持续上升。为此天津港在原有港口的基础上开通多条新航线，开通了直航越南、马来西亚、印度尼西亚等国家的新通道。如2020年6月，开通越南到东马直航快线，投入4条1800标准箱级船舶进行"周班"运营，填补了中国到越南南部直航服务的空白，实现了越

---

① 《2022年天津口岸进出口总值首次突破2万亿元 居全国第6位 出口1.06万亿元 进口9500.3亿元》，《天津日报》2023年2月1日。

南从南到北全口岸覆盖；而天津到马来西亚民都鲁作为市场上唯一直航航线，实现了东马全口岸的航程提速，提升了对东马服务市场的吸引力。天津到印度尼西亚班轮由天津港保税区直航至印度尼西亚 BAHODOPI 港，由天津与印度尼西亚德信钢铁合作开发。天津已经成为东盟主要成员国如印度尼西亚商品出口重要目的港，推动京津冀及"三北"地区与东盟经贸合作。

2. 以中新生态城作为平台打通京津冀企业与东盟国家经贸渠道

中新生态城是中国和新加坡两国合作的旗舰合作项目，是全球第一家国家间合作开发的生态城市。2016年，东盟商业中心落户生态城，设有东盟10国综合展示平台。根据《中国（天津）自由贸易试验区中新生态城联动创新区总体方案》，生态城建设京津冀—东盟贸易服务平台，利用中新两国合作机制，将"生态城—新加坡"联络沟通拓展为"京津冀—东盟"，设立以企业为主体，政企联动的跨境贸易服务平台，为京津冀及东盟进出口商提供贸易规划解读、通关、合作伙伴对接等专业服务。主要从四个方面着力发展：一是促进智能科技产业发展；二是打造国际一流健康产业，支持新加坡等境外国家及地区的医疗团体及医疗专业技术人员到生态城执业等措施；三是将中新生态城作为国家全域旅游示范区，以天津国际邮轮母港和天津空港口岸为依托，开展京津冀赴东盟的旅游业务；四是联动探索绿色金融和创新服务管理机制等。

3. 特色合作示范园区成为亮点

一是农业产业园区合作上升到国家级示范园区。天津以资金、技术与东盟国家的自然条件形成互补，以农业合作园区的方式融入东南亚的建设。天津充分发挥与印度尼西亚的友好关系，积极推动双方在中医药中级人才和其他职业教育的合作项目。如天津在印度尼西亚投资建设的中国—印尼聚龙农业产业合作园，在2016年被确认为国家级境外经济贸易合作区，这是天津在海外建设最大的农业项目，总面积20万公顷环保型种植园，境外员工达到近万人。园区以棕榈油产业链为主导，积极发展仓储、物流、公共服务等配套产业，有3个压榨厂、2处河港物流仓储基地和1处海港深加工基地。同时投入资金修建当地交通、水电基础设施、清真寺、医院、学校、幼儿园等公共设施，从而形成"合作种植"模式。在响应国家的农业国际合作要求、增强中国企业国际竞争力方面取得成效。

二是特区建设初具规模。通过发挥天津与柬埔寨长期形成的友好关系，探索国家或地区重大合作项目的形成，如柬埔寨天津工业园、湄公河改造赋能工程等。天津优联集团在距离国际友城西哈努克港 20 千米的七星海地区投资建设的特区项目正式升级为柬中综合投资开发试验区，成为中国连接欧亚非共建"一带一路"倡议标杆项目，形成中国企业"走出去"国家战略的天津品牌。2008 年，天津优联集团与柬埔寨政府签订了 360 平方千米的土地租赁协议，形成了休闲旅游度假区、空港物流贸易区、现代制造产业园区、农业示范区、文化娱乐特区和康体养生特区，2017 年已经纳入我国"一带一路"项目库，是树立中国—东盟合作机制成功实践范例和互联互通工程在柬埔寨的次区域经济走廊的成功支点项目。

4. 与东盟在数字服务贸易领域创新发展

东盟是"一带一路"沿线国家中与中国贸易投资最密切的地区，是"一带一路"建设实施多边合作的先行地区。中国与东盟已互为第一大贸易伙伴和重要的投资合作伙伴，同时东盟也是天津经济开发区体量最大的贸易合作伙伴。天津经济开发区首获评国家数字服务出口基地后，利用先进制造和港口经济优势，加速搭建国际化公共服务平台，促进数字要素跨境流动。2020 年，天津企业在东盟国家服贸会上与越南、马来西亚、新加坡等东盟国家企业签署战略合作协议，在跨境物流、数字化人力资源、电力系统运营维护等方面深化战略合作。如今数字贸易已成为国际贸易的重要组成部分，并受到国际社会高度关注。数字经济与传统产业不断加速融合，推动产业链、供应链与价值链重塑，催生出一系列符合产业升级和消费升级的新模式和新业态。天津与东盟通过把握数字经济发展重大机遇，夯实基础、推动创新，打造数字贸易出口优势，布局全球价值链中的数字增值，力争成为全球价值链的裂变平台，拥抱数字创新驱动的全球价值链变革。

5. 在海洋经济领域合作有突破

着重聚焦海洋经济和产能合作，开发东南亚和南亚市场。在东盟国家，印度尼西亚是世界上最大的岛屿国家，拥有世界上第二长的海岸线。近年来，印度尼西亚海洋产业迅速发展，成为该国重要的经济部门。马来西亚是一个海洋国家，对外贸易带动海洋交通运输业的发展。菲律宾是全球较大的群岛国家，渔业资源发达，是世界上重要的渔业生产国。近年菲律宾通过引进韩国和日本的资本，船舶工业迅速发展，并成为世界第四大造船国。新加坡的经济发展与海洋密切相关，是世界上重要的海洋战略枢纽和第二大集装箱港，临港工业发展迅速，特别是作为世界主要港口，新加坡成功吸引了西方大型石油公司在此投资设厂，成为世界第三大炼油中心。泰国海洋资源丰富，是世界十大渔业国家之一。滨海旅游是泰国旅游业的重要组成部分，并成为泰国外汇的重要来源。① 天津与新加坡、泰国、菲律宾、柬埔寨等国均有项目合作，与印度塔塔集团开展服务外包合作。如2021年马来西亚投资建设的海水淡化综合利用一体化项目在天津南港工业区建成。这是我国与马来西亚合作的首个海水淡化项目，项目建成后为工业区提供以淡化海水为主水源的工业水。天津与东盟的海洋经济合作在中国—东盟自由贸易区的框架下，必将成为区域经济合作的新亮点。

6. 与东盟的人文交流日益深化

天津注重发挥教育合作，青年人才在促进中国—东盟蓝色经济合作、应对海洋资源和生态可持续发展挑战、提升公众海洋保护意识等方面发挥着重要作用。为此，成立由中国—东盟中心与天津国际汉语学院共同建立的东盟汉语言文化教育基地。通过这一基地为东盟学生提供专项奖学金，促进青少年交流，深化与东盟成员国在教育、学术等领域的合作与交流。近年来，天津大学开展中国—东盟工科大学联盟、"向海而学"短视频大赛、赛艇嘉年华等活动，而海洋技术东盟专班是天津大学推进中国—东盟教育合作和青年交流的又一创新尝试。

（二）与东盟国际友城交往情况

自中国提出共建"一带一路"倡议后，天津市与东盟国际友城的港口合作日益紧密，在港城合作中带动与国际友城在经济贸易、农业合作、金融创新、卫生医疗、旅游服务等方面的交流合作。截至2022年，天津与东盟共有8对友城，其中建立友好城市2对，为印度尼西亚的东爪哇省和越南的海防市；建立友好交流与合作城市3对，为泰国的北榄坡市、曼谷市，柬埔寨的金边市；建立友好交流与合作意向书或备忘录城市3对，为泰国

---

① 《细说：中国与东盟区域海洋经济的发展与合作》，搜狐网，2017年8月2日，https://www.sohu.com/a/161828989_726570。

的春武里府、柬埔寨的西哈努克省、马来西亚的马六甲州。天津在泰国、柬埔寨、印度尼西亚等东盟国家设立国际职业教育合作品牌"鲁班工坊"项目。2021年12月,天津市外办与中国—东盟中心签署《天津市人民政府外事办公室与中国—东盟中心合作备忘录》。

1. 加强与国际友城华商的联系与合作成为显著特色

东南亚海外华侨众多,一部海上丝绸之路的历史也是华侨华人移居海外的历史,华侨对海上丝绸之路的形成和发展作出了重大的贡献。这些活跃在东盟地区的华侨、华商,因贸易而聚焦,商业渠道广泛,社会影响力高,形成了众多的华侨聚集区,是天津与世界开展合作洽谈的重要对象。泰国的北榄坡、马来西亚的马六甲、印度尼西亚的爪哇都是华侨较为集中的聚居地,经过多年的发展,华侨具有很强的经济实力,在当地具有较高的社会地位,为当地的社会稳定发展作出了贡献。天津市一直重视与东南亚各地的侨联侨商建立和巩固联系。如天津市与印度尼西亚有着深入的合作,有很多企业在印度尼西亚投资,双方的交流日益紧密。印尼中华总商会与天津定期召开天津—印尼华商投资合作圆桌会,促进天津与印度尼西亚在产能产业合作上的优势互补。天津也在国际友城设立交流中心,负责国际友城合作的相关事宜,有利于友城之间进一步深化合作,互惠互赢。

2. 职业教育培训成为天津加强与东盟合作的亮点

随着"一带一路"建设的深入推进,天津职业教育与沿线国家的合作成为一大特色,将技术、产业与教育紧密结合。天津原创并率先推进实施的鲁班工坊在泰国取得较大成效,是职业教育服务"一带一路"建设的重点项目,成为立足于泰国、辐射东南亚的技术技能人才培养中心,成为搭建民心相通的明星。鲁班工坊促进和深化了天津与国际友城之间的交流与合作。2002年,天津与柬埔寨金边正式建立友好交流与合作关系,2016年在金边建立柬埔寨鲁班工坊;2012年,天津与印度尼西亚东爪哇省建立友好城市关系,2017年在东爪哇建立鲁班工坊。天津与国际友城职业教育培训的合作主要体现在以下三个方面。一是天津职业教育的教学标准、教学模式的合作。2017年,天津与印度尼西亚职业教育研究发展中心正式成立,双方互派教师、编写教材、开展培训、课程、教学标准互认。天津国际友城东爪哇省泗水市第五职业教育学校,是该省第一家推广实行天津倡导的 EPIP 教学模式的职教学院，即将企业和学校放在一个平台，学生每天在实践中学习，贴近实际很快适应企业需求。二是设立人才培养计划。如天津与泰国联合设立职业教育奖学金，培养"汉语+人才"，选派的人才到天津职业技术学院学习，这一项目在泰国产生了很好的社会效应，成为泰国职业教育领域的口碑项目。三是形成区域职业培训中心。如在柬埔寨成立的立足于澜湄区域的澜湄职业教育培训中心。

3. 人文交流日益品牌化

近年来，在"一带一路"建设的推动下，中国与"一带一路"沿线的东盟国家进行深入的人文交流与合作。天津与东盟友城联合打造人文交流品牌，促进合作和发展。一是建立国际政产学研交流平台。天津与柬埔寨、广西桂林通过"线上会议+云上签约"建立"一带一路"文旅国际重点合作项目，全面布局国际政产学研基地，实现国内国外三城合作，开启了中柬国际政产学研合作模式。二是通过举办文化节打造天津文化品牌。扩展与"一带一路"沿线国家和地区航海文化、海洋贸易文化、海洋文物遗产等交流合作，形成国家海洋文化与旅游深度融合发展的新高地。三是通过观光旅游形成特色旅游品牌。天津已经与越南、泰国等建立了良好的协作关系。天津有往返泰国曼谷的定期旅游直航包机服务。"泰国万人游天津"是天津宣传城市旅游品牌的重要成果。在新冠疫情防控期间，设立了众多"云"游天津活动，展示津门魅力。四是加强区县与友城之间的联系。如早在 2003 年天津市津南区与东爪哇省巴图市、天津市汉沽区与东爪哇省西图邦多市、天津市贸促会与东爪哇省工商会分别签署了友好协议。五是建立体育交流品牌。2012 年 5 月，天津市外办、市体育局与东爪哇省体育协会和东爪哇省商会驻津办事处共同促成印度尼西亚体操运动员代表团来津，进行为期 30 天的体育交流训练，开创了两省市体育交流项目合作的先河。

4. 积极提供国际友城援助

天津市一直具有对外医疗援助的传统，在东盟国家遭受地震海啸灾害时都有天津援外医疗队的身影。天津市积极发挥这一传统，积极开展医疗卫生方面的援外行动。一是疫情防控期间，积极援助抗疫物资。天津货运航空与各地政府合作，运输防疫物资。如天津—金边—广州航线以运输口罩为主。二是选派医疗队到当地直接参与突发公共卫生救援。三是天津制定了中医药事业发展"十四五"规划,积极推进中医药"走出去"。通过与友城合作,不断提升天津中医药的国际知名度和吸引力。

5. 国际友城对外宣传方面独树一帜

针对友城讲好天津故事,天津做了许多有益的尝试。从 2017 年 10 月 9 日开始,天津广播电视台滨海广播(国际部)与印度尼西亚棉兰市电台经过详细沟通,在节目和报道方面开展合作,进一步推进"一带一路"建设,加强天津与东盟国家之间的联系交流。自 2001 年至今,天津举办的妈祖文化旅游节面向海内外和东南亚国家,已经成为天津对外交流的重要平台,也是天津在海内外华人中具有影响力的品牌。同时,天津广播电视台注重对"一带一路"友城的宣传报道,于 2016 年开始,以共建"一带一路"为主题进行了两次大型海外采访活动,开辟《津彩"一带一路"》《友城天下行》等电视栏目,以国际友城在"一带一路"建设的合作为主要内容制作了中柬综合投资开发试验区、泰国孔子学院、中埃·泰达经贸合作区等视频,以讲好中国故事、总结中国经验为主要内容,从不同层面阐释了"一带一路"建设带来的多方共赢。

表 7-3 天津市与东盟成员国国际友好城市一览表(截至 2023 年)

国家	友好城市	交流与合作关系城市	友好交流与合作意向书或备忘录城市
印度尼西亚	东爪哇省:于 2003 年 10 月建立友好交流与合作关系,2012 年 9 月 24 日提升为友好省市关系,是印尼第二大省,印尼东部地区工业、贸易增长中心,印尼重要的农业生产基地。经济结构以商品贸易、酒店与餐饮、加工制造及农业为主。中小微企业数量众多。主要出口产品包括渔产品、可可、烟草、纺织、服装、鞋类及家居用品等。与天津市在高层往来、经济贸易、职业教育等领域开展了交流合作		

续表

国家	友好城市	交流与合作关系城市	友好交流与合作意向书或备忘录城市
越南	海防市：于1999年1月8日建立友城关系，是越南中央直辖市之一，越南第三大城市，越南北方最大的港口城市和最大的工业城市之一。主要行业包括水泥、船舶修造、机械、塑料、蓄电池、玻璃等。与天津市在经济贸易、人员往来、文化体育等领域开展了交流合作		
泰国		1. 北榄坡市：于2002年10月11日建立友好交流与合作关系，是泰国的重要河港，是泰国中北地区和各省之间的贸易枢纽和商业中心，也是内陆运输的中心地区和主要的稻米产区。工业主要有锯木、碾米、造纸等。与天津市在经济贸易、人员往来等领域开展了交流合作 2. 曼谷市：于2012年2月27日建立交流与合作关系，是泰国首都，泰国主要港口和政治、经济、文化中心，东南亚第二大城市，也是东南亚经济活动中心。联合国在此设有经济、粮食、农业、卫生、银行等机构。许多国际银行和金融机构在曼谷设立区域总部。工商业发达，是世界著名米市，拥有碾米、纺织、制糖、建筑材料等工厂。全国90%外贸货物通过曼谷港，老挝和柬埔寨部分进出口货物也通过此港转口。与天津市在职业教育、文化体育、人员往来等方面开展了交流合作	春武里府：于1994年11月7日签订交流与合作意向书，属泰国中部地区，是东海岸距曼谷最近的省府，泰国东部沿海发展项目的中心。距曼谷80千米，是泰国的第一大深水港，旅游业为其支柱产业，知名海景度假胜地芭堤雅即属春武里府辖内。与天津市在高层往来方面开展了交流合作

续表

国家	友好城市	交流与合作关系城市	友好交流与合作意向书或备忘录城市
柬埔寨		金边市：于 2002 年 10 月 11 日建立友好交流与合作关系，是柬埔寨王国首都，最大城市，政治、经济、文化、交通、贸易和宗教中心。与天津市在高层互访、经济贸易、职业教育等领域开展了交流合作	西哈努克省：于 2018 年 10 月 28 日签订友好交流与合作意向书，位于柬埔寨西南部。基础设施较好，具备陆路、铁路、水路、航空交通及全国唯一的国际深水港优势，是柬埔寨重要贸易枢纽和对外开放门户。该省国际投资活跃，经济增长势头强劲。位于该省的西哈努克港经济特区现为柬埔寨规模最大的经济特区，对该省经济贡献率超过 50%。该省近海拥有丰富的油气资源，还拥有丰富旅游资源。该省的加工制造、农业、捕捞、纺织和房地产等产业近年来也实现了较快发展。与天津市在人员往来、港口等领域开展了交流合作
马来西亚			马六甲州：于 1997 年 8 月 6 日签订交流与合作意向书。马六甲州在马来半岛南部，是濒临马六甲海峡这条海上生命线的咽喉所在，旅游业和制造业为其经济支柱。与天津市在高层往来、经济贸易等领域开展了交流合作

资料来源：根据天津市人民政府外事办公室官网资料整理，https://fao.tj.gov.cn/XXFB2187/GJYC9244/MLYC1235/。

三、以国际友城助力海洋城市国际化建设

天津城市国际化是未来城市发展必由之路。加强与海上丝绸之路国际友城建设，既是服务于国家总体民间外交关系的重要手段，又是有助于天津与

沿线地区建立友好和信任关系，促进天津建设国际化城市的重要途径。

（一）天津在海上丝绸之路国际友城建设中存在的问题

首先，天津仍存在与在海上丝绸之路沿线国际友城结好覆盖面不广的问题。特别是东盟有10个成员国，是海上丝绸之路的核心区，天津只与印度尼西亚、马来西亚、越南、泰国、柬埔寨5个成员国家建立了友好合作城市关系，未能随着"一带一路"建设的推进，建立新的省级城市间的友好合作关系。其次，在布局分配上未能按照实际交往情况推进国际友城建设，对发挥国际友城国际化作用不够重视。最后，未能与海上丝绸之路国际友城在海洋经济上进行充分的合作。海上丝绸之路是对外合作和物流运输的大通道，天津在海洋石油化工业、海洋工程装备制造业、海洋生物医药业等领域具有优势，未来应在发展蓝色经济核心产业和产业集群上，与韩国、马来西亚、老挝、埃及、希腊等国在共建临港合作园区加强合作。

（二）在国际友城建设上重点关注的港口

针对海上丝绸之路的发展情况，应把国际友城建设与推动海上丝绸之路建设结合起来，优先在经济走廊沿线进行国际友城布局，从而提高国际友城缔结的针对性和可行性。

1. 布局缅甸的皎漂港

皎漂港位于缅甸若开邦的皎漂经济区，有通向缅甸全国的公路、民用航空和民用船码头，是150年前英殖民地的英国皇家海军军港。皎漂半岛西邻印度洋，岛西北端至东部航道是优良的天然避风避浪港，自然水深24米左右，可航行、停泊25万—30万吨级远洋客货轮船。建成后皎漂港将是缅甸最大的远洋深水港。皎漂深水港在孟加拉国的吉大港、缅甸的仰光港和印度的加尔各答港间的水路交通方面也将发挥重要的作用。距离皎漂港北侧入口1/3的地方有一个小小的离岛，它就是作为中缅油气管线起点码头的马德岛。来自天津的水运勘测人员早在2007年就到达皎漂，他们为中缅石油管线工程皎漂港的前期选址进行勘测。缅甸有计划将皎漂建设成为经济特区，借鉴中国深圳蛇口工业区和上海外高桥保税区等经验，利用物流和口岸效应，带动产业培育。中缅在2017年12月签署了旨在推动中缅经济走廊建设的合作协议，中国与缅甸在共建"一带一路"合作项目上取得很大成效。皎漂港作为海上丝绸之路的一个重要战略港口，使得世界第二大石油消费国的中国能够更快从非洲和中东地区获得石油供应。中国建设的皎漂港项目可以使中国船只绕过马六甲海峡，从而摆脱马六甲海峡的困境。此外，中缅原油管理和天然气管道均起于皎漂经济区，其中原油管道缅甸境内段长771千米，原油管道公司由中国和缅甸出资建设，比例分别为50.9%和49.1%。中缅原油管道的设计运输量为每年2200万吨，全长超过2000千米，从而实现中国石油进口路线的多元化。缅甸皎漂深水港项目为中缅两国经济发展提供了有力保障。

2. 布局巴基斯坦瓜达尔港

瓜达尔港的建设是中国在巴基斯坦共建"一带一路"倡议中的旗舰项目。瓜达尔港是巴基斯坦第三大港口，位于俾路支省西南部，港口条件良好，是中巴经济走廊"1+4"经济合作布局的关键点，战略位置突出。

中国在巴基斯坦建设大量交通运输和能源基础设施，瓜达尔港是中巴经济走廊的重中之重，未来有望成为中国与世界其他地区的主要贸易门户。天津港与瓜达尔港有着密切的合作，如以拖轮业务合作为基础，更进一步地促进天津港与瓜达尔港互联互通，持续推进双方在码头运营、技术服务等更多领域合作。加强与瓜达尔港的联系可以推动天津港在中巴经济走廊建设中充分发挥优势、释放新动能，为天津对外开放向更宽领域、更高水平、更深层次迈进和融入"一带一路"建设作贡献。

3. 布局斯里兰卡汉班托塔港

汉班托塔港位于印度洋岛国斯里兰卡的最南端，距离国际主航线仅有10海里，战略位置优越。汉班托塔港自2007年起在中国的援助下开始建设，2012年开始运营。2017年7月，斯里兰卡与中方签署协议，中企以11.2亿美元获得汉班托塔港70%的总占股比例。中方将负责港口运营，斯里兰卡海军负责港口安全。经过多年的运营，汉班托塔港已成为中国海上贸易的重要中转站，现在平均每小时就有10艘船舶抵达汉班托塔港进行补给和装卸货。天津市在斯里兰卡的知名度较大，天津为斯里兰卡培养了大批的优秀医学毕业生。今后天津与斯里兰卡的合作与交流将会进一步加强。

4. 布局吉布提，通往欧洲的海上通道

布局吉布提是中国在非洲建设的最大自由贸易区，中国在2013年花费了 1.85 亿美元收购了吉布提港口 23.5% 的股权，港口主要是为中国护航舰队提供训练和补给。吉布提位于红海和亚丁湾之间，成为非洲和欧洲间海上路线的战略要地。中国自这条线路进口的原油在 2017 年达到了日均 525 万桶。这条线路也是中国商品通过苏伊士运河抵达希腊比雷埃夫斯港的通道。2019 年，天津铁道职业技术学院在吉布提建设了非洲首家鲁班工坊，这也是天津在海外建设的第 8 个鲁班工坊。亚吉铁路，全称为埃塞俄比亚至吉布提标准轨距铁路，全长 7524 米，是非洲大陆距离最长的跨国电气化铁路，这也是中国在非洲建设的第一条跨国电气化铁路。它的建成通车，将埃塞俄比亚通往吉布提港的货运时间从 3 天以上缩短到 20 小时以内。为了培养本土化铁路人才，亚吉铁路高层管理人员不远万里来到中国，走进天津铁道职业技术学院，学习电气化铁路的运营与维护。为此，天津以此为契机不断深化与吉布提和非洲在海上丝绸之路的合作。

5. 布局希腊比雷埃夫斯港

希腊的比雷埃夫斯港是欧亚非三大洲的航运中心，是希腊最大的港口，距离首都雅典 9 千米。比雷埃夫斯港把欧洲内部的海运航路与铁路连通，中国可在这里中转大量的集装箱，可以最大效率地辐射整个欧洲。比雷埃夫斯港最大的优势是可以绕过直布罗陀海峡，到达荷兰的鹿特丹和阿姆斯特丹，以及德国的杜伊斯堡和汉堡，并降低物流成本。中国的中远海运集团 2016 年从希腊政府购买了这个港口 67% 的股份，这使希腊成为共建"一带一路"在地中海地区的战略支点。比雷埃夫斯港的货运量将来也很有可能成为地中海最大的港口。布局比雷埃夫斯港，对于扩大天津在海上丝绸之路的影响力显得很重要。

6. 布局马来西亚柔佛州和丹戎帕拉帕斯港

柔佛州是马来西亚一个经济发达且极具成长性的地区，其经济政策与发展环境较为稳定，2020 年 GDP 位列马来西亚各州的第 4 位，占 GDP 总量的 9.59%，被称为马来西亚新的"经济发电厂"。港口和经济特区是柔佛州经济增长的重要引擎之一。该州的丹戎帕拉帕斯港是马来西亚四大主要货物港口之一，也是全球排名前 20 位的集装箱码头，吞吐量居世界第 15 位。该州依斯干达特区与新加坡、印度尼西亚巴淡岛经济开发区一起构成了极具经济互补性的成长三角区，在马来西亚 5 个经济特区中表现最为突出。柔佛州致力于建设绿色环保和多元文化融合的绿色之城、智慧之城、安全之城、产业之城，为区域经济长远发展奠定了坚实基础。由此可见，柔佛州港口、经济特区和区域经济三大优势并驾齐驱的发展格局与天津推进智慧绿色港口建设、自贸试验区建设和京津冀协同发展齐头并进的建设目标具有高度相似性和互补性，双方在区位、港口、产业、城市建设等方面具有深度合作的良好基础。

天津在对马来西亚的长期工作和深入调研基础上，加强对柔佛州在政治、经济、产业发展、社会、文化、宗教等领域的全面了解，充分发挥双方使领馆、机构、企业以及海外侨领的作用，积极寻求务实、紧密的人脉渠道、沟通形式、合作平台和合作机制，建立常态化沟通机制。

首先，要深化经贸往来和人文交流。以港口建设、经济区管理、区域经济以及海洋经济发展等领域的合作为基础，找准找实双方合作需求，挖掘和培育潜在合作项目；持续保持交往热度，以中马建立全面战略伙伴关系10周年、中马两国建交50周年为契机，进行相关庆祝活动的预热和筹划，共同组织相关经贸交流活动；通过大型国际活动加强高层互访和对话，积极设计丰富多彩的"线上+线下"人文交流活动，推动与柔佛州的各领域人文交流，加强彼此的宣介和了解，不断夯实两地交往的社会基础，助推天津市高水平对外开放。

其次，推动中医药科研和教育的交流合作。中医药在马来西亚受到广泛认可，具有强大的市场需求。中国作为中医药文化的发源地，凭借与马来西亚地缘相近、人缘相亲的独特优势，成为促进马来西亚中医药事业发展的"最佳合作伙伴"。天津中医药大学已与位于柔佛州的南方大学学院中医系进行中医教育合作，强化马来西亚中医专业教育和培训，提高医学生及从业人员的专业水平。可继续在中医教育合作的基础上，充分发挥天津中医药优势，推动双方中医药产业的交流合作。

再次，打造宜居城市，吸引投资和人才。马来西亚第二家园计划是马来西亚政府为吸引外国资金、促进旅游、发展经济而出台的一项政策，目的是鼓励外籍人士在马来西亚长期工作和居住。柔佛州先行先试，大力引进外资打造森林城市项目，该项目有着完备的基础设施和先进的城市治理理念，集聚了大量的人流、物流、资金流、信息流，为区域经济的长远发展提供了坚实的产业基础和人才基础。天津可在打造绿色宜居城市方面与柔佛州建立联系，在高效能治理和高品质生活方面深化合作。

最后，通过第三方地区加深与柔佛州合作。鉴于柔佛州与新加坡密切的经济共振关系，可将其培育成为天津—东盟国家经贸和人文往来的战略支点之一，也可作为深化天津与新加坡务实合作的有益补充。

（三）今后发展方向

1. 推进海上丝绸之路国际友城联盟合作机制

在服务于"21世纪海上丝绸之路"背景下，加强沿线城市间的合作与共同开发，特别是天津与沿线港口城市如神户、四日市市、仁川、泗水港、海防市、马六甲等还有很大的合作空间。借助天津夏季达沃斯论坛、世界智能大会等平台促进发展，从而由一对一国际友城模式转变为一对多的网络化国际友城联盟方式，使交往水平不断提升、范围不断扩大。

2. 以海洋经济合作提升海上丝绸之路建设的效益与规模

一是积极参与海上丝绸之路沿线国家涉海领域的经济合作，特别是广大北非、南太地区。充分发挥天津海洋装备制造、海水淡化、海洋化工等领域的优势，开展与沿线国家涉海领域的合作。二是积极与沿线国际友城的特色园区开展合作。天津与海上丝绸之路沿线国际友城建立了比较好的园区合作经验，其中中埃·泰达园、中国印尼农业示范园已经成为国家层面的示范园区。今后应围绕重点项目和重点企业，利用沿线城市生产要素实现原产地多元化，以仓储物流、生产加工、国际贸易为切入口，推动与其在基础民生和现代服务业、现代制造业的深度合作。三是将沿线国际友城的涉海重点产业与天津海洋经济产业结构调整升级结合起来。天津依托比较完备的海洋装备制造业产业体系，以加强向沿线国家出口为导向，促进具有自主知识产权和高技术水平的高端优势产业"走出去"，在沿线国家投资合作，特别是与广大东南亚、东非国家等的合作。

3. 以科教合作提升海上丝绸之路合作的质量

天津在海上丝绸之路沿线国家的国际职业教育上形成品牌。针对海上丝绸之路的特点，科教合作是交流合作的重点。对于东亚地区，文化认同是加强合作的关键。在品牌项目"鲁班工坊"的带动下，加强与海上丝绸之路沿线重点国际友城进行企业与高校人才交流的深度融合。在传统领域的合作基础上，加大国际友城之间在信息、通信、节能技术、医疗等高新科技领域的合作，特别是在非正常状态下如疫情防控常态化下，加强国际友城之间虚拟空间的连接显得尤为重要，通过国际友城之间的互信搭建大数据共享平台，进一步密切沿线国家的联系，为"一带一路"建设提供开放、包容的合作环境和可持续发展的动力。

4. 以形式多样的民间外交促进国际友城之间的互信互利

海上丝绸之路沿线建设参与的国家和地区较多，如何在众多的参与者中体现出天津特色是一个值得思考的重要问题。一是从天津自身的特色看，科教是搭建国际友城长期交流的重要领域。特别是天津具有海外职业教育的特色，在经济走廊建设中发挥重要作用。近年来大量的中资企业进入"一带一路"沿线国家，对跨国性职业教育的需求不断增强。通过在海外建立鲁班工坊，使天津的职业院校与海外企业直接合作，与沿线国家共享职业教育优势成果。二是加大与沿线国家旅游合作的力度。建立与沿线国家国际通行规则相衔接的旅游服务标准体系，依托天津国际邮轮母港，巩固提升北方国际邮轮旅游中心地位，积极拓展邮轮旅游市场，增强综合竞争能力。加强与日本、韩国、新加坡等沿线国家邮轮游艇等领域的合作，借助游艇保税仓向海上丝绸之路沿线国家开展保税展销活动。三是充分挖掘潜力，推动务实合作打造海洋文化品牌。确定重点合作的城市，特别是促进沿线陆海港口城市的合作，以点带面，不断挖掘合作潜力，一城一策，通过形式多样的活动，加快建设海洋文化中心。在船舶航海文化、海洋贸易文化、海洋文化遗产方面加强与日本、韩国、东南亚等周边国家在涉海文化上的交流与合作。

天津作为北部经济圈的核心城市要建设成为全球海洋中心城市，须以天津为中心引领渤海湾沿海城市发展，同时带动辽东、山东半岛等北部海洋经济圈发展。全球海洋中心城市是海洋强国建设和"21世纪海上丝绸之路"建设的排头兵，是带动区域经济增长的领头雁，是中国海洋经济高质量发展的先行者，在提升中国全球海洋治理能力、促进区域协调绿色发展、打造蓝色经济发展高地、展现对外开放合作新形象等方面的作用举足轻重。[1]

---

[1] 钮钦：《全球海洋中心城市：内涵特征、中国实践及建设方略》，《太平洋学报》2021年第8期。

第八章　城市国际化视野下天津国际友城合作的案例分析

第一节　天津神户友好城市交流的背景、活动与成果[①]

1973年6月24日，在周恩来总理的亲切关怀下，中国天津市与日本神户市结为友好城市。这是两国间的第一对友好城市，也是中国同外国缔结的第一对友好城市。天津与神户友好城市的缔结开启了中日城市间缔结友好城市的先河，在中日友好交往史上具有里程碑意义。此后，天津市又分别于1980年、1986年与日本四日市市、千叶市缔结了友好城市关系。天津市通过与日本的神户市、四日市市、千叶市结成友好城市，促进了两市间交流、增进了两市市民之间的了解，深化了两市间合作，为中日关系的发展作出了贡献。

一、神户推动友好城市缔结的背景

神户市为兵库县首府，日本第七大城市。位于日本本州岛的西南部，西枕六甲山，面向大阪湾，依山傍海，自然条件优越。神户作为日本的门户城市，在开港的同时还开辟了外国人居留地，在向国内传播外国文化的过程中发挥了重要作用，并在吸收多样的外国文化的过程中逐渐形成了精致而充满异国风情的城市景观。神户与日本各大城市之间形成立体交通网络，与大阪、京都一起构成日本西部经济的核心地区。自古神户的海运业

[①] 平力群、葛建华:《天津神户友好城市交流的背景、活动与成果》,《东北亚学刊》2019年第1期,第45—57页。该文得到神户天津经济贸易联络事务所梅泽章所长及吴易舒副所长的支持。

就非常发达，神户港于1868年1月1日开港，从此神户作为一座国际港口城市，以贸易、钢铁、造船、机械、制造、橡胶、珍珠加工及旅游产业为中心发展起来，近年来时尚、医疗及食品等产业得到了快速发展。[1]

神户不管从地理位置还是历史来说在中日交流方面都具有优势。第一，20世纪30年代，日本对中国贸易的30%—40%都是通过神户港出口到中国。第二，许多华侨在神户开展经营活动，而且设有中国领事馆。第三，现在神户华侨人数超过8000人，对国际城市神户的发展作出了重大的贡献。[2] 第四，中国许多革命家与神户结下了不解之缘。神户是孙中山先生在日本开展革命活动的据点。孙中山第一次到神户是1895年10月是兴中会第一次武装起义失败后。孙中山到达神户后，从购买的一份日本报纸中看到自己被称为革命党首。这就是中国近现代史上"革命"一词的由来。[3] 1895—1924年的30年间，孙中山先生在日本居留时间前后长达9年，仅进出神户就多达18次。[4] 1924年，孙中山为召开国民会议谋求祖国和平统一北上。11月21日，孙中山乘"上海丸"号由上海取道日本赴天津，24日抵神户。在神户，孙中山发表了"大亚洲主义"演讲，呼吁日本放弃武力侵略的"霸道"，弘扬东方"王道"，与中国携手共创和平世界，引起日本朝野广泛共鸣。[5] 在神户市的舞子海滨的孙中山纪念馆还展有一幅当年孙中山与宋庆龄乘坐"北岭丸"号从神户起航到天津的照片。[6]

神户市自身的发展，也需要良好的中日关系。1969年，在宫崎辰雄的选举公约中提出了将神户建设成为"和谐繁荣的城市"、把神户港建设成为"世界贸易港"。为达成上述目标，就必须与世界其他港口城市建立友

---

[1] 「神戸市」、https：//ja.wikipedia.org/wiki/%E7%A5%9E%E6%88%B8%E5%B8%82。

[2] 自治体国際化協会、「自治体間交流姉妹自治体優良事例紹介」、http：//www.clair.or.jp/j/exchange/jirei/shimai/hyougo.html。

[3] 李凡：《孙中山传》，浙江大学出版社2011年版，第50页。

[4] 《孙中山与日本神户的情缘》，中国新闻网，2011年6月11日，http：//www.chinanews.com/gj/2011/06-11/3104943.shtml。

[5] 《孙中山与日本神户的情缘》，中国新闻网，2011年6月11日，http：//www.chinanews.com/gj/2011/06-11/3104943.shtml。

[6] 程永明：《中日友好城市的交往及其作用——以天津与神户的友好交流为例》，《日本研究》2012年第3期，第111—115页。

好关系。友好城市关系是城市间加深相互理解、增加商业机会的合理方法，有利于神户市实现"世界贸易港"的目标。特别是在横滨港的竞争下，为实现神户的发展，也有必要通过缔结友好城市，促进与世界各城市的交流与合作。[1]

基于上述原因，神户市还是支持中日友好及推动中日恢复邦交正常化的地方自治体。早在1970年，神户市议会议员就联名向日本政府提交了《要求中日邦交正常化及促进中日贸易》的决议书，以敦促日本政府早日实现中日邦交正常化。从1971年开始，宫崎辰雄市长就期盼早日恢复日中邦交，表明待两国恢复邦交后同中国城市建立友好关系的意向，并曾向中日友好协会名誉会长郭沫若、会长廖承志等人士表达了这一心愿。1972年9月29日，中日两国签署了《中华人民共和国政府和日本国政府联合声明》（《中日联合声明》），标志着中日邦交正常化的实现。在这一政治背景下，神户市市长宫崎辰雄率日中友好青少年游泳代表团访问中国，并受到了周恩来总理的接见。在谈话中，神户市市长表示了神户市希望与中国的城市建立合作关系的愿望，于是周恩来总理向他推荐了天津市。1973年5月，神户市友好访华代表团访问天津。两市就使用"友好城市"称呼、发展两国人民的世代友好以及基于平等互惠原则切实推进双方一切事务等事宜达成了共识。[2]

中日邦交关系恢复后，受中日友好协会的邀请，1973年6月，神户市市长宫崎辰雄率领京都、大阪、神户三市市长友好访华团成员来到中国。6月24日，两市在天津人民礼堂举行了结为友好城市的签约仪式。双方签署了《天津市和神户市建立友好城市关系协议书》，同时郑重宣布自1973年6月24日起，中国天津市和日本神户市正式结为友好城市关系。双方共同表示，要为中日两国人民世代友好和发展天津、神户两市的友好合作关

---

[1] 孙若圣，「日中国交回復前の神戸市による対中接近の発想と実践—友好都市提携を中心に—」，「鶴山論叢」2013年3月、http://da.lib.kobe-u.ac.jp/da/kernel/81005245/81005245.pdf.

[2] 孙若圣，「日中国交回復前の神戸市による対中接近の発想と実践—友好都市提携を中心に—」，「鶴山論叢」2013年3月、http://da.lib.kobe-u.ac.jp/da/kernel/81005245/81005245.pdf.

系而共同努力。①

1980年8月26日,神户港与天津港结为友好港。1985年5月5日,在天津又正式设立了神户·天津经济贸易联络事务所(现日本神户国际合作交流中心天津代表处)。主要职能是协助天津、神户两市间在各个领域开展交流活动,并考虑对在天津开展事业的神户市企业进行支援。② 1999年3月,神户·天津经济贸易联络事务所落成仪式于神户市中心大楼举行。同年10月,天津市4名职员到任,事务所开始运营。两市事务所成为神户与天津联络交往的窗口,在两市的交往与合作中发挥了重要的窗口与桥梁作用。受金融危机和中日关系紧张等因素影响,日本的国际友城活动基本处于停滞状态,但天津和神户之间的交流合作并未受到影响,仍然保持了良好的发展势头,在创新交流机制、拓展合作领域方面作出了积极探索和努力。

二、在友好城市框架下天津与神户的交流及成果③

天津与神户结成友好城市后,在友好城市框架下民间与政府层面开展了广泛的交流与合作,为中日城市间交流提供了示范作用。在经济、贸易、教育、文化、体育、城市及港口建设等各个领域交流与合作中,天津人民与神户人民加深了了解,增进了友谊,成为两市合作发展的宝贵财产与基础。

1. 通过行政交流,丰富交流合作内容

友好城市的制度框架为两市长期、稳定、持续地交流合作提供了制度保障。友好城市关系缔结后,在友好城市框架下,双方都以周年庆典为契机,在行政交流中注入了政治、经贸、文化、教育、城建、环保等诸多领域的交流与合作,增进了两市人民的友谊,促进了两市友好关系的发展,

---

① 程永明:《中日友好城市的交往及其作用——以天津与神户的友好交流为例》,《日本研究》2012年第3期,第111—115页。

② 耿建华编:《友谊长存:纪念天津神户缔结友城关系30周年》,天津人民出版社2003年版,第101页。

③ 该部分资料得到了神户国际合作交流中心天津代表处的支持。

也发现了新的商机。①

每到5年、10年大庆，两市都会开展互访，并举办各种形式多样的庆典活动。如1978年6月为纪念两市结为友好城市5周年，市长宫崎辰雄率神户市友好代表团一行20人访问天津。同年9月天津市友好访问团访问神户，出席了为纪念两市结为友好城市5周年的市民欢迎大会。1983年6月，为纪念两市结为友好城市10周年，天津市市长李瑞环率天津市友好代表团一行7人访问神户，出席了天津之林开工仪式（在神户市立森林植物园）、儿童画报展等活动。同年10月，神户市市长宫崎辰雄率神户·天津友好城市10周年纪念访华团一行93人访问天津，并出席赠送动物仪式、儿童画展、电影节等活动。为纪念两市结好15周年，神户市计划在天津修建神户园。1988年4月，吉本泰男议长率神户市议会代表友好访华团一行10人访问天津，与天津市人大进行交流。同年9月，宫崎辰雄市长率神户市友好代表团一行37人访问天津，出席了天津水上公园神户园奠基仪式、神户—天津定期客货班轮合同签字仪式、荣誉市民授予仪式等系列活动。为纪念神户天津结为友好城市20周年，天津计划向神户赠送神户"百龙嬉水""连翼亭"。1993年4月，"百龙嬉水""连翼亭"建成，天津市人民代表大会代表团出席竣工仪式。同年6月，笹山市长率领由280名神户市民组成的"神户天津友好之翼"使节团访问天津，签署宣言书并出席了各种交流活动；1998年7月，笹山市长、市议会副议长率领"神户·天津结好25周年纪念代表团"一行访问天津。在友好城市缔结纪念仪式上，两市共同签署了《中国天津市日本国神户市缔结友好城市关系25周年宣言书》。2003年9月，天津市友好城市缔结30周年纪念访问团一行16人访问神户，举办了"天津摄影展"及其他庆祝活动。同年10月，神户市友好城市缔结30周年纪念代表团一行123人访问天津参加庆祝活动；2008年9月，为纪念缔结友好城市35周年，神户市矢田市长率领访问团一行216人访问天津，并出席了环保商务研讨会和建筑防震技术研讨会等交流活动。矢田市长与天津市委副总理张高丽，就两市友好交流活动交换意见。同年11月，天津市代表团一行211人访问神户，就神户市在社区防震

---

① 程永明：《中日友好城市的交往及其作用——以天津与神户的友好交流为例》，《日本研究》2012年第3期，第111—115页。

减灾、社会福利事业发展方面进行考察，并出席了交流研讨会等一系列活动；2013年8月，为庆祝两市结好40周年，矢田市长率代表团一行90人访问天津，出席了纪念仪式、环保研讨会，以及由非营利组织主办的歌剧《夕鹤》的公演等交流活动。同年12月，天津市人民政府代表团一行13人访问神户，考察神户医疗产业都市、超级计算机"京"、神户生物燃气，并与妇女团体进行交流；2018年8月，为纪念缔结友好城市45周年，神户市市长久元喜造访问了天津，出席了国际医疗交流研讨会，并对神户医疗产业城市构想的推进情况进行了介绍。神户市市长久元喜造与天津市市长张国清就天津市产业发展、环境保护问题及神户医疗产业城市发展、建设抗灾害强的城市建设等问题进行了交流，并对今后加强医疗及尖端产业领域的合作问题进行了讨论。作为庆祝45周年活动的一部分，2018年11月1—8日，在天津伊势丹举办神户物产展，以推动神户企业进入中国市场。①

除周年庆典外，在重大事件上两市都会有所表示，互赠礼品相互支持，表达了两市之间深厚的友谊。1981年3月，胡启立市长率天津市友好代表团一行5人访问神户，参观了神户人工岛博览会并出席"天津之日"活动。神户为此次博览会向天津租借了两只大熊猫蓉蓉（雄）、寨寨（雌），进行了为期半年的展览。1982年10月，天津市人民政府最高顾问陈伟达率天津市友好代表团一行7人访问神户。1986年9月，天津市人民代表大会访日代表团一行6人访问神户。1986年12月，刘晋峰副市长率天津市农业代表团一行6人访问神户。1994年，举行天津赠送的和平之珠"天津之石"的揭幕式（位于人工岛内）。1996年1月，《神户广报》《神户画报》上刊载了天津市市长张立昌写给神户市民的震灾一周年纪念慰问信。同年6月，天津市发行的宣传杂志《今日天津》的创刊号对神户进行了介绍，并发表了神户市市长笹山的致辞。2004年5月，天津建城600周年之际，神户市向天津市市长戴相龙发送贺词。2006年2月，神户机场通航，天津市发来贺信。在两市举办重要活动期间，两市也会互派人员参加。2001年1月，天津市委副书记一行6人出席"友好城市会议·2001神

---

① 久元喜造、「天津市との交流を強化します」、2018年8月9日、http://hisamoto—kizo.com/blog/? p=7970。

户"，与神户市其他的姐妹城市、亲善协力城市的6市代表共同签署了《友好宣言书》。2007年9月，为纪念中日邦交正常化35周年，矢田市长率"神户·天津友好之翼"代表团（约200人）由神户机场乘坐包机访问天津。

2. 为民间互访及青少年交流建立渠道

第一，民间人士互访。1974年4月，"神户·天津友好之船"一行405人访问天津，开展了各领域的亲善交流活动。同年12月，"日中友好观赏鱼交换天津使节团"一行4人访问神户，作为友好的象征，将被称为"中国三大名鱼"之一的80尾鳜鱼赠予须磨水族馆。从此开启了两市通过互赠珍稀动物增进信任、促进了解的交流活动。1976年3月28日—4月11日，天津在神户举办了为期15日的"中华人民共和国展览会"（天津市主办）。同年11月，天津市友好亲善访问团一行4人访问神户，向王子动物园赠送大山猫、丹顶鹤。1977年，第二批神户市动物亲善友好团一行3人访问天津，并向天津赠送长颈鹿。1979年5月，第14批中日友好之船一行20人访问神户。同年9月，第二批"神户·天津友好之船"一行430人访问天津。1992年5月，神户市立王子动物园从天津租借金丝猴，进行中日共同饲养研究，并供市民参观。2009年11月，天津市老年人大学访问团一行9人抵达神户，访问神户市老年大学。

第二，青少年交流。1994年3月，天津市青年联合会代表团一行访问神户，同神户市市民局青少年科、神户市青少年团体联络协会进行交流。1998年8月，神户市中小学生组成的"青少年友好之船"代表团一行67人（团长为神户市教育委员会事务局指导部长）访问天津，与天津市内的小学、少年宫进行交流，体验家庭寄宿。2003年2月，天津中华基督教青年会访问神户，同神户基督教青年会进行交流。同年10月，天津青年联合会神户友好访问代表团一行10人访问神户，开展了家庭寄宿等交流活动。2005年10月，天津市"青少年友好之船"代表团一行16人对神户市内中小学进行访问。2007年3月，天津市少年宫一行约480人访问神户，与神户市小学生进行了交流活动。同年11月，神户市邀请天津、西雅图、布里斯班三市的高中生，同本市高中生共同举办"环太平洋友好城市高中生会议"。2010年4月，天津市青年联合会一行8人访问神户，进行交流活动。2012年1月，天津市教育·体育交流团（小学生16名，领队6名）访问神户，与神户市内的小学进行体育交流，并参观了神户的市内设施。2015年7月，天津市耀华中学与天津市开发区第一中学研修旅行团访问神户，同神户市内的中学开展交流活动。

3. 拓宽交流领域，增进友谊

在教育、文化、体育、文艺、人才培养等领域开展了丰富多样的交流活动，增进了两市人民间的交往与了解，建立了友谊。

第一，教育领域。在神户大学、神户民间团体、企业及个人的资助与支持下，1980年10月7—17日，天津大学代表团实现了对神户大学的访问，并在此期间举办了神户天津大学建筑设计展。1980年10月15日，天津大学与神户大学签订了《关于建立学术交流关系的备忘录》。[①] 1983年8月，神户市外国语大学与天津外国语学院签订学术交流协议，开始互派教师。1999年4月，"日本人学校"于天津建校，神户市派遣一名教员到校赴任。

第二，文化领域。1989年4月，在天津少年宫举行神户市音响设备、三角钢琴赠予仪式。1997年11月，天津市少年宫的儿童将描画天津和神户两市风景的"天津—神户友好城市之画"赠予神户市，并在神户市综合儿童中心大厅进行了画作展示。2011年10月，天津市5名作家参加2011神户双年展，举办了天津作家邀请展。2015年8月，神户市举办中日青少年书画音乐交流大会，展出了多幅天津小学生作品。36名小学生作为参展作者来到神户参加开幕式和交流活动。

第三，体育领域。1973年10月，天津市友好排球代表团一行36人访问神户。1975年7月，天津市友好青年足球代表团一行30人访问神户，双方举行了友谊赛。1980年11月，天津市女子垒球队一行22人访问神户。1988年8月，天津市高中篮球代表团一行15人赴神户参加高中篮球联赛。同年，神户市小学足球代表团访问天津。1989年3月，天津少年足球队赴神户参加建市100周年"大荣杯国际少年足球赛"。1992年7月，天津市教育局体育访问团一行21人赴神户参加市中学田径运动会。同年8

[①] 神户大学工学部天津大学学术代表团等歓迎実行委员会、天津大学学术代表团受入準備委员会、「天津大学访日学术代表团」歓迎の记录、1980年10月7日—10月17日。

月，神户市中学男子篮球队一行23人访问天津。2005年3月，天津女子足球队（天津汇森女子足球队）赴神户参加中日女子足球友谊赛，同天津市女子联盟队进行比赛。2010年8月，神户市教育·体育交流团一行22人访问天津，参加体育（篮球）交流活动。2011年8月，神户市青少年网球交流团一行24人访问天津，参加友谊赛。2014年8月，神户市教育·体育交流团（小学生20名，领队6名）访问天津，与当地小学进行体育交流（足球），参观天津市内设施等。

第四，文艺、传媒领域。1977年5月，中国天津歌舞团访问神户，并进行了公演。1991年7月，天津市杂技团青少年队一行12人在神户市西区"plenty中央广场"举行公演。1981年6月，关西广播电视台与天津人民广播电台结成友好电台，两台以"你好神户""神户进行时""你好天津""天津进行时"开始了中日两国间最早的节目定期交换。1985年5月，神户报社友好交流访问团一行3人访问天津，与天津日报社签订友好报社协议。2006年12月，天津电视台到神户市取景，拍摄神户旅游特别节目，并采访了矢田市长。2012年6月，为纪念中日邦交正常化40周年，中国中央电视台国际频道赴神户采访，制作天津与神户的四集专题节目《城市1对1 中国天津—日本神户》。同年7月，神户市副市长中村三郎一行抵达北京参加节目录制。

第五，人才培养。1994年10月，天津港保税区管理委员会2名工作人员参加了财团法人神户国际协力交流中心实施的"天津市政府职员研修"，在樱花银行（现在的三井住友银行）参加了为期3个月的研修。1995年1月，作为年长志愿者海外协力事业的一环，神户向天津企业管理研修中心派遣了1名专家，进行国际金融实务指导。2001年9月，天津市第一中心医院资产管理办公室主任作为海外技术研修员访问神户，围绕医疗产业都市构想、尖端医疗领域研究、神户市立中央市民医院等神户市的医疗设施运营进行了为期半年的研修。

另外，1998年中日天津研究会成立大会与第一届年会在天津召开，神户市市长笹山任顾问。

4. 加强各领域合作，实现两市的共赢

在经济、医疗、防灾、城市建设、环境等各领域开展合作，实现资源共享、优势互补与合作共赢。

第一，港口、航线合作。围绕港口、航线合作取得了丰厚的成果。天津港建设得到了神户港的大力支持。1980年8月，神户港湾局局长率神户港代表团一行7人访问天津，神户港与天津港正式结为友好港口。1984年2月，天津市副市长聂璧初率天津市经济技术合作代表团一行7人访问神户，授予神户市市长天津市荣誉市民证书，双方签署了《关于神户市协助天津港进行管理和建设协议书》。同年4月，为制定天津港中长期紧急改造方案，神户市港湾局局长率天津港技术合作顾问团一行12人访问天津，并在此后2年间多次奔波往返于两市之间。1990年3月，神户市副市长绪方率神户市代表团一行8人访问天津，出席神户—天津定期客货班轮"燕京"轮的开航庆典仪式。同年8月，天津市市长聂璧初率天津市代表团一行5人和天津港友好访日团一行5人赴神户出席神户、天津结为友好港口10周年纪念仪式。同年10月，为纪念神户、天津结为友好港口10周年，神户市市长笹山、市议会代表团、港湾代表团、动物赠送团访问天津，参加钟塔赠送·揭幕仪式、动物赠予仪式（白犀、马赛长颈鹿各2头）等纪念活动。1997年5月，天津市高级顾问、天津市港务局副局长等一行6人参加国际港湾城市"神户峰会"。

第二，城市建设、防灾、环境方面的合作。1982年6月，神户水质环境行政代表团一行3人访问天津，就污水处理、环境问题进行技术交流。2002年5月，天津市防灾办公室访日考察团一行11人访问神户，考察了防灾设施。2008年5月，天津市政府代表团一行13人访问神户，签署了《关于中华人民共和国天津市与日本国神户市开展节能环保合作备忘录》。2008年6月，神户市造园协力会派专家赴天津，为迎奥运开展的道路绿化工程进行技术指导。

第三，经济领域交流合作。1975年12月，神户从天津采购了虾、墨鱼、毛蚶等冷冻海产品105吨，并以低于市场价20%—30%的价格出售给市民。1984年10月，天津市经济合作代表团一行9人访问神户，并举办投资研讨会。1987年8月，神户市日中友好经济访华团访问天津。同年11月，天津展团一行21人赴神户参加进口商品展销会。1992年11月，第一届天津市企业家代表团一行23人对神户市进行考察。1993年9月，天津市出版对外贸易公司在神户市内的百货店举办"大天津展销会"。1995年10月，天津经济技术开发区管理委员会和财团法人神户国际交流协会在神户贸易促进中心共同举办了"天津投资洽谈会"。2000年2月,神户市产官学交流会一行14人对天津电子机械厂、食品加工厂等进行考察,就贸易可能性进行协商。同年12月,天津企业家神户考察团访问神户,参加"新华人街"投资招商说明会,同日本企业进行交流,对阪神地区的企业进行考察。2002年8月,神户市参加在天津伊势丹举行的"第一届日本商品展销会",宣传神户旅游、介绍神户物产。2004年9月,天津市企业招商考察团一行15人访问神户,出席"商机展览会"。① 目前有20多家神户企业在天津投资办厂,包括阪东机带、川崎机器人、川崎汽船、天津神钢电机等。

5. 有利于灾后及时援助

友好城市在发生灾害等非常时刻发挥着重要的作用。由于长期与经常性的交往与沟通,受灾一方可以向支援一方准确传递需要支援的具体信息与内容,从而得到及时的支援。1970年,在日本经受石油危机冲击出现卫生纸等生活用品严重不足时,天津向神户提供了大量的生活用品物资。1995年,发生阪神淡路大地震后,世界各地向神户提供了支援。其中,友好城市更能为受灾地提供急需的物资,且能及时到达。② 2009年5月,因日本甲型H1N1流感疫情蔓延,神户市内口罩逐渐紧缺。天津市为支援神户市,捐献了防护口罩20万只。而在受灾时得到的支持、结下的友谊,会进一步增加两市人民之间的信赖与亲近感,对今后的交流与合作产生积极的影响。

另外,由日本政府无偿援助5亿日元兴建的天津医科大学代谢病医院,于1998年7月7日正式对外开诊。这是国内首家以防治糖尿病及并发症为特色的糖尿病专科医院。③

---

① 天津市友好合作城市企业促进会:《神户市(日本)》,http://www.tscpe.org/chn/City_Show.asp?id=526。

② 楠本利夫,「姉妹都市交流の意義~グローバル化の進展と姉妹都市~」,「国際文化研修」2013夏,https://www.jiam.jp/journal/pdf/v80/tabunka01.pdf。

③ 耿建华编:《友谊长存:纪念天津神户缔结友城关系30周年》,天津人民出版社2003年版,第101页。

三、结语

中日关系的稳定与发展不仅关系到中日两国人民的福祉，也关系到亚洲的稳定与繁荣，更关系到世界的和平与发展。因此，如何维持中日关系的稳定与发展，就成为值得深入思考的课题。在信息化时代，随着全球化的深入发展，各国民众的个人意识日趋强烈，自媒体导致影响国家关系的因素日趋个性化，因此中国政府必须同时对外国的社会公众开展工作。目前中国以政府为主、以传统民间外交为补充的外交模式略显不足，亟须完善。[①] 当今城市外交、公共外交的战略价值凸显。习近平在中国国际友好大会暨中国人民对外友好协会成立60周年纪念活动上的讲话中指出，"要大力开展中国国际友好城市工作，促进中外地方政府交流，推动实现资源共享、优势互补、合作共赢"。[②] 并希望中国人民对外友好协会再接再厉，更好推进民间外交、城市外交、公共外交，不断为中国民间对外友好工作作出新的更大的贡献。为更好地开展国际友城工作，中国各地方政府有必要在过去所开展的国际友好城市工作所取得成绩的基础上，总结经验与教训，适应时代的潮流与社会的变化，建立多层次多样化的交流机制，扩大并利用友好城市的平台，开展形式多样的交流活动，传播中国构建人类命运共同体的对外关系理念，坚持互利共赢，谋求务实发展，通过促进友好城市互访，加强民间交流，培养市民之间的认同感与亲近感，增加国民对异国文化的包容度，为推动两国友好关系、世界和平奠定基础。

[①] 门洪华：《中国公共外交与对日方略》，《日本学刊》2016年第6期，第1—15页。

[②] 习近平：《在中国国际友好大会暨中国人民对外友好协会成立60周年纪念活动上的讲话》，新华网，2014年5月15日，http://www.xinhuanet.com/politics/2014—05/15/c_1110712488.htm。

第二节 天津国际友城助力城市国际化的探索
——以中埃·泰达模式的探索为例

2016年1月21日，中埃·泰达苏伊士经贸合作区开始建立，这是中外经济合作中的一个重要模式，由中方控股并与埃方相关机构合作，各自发挥彼此优势而成立的产业园区。这种以企业为主导形成的海外产业集群模式，由于为所在国创造了大量就业和税收并推动了当地经济增长而受到了多国欢迎。数据显示，截至2020年上半年，中企共在46个国家建设了初具规模的境外经贸合作区113家，累计投资348.7亿美元，入区企业4542家，上缴东道国税费28.6亿美元，为当地创造就业岗位28.7万个。[1]

一、埃及经济发展现状

埃及位于非洲东北部，地理位置优越，地跨亚、非两洲，隔地中海与欧洲相望，西与利比亚为邻，南与苏丹交界，东临红海并与巴勒斯坦、以色列接壤，北临地中海，经济辐射能力较强。随着埃及政治形势趋于稳定，经济也出现了复苏态势。埃及区位优越，拥有苏伊士运河战略水道，是陆上"丝绸之路经济带"和海上丝绸之路的交汇点，是中东北非地区最具影响力的国家。中国与埃及经济结构高度互补，互为对方重要的贸易伙伴，埃及"2030愿景"发展战略规划与中国共建"一带一路"倡议具有很高的契合度，为双方深化在能源、基础设施、制造业等领域的合作提供了难得的机遇。在共建"一带一路"框架下，现阶段中国与埃及的经贸合作已经形成了全方位、多层次、宽领域的新格局，合作领域涉及能源资源、制造业、高新科技业、旅游服务业、农业，合作方式涵盖贸易、投资、工程承包和融资等诸多领域。

（一）经济基本状况

埃及是非洲工业较发达的国家之一，但工业基础仍然较为薄弱，对旅

---

[1] 杨丽、丁一、文淑惠：《境外经贸合作区、制度禀赋与中国对"一带一路"沿线国家OFDI》，《改革与战略》2020年第2期，第27—37页。

游业和国外援助的依赖度高。近年来，消费和基建投资需求复苏，为经济发展提供了动力。2017年下半年以来，埃及经济开始复苏，民众消费增加。埃及政府注重电力、道路等基础设施投资，以及新开罗城的建设，导致房屋建筑和基础设施投资需求显著上升，而且基础设施的改善也有助于推动制造业的投资。外汇市场短缺有所缓解，政府支付能力提高，企业换汇需求得到基本解决。埃及新《投资法》等政策正在逐步落实，政策红利逐步释放，有利于吸引外商投资。在这些因素的推动下，埃及GDP实现持续稳定增长。近20年来埃及服务业占GDP比重均超过40%，且近年来呈现明显的上升趋势；工业占GDP比重自2014年出现下降趋势，由2014年的39.89%减少至2017年的34%；农业GDP占比持续下降，近10年相较于上一个10年降低了约4%。埃及矿产和旅游资源丰富，能源资源和服务业是未来经济发展的主攻方向。埃及矿产资源主要包括石油、天然气、铁、磷酸盐等。2015年埃及在地中海发现的祖尔气田已经投产，有望成为地中海地区最大的天然气田。埃及尚有不少待开发的油气资源，随着勘探投资力度的加大，预计能发现更多的油气储量。埃及是文明古国，旅游资源丰富。在进出口贸易方面，埃及进口总额持续增长，出口表现疲软，贸易逆差呈现扩大趋势。自2007年以来，埃及进出口差额出现急剧增长，进口总额由2007年的271亿美元上涨至2017年的720亿美元，但其出口额仅由162亿美元（2007年）增长至276亿美元（2017年）。埃及出口商品以制成品、石油为主，2017年出口占比分别达到42.7%和30.3%；其次是食品和棉纺品，出口占比分别为13.8%和9%。其中石油出口超过一半为原油出口。2017年，埃及进口商品主要为燃料（20.9%）、非耐用消费品（16.7%）、机械电器及配件（15%）、石油产品（12.5%）、化学品（9.6%）、谷物（8%）。从对外贸易区域来看，2017年埃及的主要出口对象为欧盟和阿拉伯地区国家，出口占比高达60%；其次为美国、亚洲和欧洲非欧盟国家，出口比重均接近8%。2017年，埃及主要进口来源为欧盟、阿拉伯国家和亚洲地区，占进口比重分别为26.9%、18.5%和18.2%。2014年下半年以来，埃及局势逐步趋稳，投资环境得以改善。2014年外国对埃及直接投资总额约46亿美元，居非洲国家第1位。2015年、2016年和2017年，埃及吸引外国直接投资的规模依次为69亿美元、81亿美元、74亿美元。埃及主要外汇来源是石油天然气出口收入、旅游、侨汇和苏伊士运河管理费。

(二)"2030愿景"发展战略规划和经济政策

为推动埃及经济发展,2016年2月,埃及总统塞西宣布"2030愿景"发展战略规划,强调将发展与环保、就业与提升劳动力素质相结合,以公平公正、平衡多样的方式全面推进埃及经济和社会同步发展。该规划确定了未来埃及经济发展政策的三大核心:一是维持宏观经济稳定,减少财政赤字和政府债务;二是改善国内投资环境,大力吸引外资;三是开展大型基础设施项目建设,推动国家经济增长。该规划的愿景是:埃及政府将致力于发展以私营经济为主导的、具有竞争力的、以知识为基础的多样化市场经济,致力于实现稳定的宏观经济发展环境、持续的包容性增长、最大化附加值;到2030年,埃及经济将在世界经济中扮演活跃角色,并在世界中等收入国家中占据一席之地。"2030愿景"发展战略规划将2015—2030年埃及中长期经济指标目标设定如下:经济平均增长率达7%;投资增长率提高至30%;服务业占GDP的比重达70%;出口增长对经济增长的贡献度达25%;失业率降至5%。

近年来,埃及政府采取了一系列措施,促进经济的持续稳定增长,兴建了一批道路、桥梁、港口、发电厂和物流中心等基础设施项目,推进了"苏伊士运河走廊"和新行政首都建设项目。"苏伊士运河走廊"项目以运河周边的"六港两区"为依托,规划发展制造业、物流、高新电子和电力等多个产业,重点规划了32个项目,总投资约228.6亿美元,计划未来新增就业100万人。新首都建设项目于2015年3月启动。新首都位于开罗东45千米处,大开罗二环路之外,规划占地面积700平方千米,将容纳500万—700万常住人口,是埃及未来的政治中心,主要政府部门和外国使馆在建成后迁入。基础设施是埃及的重点发展领域,埃及未来还将建设一系列大型基础设施建设项目,全面推动交通网络改造升级,提升基础设施质量,以显著改善投资和贸易环境,提升埃及经济的发展潜力。在埃及政府的积极努力下,埃及的投资环境有了明显改善,世界银行发布的2018年《营商环境报告》指出,2017年埃及是阿拉伯地区实施经济改革最多的国家,实施的经济结构性改革数量为过去10年来最高。埃及的营商环境世界排名较上年跃升8位,在开办企业、融资渠道、保护中小投资者权益、纳税和办理破产五个主要领域有明显进步。根据南非兰德商业银行公布的2018年非洲投资指南,埃及已经取代南非成为非洲排名第1的投资目的地。

二、中国与埃及的经贸合作

(一)贸易维持增长态势,中国已成为埃及第一大贸易伙伴

埃及总统塞西执政以来政治经济形势稳步向好。经济改革初见成效,新《投资法》鼓励投资,在控制通货膨胀、减少财政赤字方面取得了一定成效,经济呈现复苏迹象,营商环境有所改善。埃及欢迎中国的共建"一带一路"倡议,期望中国在推动埃及和非洲的经济发展过程中作出更大的贡献。在共建"一带一路"倡议和中非合作机制框架下,中埃在能源、基础设施、制造业、工业园区、农业和旅游业具有广阔的合作空间,不仅有助于提升中国在全球配置资源的能力,而且能为埃及的基础设施建设和经济发展提供急需的物资、资金、技术和管理的支持。近年来,中埃双边贸易规模持续扩大。2017年中埃双边货物贸易总额为108.3亿美元,2018年增加到138.68亿美元,同比增长28.1%。其中,中国对埃及出口总额为120.34亿美元,较上年增长26.2%。中国从埃及进口总额为18.34亿美元,同比增长37.84%。埃及农产品对华出口的规模持续扩大,埃及的鲜橙与葡萄大量出口到中国。2017年,埃及向中国出口超过8000万美元的橙子,同比增长208%。鲜橙已经在中国市场占据重要地位,埃及成为中国第三大鲜橙进口来源国。但由于中国对埃及的出口额显著高于进口额,使得中埃之间长期存在着贸易逆差,2018年中国与埃及的贸易顺差为102亿美元。由于双方努力调整贸易结构,近年来中埃贸易逆差稳中有降,贸易不平衡问题有所缓解。

(二)两国国际产能合作取得显著成效

埃及地理区位得天独厚、投资环境相对稳定、经济发展势头良好、市场规模扩张较快,是中国推进国际产能合作的重要合作伙伴。改革开放以来,中国工业部门的竞争力产生了巨大的飞跃,不仅在劳动密集型产业中形成了较强的竞争优势,在高铁、通信、电力设备等资金和技术密集型产业中也涌现了一批具有国际竞争力的大型企业,具备了与发展中国家开展国际产能合作的资金、技术和管理优势。中国在推进中埃产能合作中,根

据埃及的产业发展水平和市场需求状况，将铁路、电力、通信、汽车等作为重点行业，鼓励具有竞争力的中国骨干企业进入埃及，通过扩大装备出口、承接工程建设、设立生产基地、并购境外企业、联合技术研发等方式，国际产能合作取得了明显的效果。① 中埃经贸合作推动了一批拥有自主品牌、自有核心技术、自主创新能力的中国企业在更高层次上参与国际产业分工和市场竞争，充分利用当地资源丰富、能够快速响应市场需求的优势，既增强了中国企业的竞争力，又满足了埃及提升工业化水平的愿望，不仅能够进一步扩大中国与埃及之间的贸易和投资规模，也有利于促进中国制造业的转型升级。②

中国与埃及已经建立了双边产能合作机制，共同组织政策对话和项目对接，双方确定了优先项目清单。目前中国的投资和工程承包主要集中于石油、制造业、基础设施等领域，正逐步向旅游业和农业领域拓展。在中东北非国家中，目前埃及与中国的基础设施领域合作金额和数量均居首位。2017年，中国对埃及投资已超过50亿美元，涉及油田开发、玻璃纤维、机械、电器、饲料、物流、港口等众多领域，中国已成为埃及第六大投资来源国。中方通过收购兼并的方式，在埃及油气领域进行了较多的投资，主要油气投资项目有：2013年中石化国际勘探公司以29亿美元收购阿帕奇集团的埃及油气业务33%的权益；振华石油以7亿美元收购Vegas公司100%的股权及其埃及三个油气区块的合同者权益等。

中埃双方在重大基础设施合作项目中已经收获了丰硕成果，埃及国家电网500千伏输电线路工程项目顺利执行，签署了埃及第一条电气化铁路——"斋月十日城"市郊轻轨项目合同，将建设连接开罗市区、斋月十日城和新行政首都的轻轨线，总金额30亿美元的新首都商务区工程项目也已签约。2017年，两家中国新能源企业签署了在埃建设光伏太阳能电站的项目合同，其中特变电工新能源公司还计划投资项目金额的20%。

---

① 万军：《中拉产能合作的动因、进展与挑战》，《拉丁美洲研究》2016年第4期，第23—41页。

② 万军：《中拉产能合作的动因、进展与挑战》，《拉丁美洲研究》2016年第4期，第23—41页。

（三）两国金融合作有序推进

埃及的基础设施建设和工业部门发展都需要巨大的资金投入，但由于埃及的金融体系不够完善，国内资金动员能力有限，脆弱的金融结构也使得埃及经济容易受到外部冲击而引发较大波动，完全依靠埃及金融部门无法满足基础设施建设和工业化的中长期融资需求。[1] 埃及传统上与美欧、沙特、俄罗斯等国维持着密切的政经关系，主要从这些国家获得开发援助和资金支持。随着"一带一路"建设的不断推进，中埃之间的金融合作日益紧密，中国金融机构的融资支持正在为中埃产能合作提供强有力的资金保障。

近年来，国家开发银行等中国金融机构灵活运用银团贷款、出口信贷、项目融资等多种方式，不断加大对埃及基础设施建设和中埃产能合作的融资支持力度。金融合作正在成为推动中埃经贸合作加速的新引擎。截至2018年7月，国家开发银行向埃及中央银行、埃及国民银行、埃及银行、非洲进出口银行、埃及阿拉伯国际银行五家银行提供的金融同业授信金额达43.4亿美元。人民币国际化也开始在埃及起步。2016年12月，两国央行签署规模为180亿元人民币的双边货币互换协议。目前，国家开发银行与埃及中央银行、埃及阿拉伯国际银行洽谈人民币专项贷款项目，并与阿拉伯国际银行签署首个对埃人民币专项贷款合同。

中国的贷款对于埃及的经济建设无疑具有积极的作用。中国的政策性贷款主要流向基础设施建设和工业生产等领域。除政策性银行以外，中国工商银行等商业银行对埃及提供的信贷也在增加。国家开发银行、进出口银行、工商银行、中信保公司累计为埃及提供融资额度已经超过50亿美元。埃及也成为第一个得到亚洲基础设施投资银行融资支持的阿拉伯和非洲国家。中埃之间深化金融合作，利用中国雄厚的资金优势推进国际产能合作，有利于扩大埃及基础设施建设和生产项目融资的资金来源，进而为经济的可持续增长提供有力的支撑。

---

[1] 万军：《中拉产能合作的动因、进展与挑战》，《拉丁美洲研究》2016年第4期，第23—41页。

（四）两国文化交流促进民心相通

中国和埃及都具有悠久的文化历史。在中埃双方的共同推动下，越来越多的中国游客前往埃及旅游，感受古埃及文化以及当地的风土人情。埃及是中国游客到访最多的非洲国家。据统计，2017年中国赴埃及游客数量已超过30万人次，较2016年增长了1倍多。中国游客平均在埃及停留10—13天，人均消费1460—2190美元。中埃文化交流的深入，对于增进两国间的相互了解、深化双边关系具有十分重要的意义。

三、中埃·泰达苏伊士经贸合作区的概况

中国在推进国际产能合作的过程中，正在积极探索以中国企业运营管理的跨国经济合作区为载体、以集群式转移为特征的产能合作新模式。中埃·泰达苏伊士经贸合作区是中国政府批准的国家级境外经贸合作区，正逐步成为中埃产能合作的重要平台，以及服务"一带一路"建设和引导中国企业"走出去"的重要平台。

中埃·泰达苏伊士经贸合作区起步区面积1.34平方千米，经过10多年的开发和建设，已全部开发完成。截至2017年底，中埃·泰达苏伊士经贸合作区起步区已累计投资1.05亿美元，资产价值为1.95亿美元。合作区优越的投资环境和招商政策吸引了近70家企业前来落户，其中约一半为制造型企业，初步形成了新型建材、石油装备、高低压设备、机械制造四大主导产业集聚。中埃·泰达苏伊士经贸合作区共吸引中方投资超过10亿美元，巨石集团、牧羊集团、西电集团等大型企业均前来投资，已实现年销售额1.8亿美元，进出口额2.9亿美元，上缴埃及政府税收7.8亿埃镑，为当地居民创造了超过3000个就业机会。[①]

由于起步区的土地储备已经全部用完，总面积6平方千米的扩展区已经开始进入实施阶段。目前，中埃·泰达苏伊士经贸合作区扩展区一期市政基础设施已经竣工，招商工作正在稳步推进。扩展区计划总投资2.3亿美元，预计将吸引150—180家企业入园，这些企业的总投资额将高达20

---

① 曲明：《天津财税助力"一带一路"互联互通》，《中国财政》2017年第17期，第51—52页。

亿美元，全部建成投产后预计实现销售额将达到 80 亿—100 亿美元，并提供约 4 万个就业机会。

中埃·泰达苏伊士经贸合作区是埃及参与"一带一路"建设的重要依托，吸引越来越多的中国企业在区内投资实业，有利于带动中国具有行业竞争优势的龙头企业及相关配套企业集体"走出去"，形成专业化的产业集群，开拓埃及市场乃至西亚北非市场，使其成为深化国际产能合作的新平台。中埃·泰达苏伊士经贸合作区已成为海外明星工业园区，在中国企业的投资带动下，为埃及带来较大经济效益的同时，也将促进埃及的工业生产能力和产业技术水平的提升。中埃·泰达苏伊士经贸合作区有望成为北非地区物流和相关增值服务的枢纽。

四、中埃·泰达苏伊士经贸合作区的特点

随着共建"一带一路"国际合作的深入推进，越来越多的中企选择"走出去"，中国境外经济贸易合作区建设的步伐也进一步加快。

（一）"整体走出去"的特点

境外经贸合作区是中国实施"走出去"战略的一条重要途径，可以在很大程度上降低或规避企业"走出去"过程中可能遇到的各种微观、中观及宏观风险。1994 年，时任埃及总统穆巴拉克访华时到天津经济技术开发区参观，他在看到这座中国园区强大的生命力后，对在埃及建设产业园产生了兴趣，并邀请天津开发区的开发企业泰达赴埃及合作，传授建设园区的中国经验。与泰达受邀建立园区不同的是，更多的中企在海外建立园区是为了满足自身海外业务发展需要。比如在 1999 年，海尔集团为了开拓美国市场，在美国南卡罗来纳州建立了工业园进行研发设计与生产；2001 年，海尔集团又在巴基斯坦与当地一家企业合资建立了产业园区，助力海尔打入当地市场，一些国内的配套厂家也前往入驻；2002 年，河南国基集团在塞拉利昂将一处废弃火车站改造为工业园，吸引了众多上下游厂家入驻。与其他境外经贸合作区建立背景不同的是，中埃·泰达苏伊士经贸合作区是以天津开发区建设经验为基础，具有以开发区为主体"整体走出去"的特点。在多年发展中，中埃·泰达苏伊士经贸合作区探索出了具有可持续性的成功模式，得到了较好的资金回报，也获得政府涉外部门越来

越多的肯定。一直以来，我们听到最多的是"积极引进国外先进的管理经验"。[1] 如今，天津已经开始积极向国外输出自己的管理经验。

（二）中埃·泰达模式的可操作借鉴性

境外园区这种经贸合作形式并非中国首创，但中国却将园区的优势发挥得淋漓尽致，一些发展中国家也开始向中国学习经验。截至目前，中埃·泰达模式已经先后参与了吉布提港口前期建设、肯尼亚蒙巴萨园区建设、刚果（金）—黑角经济特区建设的咨询和评估等工作，让更多的沿线国家分享"一带一路"建设带来的"中国经验"。天津市充分发挥中埃·泰达苏伊士经贸合作区的平台优势，在将其作为天津企业"走出去"和对接共建"一带一路"倡议的重要支撑点的同时，积极探索该模式的可复制性和可推广性，并努力加以实现，以更加积极地参与到共建"一带一路"倡议下的海外投资与贸易中来。[2] 此外，还应注意借助中国—中东欧国家合作机制，争取其他方面的合作或发展机会。

企业自发设立园区，或是因为其需要在当地进行大规模生产，希望引入上下游厂家入驻以提供支持，或是一些刚到海外的企业因缺少经验而倾向于抱团减少风险。这些企业的实践也为政府后期出台合作园区政策奠定了基础。2006年，商务部发布了《境外中国经济贸易合作区的基本要求和申办程序》，开始招标遴选海外合作区。境外经贸合作区是中企"抱团出海"、降低海外投资风险的一个平台。除少量是双边政府大力鼓励支持外，在带有政府间项目色彩的园区中绝大部分境外园区还是属于企业行为，以企业作为主要的投资方和运营建设方。境外经贸合作区是产业集聚区，上下游、产业链的带动作用强，东道国很欢迎。中白工业园、埃塞俄比亚东方工业园、巴基斯坦海尔—鲁巴经济区、中埃·泰达苏伊士经贸合作区、中国·印尼聚龙农业产业合作区等，10多年来，中国境外经贸合作区从无到有，由少到多，由弱到强，已成为中国进一步推动改革开放、助力中企走向世界的重要平台，也是与广大发展中国家互利共赢的有效途径。

---

[1] 薄文广、鲍传龙：《天津有效对接"一带一路"战略的三"点"建议》，《天津经济》2016年第7期，第4—7页。

[2] 薄文广、鲍传龙：《天津有效对接"一带一路"战略的三"点"建议》，《天津经济》2016年第7期，第4—7页。

(三) 园区建设深耕细作

中央与地方政府支持企业"走出去"的政策环境日益优化。2013年，商务部和财政部印发的《境外经济贸易合作区确认考核和年度考核管理办法》中，加大了对于合作区的补贴支持力度。这种变化更加增大了天津借助这一平台的优势和便利，共建"一带一路"倡议的提出推动了合作区建设提速，中企"走出去"的步伐也在不断加快。从指导组织市属国有企业招商引资、投资规划、产业配套到人才支持、政策优惠等多方面入手，持续加大开发建设力度，推动园区形成"横向成群、侧向成链"的产业集聚，将为当地提供4万余个就业机会。

(四) 加强横向联系，推动国内优势企业"走出去"

为深入推动"一带一路"建设，充分发挥国家级境外经贸合作区的集成优势，扩大对外投资和经贸合作，天津泰达园区加强了横向联系。由天津市商务局与山东省商务厅联合主办的"跨国并购及走出去带引进来政策与实务培训班"在泰安市成功举办。山东省各市对外投资和经济合作处、天津市商务局外经处等部门相关负责人出席会议。中非泰达投资股份有限公司受邀出席并做主题发言。本次培训有潍柴集团、海尔智家、中国电信等80余家企业高管参办，大家对这次活动给予高度评价。

五、泰达合作区未来的发展前景

为提升中埃国际产能合作的规模和层次，需要做好以下三方面的工作。首先，要加强政府之间的沟通和协调，使彼此间的产业投资项目更契合对方的经济发展目标和产业发展规划，做到有的放矢。沙特阿拉伯和埃及的经济发展战略、发展水平和产业结构有着一定的差异，在推进中沙、中埃产能合作过程中，应根据国别差异选择不同的合作领域，采取不同的合作方式。其次，应当积极探索以产业园区为载体、以集群式产业转移为特征的国际产能合作新模式。在条件具备的情况下，大力支持中沙和中埃合作的经贸区建设，将其打造成为双边经贸合作的名优工程。鼓励中国优势产业中的骨干企业及相关配套企业集体入驻，同时鼓励当地中小企业围绕中国骨干企业提供配套产品或服务，形成产业链上下游一体化的产业集群，共同开拓中东和北非市场乃至第三方市场，使产业园区成为深化"一带一路"建设经济合作的新平台。最后，双方企业在开展产能合作过程中，应当根据本企业所属行业类型和市场定位，在充分考虑不同区域和城市的资源禀赋、产业基础和市场容量的基础上，选择合适的地区、城市和经济特区开展经贸活动。

第三节　中日健康产业国际合作——以中日（天津）健康产业合作示范区为例[1]

新冠疫情在全球肆虐，国际社会面临自第二次世界大战以来从未有过的卫生和经济危机。这场疫情使人们更加关注医疗、健康问题，为世界各国在健康产业方面的合作提供了机遇。随着中国新冠疫情得到有效控制，生产生活有序恢复，中日健康产业存在着深化合作的可能和动力。本节通过梳理日本健康产业对外合作的方式，并以中日（天津）健康产业合作示范区为例，探索中日健康产业合作的最佳方式和模式，为中日两国健康产业持续发展提供可以借鉴的经验和做法，从而助力中日健康产业的深度合作，成为稳定中日关系、推动两国经济社会向前发展的重要力量。

一、后疫情时代为中日健康产业合作提供契机

日本北海道大学教授铃木一人指出，从今往后，历史将被划分为 BC 和 AC 时代，即"前疫情"时代和"后疫情"时代，新冠疫情所造成的冲击或许会成为世界历史的转折点，尽管疫情的蔓延是一个意外事件，但使世界事物的发展轨迹发生了重大改变。[2] 中日在共同经历了抗疫后，未来在共同应对突发公共卫生事件以及事关健康的医疗保健、医疗器械等领域存在着深化合作的空间、动力和潜能。

新冠疫情暴发前，中日韩已在加强健康合作方面达成共识。2019 年 12 月 24 日，中日韩三方发表《中日韩积极健康老龄化合作联合宣言》，倡议

---

[1] 此节文章相关内容发表在张季风主编：《日本经济蓝皮书：日本经济与中日经贸关系研究报告（2021）》，社会科学文献出版社 2021 年版。
[2] 铃木一人，「ポストニュークラウン时代の地政学」、日本のコロン，2020 年版。

三国加强政策对话和国际合作,就积极健康老龄化相关问题开展合作研究,在本地区打造应对人口老龄化成功模式,通过分享最佳实践等方式,促进在全球范围内与其他国家和地区的合作。新冠肺情暴发后,中日之间、中日韩之间以及东盟与中日韩(10+3)之间启动了不同形式的政治对话机制,加强了中日之间在东亚地区卫生医疗等领域的合作。如通过中日高级别政治对话、中日韩三国外交部门不同级别的会议方式,以及东盟与中日韩(10+3)领导人特别会议,以视频方式举行,建立起联防联控、信息共享、政策沟通机制,为东亚地区相对于其他地区较好地控制了疫情以及为后疫情时代加强中日合作奠定了政治基础。[1]

新冠疫情的暴发为中日健康合作带来契机。中国的健康产业目前仍处于起步初期,产业规模比重占GDP不足5%,西方发达国家一般超过15%的比重,中国在健康产业规模、产业链方面与之存在着差距。但随着新一代信息技术、物联网、云计算、大数据和人工智能应用到健康产业,中国的智慧健康产业进入快速增长期。根据数据显示,2020年中国健康产业规模突破8万亿元,2030年将突破20万亿元。随着中国城市环境和生活方式的改变,重大疾病、亚健康和慢性病患者群基数逐年增长。未来10年,各种慢性病将以爆发式的速度迅速扩展到家庭,健康消费需求将不断增长。与此同时,中国面临着老龄人口持续快速增长态势,从而带来了巨大的医疗健康和养老服务需求。截至2021年,中国60岁以上人口已达到2.67亿,占总人口的18.9%;2030年60岁以上人口预估占比为25%。[2]中国在健康产业方面还具有很大的发展空间。

进入21世纪,日本是东亚地区人口老龄化程度最高的国家之一,即将进入每5名劳动者中就有1名高龄者的时代。据统计,2020年日本65岁以上的老人总数比2019年同期增加30万人,达到3617万人,占总人数比例的28.7%。随着65岁以上人口增至总人口的近1/3,90岁以上的人口也将增至300多万人,到2025年这项财政支出的费用将达到2980亿美元。除了医疗和福祉产业外,多数产业的劳动者都将减少。据日本劳动政策研

---

[1] 葛建华、马兰:《中日韩合作抗疫:构建卫生健康共同体》,《东北亚学刊》2020年第3期。

[2] 马爱平:《起步期的健康产业 亟须补上"科技"这一课》,《科技日报》2019年8月15日。

究·研修机构预测，医疗和福祉产业的就业者在2040年将达到974万人，占就业人口的16%。[1] 日益老龄化的日本，催生了日本在老年护理方面的科技创新。据统计，日本92家估值在10亿美元以上的日本初创企业中，有25家致力于医疗保健。人口老龄化加剧了日本国民对医疗卫生、健康保健以及养老服务的消费需求，从而成为推动日本健康产业快速发展的动因之一。

根据日本经济产业省估算，2020年日本健康产业市场规模为26.6万亿日元，到2025年这个数字将进一步扩大到33.1万亿日元。其中医疗保健及长期护理领域市场规模由15.8万亿日元增长到20.6万亿日元。[2] 2018年，日本医药出口额达到1891.85亿日元，出口前3名的国家分别为美国、韩国和中国；医疗器械主要进口额为16205.83亿日元，中国排名第4。2020年，日本医疗器械出口额达到1万亿日元，中国排名第2。[3] 中国已经成为日本医药品和医疗器械的主要出口国和医疗器械产品的主要进口国之一。日本已连续多年在世界卫生组织全球医疗水平评比中位居第1，相对于欧美发达国家，日本健康服务的理念、技术手段、习惯和标准等多方面比较符合中国城乡居民的健康服务消费习惯和偏好。新冠疫情暴发前，日本已经成为中国居民境外购买健康服务的重要市场之一。可以预见，后疫情时代中日两国在健康产业上的合作将会更加紧密。在此背景下，中日健康服务业的互补性将成为两国深化产业合作的重要领域，加快建设中日健康产业具有巨大的合作潜力。

二、日本健康产业对外合作的方式

健康产业是日本国民经济的重要支撑之一。发展健康产业是日本经济发展战略布局中的关键环节，这是日本在后疫情时代快速恢复经济，促进对外合作的一项重要领域和力量。日本健康产业是一个大健康产业概念，

---

[1] 經濟産業省，「次世代ヘルスケ産業協議會の今後の方向性について」、2018年4月18日、https://www.mhlw.go.jp/Seidel unitsute/bunya/0000173202—00002.html。

[2] 經濟産業省，「次世代ヘルスケ産業協議會の今後の方向性について」、2018年4月18日、https://www.mhlw.go.jp/Seidel unitsute/bunya/0000173202—00002.html。

[3] 厚生勞動省，「平成30年藥事工業生產動態統計年報の概要」、http://www.mhlw.go.jp/topic/Yakutia/2018/nenpo。

指的是公费保险以外的服务产业，涉及预防、诊断、治疗、康复等产品制造和服务业，通常包括医药工业、医药商业、医疗服务、保健品、健康保健服务等领域。日本为推动健康产业发展和海外扩张，制定及实施了一系列产业政策。2014 年制定《健康医疗战略》，2019 年制定《医疗器械产业海外发展计划》。2020 年内阁府制定的《成长战略》中专门就日本健康产业的开发、商业化和国际推广方面制定了相关的政策。这一系列政策旨在通过先进的医疗技术和服务构建健康长寿的社会，实现经济发展和对外合作。

日本为应对老龄化发展起来的健康产业，将医疗保健作为核心，以营养品保健为辅助，在加强国民健康管理的同时积极推进健康产业发展。在社会、经济和政策因素的共同作用下，健康产业成为推动日本经济社会持续发展的重要力量。① 根据日本健康产业的发展路径，归纳起来日本对外合作主要体现为以下四种方式。

（一）建立由内阁府牵头的各政府机构协同发展体系，鼓励日本健康产业集群集体出海方式

2020 年日本内阁府在《成长战略》中制定了医药、医疗器械的国际推广战略，并以内阁府牵头成立了协同发展体系。在促进健康产业发展上注重各省厅协同合作、政策扶持。2019 年成立了日本医疗研究开发机构（AMED），目的是促进生命科学领域的产官学融合发展。2020 年创设了医工联合创新推进事业机构，注重医疗器械开发和海外推广，同时成立了各相关政府部门的协同机制。2020 年 7 月 14 日，健康医疗战略推进总部制定了《亚洲药品、医疗器械设计规制计划、制定、协调、实施战略》，计划 2021 年在亚洲健康构想和非洲健康构想的基础上，成立环球健康联盟，致力于相关健康产业的国际合作与发展。

在协同发展机制内，内阁总理大臣牵头负责协调，文部科学省从事基础性研究，厚生劳动省负责临床研究，经济产业省负责健康产业的推广和实施。2021 年健康产业发展重点领域是护理机器人、特效药品开发、基因

---

① 内閣府、「成長戦略フォローアップ」、2020 年 7 月 17 日、https：//www.kantei.go.jp/jp/singi/keizaisaisei/portal/follow_up/。

工程、医疗器械、医疗支援、智能手术室开发、人工组织器官开发、人工心脏等领域。除此之外，还包括微创、可移动设备等领域。同时根据对外合作需求，加强在预防、健康经营、健康保险等领域的国际合作。

在运营方式上，在经济产业省的产业集群政策和文部科学省的知识产权集群创建项目带动下，日本国内创建了众多医疗器械集群，比较突出的是由栃木县、福岛县和茨城县组成的日本最大的医疗器械产业集群。日本有许多掌握着关键核心技术的从事健康产业的中小企业，它们与从事健康产业的大企业一起共同形成了健康产业的生态链，彼此互相支持。在政府主导下，在国家产业政策和科技政策推动下，大企业与中小企业之间形成了健康企业产业集群，集中体现在医疗器械产业集群，在打造持久的产业集群方面开展了一系列活动。[①] 半官方机构日本贸易振兴机构牵头，推动这些医疗机构的产业集群集体出海设立分支机构，成为扩展产业集群业务的一个重要方式。通过与当地政府合作举办各种推介推广博览会推广医疗技术与设备、为当地培养医疗护理专业人士、参与制定医疗护理标准等多种方式和渠道，扩大日本医疗设备及医疗技术服务出口。如以松下为代表的日本大型企业及相关配套的中小企业，以日本贸易振兴机构为依托，努力开拓中国健康市场是这个模式的成功案例。

据统计，日本医疗器械市场规模现已突破3万亿日元，2009—2018年医疗器械出口额平均增长率5％以上，2018年高达6700余亿日元，健康产业在第三产业产值乃至GDP中所占比重越来越高。但在2017—2018年国内市场逐渐缩小，2019年日本医疗器械产值为516.2亿日元，较2018年减少5.79亿日元，同比下降1.1％。[②] 日本是全球第三大医药市场，却是医疗器械设备严重依赖进口的国家，每年进口51％为医疗设备。为解决医疗器械的对外出口，日本逐渐重视国际市场，扩大国际市场的占有率，而中国市场巨大的需求成为日本主要的关注点。日本将中国市场作为主攻目标，围绕中国中高收入人群为目标客户开发健康产品，如附带人工智能

[①] 刘兵、崔岩：《日本健康产业的发展经验及启示》，载张季风主编《日本经济蓝皮书：日本经济与中日经贸关系研究报告（2021）》，社会科学文献出版社2021年版。

[②] 内阁府，「成長戦略フォローアップ」，2020年7月17日，https：//www.kantei.go.jp/jp/singi/keizaisaisei/portal/follow_up/。

技术，安装可以检测到使用者的心跳、血压和体内脂肪率的装置，根据身体情况推荐食谱和运动方案，包括坐便器、洗脸池等产品受到中国消费者的追捧。未来与官方、半官方主导型健康产业集群整体合作也将是中日健康产业合作的可供选择模式。

（二）以成熟健康产业园区为样板的"模式输出"型合作方式

此种合作方式以神户医疗产业都市为代表。神户作为日本著名的港口城市，1995 的阪神大地震后给其造成了巨大的经济损失，市内死亡人数约 4600 人，经济上的损失达到 6.9 兆日元（相当于该市 1 年总产值），市民人均 GDP 低于全国人均水平。通过市民会议员和产业界的协商规划，确定发挥神户机场作为关西交通枢纽优势，脱离原先的重工业发展方式，引进医疗器械厂家落户。在产学联手的基础上，以人工岛港岛 2 期为中心，打造以高精尖医疗技术的研究和开发为重点的日本首个医疗创新系统集群。集群聚集了 350 多家知名医疗医药企业、研究机构和大学，集中在医疗器械、医药用品和再生医疗的研究开发。经过 20 年的发展，神户医疗产业都市已经成为日本高新医疗产业中心，其运营模式是成立神户医疗产业都市推进机构，包括尖端医疗研究中心、医疗革新推进中心、细胞疗法研究开发中心、集群推进中心。以神户医疗产业都市推进机构、神户生物医学研究与创新基金会作为核心支援机构，建立行政学医一体的平台，由产业创新带头人担任理事长，打造多个产业平台，促进行政学医之间的相互联系，构建成为从基础研究到临床应用以及产业化的一体结构。同时，政府部门相继出台各种辅助制度和补助金，建立各种服务平台的互联互通，形成产业平台集群，成为神户医疗产业都市的核心体系。[1]

神户医疗产业都市是日本比较成功的医疗产业组团发展模式之一，这个模式主要表现为以医疗开发为核心、以医疗配套为展开的区域产业聚集发展模式。相对于独立的医疗研发机构，形成从产品研发到应用临床最后投入市场全产业链条，节省了时间和距离，将有关联的产业集合成一个中心，以一个整体为医疗市场进行服务。同时，日本神户从开始就树立"为

---

[1] 神户医疗产业都市 20 周年纪念特设网页：https://www.fbri-kobe.org/kbic/china。

提高亚洲各国医疗水准作出国际贡献"的理念，致力于将其发展模式整体向亚洲国家输出。

日本主要有三种"模式输出"方式：一是由文部科学省为主导设立"世界一流的区域研究研发·实证中心"项目，以神户模式为标杆，建立医疗保健领域的生态网，打造日本创新医疗集群，通过向亚洲相关国家输出，希望建立亚洲模式和标准，增强日本健康产业在亚洲的影响力。二是2013年国会通过《国家特别战略区域法》，设立国际医疗区，对国际处于先进水平的医生、药物和治疗手段放松管制，同时通过设计接收海外患者一站式窗口，增强其模式的吸引力和影响力。三是通过召开各类国际医疗交流研讨会推广神户模式，从而促进神户模式的对外输出。

（三）以智慧城市建设为依托促进智慧医疗与智慧城市的协同发展方式

日本智慧城市建设更重视能源、康养、社区医疗等领域的协同发展，实行全面智慧化运营。之所以选择这种模式，是因为充分体现了日本的国情。日本社会老龄化程度严重，这对国家经济发展形成巨大的影响；同时，日本是个资源相对匮乏的国家，对资源、能源的使用需要进行精细化管理。从某种意义上说，这也是任何一个国家发展到一定程度所必然要进行的。此外，频繁遭受自然灾害的侵袭，也使得日本对弹性城市建设具有强烈的需求。因此，促进了日本政府积极建设资源节约型的社会。发展智慧医疗是日本建立智慧城市的重要组成部分。日本政府和民间积极推进"e健康"的发展。从2011年开始，日本政府依托索尼、富士通、松下、欧姆龙等公司，借助网络平台推出了大批线上居家医疗、照护产品，发展高品质数字生活理念下的家庭移动医疗护理模式，服务内容涉及视讯医疗，对慢性病以及老幼病患进行远程照护，对智障、残疾、传染病等特殊人群进行健康监测以及智能服药系统。2016年，日本政府提出"超智能社会5.0"战略，推进大数据与人工智能在预防、健康管理、远程医疗领域的应用。日本电子业巨头纷纷转型智慧医疗产业，积极开发与老年疾病有关的智慧医疗产品。

与此同时，日本全面参与海外如东南亚智慧城市建设，将智慧医疗嵌入智慧城市的建设中。日本大约有200家企业参与到东南亚国家的26个城市的智慧城市建设项目中，涵盖菲律宾的新克拉克城、越南岘港、缅甸的第二大城市曼德勒、马来西亚的亚庇、印度尼西亚的雅加达等城市。松下公司在日本横滨市利用信息技术进行创建宜居城市的尝试，包括智慧能源管理、交通系统、安全管理、教室系统、智慧经济、智慧医疗和智能生活，将智慧医疗嵌入智慧城市的建设中，并在全世界推广。

（四）以健康行业协会为主导型的跨界协作方式

日本各地方政府与医疗服务机构设置"次世代健康产业协会"，目的是超越行业壁垒，将制药、批发、食品等民营企业聚集起来，共同推动健康产业发展。通过创建健康产业协会，推进多产业纵向联合跨界经营的新型健康产业合作模式，集中多种优势资源形成合力，促进健康产业的融合发展，同时通过协会向企业提供合作信息，推广健康产业发展的先进经验。目前，日本已经有18个府县、15个城市设置了"次世代健康产业协会"，在全国主要地区形成了健康产业集群发展网络。①

其中，以2015年创建的日本健康关爱协会尤为突出。该协会是以未病先治和预防为主要理念成立的一般财团法人协会。第一任会长是日本连锁药妆店排名第1的松本清集团会长松本南海雄先生，现任会长是东京药科大学附属健康关爱研究所理事长西信幸先生。该协会的主要理念是归纳总结健康关爱产业的理论和环境、建立相关产业的协同发展，从而形成从疾病产业向未病先治以预防为主的健康产业转移。通过健康行业协会的推动，日本连锁药店实现多角度的跨界经营，总销售额达到7.2万亿日元（4500亿元人民币），最终目标是到2025年达到10万亿日元（6250亿元人民币）产业化规模。② 协会还将计划推动与厚生劳动省、经济产业省和农林水产省的政府部门的合作，将依赖医药品和处方配药的药局打造成可以提供购物、预防、治疗和介护咨询的场所，实现向药店功能方向的跨界转移。目前日本健康产业协会这种运营模式不仅立足于日本，还将此合作模式向亚洲推广。以健康产业协会为主导，实现跨界组合，未来可以成为中日健康产业合作的主要可借鉴模式。

---

① 邢鸥、张建：《人口老龄化背景下日本健康产业发展现状、政策及启示》，《中国卫生经济》2020年第3期，第7页。
② 山本武道：《将新健康产业从日本推向亚洲》，《中国药店》2019年第10期。

三、中日（天津）健康产业合作示范区在合作方式上的探索

新冠疫情期间，中日地方城市之间互相驰援、合作抗疫成为中日民间外交一大特点，特别是中日国际友城之间的合作呈现出多点开花的局面。后疫情时代中日健康产业合作，特别是地方合作必将得到快速发展。中日（天津）健康产业合作示范区（以下简称"天津示范区"）作为两国政府推动的中日地方合作发展项目，在合作方式上进行了先行先试的探索，目的是通过聚焦健康产业，强化创新要素集聚、高端生产制造、健康生活示范，引进培育优质企业，创新国际化医疗康养机构合作模式，从而带动京津冀健康产业高质量发展。借鉴日本健康产业对外合作的四种方式，针对地方合作这一层次，在合作方式上采取了以政府牵头为先导、神户模式为主的"2+"方式，在此基础上在示范区建设和引进培育优质企业过程中，借鉴日本的智慧城市和智慧医疗协同发展方式，以及以健康行业协会为主导的跨界协作方式，根据天津特色走出一条中日健康产业创新合作的新途径。

（一）在合作方式上由政府统筹和推动对外合作与交流

中国健康产业的发展与日本的发展方式具有相似性，体现了政府推动、市场运作的顶层设计理念。2017年以来，中国国家主席习近平与日本前首相安倍晋三进行了多次会谈，有力地推动了两国关系健康发展。2019年5月，李克强总理与日本前首相安倍晋三达成加强中日地方发展合作等多项共识。同年8月，国家发展和改革委员会与日本内阁府共同签署关于中日地方发展合作备忘录，正式建立中日地方发展合作机制。2020年4月，国家发展和改革委员会批复设立6个中日地方发展合作示范区，其中中日（天津）健康产业发展合作示范区设在天津静海，聚焦健康产业。同年8月5日，国家发展和改革委员会联合日中经济协会召开示范区线上推介会，组织100余家日方企业和机构参加，各示范区分别作推介发言，国家发展和改革委员会领导线上答疑，对6个合作示范区优势、特色与发展前景做了有力宣传，进一步巩固了对日合作基础。同时，国家发展和改革委员会加强与日本内阁府对接，以充分发挥中国对日合作机制作用，为6

个示范区建设发展提供强力支撑。

(二) 在设计理念上借鉴神户医疗产业都市发展方式

天津借鉴神户医疗产业都市经验，开展对日健康产业合作具有优势。神户作为日本最先开放的港口城市之一，国际化程度较高，与日本各大城市之间形成立体交通网络，与大阪、京都一起构成西部日本经济的核心地区。神户是日本医疗市场的中心，聚焦了诸多核心医疗机构。天津在区位优势、产业特点、医教资源上与日本神户具有相似性和互补性，未来在借鉴神户发展模式的基础上将结合自身特点走出一条独特的发展路径。

1. 天津与神户市合作具有历史传承

天津与神户在周恩来总理的亲切关怀下于1973年6月24日正式结为友好城市关系。自结成友好城市后，在友好城市框架下民间与政府层面开展了广泛的交流与合作，成为中日城市间交流的示范。在健康医疗领域的合作同样成效卓著。2001年9月，天津市第一中心医院资产管理办公室主任作为海外技术研修员访问神户，围绕医疗产业都市构想、尖端医疗领域研究、神户市立中央市民医院等神户市的医疗设施运营进行了为期半年的研修。[①] 日本政府无偿援助5亿日元兴建的天津医科大学代谢病医院，于1998年7月7日正式对外开诊。这是国内首家以防治糖尿病及并发症为特色的糖尿病专科医院。[②] 天津医科大学与神户大学有固定的交流合作机制，共同举办有关国际医疗的会议，合作培养介护人员。中国首个健康照护师学院落户天津。天津与神户之间依托友好城市这个平台在医学领域的合作为示范区的建设打下了良好的基础。

2. 天津示范区在产学研融合发展方面借鉴神户医疗产业都市发展理念

第一，天津示范区在建设过程中借鉴了日本的发展经验。神户市在定位发展医疗都市时抓住大地震所带来的机遇，以规划新的医疗机构为契机，瞄准了当时关西地区众多的优质医疗科研资源未被充分利用的机遇，

[①] 平力群、葛建华：《天津神户友好城市交流的背景、活动与成果》，《东北亚学刊》2019年第1期，第45—57页。

[②] 耿建华编：《友谊长存：纪念天津神户缔结友城关系30周年》，天津人民出版社2003年版，第101页。

对极具潜力的医疗产业做了前瞻性的规划与实施方案策略，造就了如今医疗产业发达完善的神户医疗产业都市，并且极大促进了神户市经济发展。

天津示范区是基于天津健康产业园的建成区和拓展区建立起来的。天津健康产业园于2010年经市委批准成立，累计投资500亿元人民币，形成了教育、医疗、康养、体育四大健康产业板块。天津健康产业园在起步建设过程中借鉴日本的发展经验。2008年5月，在时任中国国家主席胡锦涛与时任日本首相福田康夫共同见证下，天津市与北九州市签署中日循环型城市合作备忘录，就天津子牙循环经济产业区循环经济的发展开展广泛合作。2019年6月，产业园所在地静海区与日本北九州市签署了《关于开展循环低碳经济领域合作的框架协议》，深化了循环低碳经济领域合作。天津健康产业园经过10年的发展，教育科研实力雄厚，体育康养产业发达。中央关于加强中日地方健康产业合作的战略，为发展天津健康产业提质增效提供了机遇，天津于2020年启动示范区申报工作，2020年4月国家发展和改革委员会批复设立中日地方合作示范区。可以说示范区是在中日两国政府对地方合作的高度重视、天津子牙开发区的成熟典范，以及示范区内中日两国医学领域的高校紧密合作与交流的基础上建立起来的。

第二，天津和神户同样具有医教资源雄厚的特点成为中日合作的亮点和基础。神户医疗产业都市聚集了大量的研究机构、专门医院，包括医药品、医疗器械的相关产业。医疗产业城内有世界首次用IPS细胞进行的临床研究，超级计算机"京"成功用于药物的研究，形成了以医疗尖端开发为核心，以其他相关产业为配套的发展方式。神户对于医疗相关人才的引进与培养独具特色。在利用两位诺贝尔医学奖获奖者山中伸弥和本庶佑的带动下，一大批顶尖的医疗学院在神户医疗产业都市内落户，港湾人工岛目前拥有神户大学先端融合研究院、神户大学、甲南大学、神户学院大学、兵库医疗大学等诸多优质医疗教育资源。

天津示范区医教资源雄厚。园区内有天津医科大学、天津中医药大学以及中国医学科学院血液病医院入驻，三所大学综合实力和专业实力在全国均具影响力，血液病医院是国家卫健委直属三级甲等专科医院，在专科声誉（血液病）和医院科技影响力方面位居全国榜首。这些大学与日本大阪大学、早稻田大学、神户大学等多所高校建立了交流合作关系。天津中医药大学张伯礼院士、中国医学科学院王辰院士在新冠疫情防控、推进医学科技发展等方面贡献卓越。优质医教资源及其附属综合医院的规划建设，借鉴神户医疗产业都市运营方式，推动示范区利用高端创新平台及人才培养的带动效应，吸引聚集中日等国内外卫生医疗资源及产业资源，形成中西医临床医学人才、健康护理人才、运动康复人才等大健康专业人才培训基地，通过产学研多方联手，构建集科研、预防、医疗、康复、养老、培训于一体的健康管理与医疗康复产业链。

3. 天津示范区借鉴神户发展医疗产业的区位和产业优势

神户医疗产业都市能够发展壮大的原因是利用了人工岛的资源优势，充分发挥交通便利、生态环境优良、空间资源充足的条件。神户医疗产业都市距离神户市中心只有约12分钟的车程，到神户空港约5分钟，距离羽田空港有70分钟的车程，乘坐新干线到东京也只需要3个小时左右。可以说神户医疗产业都市处于对外交流的黄金地带，这种交通优势所带来的不仅是快捷而大量的人流运输，更主要的是有利于医疗产品对于日本市场乃至世界市场的推广。

天津示范区也处于交通枢纽地位，位于京津冀中部核心功能区，背靠京津两大都市，是连接雄安新区、滨海新区两大国家级新区的重要生态节点、产业节点、交通节点。距北京150千米、天津中心城区10千米、雄安新区80千米、天津机场30千米。毗邻被列入"中国湿地自然保护区名录"的团泊湖，该水库是天津市三大生态环境建设和保护区之一。团泊新城地热资源丰富，被中国原国土资源部（现为自然资源部）授予"中国温泉之城"称号。独特优越的生态环境为发展大健康产业提供了重要支撑，也成为吸引京津冀区域康养需求人群的优势条件。

（三）在建设过程中借鉴日本的智慧城市内嵌智慧医疗方式

天津示范区在建设过程中，注重智慧城市内嵌智慧医疗发展。加强了与株式会社日本综合研究所、工场网等日本高端智库和产业平台之间的合作。委托株式会社日本综合研究所编制了《"天津市静海区中日循环产业园区"开发战略规划》《天津市静海区中日健康产业园发展规划》，将健康生活示范和智慧生活示范嵌入其中，形成了以"互联网+"为依托的智慧门诊、区域智慧医疗、新型医疗健康等应用场景。

（四）加强与日本企业的交流合作形成独具特色的健康产业结构

天津与日本的日立集团、工场网等加强对接与合作，推动中日合作国际诊疗中心、护理学院等项目的合作。在合作过程结合自身特点形成"3+2+2"产业结构，即以健康科研、高端医疗康养、智慧健康产品制造三大主导产业构成；以体育运动与健康、精准健康管理服务为两大特色；建设健康培训与会展服务业、健康金融服务打造以数字经济为引领的产业链条，打造医、康、养、体、健深度融合的全生命周期健康产业体系。从而成为国际化的健康产业创新交流中心、健康生活的示范样板区。

结合中国大健康产业政策导向和技术创新趋势，天津示范区重点对标日本的优势领域为专科体检及健康管理、高端医疗康复、健康科研、体育运动和健康指导、养老服务、健康相关IT服务业、健康产品制造（保健品、诊断和护理医疗器械）等。具体措施为聚焦日本药品和医疗器械的准入；聚焦金融，探索特色商业健康保险服务（特药险）、中医药的传承创新发展、日本专业人才的引育、前沿医疗技术研究，建设国际化研究型医院。未来在对日合作上根据自身特色探索一条符合自身特色的发展路径，如依托国家健康医疗旅游示范基地和团泊国家体育产业示范基地，在主动健康、运动健康、健康管理、医疗健康等方面探索出新的途径和方法。

根据天津具有的特点，未来中日之间采取的合作方式为以健康产业园区为基础，以医教资源为特色，以医学医疗产品和服务的开发为核心，以政府搭建医疗建设平台为先导，形成区域健康产业聚集发展模式。先期以政府为引导，通过顶层设计，调动多种社会力量，对标天津和日本的优势健康领域进行交流合作。目前中日健康产业园区的合作仍处于起步阶段，合作方式还在探讨中。由于对健康产业的认识多停留在概念阶段，对健康产业的认识和理解上还存在着一些认知偏差。因此在建设过程存在着政策体系不是很完善、基础设施和公共服务配套不充分、产业导入和融合协同尚待突破、高校科研成果转化能力有待提升等问题，还需在今后的合作中不断摸索，寻找解决的途径和方法。

四、结语

新冠疫情的暴发，使国际经济政治形势复杂多变。为推动后疫情时代全球经济的复苏和增长，中国积极探索加强与日本经济合作的契合点。从日本经济发展的过程来看，健康产业的发展对日本经济起到了重要作用。因此，日本成熟的健康产业政策、运营体系、服务保障系统等值得中国借鉴和学习。此次新冠疫情的暴发促使两国民众对健康的关注程度更高、需求更多，对相应的健康产品和服务的需求也将扩大。中日健康服务业的互补性将成为两国深化产业合作的重要领域。中日两国以健康产业合作为引导，通过顶层设计，在促进两国地方省市之间的合作基础上，为增强两国经济发展的新动能、实现多区域共同发展打下基础。

第四节　国际友城合作在东亚地区构建人类命运共同体的作用及未来发展方向——以天津与东亚国际友城合作为例[①]

在经济全球化背景下，城市外交日益成为服务国家总体战略的重要方式。自中国提出构建人类命运共同体理念以来，中国加强与东亚各国的交流与合作，以东盟与中日韩（10+3）合作机制为基础，以"一带一路"建设为大平台，通过与东亚各国共同建设高质量的互联互通项目，为促进区域和全球经济增长提供重要支撑。特别是在新冠疫情期间，东亚携手抗疫，彰显命运共同体理念。[②] 中国沿线地方城市在共建"一带一路"的布局中，在东亚构建命运共同体中找到了自身新的定位和发展方向，积极与国家发展战略相对接，其国际影响力日益彰显，且加强沿线国际友城合作又成为"一带一路"建设、构建人类命运共同体的重要途径和方式。

一、国际友城合作在东亚地区构建人类命运共同体的地位和作用

当前，新冠疫情仍然延宕反复，世界经济实现均衡复苏但面临着挑战。在此次新冠病毒不断变异和蔓延的形势下，东亚地区新冠病毒感染人

---

① 此节文章发表在《东北亚学刊》2022年第1期。
② 《新华国际时评：东亚携手抗疫彰显命运共同体理念》，新华网，2020年4月13日，http://www.xinhuanet.com/world/2020-04/13/c_1125849835.htm。

数特别是死亡人数得到了有效的控制,同时又实现了经济的复苏,新冠疫情平稳和经济复苏令东亚赢得了地缘政治经济发展的先机。① 但在国际地区形势加速演变的背景下,东亚面临的最大问题是大国竞争加剧,地区安全形势的复杂性和不确定性。东亚城市外交在对外交流方面承载着更高的期望,既起到辅助国家总体外交、提升国家形象的作用,又起到缓冲区、保温箱的作用。

(一) 中日韩国际友城合作彰显特色,是国家总体外交的重要补充

在东亚地区,中日韩三国开展的国际友城工作尤为活跃。中日韩之间因历史、领土和现实中的各种利益冲突影响和制约着三国关系,而地方国际友城的交往起到缓解紧张关系的作用。如天津市和神户市首对国际友城的发展历史,是国际友城服务国家总体外交和促进地方经济社会发展的缩影。而中日地方国际友城加强在举办夏季和冬季奥运会的协作上,往往对于处于紧张状态的中日关系起到解压作用。特别是当国际友城遭受自然灾害等突发灾难时,国际友城之间温暖人心的作用凸显。如在新冠疫情期间,中日韩、"东盟+中日韩"地方城市之间互相驰援,特别是东亚友好城市之间合作抗疫呈现出多点开花的局面,充分践行守望相助、荣辱与共的命运共同体理念。另外,中日韩地方国际友城之间有比较成熟和稳定的交流平台和合作机制,即使在新冠疫情肆虐的 2021 年,仍召开了第 22 届中日韩友好城市交流大会,该交流大会成为三国地方政府交流互鉴、共商合作发展的重要机制和平台。百年未有之大变局和新冠疫情的双重叠加,使中国面临日益复杂的国际环境,中国加强东亚地区国际友城间的交流与合作对于促进国家间关系具有保温和加热功能,因而成为实施国家总体外交战略的重要组成部分,也成为构建人类命运共同体的重要力量。

(二) 借助共建"一带一路"倡议,东盟沿线国际友城交往为东亚的未来发展起到促进作用

中国政府 2015 年发布的《推动共建丝绸之路经济带和 21 世纪海上丝

---

① 葛建华:《"东亚抗疫治理模式"与中国话语传播力的途径和方法》,《日本研究》2021 年第 2 期,第 41—49 页。

绸之路的愿景与行动》明确指出："开展城市交流合作，欢迎沿线国家重要城市之间互结友好城市，以人文交流为重点，突出务实合作，形成更多鲜活的合作范例。"[①] 为此中国各地方政府加强顶层设计，相继制定了对接共建"一带一路"倡议的实施方案。国际友城合作的主要对象由过去的发达国家逐渐向"一带一路"沿线的发展中国家转移。在此之前，中国城市外交多是通过建立国际友城的方式，从日韩等国家获取资金、技术等发展要素，同时学习和借鉴这些国家城市建设、经济发展的先进经验。随着共建"一带一路"倡议的实施，中国注重加强与东盟等新兴发展中国家开展"城市外交"，发展方向已从之前注重"获得"向积极"给予"且互助共赢方向转型，积极与东南亚地区新兴发展中国家建立友好城市，形成彼此之间优势互补、合作共赢的模式。在此过程中，构建人类命运共同体的理念通过携手抗疫、互联互通、促进区域经济一体化的发展等方式在东亚地区传播，并取得较好的传播效果。

（三）以"东盟＋中日韩"国际友城伙伴群建设为依托，是践行人类命运共同体理念的核心力量

随着《区域全面经济伙伴关系协定》的签署，东亚区域经济一体化得到实质性推进，日益成为全球最具增长活力和发展潜力的地区。在此过程中，东亚地区友好城市群合作已经成为推动区域经济合作的重要力量，东亚地方政府合作非常活跃。如东亚政府会议机制、东北亚地区地方政府联合会、东亚海洋合作平台等合作机制，促进了东亚地区地方政府的多边合作，也极大地促进了东亚国际友城城市网络化的建设。在此基础上，中国也积极促进共建"一带一路"国际友城之间的合作。如 2015 年由联合国五大机构与中国联合发起成立了联合国海陆丝绸之路城市联盟，该联盟由"一带一路"沿线城市组成，是 21 世纪在联合国系统内的一次跨领域、跨机构、跨区域的合作，这些城市彼此之间已经建立了不同层次的国际友城关系，也是国际友城之间加强合作的一种尝试。东亚地区各国地方政府及国际友城之间建立起来的联系网络，在增进理解、促进合作、帮助地方政

---

① 《推动共建丝绸之路经济带和 21 世纪海上丝绸之路的愿景与行动》，新华网，2015 年 3 月 28 日，http://www.xinhuanet.com/world/2015-03/28/c_127631962.htm。

府解决全球化和城市化带来的各种挑战，形成命运共同体的理念中发挥重要的作用。

二、天津依托东亚国际友城合作构建人类命运共同体的实践

1973年6月，天津市与神户市在中日邦交正常化的第二年结为友好城市，这是中日间第一对友好城市，也是中国与外国缔结的第一对友好城市。自此在走过将近50年的发展历程中，中国的国际友好城市活动受到中央政府和社会各界的普遍重视，国际友好城市数量迅速增长。天津在东亚地区区位优势明显，位于"一带一路"的海陆交汇点，通过加强"一带一路"建设，天津摸索出一套与日韩和东盟国家国际友城合作"双促进"的经验和做法。考察天津如何深耕与东北亚友好城市的合作，对于在东亚地区构建人类命运共同体具有一定的实践意义。

（一）深度融入"一带一路"建设成为东亚地区构建人类命运共同体的重要力量

日本和韩国作为东亚地区的主要国家最早与天津开展经贸合作，而天津也是全国日韩贸易投资企业最为密集的城市之一，从而成为天津与日韩多个港口城市签订国际友城协议的主要原因。天津与东盟在"一带一路"建设的联系上也日益紧密，特别是在经贸领域的合作发展势头强劲，如2021年1—5月，天津对东盟进出口增长30.5%，占总体对外贸易的12.1%。[1] 同时开辟了多条通往东南亚的"一带一路"集装箱航线，在此基础上国际友城建设也取得丰硕的成果。

1. 借《区域全面经济伙伴关系协定》探讨实现"中日韩自贸区小循环"

历史上，中日韩三国以海上贸易的形式进行了密切的政治、经济、文化交流，在此基础上形成了多条以丝绸为贸易商品的交通线路，通过中国东部和南部海岸交通与其他地区互相联系，其道路与港口组成了古代东北

---

[1] 《今年前5个月天津口岸外贸进出口同比增长27.9% 5月份进出口值创历史新高》，新浪网，2021年6月23日，https：//finance.sina.com.cn/roll/2021-06-23/doc-ikqcfnca2798717.shtml。

亚地区海上交通网，形成了东北亚丝绸之路。① 古代的东北亚丝绸之路给中日韩之间的海上贸易合作打下了良好的基础。中韩两国政府于2015年就对接"一带一路"与"欧亚倡议"签署备忘录。文在寅政府积极推进朝鲜半岛"新经济地图构想"和"新北方政策"，中韩两国在2018年举行的中韩经济部长会议上决定，将韩国"新北方政策"和"新南方政策"同中国的共建"一带一路"倡议对接。日本经过长时间观察，对共建"一带一路"倡议采取有条件合作政策。2018年9月25日，中日双方针对第三方市场合作召开专项会议，表明日本对"一带一路"的应对政策出现了实质性转变。总体来看，未来中日韩无论是在经贸还是人文交流方面都还有巨大的合作发展空间。

天津与日本和韩国有邻近的地理位置和类似的文化背景，在自然资源、劳动力资源和产业结构等方面互补性较强，双方经济交流和贸易合作享有良好的自然条件和客观优势。一直以来，天津与日韩贸易往来较为频繁，贸易关系较为稳定。如2019年占天津市进出口贸易额前3位的国家为美国、日本和韩国。天津与日本的贸易总额为755亿元人民币，其中出口209亿元人民币，进口546亿元人民币。天津与韩国的贸易总额为698亿元人民币，其中出口为189亿元人民币，进口为509亿元人民币。与日韩的贸易额占到天津市贸易总额的20%。在外资方面，天津是日韩企业重要的聚集地，截至2020年底，天津现存日韩企业约3600家，占全市外商投资企业总额的18%。从投资规模看，投资总额1000万美元以上企业270家，其中有100家企业投资总额为5000万美元以上，约1/3企业注册在天津自贸区及滨海新区。② 天津港曾是中韩自贸协定的受益者，在"提升天津港国际资源配置航运枢纽的地位，助推天津成为撬动中日韩自贸区、带动华北西北、辐射丝绸之路经济带的关键支点"③上发挥着重要作用。《区

---

① 刘国斌：《东北亚海上丝绸之路经济带建设研究》，《学习与探索》2015年第6期，第101—104页。

② 孟兴：《中日韩自贸区小循环加快构建RCEP给天津自贸试验区"撒红包"》，《天津日报》2020年11月21日；《2020年天津统计年鉴》，https：//stats.tj.gov.cn/nianjian/2020nj/zk/indexch.htm。

③ 《RCEP赋能天津港世界一流港口建设》，人民网，2020年12月9日，http：//tj.people.com.cn/n2/2020/1209/c375366 – 34465163.html。

域全面经济伙伴关系协定》签署后，天津探讨在《区域全面经济伙伴关系协定》框架内实现"中日韩自贸区小循环"。为此，天津与日韩商界针对《区域全面经济伙伴关系协定》举办多次专题对接洽谈会，探讨在自贸区等小区域内率先实现开放和创新，对区内的日韩企业首先进行对接，在《区域全面经济伙伴关系协定》框架内就关税减让、投资、原产地规则、服务贸易、跨境电商、知识产权相关承诺和限制进行风险压力测试，为中日韩自由贸易协定（FTA）的达成先行先试。

2. 与日韩在互联互通合作上"无缝衔接"

天津作为"一带一路"的节点城市，在促进东亚地区的互联互通方面日益发挥着重要作用。如在地理位置上，天津与韩国间的海路距离虽长于胶东半岛与辽东半岛的主要港口，但天津港与国际友城釜山港的整体海路只有742海里，具有辐射"三北"、陆路发达并与空港相配套的优势，成为釜山港的主要合作对象，二者合作开通了多条通往东南亚的海上丝绸之路航线。受益于《区域全面经济伙伴关系协定》的签署，天津港与日韩港口之间的贸易往来显著提高，特别是在新冠疫情防控常态化的情况下，通过海铁多式联运、中欧班列品牌"津蒙俄""津蒙欧"等融入"一带一路"建设，进一步将天津打造成为东亚新的国际航运枢纽中心。目前天津有10多条外贸航线往返于日韩的各大港口之间。如天津与日本国际友城神户港及韩国国际友城仁川港、釜山港等港口之间，将日本丰田汽车和韩国的现代大客车等商品整车通过海铁联运过境班列到达天津港后，经"津蒙俄""津蒙欧"到达蒙古国和中亚市场，以此体现出天津作为华北、西北海上门户枢纽，坐拥3条国际陆桥运输大通道，连接日韩的重要战略支点作用，从而成为与"一带一路"建设"无缝衔接"的典型案例。

3. 加强与东盟合作，不断拓宽东亚地区的海上物流新通道

随着中国与东亚各国在经贸领域的合作日益深化，以天津港为代表的海上物流新通道不断拓宽。天津港是世界人工深水大港之一，同世界上200多个国家和地区的800多个港口保持航运贸易往来，现有"21世纪海上丝绸之路"集装箱班轮航线30余条覆盖东南亚，于2019年入选国家物流枢纽建设名单，其建设世界一流绿色智慧枢纽港口项目被列入交通强国建设试点任务。新华·波罗的海国际航运中心发展指数显示，2020年天津

排名全球航运中心第 20 位，天津港位居大陆港口第 6 位。① 货物吞吐量和集装箱吞吐量一直稳居世界港口前十强。

天津港在原有港口的基础上开通多条新航线，2016 年先后开通东方海外东南亚线、现代东南亚线等 6 条"一带一路"沿线国家集装箱班轮航线，近年来开通多条直航越南、马来西亚、印度尼西亚等国家的新物流通道。如 2020 年 6 月开通天津—越南东马直航快线，并将投入 4 条 1800 标准箱级船舶进行"周班"运营，填补了中国到越南南部直航服务的空白，实现了越南从南到北全口岸覆盖。② 天津已经成为东盟主要成员国（如印度尼西亚）商品出口的重要目的港。2021 年天津港开通内外贸航线共计 9 条，有 4 条通达东盟国家，③ 2020 年前 9 个月累计吞吐量集装箱达 132 万标准箱，有力推动了京津冀及"三北"地区与东盟的经贸合作。

4. 在国际产业园合作上独具特色

天津与东亚地区国际友城合作在特色园区建设上充分体现"引进来""走出去"的鲜明特色。

一是天津与日本国际友城在产业园合作上充分体现"引进来"特色。天津与日本国际友城在产业园区合作上具有特色。2008 年 5 月，天津市与友好交流与合作意向城市日本北九州市签署中日循环型城市合作备忘录，就子牙循环经济产业区循环经济的发展开展广泛合作。2019 年 6 月，天津市与北九州市签署了《关于开展循环低碳经济领域合作的框架协议》，深化了中日之间在循环低碳经济领域的合作，同时加强了与株式会社日本综合研究所等日本高端智库和产业平台之间的合作，委托株式会社日本综合研究所编制了《"天津市静海区中日循环产业园区"开发战略规划》《天津市静海区中日健康产业园发展规划》，确立中日双方在国际诊疗中心、中日合作康养护理学校等项目进行合作。在前期合作基础上，2020 年中日（天津）健康产业发展合作示范区挂牌，这是国家发展和改革委员会正式

---

① 《天津港联手北方港口 打造海上"巴士"——环渤海湾崛起世界级港口群》，《经济日报》2021 年 1 月 20 日。
② 《打造东南亚快航通道 天津—越南东马直航快线成功开通》，中国水运网，2020 年 6 月 12 日，http：//www.zgsyb.com/news.html？aid=556831。
③ 《天津港再添"一带一路"新航线》，中国政府网，2020 年 10 月 28 日，http：//www.gov.cn/xinwen/2020-10/28/content_5555284.htm。

批复建立的中日地方发展合作示范区，主要聚焦健康产业合作，未来天津依托中日产业园建设在循环经济和健康产业上将有更大的合作前景。

二是与东盟国际友城在特色特区建设上树立品牌形象，体现"走出去"特点。天津在柬埔寨开发的柬中综合投资开发试验区，被称为中国—东盟合作机制成功实践范例和"互联互通工程"在此区域经济走廊成功建设的支点项目。[①] 2008 年，天津优联集团与柬埔寨政府签订了 360 平方千米的土地租赁协议，在距离国际友城西哈努克港 20 千米的七星海地区投资建设特区项目，形成了建设以休闲旅游度假区、空港物流贸易区、现代制造产业园区、农业示范区、文化娱乐特区和康体养生为主要内容的特色特区。2017 年，该项目纳入我国"一带一路"建设项目库，升级为柬中综合投资开发试验区，从而成为中国连接欧亚非"一带一路"建设标杆项目，打造为中国企业"走出去"的天津品牌。

（二）以东亚国际友城建设品牌化为抓手，为构建人类命运共同体提供新思路

天津市与东亚城市之间的合作日益具有品牌效应，与日韩国际友城交往具有引领性品牌效应，与东盟国际友城的交往具有"东盟式"的品牌效应。

1. 天津与日韩友好城市之间的交往具有引领性品牌效应

中日韩民间交往历史深远，地方政府通过加强国际友城交流的机制化建设，为增进了解、深化友谊探索了一些行之有效的途径和方法。

第一，天津与日韩在双边交往的基础上，积极探讨中日韩、"中日韩+"的国际友城合作模式。1973 年在天津市与日本神户市结为友好城市的带动下，上海与横滨、大阪，西安与奈良、京都，南京与名古屋等先后建立友好城市关系。1993 年 7 月 1 日，江苏省连云港市与韩国全罗南道建立了第一对中韩友好城市，此后天津与仁川市建立友好城市关系。截至 2021 年，天津与日韩结好城市达到 12 对，占 50 多个结好国家中的 93 对国际友城的 13%，国际友城建设呈现出鲜明的引领性特色。自 2010 年起，

[①] 贾云娇、陈璠：《一带一路天津故事：泰国湾里的"天津特区"》，北方网，2016 年 1 月 10 日，http://news.enorth.com.cn/system/2016/01/10/030745771.shtml。

天津每两年举办一次中国·天津国际友城圆桌会议,邀请国际友好城市长、议长来津参会,同时举办"一带一路"国际港口城市研讨会,推动建立"一带一路"港口城市合作联盟,积极主动拓展对外交往渠道,开展各种经济合作与人文交流活动。天津在国际友城建设中围绕特定议题将一方结好、多方参与、共同受益的国际友城城市群合作的发展推向深入,不仅在传统经贸领域加强提质增效,还加强新兴产业领域如健康医疗、智能科技、时尚消费等领域的合作与交流,在中国城市外交中起到了良好的示范作用。①

第二,天津与日韩国际友城之间的交流起步早、交往深、数量多、成效显著,具有引领作用。日本和韩国国际友城一直都是天津市推进友好交流的重点方向。日本的神户市、四日市市、千叶市、函馆市、秋田县、北九州市等国际友城,韩国的仁川市、釜山广域市、京畿道等国际友城都是日韩重要的港口城市。多年来,天津借助港口国际友城的平台,通过高层互访、经贸推介、论坛展会、平台活动、人员互遣等多种形式不断深化与日韩国际友城在经济环保、城建绿化、文化体育、观光旅游、医疗卫生、人员交往等各个领域的合作并取得丰硕成果。为表彰天津市与四日市市在环保合作方面取得的成绩,日本自治体国际化协会和总务省向两市颁发了总务大臣奖。2014年,韩国仁川市获得由中国人民对外友好协会颁发的"对华友好城市交流奖",天津市获得"国际友好城市交流合作奖"。受益于双方城市自身的快速发展,天津与东北亚主要国家日本和韩国国际友城之间的友好交流合作日益向解决实质问题发展,借助"一带一路"建设和国际友城合作呈现出"双促进"的局面。双方具备坚实的合作基础和对外合作的迫切愿望,这使得国际友城的交往不断扩展到各个领域。

2. 天津与东盟友好城市的交往具有"东盟式"的品牌效应

自中国提出共建"一带一路"倡议后,天津与东盟国际友城如印度尼西亚的东爪哇省,越南的海防市,泰国的曼谷、北榄城市,柬埔寨的金边市,马来西亚的马六甲等港口城市合作日益紧密,带动经济贸易、农业合

---

① 《天津国际国际友城交往及对城市外交的作用——以天津市与千叶市的友好城市交往为例》,中国网,2018年12月3日,http://news.china.com.cn/world/2018-12/03/content_74234231_0.htm。

作、金融创新、卫生医疗、旅游服务等方面的交流合作，体现出比较鲜明的"东盟特色"。

第一，加强与国际友城华商的联系与合作成为显著特色。东南亚海外华侨众多，一部海上丝绸之路的历史也是华侨华人移居海外的历史。华侨对海上丝绸之路的形成和发展都作出了重大的贡献，他们因为贸易而聚集，形成了众多的华侨聚集区。天津一直重视与东南亚各地的侨联侨商建立和巩固联系。泰国的北榄坡、马来西亚的马六甲、印度尼西亚的爪哇都是华侨较为集中的聚居地，经过多年的发展，他们具有很强的经济实力，联系面广泛，具有较高的社会地位，为当地社会的稳定发展作出了贡献。天津在这些国际友城设立交流中心，负责国际友城合作的相关事宜，从而成为天津国际友城合作的一个特色。

第二，职业教育培训成为天津加强与东盟合作的亮点。随着"一带一路"建设的深入推进，天津与沿线国家的职业教育合作成为我国民心交通的样板工程。由天津原创并率先推进实施的鲁班工坊在泰国取得较大成效，将技术、产业与教育紧密结合，从而使职业教育成为服务"一带一路"建设的重点项目，成为立足于泰国、辐射东南亚的技术技能人才培养中心。主要表现为：

首先，合作体现天津职业教育的教学标准、教学模式。天津与国际友城的教育机构（如与印度尼西亚东爪哇省华文教育机构等）交流密切。2015年天津与印度尼西亚开展千人培训计划，帮助印度尼西亚国际友城开展短期技术培训。2017年，天津与印度尼西亚职业教育研究发展中心正式成立，双方互派教师、编写教材、开展培训，课程、教学标准互认。天津与印度尼西亚国际友城东爪哇省泗水市第五职业教育学校建立合作关系，该学校成为该省第一家推广实行天津倡导的EPIP教学模式的职教学院，即将企业和学校放在一个平台，学生每天在实践中学习，贴近实际，能够很快适应企业需求。其次，设立人才培养计划。如天津与泰国联合设立职业教育奖学金，用于培养"汉语+人才"，选派的人才被派遣到天津职业技术学院学习。这一项目在泰国产生了很好的社会效应，成为泰国职业教育领域的口碑项目。最后，形成区域职业培训中心。如在柬埔寨成立的澜湄职业教育培训中心，从事立足于澜湄区域的职业培训。天津的职业教育成为可复制可推广的搭建民心相通的明星。

第三，人文交流项目日益品牌化。天津在东盟地区设立的企业和机构多达160多家，为此天津加强国际友城人文交流项目的品牌化。首先，加强机制建设。具体为建立国际友城工作联席会机制和推行国际友城工作联络员制度，整合资源形成合力。为促进人文交流，2014年成立天津东盟经贸合作促进会，与东盟的华侨、华商建立联系，通过举办推介会议加强天津企业与东盟的经贸联系。其次，形成政产学研合作模式。如天津与柬埔寨七星海、广西桂林采取"线上会议＋云上签约"建立"一带一路"文旅国际重点合作项目——柬埔寨七星海旅游度假特区项目，全面布局国际政产学研基地，形成国内国外三城合作，开启了中柬国际政产学研合作模式。最后，通过观光旅游形成特色品牌旅游。天津已经与越南、泰国的一些城市建立了良好的协作关系。天津有往返泰国曼谷的定期旅游直航包机服务，"泰国万人游天津"是天津宣传城市旅游品牌的重要成果。在新冠疫情期间，设立了众多"云"游天津项目，展示津门魅力。

第四，积极为国际友城提供应急突发事件后的援助。天津积极开展医疗卫生方面的援外行动。一是新冠疫情期间，天津货运航空与国际友城当地政府合作，抢运急需物资，运输多班防疫物资。如天津—金边—广州航线运输以口罩为主的防疫物资。二是选派医疗队到国际友城当地直接参与突发公共卫生救援。

（三）新国际传播方式在讲好中国故事、天津故事上具有特色

天津以建立海岸电台对接国家和区域重大发展战略，通过设立水上广播电台，对外播发安全、搜救、渔业、生活信息等综合信息，为水上船舶，特别是非公约船提供语音广播服务。海岸电台是北方海区发布海上安全信息的重要部门，对保障海上船舶安全具有重要作用，目前日益成为服务于海上丝绸之路建设的重要传播手段。天津广播电视台于2016年开始进行了两次大型海外访问活动，开辟《津彩"一带一路"》《友城天下行》等栏目，以国际友城在"一带一路"建设上的合作情况为主题，制作了中柬综合投资开发试验区、泰国孔子学院、中埃·泰达经贸合作区等项目的宣传报道，以讲好中国故事、总结中国经验为主要内容，从不同层面阐释了"一带一路"建设带来的多方共赢。

天津作为东亚经济圈的活跃城市，通过发展和深化与国际友好城市的关系，重点发挥"一带一路"建设中沿海友好城市港口建设的优势，培育特色，促进"一带一路"倡议和人类命运共同体理念在天津落地生根做了一些有益的尝试。

三、以国际友城合作助力东亚地区人类命运共同体的构建

城市国际化是未来城市发展的必由之路。在东亚地区一些有独特政治经济资源的城市，既成了服务于国家总体外交的重要手段，又通过其所具有的独特纽带、桥梁功能和经贸合作功能，促进了东亚国家之间建立友好和信任关系。

但在东亚地区存在的一些结构性、历史性难题仍阻碍着国际友城之间的合作。东亚是目前世界上冷战结束后遗留影响最深、问题最为集中的地区之一。在东亚地区，冷战的历史惯性尚未完全停止，新的利益矛盾又不断涌现，台湾问题、半岛问题、海洋领土争端问题，无一不是在历史因素与诸多现实利益矛盾交织下形成的；旧的矛盾没有解决，新的问题又不断激化，阻碍着东亚一体化的进程。特别是在东亚国家的海域上，存在着不同性质的海洋纠纷，涉及岛屿、领海、大陆架、渔场划分等诸多问题。如因为上述问题近两年中日好感度急剧下降，为中日关系平添一层隐忧，为国际友城之间的合作制造障碍，对探索东亚构建人类命运共同体形成挑战。针对东亚地区构建人类命运共同体的现状，应把国际友城建设与推动"一带一路"建设结合起来，优先在经济走廊沿线国家进行国际友城布局，从而提高国际友城缔结的针对性和可行性。

（一）将东亚国际友城联盟合作机制打造成为构建人类命运共同体的主要载体

在东亚地区构建人类命运共同体背景下，借助一些城市群联盟的平台整合资源形成合力，由一对一国际友城模式逐渐形成一对多、多对多的网络化国际友城联盟方式，从而使国际友城交往水平不断提升、范围不断扩大。依据东亚国际友城合作多是著名国际港口城市的特点，建立多边国际友城港口城市联盟。如通过建立"东盟＋中日韩"港口城市联盟、东盟与中日韩友好城市交流大会等联盟方式，以问题意识为导向，积极推动民心相通建设。围绕城市发展的共同课题，如在新冠疫情防控常态化的情势

下，如何推动抗疫合作和经济复苏，如何通过深化地方政府的合作扩大东亚地区实现包容及可持续性发展，如何促进区域经济一体化等问题，找到解决的办法。"成功从不是凭借个人，而是依靠集体。"[1] 通过建立联盟解决实际问题，在东亚地区积极构建人类命运共同体。

（二）以在东亚地区开展的"一带一路"建设作为构建人类命运共同体的主要平台

针对东亚地区多是海洋国家，且海洋领域的矛盾比较突出的特点，以"一带一路"建设作为构建人类命运共同体的主要平台显得尤为重要。为此，一是积极参与海上丝绸之路沿线国家的互联互通建设，在避免经济问题政治化方面加强沟通和合作。二是以创新、绿色和可持续发展理念为指导，积极参与"一带一路"沿线国际友城的高质量特色园区建设，围绕重点项目和重点企业进行国际友城布局，扩大朋友圈。三是在新冠疫情防控常态下凸显中欧班列优势，加强东亚国家"一带"与"一路"的连接。中欧班列在疫情期间对于稳定"三链"，促进国际抗疫合作发挥了重要作用。2021年前三季度开行11343列，同期增长29%。[2] 依托海铁联运、内陆港建设、国际中转集拼等通道，中欧班列已经成为支持东亚企业供应链的一种新型国际运输方式，成为国际海运和空运的重要补充。东亚各国在共建"一带一路"倡议合作过程中，各方进一步增进互信和了解，为构建更为紧密的伙伴关系，成为你中有我、我中有你、休戚与共的共同体奠定基础。

（三）以形式多样的国际友城外交促进人类命运共同体理念落地生根

习近平主席指出，"国之交在于民相亲，民相亲在于心相通"。东亚地区国际友城外交日益成为加强民心相通的重要方式，也是将人类命运共同

---

[1] 《习近平出席亚太经合组织第二十八次领导人非正式会议并发表重要讲话》，新华网，2021年11月12日，http://www.news.cn/politics/leaders/2021-11/12/c_1128059698.htm。

[2] 《前三季度开行11343列 中欧班列运输保持强劲增长态势》，中国经济网，2021年11月4日，http://bgimg.ce.cn/xwzx/gnsz/gdxw/202111/04/t20211104_37058808.shtml。

体理念落地生根的重要方式。为此，一是依据各自的特色，将科教卫生合作作为搭建国际友城长期固定交流的重要途径。特别是日益蓬勃发展的海外职业教育，在国际友城建设中发挥着重要作用。近年来大量的中资企业进入"一带一路"沿线国家，对跨国性职业教育的需求不断增强，通过在海外建立鲁班工坊等职业教育培训机构，让职业院校与海外的中资企业直接合作，同沿线国家共享职业教育的优秀成果。二是加大与沿线国家文化旅游合作的力度。建立与沿线国家国际通行规则相衔接的旅游服务标准体系，如依托国际邮轮母港，积极拓展邮轮旅游市场，加强与日本、韩国、新加坡等沿线国家邮轮游艇等领域的合作，借助游艇保税仓向海上丝绸之路沿线国家开展保税展销展卖活动。三是充分挖掘潜力打造海洋文化品牌。确定重点合作的城市，特别是促进沿线陆海港口城市的合作，以点带面，不断挖掘合作潜力，一城一策，通过形式多样的活动，加快建设不同类型的海洋文化中心。四是加大"云上"合作力度。一场突如其来的疫情阻断了正常的国际交流及合作，为此加强线上、"云上"的交流力度就成为必要。通过"云上"开展紧密的活动，提高沟通合作水平，将双方结好的交流以品牌方式固定下来，进一步促进双方友好关系。

在东亚地区，中国地方城市与国际友城不仅在加强交流与合作的过程中形成了更加紧密的伙伴关系，也在共建人类命运共同体的过程中，将这一伙伴关系深化与升华，为合力推动构建人类命运共同体打下坚实的基础。

第九章 持久推进国际友城合作助推天津城市国际化的思考

城市国际化是城市高质量发展的必经阶段。通过遵循城市发展规律和国际化城市先进理念，在强化城市国际化共性特征基础上，积极融入新时代对外开放大格局。天津市作为"一带一路"重要节点城市，以友城建设提升城市国际水平，通过积极参与"一带一路"建设，与沿线国家和地区建立友好关系，主动担当，有所作为，抓住契机，协调各方共商共建共享，分层次有重点地推进各项建设。同时充分发挥国际友城作为开展城市外交的主要渠道和扩大对外开放的重要载体作用，完善国际友城布局，不断深化国际友城的务实交流合作。"一带一路"建设是中国根据全球形势变化和中国发展面临的新形势、新任务，统筹国内国际两个大局作出的重大战略决策，也是实现城市国际化的重要途径。

第一节 天津城市国际化现状及问题

在经济全球化背景下，一个走向国际化的大都市，不仅要有国际化的城市经济服务功能，留住和吸引全球资本、人才和创意的能力，还要具备促进城市社会发展水平、提升城市国际化的软实力和对外传播力的能力。通过世界主要城市国际化评价体系衡量天津城市国际化发展水平，并根据这些指标分析天津在国际化方面所具有的优势和短板，为天津推进城市国际化发展战略、打造具有国际声誉的品牌具有借鉴意义。

一、世界多极化评价体系中的天津以及天津在国内城市中的排名

国际上对特大城市综合承载力评价体系研究较多，但主要研究角度都

不同。目前具有较大影响力的城市国际化评价体系主要是由国际组织和机构发表的国际城市发展指标体系，包括伊斯坦布尔世界城市年会提出的城市国际化指标体系、《世界级城市名册》、全球城市指数等。本节将分别对标上述三大城市国际化指标体系，衡量天津近年来的国际化发展程度。

（一）对标伊斯坦布尔世界城市年会提出的城市国际化指标体系

表9-1 伊斯坦布尔世界城市年会提出的城市国际化指标体系与天津

序号	伊斯坦布尔世界城市年会提出的城市国际化评价指标				天津国际化指标				
	指标名称	初级	中级	高级	2016	2017	2018	2019	2020
1	人均GDP（万美元）	0.5	1.0	2.0	1.19	1.30	1.43	1.52	1.52
2	人均可支配收入（万美元）	0.4	0.7	1.5	0.51	0.55	0.59	0.66	0.59
3	第三产业增加值占GDP的比重（%）	60	68	73	54	58	58.6	63.5	64.4
4	非农业劳动力比例（%）	75	80	85					85
5	人均电力消费量（千瓦时）	2000	3000	4000	644	699	799	825	910
6	人均公共绿地面积（平方米）	9	14	16	10.6	12.8	9.4	9.2	10.3
7	每万人拥有乘用车数量（辆）	1000	1500	2000	2167	2265	2345	2435	2603
8	每万人拥有电话数（万部）	0.30	0.4	0.5	1.26	1.33	1.42	1.48	1.47
9	地铁运营里程（千米）	200	300	400	115	115	167	179	239
10	常住外籍人口占本地人口比重（%）	6	10	20	0.24	0.23	0.2	0.16	0.13
11	入境旅游人数占本地人口的比重（%）	40	70	100	25.7	26.5	15.3	14.5	4.1
12	市民运用英语交流的普及率（%）	40	70	100	100	100	100	100	100
13	国际主要货币通兑率（%）	100	100	100					
14	本地产品出口额占GDP的比重（%）	40	60	80	48.7	49.1	49.5	53.5	43.4
15	进口额占GDP的比重（%）	30	50	80	47.7	52.6	54.1	53.5	50.5
16	外汇市场交易量（亿美元）	150	300	600	232	253	248	266	298
17	外商直接投资占本地投资比重（%）	10	20	30	12.96	13.17	13.33	12.98	12.63

根据伊斯坦布尔世界城市年会提出的城市国际化指标体系，表9-1利用天津年鉴2016—2020年相关数据对天津城市国际化水平进行测评。由于未能获得"市民运用英语交流的普及率"数据，因此仅有16个指标的测

评结果。此次测评结果表明：一是近5年代表天津城市经济发展水平指标的人均GDP、人均可支配收入指标取值达到或超过中级水平；二是代表城市产业结构指标的第三产业增加值占GDP比重指标取值达到或超过初级水平，非农业劳动力比例指标取值达到或超过高级水平；三是代表城市基础设施水平指标的每万人拥有乘用车数量、每万人拥有电话数达到高级水平，人均公共绿地面积、地铁运用里程等指标取值达到或超过初级水平；但人均电力消费量还未达到初级水平；四是代表城市社会开放水平指标的国际主要货币通兑率达到高级水平，但外籍侨民占本地人口比重、入境旅游人数占本地人口比重等指标均未达到初级水平；五是代表经济对外交流水平指标的进口额占GDP比重、本地产品出口额占GDP比重、外汇市场交易量、外商直接投资占本地投资比重等指标取值达到或超过初级水平。这些指标主要反映出城市的经济发展状况，指标涵盖范围广泛。从表9-1中可以看出，在16个指标中，天津达到或超过初级指标的项目占指标总数的88%；指标中达到或超过中级指标的项目占指标总数的63%；指标达到或超过高级指标的项目占指标总数的25%。目前尽管天津与世界先进城市相比还有较大差距，但从指标中可以看出，天津城市国际化水平已处于中级水平，对外经济水平较高，与城市经济发展水平成正比，但城市开放水平还有待进一步提高。

（二）对标《世界级城市名册》（GaWC）城市国际化指标体系

由英国拉夫堡大学全球化与世界城市研究所发布的《世界级城市名册》，尝试为世界级城市定义和分类，被认为是全球最权威的世界城市排名。该名册自1999年开始为全球361个城市排名，每两年发布一次，最近一次报告于2020年发布。该体系基于跨国公司"高级生产者服务业"供应水平为城市排名，主要涉及会计、广告、金融和法律四个方面。此指标体系强调国际城市必须具有跨国界的影响力，强调国际城市是国际性经济、文化资源集聚与释放空间节点，要在跨国界生产活动、贸易、文化传播方面发挥枢纽作用。该指标体系将世界级城市划分为Alpha++、Alpha+、Alpha、Beta+、Beta、Gamma+、Gamma七个等级。在2020年的《世界级城市名册》中，Alpha++城市包括伦敦与纽约；A+城市包括中国香港、上海、北京、迪拜、新加坡、巴黎、东京。天津排名处于第二梯队，即Beta 级。2012 年、2014 年、2016 年、2018 年、2020 年，天津在世界城市中的排名分别为第 70、73、77、86、77 位，国内排名分别为第 7、7、8、9、8 位，具备冲击 B + 的潜力。与天津 2020 年国际排名差距不大的国内城市分别为南京（第 87 位）、杭州（第 90 位）。

表 9 - 2 《世界级城市名册》与天津排名

城市	2020 国际	2020 国内	2018 国际	2018 国内	2016 国际	2016 国内	2014 国际	2014 国内	2012 国际	2012 国内
香港	3	1	3	1	5	1	3	1	3	1
上海	5	2	6	3	8	3	6	2	10	3
北京	6	3	4	2	6	2	8	3	6	2
广州	34	4	27	5	40	5	41	5	49	5
台北	36	5	26	4	36	4	38	4	38	4
深圳	46	6	55	6	49	6	58	6	68	6
成都	59	7	71	7	64	7	77	8	115	10
天津	77	8	86	9	77	8	73	7	70	7
南京	87	9	94	10	103	9	109	9	87	8
杭州	90	10	75	8	104	10	115	10		

资料来源：根据《天津市统计年鉴》数据绘制。

（三）对标全球城市指数（GCI）

全球城市指数由美国《外交政策》杂志与科尔尼管理咨询公司、芝加哥全球事务委员会联合发布。其中，科尔尼管理咨询公司提供的排名报告目前比较权威，该报告分为综合排名、潜力排名两部分，其指标体系分为商业活动、人力资本、信息交流、文化体验和政治参与五大项。

2021 年全球城市具体排名情况为：全球城市综合排名中，纽约、伦敦、巴黎、东京连续 5 年雄踞前 4 名，名次未发生变化。洛杉矶上升一位排名第 5 位，北京下降一位排名第 6 位，中国香港下降一位排名第 7 位，芝加哥排名第 8 位，新加坡排名第 9 位，上海上升 2 位排名第 10 位。天津位列全球城市第 94，在中国城市中排名第 11 位。全球城市潜力排名中，天津排名第 67 位，比 2020 年下降 2 位，在中国城市中位列第 10。从全球城市指标评价结果可以看出，天津的对外开放水平和国际化水平处于国内排名第 10 名左右,上下浮动不大,排名较为稳定。除新冠疫情原因外,与国内其他城市相比,天津排名呈现出稳中有进的特点。但在世界城市坐标体系中,天津仍处于中级国际化城市的初期发展阶段,城市国际化程度与经济发展水平息息相关的表征较为明显。

表 9-3 全球城市指数与天津排名

城市	2021 国际	2021 亚洲	2021 中国	2020 国际	2020 亚洲	2020 中国	2019 国际	2019 亚洲	2019 中国	2018 国际	2018 亚洲	2018 中国	2017 国际	2017 亚洲	2017 中国
北京	6	2	1	5	2	1	9	3	2	9	3	2	9	3	2
香港	7	3	2	6	3	2	5	2	1	5	2	1	5	2	1
上海	10	5	3	4	12	3	19	6	3	19	6	3	19	6	3
台北	49	9	4	44	9	4	44	10	4	45	10	4	47	10	4
广州	60	13	5	63	13	5	71	20	5	71	23	5	71	24	5
深圳	72	17	6	75	18	6	79	23	6	79	28	6	87	28	6
杭州	80	22	7	82	22	6	91	28	10	77		8	116	46	15
成都	88	25	8	87	27	8	89	26	9	89	35	9	88	34	7
南京	90	28	9	86	26	10	86	24	7	88	34	8	87		8
苏州	92	29	10	75		8	95	30	11	115	48	15	112	43	12
天津	94	30	11	94	32	11	88	25	8	87	32	7	92	36	8
武汉	95	31	12	93	31	10	104	34	12				100	38	9
西安	96	32	13	100	35	13	109	37	14	113	46	13	114	44	13
长沙	102	34	14	103	38	15									
重庆	107	36	15	102	37	14	105	35	13				115	45	14

二、天津城市国际化发展的真实水平和制约因素

从天津在上述世界城市指标体系中的排名可以看出:首先,基础性指标方面天津在国内名列前茅。基础设施、居民生活水平、产业结构、生态环境、科技与教育、商品与服务贸易、交通、通信等方面的指标已超过世界先进城市的初级水平,达到中等偏下水准。天津经济具有一定的对外依存度,在港口货物吞吐量、国际直飞航班数量、轨道交通运营、外商直接投资占本地投资比重等方面具有一定的优势。其次,天津在外籍人口流动

与聚集方面还未达到初级水平，对外开放度亟待提高。最后，虽然天津的经济影响力、文化影响力、宜居城市建设、社会福利服务等方面指标在国内处于前列，旅游城市、外贸百强城市、海外传播力等指标的排名较为靠前，但其经济辐射力、政治影响力、人才吸引力、生态宜居性等方面与世界级城市相比仍处于初级阶段，国际声誉和国际影响力有待进一步提升。

经过实地考察、文献数据分析、与专家座谈交流、赴职能部门走访发现，天津的国际化水平与程度有待提高，影响国际化发展的因素在于营商环境活力有待进一步释放、对高端人才的吸引力有待强化、城市文化宣传需进一步加强、文化影响力有待改善、城市开放度有待提升、多元化氛围有待改进、政治和经济的引领力有待完善、基础设施功能有待提高、交通枢纽有待发挥更大作用、教育医疗资源分配不均匀、旅游及港口海洋等特色经济需持续加强等。[1] 相较于北上广深位于国际城市化排名第一梯队，天津与南京、杭州、苏州、重庆、成都等城市排在第二梯队，位置相近，差距很小，这也体现出天津在城市国际化的道路上处于逆水行舟不进则退的局面。然而，从世界主要城市评价指标体系的分析中可以发现，城市发展的经济指标和现代化指标并不能充分反映出其国际化程度，因为国际化发展程度不仅涉及现代化指标，还要反映城市发展的地方特色。通过2020年数据分析，天津拥有经济结构、历史文化、政治引领、交通枢纽、基础设施、教育医疗、旅游休闲、港口建设、生态环保等方面的有利资源，居民生活水平中等偏上，具备成为较为优秀的区域性国际中心城市的潜力，在"一带一路"沿线国家和地区的国际影响力较大。鉴此，天津应以其独特优势助力提升城市国际化水平。

三、天津城市国际化发展评价指标体系

新时代对城市国际化发展提出更新的要求，天津顺应历史发展潮流，势必将深度融入国际社会。目前，天津的城市国际化功能亟待提升，而推进天津城市国际化发展，需要对城市国际化发展的评价指标展开研究。用目前国际通行的世界城市指标衡量天津，基本能够从评价结果中看出天津

---

[1] 天津市社科界深学笃用"千名学者服务基层"活动大调研重点项目"新时代天津城市国际化发展"（编号：2202013）。

在世界、亚洲和中国的实际发展水平。天津也应以自身发展为主线,建立适合自身特点的城市国际化指标体系。

(一)定位天津城市国际化发展的历史阶段

在世界各地城市发展过程的相互比较中能够发现,一座国际性城市的形成不仅取决于其所处区域内与其他城市对比的相对地位,同时也取决于这座城市所处区域在国际上的重要性、交流的通畅程度及与其他区域相比的发达程度。因而,一座世界级城市的基本国际化历程都要经历如下阶段:区域性中心城市—国内中心城市—区域性国际中心城市—国际性中心城市。通过综合分析可看出,天津正处于由国内中心城市向区域性国际中心城市发展的过渡阶段。天津身处当前大有可为的战略机遇期,拥有改革开放先行区这一优势,在面临优势叠加的历史窗口期时,有能力于世界城市体系变革之际,找准自身定位,瞄准城市国际化发展的重点谋划布局,在转型升级的决战决胜期,抓住世界城市发展的机遇,推动天津在构建新发展格局的争先进位期转型为区域性国际中心城市,为建成京津冀世界级都市群的梯次布局做好协调联动。

(二)把握天津城市国际化评价指标体系的时代内涵

站在第二个百年的新起点,面对百年未有之大变局,天津的城市国际化要体现新时代新内涵。首先要配合国家"五位一体"总体布局和"四个全面"战略布局,在统筹发展与安全的基础上,在融入国内国际双循环相互促进的新发展格局中,以高质量发展、高水平改革开放、高效能治理、高品质生活为目标导向,探寻适合中国式现代化新道路、以人类文明新形态为核心价值的评价指标体系,符合新发展理念,具有链式特点,通过链链相连,构建全面、系统、客观、可持续的评价指标体系。近几年来,在新冠疫情和相关封锁措施的巨大冲击下,城市国际化在"逆全球化"波浪中面临着尤为严峻的考验。在此背景下,城市治理水平和治理能力以及创新驱动能力成为城市对外发展的内生动力。天津市在跨国界生产活动、贸易、文化传播方面发挥重要的作用,将绿色、宜居、创新、公平、增长、可持续等新发展理念不断融入世界城市的评价指标中,在新时代城市国际化发展的进程中,聚焦聚力产业链、供应链、传播链、价值链、创新链的构建与联动，不断探索具有天津特色、适合天津发展的城市国际化评价指标体系。

第二节 天津国际友城合作现状及问题

天津作为一个高质量发展中的社会主义大都市已基本成形。近几年来，在对外交往中具有得天独厚的优势，拥有较多在全球具有较强影响力及较高综合实力的友城，在共建"一带一路"倡议指引下，在友城的交流机制下，促进了与各个国际城市之间的交流与合作，交往能力不断加强，国际影响力持续提升。立足全球视野，面对高水平改革开放要求，天津在友城发展速度、全球布局、友城关系资源利用等方面仍然存在着一些不足，面临着新的挑战。

一、天津国际友城分布不均存在同质竞争

天津国际友城的布局在服务国家对外开放、开展对外合作、践行全球发展倡议方面还有提升的空间。天津友城布局比较集中在欧、美、日、韩等发达国家，与广大发展中国家建立的友城面窄数量少，如与非洲地区建立友城关系的城市只有3个。目前全国18个省（市、区）和东部15个港口城市积极参与"一带一路"建设，出台实施方案，开行中欧班列，发展海洋运输，支持企业实施"走出去"战略，同业竞争激烈，降低了效率，建设质量也不同程度地受到影响。自2013年共建"一带一路"倡议提出以来，天津市也积极布局与"一带一路"沿线的城市建立友好关系。如2018年与柬埔寨西哈努克省签署建立友好城市关系意向书，2021年9月与巴基斯坦旁遮普省、伊斯兰堡市、卡拉奇市签署友好城市关系意向书。但与其他城市相比，与"一带一路"沿线城市建立的友好关系无论是数量还是质量都有待加强。同时也缺少与相关国家地区签订经贸合作框架协议、合作备忘录的沟通机制。在新亚欧大陆桥的重要区域，如津欧班列的欧洲终点城市明斯克、鹿特丹是天津服务经济走廊建设的重点区域，应是天津对外投资和科技交流的重点地区，但至今天津未与此地区签署政府间友好关系协议，与服务于走廊建设的实际有差距。天津在海上丝绸之路沿线仍存在着国际友城结好覆盖面不广的问题。特别是东盟有10个成员国，是海

上丝绸之路的核心区，天津只与印度尼西亚、马来西亚、越南、泰国、柬埔寨5个成员国家建设友好合作关系，未能随着"一带一路"建设的推进建立新的关系和省级城市间的友好合作关系。在布局分配上较为不合理，缺少以区（镇）为单位建立友城关系，未能按照实际交往情况将国际友城建设跟上，在现实中仍不够重视国际友城对城市联系缔结的贡献。

二、民心相通宣传力度需进一步改进，友城资源有待开发和利用

建立国际友好城市的目的是增进人民之间的友谊和相互了解，共同促进发展，这与共建"一带一路"民心相通的意愿是一致的。天津与欧盟的经济交往密切，欧盟多年来是天津的第一大贸易伙伴，虽然在教育、文化往来方面合作比较深入，但对外宣传力度不大；物质层面提升比较明显，但在文化软实力方面还待加强，未能做到全方位与友城的民心相通工作。

三、交往层次和交往重点未能做到统筹规划

天津在新亚欧大陆桥整条线路的谋划上缺乏顶层设计，未能做到在欧洲发达国家和中亚发展中国家各国的国际友城之间统筹谋划。如德国科隆是重要节点城市，但双边贸易和投资相对其经济体量还比较小，两市企业间交流合作还需要进一步加强，人文交流明显不足。天津持续加快国际化水平，国际友城是天津深化国际合作的重要途径，但在友城资源利用和开发上还有待提高。如中埃·泰达合作区距埃及第三港艾因苏赫那港仅2千米，天津友城塞得港和艾因苏赫那港分别位于苏伊士运河走廊两端，同属苏伊士运河经济区，两个港口城市分别面向欧洲与非洲，是埃及经济重点发展区域，为此应加强与两港的关系。到目前为止，国际友城的工作政府推动得比较多，而企业和民众参与比较少。只有根植于民间才能为国际友城间的交流合作奠定坚实的民意基础。

四、未能与海上丝绸之路国际友城在海洋经济上进行充分的合作

海上丝绸之路是对外合作和物流运输的大通道，天津在海洋石油化

工、海洋工程装备制造业、海洋生物医药业等领域具有优势，未来应在发展蓝色经济核心产业和产业集群上，与韩国、马来西亚、老挝、埃及、希腊等共建临港合作园区，同时加强与智能城市的合作，充分发挥友城支点作用，提高天津城市国际化水平。

五、文化差异明显

"一带一路"沿线国家地域辽阔，兼具不同的文明体系、不同的宗教信仰、不同的种族民族，为经贸合作深入开展设置了障碍。从交往程度来看，友城联络的活跃度参差不齐，存在不同程度的倾向性，尚未做到全面与结好城市保持互动关系；对于已开展的部分合作项目，持续性不强，深化度不高，合作领域尚有拓展空间。从交往形势来看，友城间交往多以具体合作为主，相对稳定、规范的机制化元素较少；天津市各部门间联动、资源共享、渠道共用仍有待加强，长效工作机制有待完善。从基础数据来看，友城信息大数据库尚未健全，调研还不够系统深入，对友城的特点和需求了解也不够深入，对不同友城的产业优势、历史底蕴、发展规划掌握仍不够精准，提供有效交流合作对策的参考依据还不充分、不全面。

第三节 以国际友城工作助力天津城市国际化的思考

国际友城是塑造、推广城市形象的窗口与载体，也是城市国际化的有效途径。在"一城一策"工作机制下，立足友城的实际，建立和发展多元化的友城关系网络，切实改变国际友城工作主要面向周边国家的局面，集中力量针对"一带一路"沿线重点节点城市确定工作目标、工作重点，推动新建国际友城，完善国际友城布局。共建"一带一路"倡议是中国未来较长时期构建开放型经济新体制的重要立足点。紧紧围绕共建"一带一路"倡议加强合作平台建设，天津作为国家规划明确的"一带一路"建设重要节点城市，在服务"一带一路"建设中不仅应主动担当，有所作为，更要抓住契机，将自贸区等五个平台建设作为天津服务"一带一路"建设的最佳切入点。

一、立足"一带一路"建设强化对外辐射力

(一) 打造中国北方最具影响力的对外投资服务平台

天津自贸区自成立以来,在支持中国企业"走出去"方面推出了一系列便利化举措和鼓励政策,成立了天津企业"走出去"服务联盟,设立了自贸区跨境投融资综合服务平台,成为构筑更高标准的对外投资服务平台。结合企业在"一带一路"沿线国家对外投资需求,不断推出投资便利化创新举措。整合自贸区各片区现有的政策、中介服务、金融服务等要素和资源,发挥最大的群聚效应,为"一带一路"建设提供项目融资和风险管理等专业服务。除目前在"一带一路"沿线国家开展海外并购、工程承包等传统方式外,支持和鼓励企业在"走出去"形式上,更多地向境外经贸合作区建设等方式拓展和丰富。

(二) 建设"一带一路"沿线国家的综合性保税展示展销平台

跨境电商、进口商品直营中心、保税展示交易等新型贸易业态已经在天津自贸区得到了很好的发展,中欧班列的开通也为天津服务"一带一路"建设提供了良好的物流服务载体。为进一步发挥自贸区和口岸功能叠加优势,实现与"一带一路"沿线国家更广泛的进出口商品的贸易往来,应深化与"一带一路"沿线国家在海关、标准、检验检疫等方面的合作,打通与"一带一路"沿线国家的贸易通道,促进天津与"一带一路"沿线国家的双边、多边经贸关系更加紧密。

(三) 搭建服务城市国际化的综合金融创新服务平台

资金融通是"一带一路"建设的重要支撑。自贸区作为沟通两个市场、连接两种资源的重要平台,尤其是融资租赁作为天津金融创新最大的亮点,能够为服务"一带一路"建设提供优越的金融服务环境。通过抓住"一带一路"建设契机,不断培育租赁业发展新模式,推动租赁业广泛参与"一带一路"建设,同时提升租赁业的国际化水平,为服务"一带一路"建设注入新活力;发挥自贸区与金融创新运营示范区联动优势,拓宽跨境投融资渠道,支持和鼓励天津本地的商业银行、保险机构为国内企业

参与"一带一路"建设基础设施和投资项目提供资金支持和风险保障。促进金融合作，搭建"一带一路"建设沟通的桥梁。

首先，支持产业金融机构"走出去"，关注国家各部委制定推进"丝绸之路经济带"建设经贸合作的时间表和路线图，捕捉合作和金融机会。鼓励金融机构投资者在"一带一路"沿线国家设立分支网点。其次，把外资金融机构"引进来"。进一步完善金融生态，吸引"一带一路"沿线国家金融机构在天津设立分支机构。鼓励中外金融机构通过股权并购、建立代理关系等方式，在银团贷款、跨国并购贷款、境外投资贷款、信用证等方面创新合作方式，为双方企业提供便捷高效的支付工具和支付方式。最后，加大支持力度，为"一带一路"建设提供金融支撑，支持重点项目建设。以支持中蒙俄经济走廊的交通、港口等跨境通道建设为重点，为沿线国家的铁路、公路、管道建设提供资金和金融服务。支持丝绸之路跨越中亚、俄罗斯地区，以金融合作推动沿线国家开展项目工程总承包、设备技术出口。推动产业投资基金向"一带一路"沿线国家基础设施建设、能源交通等领域有效流动和配置，鼓励投资沿线项目的企业境外上市融资。鼓励企业开拓市场空间，发挥渤海商交所辐射作用，让更多"一带一路"沿线国家大宗商品挂牌交易，并成为交易基地和展示平台。支持企业"走出去"，为各类经济主体提供成本更低、效率更高、规避汇率风险的结算、避险保值、资金管理等方面的综合服务。

（四）优化与"一带一路"沿线国家开展国际产能合作的综合服务平台

开展国际产能合作已经成为中国企业实施"走出去"战略的重要手段，与"一带一路"沿线国家开展国际产能合作的市场空间和潜力巨大。为此，依托在装备制造、电子信息、生物医药等十大主导产业上的优势，在做好前期产能梳理和调研工作的基础上，充分发挥自贸区在投资贸易便利化、金融改革创新等方面的先行先试优势，制定相关的补贴、资金支持等相关政策，积极引导新区乃至天津市有产能合作需求的企业"走出去"。为此要做好以下三个方面的工作。

1. 做好前期调研，找准合作区的定位和方向

对于与"一带一路"沿线国家进行产能合作涉及的产业和相关政策要

做好调研分析，摸清产能现状，了解清楚一些重点企业在沿线国家具备产能合作和业务开展的需求和条件，明确国际产能合作区的目标产业，最终实现中国传统优势产能的海外再布局。在此基础上，重点瞄准与中国签署产能合作协议的"一带一路"沿线国家，明确合作区的发展定位和运营模式，致力于将合作区打造成为"一带一路"建设上的"常青园区"。

2. 利用多方资源，积极争取相关部门政策扶持

推动继续完善规划布局、国别引导、保障机制和资金支持等各项政策，帮助天津企业争取诸如中国进出口银行的优惠贷款或国际产能合作基金、丝路基金以及中非基金等支持。从天津市外经贸发展专项资金中设立支持企业"走出去"专项，对进驻的境外经贸合作区内的企业，依据其实现的固定资产投资额、设备输出金额等指标，按照贷款贴息、专项资助等方式给予扶持。争取合作区所在国政府的政策扶持，主动就双边产能合作基金设立等问题积极与目的地国家当地政府进行沟通，同时还要争取合作区在税收、土地等方面对入园企业的支持。

3. 明确先导区的开发模式，倡导组团"走出去"

"一带一路"建设参与的经济体众多、涉及面广、影响深远，加上"一带一路"沿线部分国家社会经济动荡、政治风险较高，因此在国际产能合作实施过程中势必伴随着诸多的不确定性，甚至是一定的业务风险性。为此，首先要做好产能合作先导区的顶层设计工作，建议采取"政府搭台＋企业运作"和"企业开拓＋政府扶持"的建区和运营模式，推动国有大企业组成联合体或组团"走出去"，并尝试依托合作过的项目开展成片开发，有效增强"走出去"的稳定性、持续性和安全性，并有效提升组团企业在所在国政府和社会的话语权，从而更多地争取所在国的优惠政策，助力新区优势及产能输出。

（五）培育服务"一带一路"建设的海铁联运功能枢纽平台和项目集群

以天津自贸区中欧班列开通为契机，积极研究并确定天津中欧班列的运营机制，并做好出口及回程货源组织、政府补贴等事项，制定班列常态化运行各项保障措施，打造国内有影响力的中欧班列品牌；依托天津自贸区创新开放平台，结合跨境电商、国际中转集拼等业务开展，不断完善产业链条，将天津自贸区建设成"一带一路"海铁联运功能枢纽平台，打造成中国北方最大的进口、转口、出口贸易及以物流增值服务为主的国际物流分拨中心。为此，一是积极参与项目设计策划，抓住"一带一路"项目建设机遇，利用中能建、中港机、中铁建及天辰海外项目设计、总包等优势，主动参与海外项目的全过程投标，积极掌握"一带一路"总体项目的策划、设计和总包、分包业务，把天津制造业优势和产业配套能力打包进入项目总成。二是建设"一带一路"重点项目集港。以龙头项目为支点，发挥天津港桥头堡和全辐射作用，带动物资设备、材料资源、产品服务等在津采购结算结汇，促进互利共赢。三是扩大海外总包分包工程建设规模。积极支持和参与"一带一路"沿线国家经济发展和基础设施、互联互通等建设，鼓励企业"走出去"，主动对接海外承包分包工程，优势互补、相互协作，提升自身国际竞争力。

二、以国际友城合作带动城市国际化发展

天津城市国际化进程将极大地提升沿海沿边地区开放发展的功能和地位，对于推动建设开放型经济新体系、打开对外开放空间、优化区域合作构架、有序参与国际竞争具有重大而深远的影响。当前，随着京津冀协同发展、滨海新区开发开放、天津自贸区建设与国家自主创新示范区建设等国家战略机遇的不断深化，天津作为国际港口城市和北方经济中心的地位日益凸显，依托地缘优势，立足日韩和东盟，深耕东亚友城"朋友圈"。特别是深入推进"一带一路"建设的过程中，如何与相关地区和国家进行产业合作，实现互惠共赢，进一步彰显天津市在"一带一路"建设过程中的支点作用，使天津的区位优势与产业优势得到强化，显得更为重要。

（一）服务国家战略，依据自身特色不断优化友城布局和特色

天津在友城交往实践的基础上，进一步利用好现有友城资源，从多个层面拓展友城交往领域，拓宽对外交流渠道，建立友城交往的稳定机制，打造天津友城交往的特色品牌，为培育国际消费中心城市、推动城市国际化进程持续助力。为此，准确把握方向，开展有效交流。在统筹友城全球布局的前提下，以国家对外开放为导向，发挥天津在东亚友城合作最早、程度最深、合作领域最广、交流合作机制较为完善的特点，以此为示范带

动作用，激活、走深友城群国际合作。尤其在参与共建"一带一路"倡议进程中，以经济社会发展为出发点，以友城合作成果与成功实践为基础，围绕城市发展建设目标，理性选择与天津具有产业互补、实力对等的省市，使友城工作既有高度又有温度，引导友城工作实现经济、社会、生态、文化全方位协调发展，树立天津开放包容的国际形象。强化一直保持良好合作关系友城的交流与合作，以共商共建共享推进开放、均衡、普惠合作，共同探索城市治理和经济转型的有效途径，维系交往的热度。激活与互动较少友城的关系，重点关注"一带一路"沿线城市，与之建立社会发展、文化创新、对外联通的共同目标，提升活跃度和交往的温度。找准与天津开展合作互补性较强、前期沟通效果较好的城市，与之建立友好合作关系，扩大友城"朋友圈"。

（二）盘活和深化友城资源，带动周边友城合作

优先选择优势产业落户东亚"一带一路"沿线国家和国际友城。推动天津的优势产业、服务业跟随"一带一路"项目"搭船出海"推向国际，对接当地经济战略规划，落户沿线国家，以国际友城合作为动力，加强顶层设计，打造更多的产业合作平台。发挥产业园区建设运营经验，在海外建设天津工业区、港口经济区等，促进产品海外生产，转移优势产业和过剩产能。利用国际友城建设的桥梁功能和经贸合作功能，带动周边友城合作，密织友城网络，让"天津制造"闪亮世界舞台。借助共建"一带一路"倡议和相关项目、产业辐射作用，扩大天津特色、优势产品出口业务规模，把更多的产品和服务提供给东亚"一带一路"沿线国家和地区的广大消费者，扩大天津品牌的国际影响力，推动外向型经济发展，与此同时，深化与周边友城合作，以此为支点发展更多友城关系。

（三）以"一带一路"建设为契机，优化国际友城重点发展方向

天津主动作为，积极融入"一带一路"建设，努力在基础设施、能源资源合作、产业合作、自贸金融和人文交流合作领域作出应有贡献。与此同时，"一带一路"建设也为天津经济社会发展提供了新方位、新引擎。沿线国家地区有着巨大的市场需求，如随着沿线国家城镇化的深入推进，基础设施的大量建设，为天津的钢材建材等领域的过剩产能提供巨大的变

化空间。沿线国家和地区 44 亿人口产生的强劲消费需求，为快捷消费品生产提供广阔的销售市场；亚州基础设施投资银行和丝路基金的海外投资，必然产生强烈的乘数效应，引致就业增加，促进天津企业成功"走出去"。目前前期成果呈现良好发展势头。天津在中亚、南亚、北非、东欧以及远东等地已就基础设施建设、能源矿产、农业产业、人文教育等领域建立了稳定的经贸联系，必将成为天津市产业和资本进一步融入"一带一路"建设的桥头堡，引领和示范效应明显，应加强在这些地区的友城布局，与其战略规划实现对接，夯实合作基础，拓展城市关系网络，增加交流合作。

（四）以友城带动民心相通，为服务城市国际化提供良好的外部环境

国际友城工作是开展民心相通工作的重要方式，通过共商共建共享原则，以人文交流、宗教交流、媒体对话为手段，加深与国际友城的交流与合作。

1. 合理布局均衡发展

实现不同区域之间、发达国家与发展中国家之间、重点城市之间的均衡发展。力争做到城市地位相称、交流合作互补、地区分布广泛、国家外交均衡。在现有国际友城格局基础上，实现不同发展区域的均衡发展。继续巩固和加强与周边邻国的国际友城关系，提升国际友城交往水平。与欧美等发达国家的国际友城关系在原有合作基础上寻找新的合作空间和亮点。弥补薄弱环节，加强与非洲、拉美以及南亚、中西亚国家重点城市结好，着重发展国际友城空白国家的重点城市和交往密切国家中合作性互补性强的支点城市，做到以点带面，优势互补，积极构筑全方位、多元化、辐射强的国际友城网络化格局。

2. 以"一带一路"沿线为核心区拓展国际友城布局

以"一带一路"沿线开展的重点项目为依托布局国际友城建设，优化国际友城结构。以欧亚大陆桥为重点，拓展中西亚、开拓南亚、进一步延伸到中东欧国家，增加结好城市数量，均衡"丝绸之路经济带"沿线国家的国际友城布局，优化国际友城结构。如以哈萨克斯坦阿拉木图、土耳其伊兹密尔、捷克南捷克州现有国际友城关系为立足点，发挥天津在装备制造、石油化工、职业教育等方面的现有优势，以互联互通、产能合作、职业教育培训为切入点，服务于中巴产能合作，南亚、非洲职业教育合作。

以立足东北亚、巩固东南亚、辐射北非、链接大洋洲为发展路径，形成"21世纪海上丝绸之路"沿线国家的国际友城网络。以日本神户、韩国仁川、印度尼西亚东爪哇、越南海防等交流密切、基础深厚的国际友城为基础，借用港口资源优势，加强涉海合作，扩大与东北亚、东南亚、北非乃至大洋洲等国家的国际友城合作。

3. 发挥"向海开放"特色打造国际港口国际友城联盟

围绕建设海洋强市和国家级海洋经济发展试点城市的工作重点，依托天津自贸区建设和全国跨境电商试点城市、国际消费中心城市制度创新优势，借助天津港在世界港口中的影响力和吸引力，以扩大天津港与"一带一路"沿线港口开展合作为切入点，推动与沿线港口城市开展涉海合作，建立地方政府合作机制，发挥各自优势，加强务实合作。在深化现有合作的基础上，以越南海防、印度尼西亚东爪哇、马来西亚马六甲等港口为重点，拓展与南亚、东南亚、中东欧等港口城市合作领域；以澳大利亚墨尔本、新西兰惠灵顿等城市为基础，开辟与北非、大洋洲等"一带一路"沿线国家重要港口城市交流。

在东亚地区构建人类命运共同体背景下，借助一些城市群联盟的平台整合资源形成合力，由一对一国际友城模式逐渐形成一对多、多对多的网络化国际友城联盟方式，从而使国际友城交往水平不断提升、范围不断扩大。特别借助"一带一路"建设，着力加强国际友城合作机制的创新，依据东亚国际友城合作多是著名国际港口城市的特点，建立多边国际友城港口城市联盟，如通过建立"东盟＋中日韩"港口城市联盟、东盟与中日韩友好城市交流大会、东亚政府会议机制等方式，以问题意识为导向，积极推动民心相通建设。围绕城市发展的共同课题，如新冠疫情防控常态化如何推动抗疫合作和经济复苏、如何通过深化地方政府的合作扩大东亚地区实现包容可持续性发展、促进区域经济一体化等问题的难点和痛点找到解决的办法。"成功从不是凭借个人，而是依靠集体。"通过建立联盟解决实际问题，在东亚地区积极构建命运共同体。

（五）以国际友城工作联席会议机制促进国际友城机制建设

第一，继续深化国际友城工作联席会议机制。在天津外事工作领导小组领导下，建立由市领导牵头、外办综合统筹、相关部门积极配合的国际友城工作联席会议机制，搭建国际友城信息中心和工作平台，统筹分配国际友城资源，汇总国际友城合作项目，加强宏观管理、统筹协调和政策资金支持，从而形成合力。天津市"一带一路"建设领导小组作为召集人，商务委为牵头单位，组建一支由市"一带一路"重大项目储备库入库企业负责人组成的招商团队，深入沿线国家地区，通过友好城市等形式，签订合作战略框架，加强沟通交流机制建设，以产业和项目为载体，寻找合作商机，扩大经贸往来。第二，推进国际友城工作联络员制度。在国际友城工作联席会议机制框架下，推动各部门、区、县设置国际友城工作联络员，专项负责国际友城工作。以联络员为重要联络渠道，加强各部门的协调联动，建立及时有效的沟通联络机制，从而形成涉及国际友城工作的信息网络和渠道。第三，完善内外联动渠道共享机制。完善与国家有关部委、人民友好团体、驻外使领馆、中资企业海外机构等部门的沟通联络机制，充分借助其在国内国际的渠道和资源优势，巩固和拓展国际友城工作。第四，设立境外办事处。以市商务委为牵头单位，依托使领馆，在沿线主要国家地区设立境外办事处，建立干部交流机制，为天津驻外企业提供支持服务；发挥天津港优势，建立境外"无水港"，促进大宗商品物流体系建设；依托国家安全部门力量，加强海外资产利益保护，让天津驻外企业放心经营。第五，强化境外安全协调和应急机制。整合优化"一带一路"境外安全保障协调机制，用好国际友城等外事渠道资源，提供对沿线国家重点项目目标国家和地区法规、市场环境、安全环境、风险预警、重大活动等动态信息，为此对"一带一路"重点项目提供政策支持和服务。

（六）加强国际友城人文交流品牌建设

以文化为纽带，以活动为载体，以机制化交流为核心，完善国际友城交流网络，提升大型会议论坛国际影响力，扩大与沿线国家和地区在教育、文化、体育、卫生、旅游等领域交流合作。设立"一带一路"沿线国际友城学术交流中心，特别利用天津与香港的联系，发挥香港桥头堡作用。交流中心以官方支持、民间运作模式展开工作，在"一带一路"沿线国家成立分支机构，目的是与相关国家、地区的大专院校、机构、组织建立更紧密联系，为港澳地区及"一带一路"沿线国家青年人，搭建配合国家发展战略的交流平台，推动交流工作深入进行。

（七）以"一带一路"沿线友城为重点区域讲好天津故事创新国际传播方式

国际友城建设积极促进"一带一路"建设国际合作，努力实现民心相通。文化是促进民心相通最重要的载体，必须把与沿线国家的人文交流置于重要的战略地位，让各国人民在相知相融的基础上，不断增强沿线各国人民的文化共鸣和情感联系，拉近各国人民思想交流、文明互鉴的距离，才能不断深化在政治、经济、社会各个领域的交流与协作，从而实现"一带一路"沿线国家共同繁荣发展。天津是我国"一带一路"沿线的重要城市，不仅有着深厚的历史文化资源，而且文化底蕴深厚、文化风格独特。天津建卫600多年，在特有的社会历史发展进程中，借河海之利、渔盐之兴，在经济走向繁荣时，逐渐形成了中西合璧、古今兼容的独特城市风貌和优秀传统文化。近代以来，天津成为中西文化交流重镇，形成了更加开放包容、特色鲜明、地方风味浓郁的津门传统文化，吸引国内外关注。如相声、天津快板、天津时调、京剧、评剧、河北梆子、曲艺等传统戏剧和曲艺项目蜚声海内外，杨柳青年画、泥人张彩塑等非物质文化遗产经久不衰。据统计，天津有国家级非遗项目33项，市级非遗项目250项，区级非遗项目673项。全国首个非物质文化遗产学交叉学科硕士学位授权点落户天津大学，非物质文化遗产所具有的鲜明的地域文化属性成为天津城市形象的重要标识。如"鲁班工坊"作为天津原创的职业教育国际品牌，在全球尤其是发展中国家和地区具有较高的知名度和较大的影响力。2022年4月，金砖国家共同建立金砖国家职业教育联盟，建有四个国别工作组，其中就有天津轻工业职业技术学院牵头的印度工作组。为此，大力塑造富含天津特色的"友城+鲁班工坊"城市形象，紧跟工坊"走出去"，通过友城合作，提高天津在国际职业教育领域的影响力。[①]

当前，天津市参与"一带一路"建设已经有了一定的基础，也取得了一定的成效。但不可否认的是，人文领域的交流与协作还未能摆在应有位置，未引起市委、市政府的高度重视。主要表现在：文化领域的交流协作

[①] 邵红峦：《天津市国际友好城市发展研究报告》，载靳方华、蔡玉胜主编《天津蓝皮书：天津社会发展报告（2023）》，天津社会科学院出版社2023年版，第240页。

未能进入天津市参与"一带一路"建设的制度设计，缺乏顶层设计；津门传统文化"走出去"的载体和平台建设明显不足，缺乏知名的文化交流品牌；能够体现津门传统文化特色的精品力作储备不足，缺乏"高峰"性的作品；文化与商务、交通等参与"一带一路"建设的重点部门没有很好地协作，缺乏协调配合，等等。这些问题都制约着津门优秀传统文化深度参与"一带一路"建设的步伐，从而影响着天津市参与"一带一路"建设的长远发展。今后要深度参与"一带一路"建设，必须加快推进优秀的津门传统文化"走出去"的步伐，将其作为先进部队和生力军。为此，建议重点做好以下三方面工作，力求取得实质性突破。

1. 注重顶层设计，将津门优秀传统文化"走出去"纳入参与"一带一路"建设的制度设计总体框架

推进"一带一路"建设工作领导小组要把文化等人文领域的交流项目纳入工作总体安排，防止"一带一路"建设中重经贸轻文化的倾向，统筹好高层政治交往、经贸合作、人文交流三个层面的关系，策划组织一批文化交流项目，分期分批实施。

2. 打造津门优秀传统文化"走出去"的文化品牌

通过整合天津具有地方特色的文化资源，有计划地推出"一带一路"文化交流品牌，持之以恒地坚持下去，将品牌做大做强，密切与沿线国家和地区的人文交流。要精心打造一批既有天津文化特色，又符合"一带一路"沿线国家和地区受众需求的文化艺术精品，有计划地开展巡演，扩大天津市影响力和知名度。研究梳理"一带一路"沿线国家的文化资源和特色，搭建好平台，有目的地引进沿线国家的优秀文化资源，在"引进来"的同时为进一步密切与当地的各种经贸合作与交流奠定基础。充分调动社会力量参与对外人文交流，加强引导，鼓励民间力量采取市场化的手段，遵循市场规律，在"一带一路"建设中发挥积极作用，形成全社会共同参与的良好局面。

3. 组织力量做好基础研究和文化传播

要充分调动社会科学界的学术资源，深入研究沿线国家文化领域法律、制度、规则，深入研究沿线国家文化消费市场的心理偏好和消费习惯，充分评估国外受众的文化需求和审美情趣，做好与天津优秀传统文化的对接，使津门文化"走出去"更加精准、更加有效。如天津以建立海岸电台对接国家和区域重大发展战略，通过设立水上广播电台，对外播发安全、搜救、渔业、生活信息等综合信息，为水上船舶，特别是非公约船提供语音广播服务。海岸电台是北方海区发布海上安全信息的重要部门，对保障海上船舶安全具有重要作用，目前日益成为服务于海上丝绸之路建设的重要传播手段。

三、结语

天津作为东北亚经济圈的活跃城市，通过发展和深化与国际友好城市的关系，重点发挥"一带一路"建设中沿海友好城市港口建设的优势，培育特色，促进共建"一带一路"倡议在天津落地生根。国际友城合作为新冠疫情防控常态化下东亚地区构建人类命运共同体理念提供了新的思路。在新冠疫情防控期间，共建"一带一路"倡议为保护各国人民生命安全和身体健康发挥了重要作用。新冠疫情对全球体系都造成了冲击，导致众多行业停摆、国际合作遇阻，在全球抗疫行动中，共建"一带一路"倡议具有独特优势。疫情防控期间，在国际海运、空运因疫情封闭措施受到影响下，共建"一带一路"倡议在发挥畅通国际物流、稳定国际产业链供应链上提供了有力保障。以中欧班列为例，已成为防疫物资运输的重要物流通道。截至2021年3月底，已累计发送防疫物资1104.6万件，中方在东亚地区通过东盟与中日韩（10＋3）合作机制开展医疗联合生产，与各方就传染性防控、公共卫生、传统医药等领域拓展合作。《国际金融论坛2021中国报告》指出，第四次"一带一路"国家央行年度调查结果显示，87%的受访央行认为"一带一路"项目有助于后疫情时代经济复苏，其中75%表示这些项目有助于绿色复苏和可持续发展。疫情防控常态化形势下，与第四次科技革命所呼应的是，在远程医疗、在线教育、共享平台、协同办公、跨境电商等服务得到广泛应用。"一带一路"作为国际化、高质量、可持续的投资和贸易网络，为全球经济复苏作出了重要贡献，特别对于广大沿线的新兴经济体来说尤为重要。在东亚地区，中国地方城市通过加强与国际友城的交流与合作，不仅形成了更加紧密的伙伴关系，也在共建人类命运共同体的过程中将这一伙伴关系深化与升华，为合力推动构建人类命运共同体打下坚实的基础。

参考文献

一、中文专著

1. 丛书编写组：《推动共建"一带一路"高质量发展》，中国市场出版社、中国计划出版社2020年版。
2. 李向阳、[日]深尾京司主编：《"一带一路"建设与中日第三方市场合作》，中国社会科学出版社2020年版。
3. 刘铁娃、金莉主编：《城市对外交往与国家软实力：友好城市间文化交流机制研究》，世界知识出版社2020年版。
4. 樊如森：《天津港口·城市与经济腹地研究：1860—1960》，齐鲁书社2020年版。
5. 吕耀东：《日本国际战略及政策研究》社会科学文献出版社2021年版。
6. 葛建华：《欧盟共同外交与安全决策机制》，社会科学文献出版社2020年版。
7. 傅梦孜：《"一带一路"建设的持续性》，时事出版社2019年版。
8. 冯立君：《唐朝与东亚》，社会科学文献出版社2019年版。
9. 殷莉等：《天津对外宣传创新研究》，上海交通大学出版社2019年版。
10. 张辉等：《一带一路区域与国别经济比较研究》，北京大学出版社2017年版。
11. 方兆麟：《丝路寻踪：津商赶大营》，中国文史出版社2018年版。
12. 胡必亮等编：《综述"一带一路"》，中国大百科全书出版社2018年版。
13. 李小林主编：《城市外交：理论与实践》，社会科学文献出版社

2016年版。

14. 王义桅：《世界是通的——"一带一路"的逻辑》，商务印书馆2016年版。

15. 厉以宁、林毅夫、郑永年：《读懂一带一路》，中信出版社2015年版。

16. 冯并：《"一带一路"：全球发展的中国逻辑》，中国民主法制出版社2015年版。

17. 葛剑雄等：《改变世界经济地理的"一带一路"》，上海交通大学出版社2015年版。

18. 陈定樑、龚玉和：《中国海洋开放史》，浙江工商大学出版社2011年版。

19. 姚洪卓：《近代天津对外贸易研究》，天津古籍出版社2011年版。

20. 刘小荣：《1966—1976年的天津》，中共党史出版社2011年版。

21. 熊九玲：《城市国际角色研究》，北京出版社2010年版。

22. 高尚涛等：《国际关系中的城市行为体》，世界知识出版社2010年版。

23. 周振华：《崛起中的全球城市：理论框架及中国模式研究》，上海人民出版社2008年版。

24. 刘庚寅：《为了友谊与和平——民间外交亲历记》，世界知识出版社2006年版。

25. 张利民主编：《解读天津六百年》，天津社会科学出版社2003年版。

26. 陈志敏：《次国家政府与对外事务》，长征出版社2001年版。

27. 天津市地方志编修委员会编著：《天津通志·港口志》，天津社会科学院出版社1999年版。

28. 中共天津市委党史研究室编著：《天津改革开放历程》，中共党史出版社2008年版。

29. 蔡来兴主编：《国际经济中心城市的崛起》，上海人民出版社1995年版。

30. 天津市地方志编修委员会编：《天津简志》，天津人民出版社1991年版。

31. 张广文、靳天主编：《解放初期的天津商业》，天津社会科学院出版社 1990 年版。

32. 《当代中国》丛书编辑部：《当代中国的天津》，中国社会科学出版社 1989 年版。

33. 中国公路交通史丛书：《天津公路运输史》（第一册），人民交通出版社 1988 年版。

34. 沈福伟：《中西文化交流史》，上海人民出版社 1985 年版。

35. 陈协川、胡善美编审：《外国名城》，科学出版社 1984 年版。

36. 中共天津市滨海新区区委党史研究室编著：《中国共产党天津市滨海新区历史大事记（1918—2021）》，天津人民出版社 2021 年版。

37. 靳方华、钟会兵主编：《天津蓝皮书：天津经济发展报告（2021）》，天津社会科学院出版社 2021 年版。

38. 靳方华主编：《天津蓝皮书：天津社会发展报告（2020）》，天津社会科学院出版社 2020 年版。

39. 张季风主编：《日本经济蓝皮书：日本经济与中日经贸关系研究报告（2021）》社会科学文献出版社 2021 年版。

二、中文论文

1. 刘洪愧：《"一带一路"境外经贸合作区赋能新发展格局的逻辑与思路》，《改革》2022 年第 2 期。

2. 崔巍等：《"一带一路"背景下海上天然气运输通道的安全评价》，《油气储运》2021 年第 12 期。

3. 向鹏成、蔡奇钢：《"一带一路"倡议下重大基础设施投资的文化风险评价研究》，《重庆大学学报》（社会科学版）2022 年第 5 期。

4. 王素云、沈桂龙：《推动"一带一路"沿线国家贸易和投资自由化便利化研究——新冠疫情背景下的挑战与应对》，《重庆大学学报》（社会科学版）2022 年第 2 期。

5. 王亚辉、王亚力、赵舒妍：《国际友城关系、制度环境与中国入境游增长》，《湖南财政经济学院学报》2021 年第 5 期。

6. 尚玥：《全球化背景下城市外交研究——以山西省国际友城为例》，《经济研究导刊》2021 年第 9 期。

7. 张文剑、余锋:《"一带一路"视域下鲁班工作坊建设策略分析》,《创新创业理论研究与实践》2021年第1期。

8. 陈志武:《从海上丝绸之路历史对比不同文明:对当代企业的启示》,《外国经济与管理》2021年第6期。

9. 葛建华:《欧洲与"一带一路"倡议:合作现状、前景与挑战》,《复旦国际关系评论》2021年第1期。

10. 毕森等:《21世纪海上丝绸之路沿线港口及港城关系变化分析》,《中国科学院大学学报》2020年第1期。

11. 曹云华、李均锁:《东盟经济共同体与"21世纪海上丝绸之路":竞争与合作》,《广东社会科学》2020年第2期。

12. 宋效峰:《中国与东盟共建绿色海上丝绸之路的路径探析》,《北部湾大学学报》2020年第7期。

13. 邹志强、孙德刚:《港口政治化:中国参与"21世纪海上丝绸之路"沿线港口建设的政治风险探析》,《太平洋学报》2020年第10期。

14. 刘家国、周锦霞、郭君雨:《"21世纪海上丝绸之路"建设区域风险研究》,《国际商务研究》2020年第6期。

15. 高宏艳、李大生:《"一带一路"倡议下中蒙交通走廊建设研判》,《天津商务职业学院学报》2020年第4期。

16. 戴成林:《鲁班工坊人文交流的天津实践》,《天津市教科院学报》2020年第3期。

17. 蔺小平:《拓展国际友城多领域合作的启示——基于中国海南省与"柬两省"案例研究》,《理论观察》2020年第2期。

18. 马彦超:《西宁市与丝绸之路沿线国家友城建设的研究》,《中国管理信息化》2020年第13期。

19. 刘树良、张楠:《天津市环保事业发展中的国际友城因素》,《环渤海经济瞭望》2020年第7期。

20. 李艳、许晓慧:《职业院校境外办学的首个海外"鲁班工坊"案例分析》,《天津化工》2020年第6期。

21. 陈奉林:《日本的海上丝绸之路研究:成就、趋势及其启示》,《上海师范大学学报》(哲学社会科学版)2020年第6期。

22. 冯亚蕾:《我国国际友好城市建设沿革》,《经济研究导刊》2020

年第 8 期。

23. 周一轩：《"十四五"时期天津港建设世界一流港口的战略要点》，《中国港口》2020 年第 8 期。

24. 平力群、葛建华：《天津神户友好城市交流的背景、活动与成果》，《东北亚学刊》2019 年第 1 期。

25. 钱晨：《科教能否增进"一带一路"国家城市经济联系？——基于浙江及其国际友城数据的实证分析》，《浙江学刊》2019 年第 5 期。

26. 叶飘：《"一带一路"倡议下的"走出去"办学鲁班工坊的实践与启示》，《高等职业教育探索》2019 年第 3 期。

27. 王殿华、赵园园：《推进天津滨海新区海洋经济创新示范区发展建设战略研究》，《理论与现代化》2019 年第 5 期。

28. 王诺、田玺环、赵伟杰：《基于"海上丝绸之路"通道安全的海外港口战略布局研究》，《世界地理研究》2019 年第 5 期。

29. 赵建军：《友好城市机制在南方丝绸之路旅游带建设中的困境与对策》，《大理大学学报》2018 年第 9 期。

30. 赵丽清：《"一带一路"背景下天津经济发展面临的挑战及策略》，《环渤海经济瞭望》2018 年第 5 期。

31. 王新颖：《天津市参与"一带一路"建设的对策研究》，《天津市社会主义学院学报》2018 年第 2 期。

32. 吴素梅、李明超：《国际友好城市参与中国—中东欧合作研究》，《上海对外经贸大学学报》2018 年第 2 期。

33. 张楠：《天津国际友城交往及对城市外交的作用——以天津市与千叶市的友好城市交往为例》，《公共外交季刊》2018 年第 2 期。

34. 刘海荣：《国家战略叠加背景下天津北方国际航运中心建设研究》，《信息系统工程》2018 年第 4 期。

35. 汤晓龙：《创新港口城市发展模式建设"一带一路"核心交汇点——以广东湛江为例》，《城市》2017 年第 5 期。

36. 张慧婧：《"一带一路"背景下华侨华人与城市软实力建设——以天津市为例》，《中国经贸导刊》2017 年第 8 期。

37. 熊勇清、许智宏：《海上丝绸之路上港口与港口城市的互动发展机制研究》，《财经理论与实践》2017 年第 1 期。

38. 徐留琴、杨晓燕：《一带一路背景下加速发展友好城市的意义和对策》，《城市观察》2017 年第 5 期。

39. 李大海、孙杨、韩立民：《21 世纪海上丝绸之路：物流分析、支点选择与空间布局》，《太平洋学报》2017 年第 1 期。

40. 郭卫东：《论晚清时代的地方外交》，《广东社会科学》2017 年第 4 期。

41. 邹婵：《天津参与"一带一路"战略的优势、挑战与对策》，《天津经济》2017 年第 4 期。

42. 倪东明、刘伦斌：《天津在"一带一路"中的优劣势分析及对策建议》，《天津职业技术师范大学学报》2017 年第 1 期。

43. 李勇：《天津主动融入"一带一路"建设的实践与思考》，《求知》2017 年第 11 期。

44. 陈臻、许抄军：《沿海与沿边口岸群在"一带一路"战略中的协调发展研究》，《内蒙古社会科学》（汉文版）2016 年第 1 期。

45. 李美婷：《新形势下昆明深化南亚东南亚国际友城发展研究》，《云南民族大学学报》（哲学社会科学版）2016 年第 3 期。

46. 郑国姣、杨来科：《21 世纪海上丝绸之路共建战略》，《中国流通经济》2016 年第 1 期。

47. 孙瑞杰等：《天津市海洋经济融入"一带一路"建设的战略思考》，《海洋经济》2016 年第 2 期。

48. 廖大珂：《海上丝绸之路与华侨》，《海交史研究》2015 年第 1 期。

49. 于明言：《天津积极打造"一带一路"桥头堡研究》，《城市》2015 年第 7 期。

50. 刘国斌：《东北亚海上丝绸之路经济带建设研究》，《学习与探索》2015 年第 6 期。

51. 王双、张雪梅：《沿海地区借助"一带一路"战略推动海洋经济发展的路径分析——以天津为例》，《理论界》2014 年第 11 期。

52. 程永明：《中日友好城市的交往及其作用——以天津与神户的友好交流为例》，《日本研究》2012 年第 3 期。

三、外文资料

1. ［英］彼得·弗兰科潘：《丝绸之路：一部全新的世界史》，邵旭东、孙芳译，浙江大学出版社 2016 年版。

2. ［英］埃里克·琼斯：《欧洲奇迹：欧亚史中的环境、经济和地缘政治》，陈小白译，华夏出版社 2015 年版。

3. ［英］哈·麦金德：《历史的地理枢纽》，林尔蔚、陈江译，商务印书馆 2017 年版。

4. ［英］戴维·赫尔德等：《全球大变革：全球化时代的政治、经济与文化》，杨雪冬等译，社会科学文献出版社 2001 年版。

5. ［美］斯塔夫里阿诺斯：《全球通史：从史前史到 21 世纪》，吴象婴、梁赤民、董书慧等译，北京大学出版社 2012 年版。

6. ［美］费正清编：《中国的世界秩序：传统中国的对外关系》，杜继东译，中国社会科学出版社 2010 年版。

7. ［美］安德鲁·埃里克森、莱尔·戈尔茨坦、卡恩斯·洛德主编：《中国走向海洋》，董绍峰、姜代超译，海洋出版社 2015 年版。

8. ［美］斯皮克曼：《边缘地带论》，林爽喆译，石油工业出版社 2014 年版。

9. ［美］约瑟夫·拉彼德、［德］弗里德里希·克拉赫维尔主编：《文化和认同：国际关系回归理论》，金烨译，浙江人民出版社 2003 年版。

10. ［美］伊恩·莫里斯：《文明的度量：社会发展如何决定国家命运》，李阳译，中信出版社 2014 年版。

11. ［美］乔尔·科特金：《全球城市史》，王旭等译，社会科学文献出版社 2010 年版。

12. ［美］刘易斯·芒福德：《城市发展史：起源、演变和前景》，宋俊岭等译，中国建筑工业出版社 2005 年版。

13. ［美］威廉·麦克尼尔：《西方的兴起：人类共同体史》，孙岳、陈志坚等译，中信出版社 2018 年版。

14. ［瑞典］斯文·赫定：《丝绸之路》，江红、李佩娟译，新疆人民出版社 2013 年版。

15. ［日］长泽和俊：《丝绸之路史研究》，钟美珠译，天津古籍出版社 1990 年版。

16. ［日］滨下武志：《中国、东亚与全球经济：区域和历史的视角》，王玉茹、赵劲松、张玮译，社会科学文献出版社 2009 年版。

17. ［日］矶村英一主编：《城市问题百科全书》，王君建等译，黑龙江人民出版社1988年版。

18. ［澳］约瑟夫·凯米莱里、吉米·福尔克：《主权的终结：日趋"缩小"和"碎片化"的世界政治》，李东燕译，浙江人民出版社2001年版。

19. ［法］皮埃尔·辛加拉维鲁：《万国天津：全球化历史的另类视南》，郭可译，商务印书馆2021年版。

20. Joshua Eisenman & Eric Heginbotham edited, China Steps Out: Beijings Major Power Engagement with the Developing World, New York: Routledge, 2018.

21. Peter Frankopan, The Silk Roads: A New History of the World, London: Bloomsbury Publishing Plc, 2015.

22. Henry Wai—Chung Yeung, Strategic Coupling East Asian Industrial Transformation in the New Global Economy, Ithaca, NY: Cornell University Press, 2016.

23. Samuel D. Warren, Louis D. Brandeis, "The Right to Privacy", Harvard Law Review, Vol. 4, No. 5, 1890.

24. Alan Westin, Privacy and Freedom, New York: Ig Publishing, 2015.

25. Robert B. Hallborg, "Principles of Liberty and the Right to Privacy", Law and Philosophy, Vol. 5, No. 2, 1986.

26. Edward J. Bloustein, "Privacy as an Aspect of Human Dignity: An Answer to Dean Prosser", New York University Law Review, 1964.

27. Jaworska A., Tannenbaum J., The Grounds of Moral Status, Stanford Encyclopedia of Philosophy, 2013.

28. Spinello R., The Right to Privacy in the Age of Digital Technology/Privacy in a Digital, Cham: Networked World, Springer International Publishing, 2018.

29. East Asian multilateralism: Prospects for Regional Stability, Kent E. Calder and Francis Fukuyama eds., Baltimore: Johns Hopkins University Press, 2008.

30. Alicia J. Campi, "Mongolias Palce in Chinasone Belt, one Road",

The Jamestown Foundation Pubication: China Brief, Vol. 15, Issues 16, 2016.

31. Christopher Weidacher Hsiung, "China and Artic Energy: Drivers and Limitations", The Polar Journal, Vol. 6, No. 2, 2016.

32. Douglas Paal & Matt Perchen, "A New Vision For U.S Engagement", China-US Focus Digest, Vol. 14, June 2017.

33. European Commission, "Notification on Permanent Structure Cooperation (PESCO) to the Council and to the High Representative of the Union for Foreign Affairs and Security Policy", https://www.consilium.europa.eu/media/31511/171113—pesco—notification.pdf.

34. Daniel Bresler, "New Treaty of Amity— No Common Security Policy", Suddeutsche Zeitung, January 21, 2019.

35. Connecting Europe & Asia, "The EU Strategy", European Union External Action Service, September 19, 2018.

36. Joschka fischer, "Europe needs a global strategy", Czech world syndicate, March 28, 2019.

37. 酒井启子、「対中东外交——自主外交后退の背景にあるもの」、国分良成编、『日本の外交・第4卷・対外政策（地域编）』、岩波书店2013年版。

38. 五百旗头真编、『战后日本外交史』（第3版补订版）、有斐阁2014年版。

39. 东京百年史编辑委员会、『东京百年史』（第六卷）、株式会社ぎょうせい1972年版 4.「东京の未来は、都民と决める　东京大改革2.0」、小池　ゆりこ公式サイト。

40. 寺中作雄、「オリンピックと公众道德」、『社会教育』1964年6月号。

41. 竹ケ原辅之夫、「东京オリンピック道路——その经过、路线の决定と建设概况」、『土木学会志』48卷1号、1963年1月。

42. 堀内亨一、「オリンピック施舍の准备状况」、『新都市』17卷1号、1963年1月。

43. 塩田潮、『东京は燃えたか』、PHP研究所1985年版。

44. 『东京都议会史』（第五卷下）、东京都议会全局1975年版。

45. 东京都编、『都史料集成Ⅱオリンピックの东京』、东京都公文书馆 2018 年版。

46. 东京都清扫局编、『东京都清扫事业百年史』、2000 年版。

47. 「カとハエの実态 全都で大がかりな調査」、『読売新闻』1963 年 8 月 11 日。

48. 东京都编、『都史料集成Ⅱオリンピックの东京』、东京都公文书馆 2018 年版。

49. 佐藤俊一、『战后日本の地域政治』、敬文堂 1997 年版。

50. 源川真希、『东京市政——首都の近现代史』、日本经济评论社 2007 年版。